A PROPOSAL
FOR A
WESTERN
PACIFIC
UNION

Kitaoka
Shinichi

西太平洋連合のすすめ

日本の「新しい地政学」

北岡伸一［編］

東洋経済新報社

西太平洋連合（Western Pacific Union）のイメージ

はじめに

日本と東南アジアの主要国、そしてオーストラリア、ニュージーランド、太平洋島嶼国が緩やかに結びつく太平洋連合ないし西太平洋連合を作れないだろうか。ヨーロッパにＥＵがあり、アフリカにＡＵがあるように、Pacific Union（ＰＵ）、あるいはWestern Pacific Union（ＷＰＵ）のようなものができないだろうか（以下、西太平洋連合、ＷＰＵで統一する）。

そう考える理由の第一は、現代世界において、国家が依然として基本的単位ではあるが、アメリカ、中国、ロシアのような超大国に比べて、そうでない国々の影響力は限られてしまうからである。[1] 数億人のかたまりを作らないと、一定の発言権を持つことは難しい。

現在、しばしば提唱されるミドル・パワー連合という考え方の背景にも、こうした認識がある。ミドル・パワーは単独では十分な発言力を持てない。発言力を確保するためには他国との連携が必要であるが、他国と言っても、超大国とだけ連携するのでは、超大国にふりまわされることになりやすい。むしろ超大国以外との連携が、重要である。

実際、世界の中の地域連合を見ても、超大国を含むものはうまくいっていない。それゆえ私は、このＷＰＵを、中国もアメリカも含めないものとして考えている。

なお、私は日本をミドル・パワーと呼ぶことには賛成ではない。世界第3の経済力、1億２６００万の人口、安定した社会、高い科学技術力などによって、日本はどう見ても世界の大国であり、ミドル・パワーではない。ミドル・パワーだと自称することによって、大国としての責任を回避することがあってはならない。日本は、大国としての責任を果たしつつ、超大国や大国にありがちな尊大な態度をとらず、対等の立場で他国と交際すべきである。

ＷＰＵを構想する理由の第二は、自由で開かれたインド太平洋（Free and Open Indo-Pacific、以下ＦＯＩＰと略す）という構想が発展し、広く世界で受け入れられてきているにもかかわらず、東南アジア地域がその中に適切に位置づけられていないと考えるからである。

ＦＯＩＰは、２０１６年に安倍晋三首相が提唱した言葉である。それゆえ、中国が２０１３年に打ち出した一帯一路に対抗する戦略と思われることが多かった。しかし、自由で開かれたインド太平洋というのは、近代日本の発展および戦後日本の発展の歴史に深く根差したものであり、近年にわかに登場したものではない。特に戦後、日本の発展が東南アジアに及び、南アジアに及んだことが、ＦＯＩＰの発展を促してきた。

そうした事実にもかかわらず、東南アジアが、このＦＯＩＰの中にうまく位置づけられていない。この地域が中国の影響下に入ってしまっては、ＦＯＩＰの価値は半減してしまう。日本と東南アジアとの結びつきをさらに再定義し、発展させ、ＦＯＩＰの中核として位置づけたいというのが、ＷＰＵ

を発想した理由の１つである。

ここで、考えられる３つの懸念について、あらかじめ答えておきたい。

１つは、これは大東亜共栄圏の再来ではないかという懸念である。たしかに、地理的には似ているが、現在の日本はかつてのような軍事大国でも圧倒的な経済大国でもない。日本のＧＤＰはなおＡＳＥＡＮ全体を上回るが、この地域を支配するほどではない。また日本は低姿勢のアプローチを、少なくとも１９７７年の福田ドクトリン以来、続けている。地域秩序が成功する条件の１つはメンバー間の平等性であるが、その条件は満たされつつある。

第二の懸念は、ＷＰＵは、米中対立の間における中立主義、日和見主義であるというものである。しかし、原則においてＷＰＵは、自由主義、民主主義的統治[2]、法の支配、海洋の自由などの側に立つ。ただ、中国と地理的に近く、経済的関係も深いゆえに、米中が決定的な対立に至った場合には大きな打撃を受ける位置にあるため、中国との衝突はなるべく回避し、中国との関与もしていくという姿勢になるものと考える。

第三の懸念は、第二のそれとは反対に、ＷＰＵは、アメリカの有力な同盟国である日本が主唱する以上、所詮はアメリカの傀儡ではないかという懸念である。しかし、日本を含めＷＰＵに参加する国々の利害は、アメリカと完全に同じではあり得ない。それはＥＵ加盟国の利害がアメリカのそれと完全に同じではないのと、同様である。そうした多様性を包含することが、自由主義の強みでありアメリカの強みであることを、アメリカは理解するはずである。

以上のような考えから、東南アジアと大洋州などの分野における中堅・若手研究者の方々および若干の実務家の協力を得て、ＷＰＵの可能性について論じてみたのが本書である。

本書の構成は、以下の通りである。

まず、序章として、私による総論を置いている。

次に第Ⅰ部は、ＡＳＥＡＮの国々について、日本との関係やＷＰＵに入る可能性を中心に、１国ずつ検討する。人口の順に、インドネシア、フィリピン、ベトナム、タイ、ミャンマー、マレーシア、カンボジア、ラオス、シンガポール、ブルネイの順である。

第Ⅱ部は、オセアニアで、オーストラリア、ニュージーランド、ついで太平洋島嶼国を取り上げる。また東ティモールは現在島嶼国グループにもＡＳＥＡＮにも入っていないが、ここでふれる。

第Ⅲ部は、その他の関連国である。１つは台湾である。台湾はがんらいＷＰＵに加入すべきものであるが、中国との関係で難しいので、別に論じている。また、バングラデシュは、南アジアに属するが、東南アジアの西隣にあって、東南アジアとの連結性を重視しているので、ここでふれることにする。また、アフリカについても、短いコラムを掲載している。ＦＯＩＰはアフリカ東部を含んでおり、また、アフリカへのアプローチにおいて、日本はフィリピンなど東南アジア諸国と提携することが少なくないからである。

そして終章では、これまでの東南アジアの地域協力の歴史の中にＷＰＵを位置づけた論文を収めている。

ＷＰＵは、まだ形成途上の概念である。本書執筆者の間にも、明確な合意があるわけではない。また、ＷＰＵの範囲や内容について、つまりどの国が入るか、結束の核心は何か、などについても、曖昧である。ただ、まったく未定というわけではなく、将来の情勢の推移によって、また各国の対応次第で、いくつかの可能性があると考えている。そうした可能性に配慮しつつ、さらに検討していきたいと思っている。

日本の知的社会の欠点は、目新しいアイディアに対して、欠点を指摘するだけで、その可能性を活かしていこうという態度が乏しいことである。批判だけが得意で建設的な議論のできない人が多い。その結果、大胆なアイディアは出てこない。それが、日本が世界において知的リーダーシップをとれない理由であり、過去30年にわたって衰退してきた根源的な理由ではないかと私は思っている。本書が、ＷＰＵという構想について、様々な議論を引き出し、さらに、以上のような知的社会の消極性と受動性に一石を投じることができればと願っている。

２０２１年8月　北岡 伸一

注

（1）ロシアの場合は経済力においてはさほど大きくはないが、広大な国土、巨大な軍事力、国連安保理における拒否権などを基礎にした政治力において、依然として超大国というべきだろう。巨大な人口を持つインドも、未来の超大国と数えるべきだろう。

（2）選挙によって政権が決定されるという意味のデモクラシーという言葉は、ここでは避けている。私の序章で述べるように、ＡＳＥＡＮ憲章では民主主義の原則への支持が謳われている。

目次

序章　西太平洋連合を構想する

北岡伸一

自由で開かれたインド太平洋（Free and Open Indo-Pacific、以下ＦＯＩＰと略す）は、日本外交の中心的な構想として定着しつつある。しかし、これを充実させるための方法については、まだ具体的な議論は十分ではない。

まず、日米同盟の強化が必要であることについては、多くの専門家は一致している。日米同盟は、日本の安全にとって不可欠なだけではなく、西太平洋とインド洋に面するすべての国にとって極めて重要な、いわば国際公共財だからである。この広汎な地域における米軍の活動は、日米同盟による在日米軍基地と日本の協力なしにはあり得ない。

しかし日本の軍事的な役割は原則としてフィリピン以北にしか及ばない。２０１５年の平和安全法制によって、集団的自衛権を日本周辺において限定的に行使できるようになっただけである。日米同盟をそれ以上に拡大することは、容易なことではない。

ただ、頻繁な情報共有、防衛装備品の輸出入、共同訓練などにおいて、準同盟とでも言うべき関係を構築することは不可能ではない。これが、近年議論されることの多いＱＵＡＤつまり日米豪印の連携であって、特に日豪関係の進展は著しく、２０１７年には物品役務相互提供協定が締結され、２０２０年には自衛艦による豪艦防護が可能となっている。中立主義の長い伝統を持つインドとの関係はやや難しいが、さらに推進すべきであることはもちろんである。

しかし、太平洋とインド洋を結びつける位置にあるのは東南アジアである。この地域の国々をＦＯＩＰの中にどう位置づけるべきだろうか。米中の対立が深まる中で、彼らにアメリカ側につけといっても無理だろう。彼らの中国との関係は簡単に切り離せるようなものではない。しかし、どの国も中国の支配下に入ることを望んではいない。

私は、ＦＯＩＰの中心に、日本、東南アジア諸国、オーストラリア、ニュージーランド、太平洋島嶼国などからなる緩やかな連合体、西太平洋連合（Western Pacific Union、以下ＷＰＵと略す）を作るべきだと考える[1]。ヨーロッパのＥＵとならぶ、西太平洋連合の構想である。日本外交の欠点は、新しいアイディアを打ち出さないことである。米中対立の今後がどうなるか、待っているのではなく、日本から働きかけて、ＷＰＵを作ることを提唱したい。

●ＦＯＩＰの発展

ＷＰＵの話に入る前に、「自由で開かれたインド太平洋（以下ＦＯＩＰ）」について、もう少し述べておきたい。これは、最初、２０１６年８月のケニアにおけるＴＩＣＡＤⅥ（第６回アフリカ開発会議）において、安倍首相が打ち出したものである。

ＦＯＩＰは当初、戦略と言われ、のちに構想と言われるようになり、最近は単に「自由で開かれたインド太平洋」と言われることが多い。アメリカでも、トランプ政権も、バイデン政権も、この言葉を使うようになっている。

ＦＯＩＰを、中国が２０１３年に提唱した一帯一路に対抗するものと考える人があるが、私はそうは考えない。

日本は19世紀後半に開国して以来、インド洋を通ってヨーロッパに、太平洋を通ってアメリカに、先進文明を求め、資源や市場を求めて往来した。その際、日本人の中には、欧米のような先進国になりたいと思う一方で、欧米に圧迫されているアジアなどの民族に同情を感じた人も少なくなかった。

戦後しばらくは、中国大陸との貿易が閉ざされていたこともあって、日本の復興にとって太平洋・インド洋地域はさらに重要となった。他方、日本の復興と発展は、東アジア、東南アジア、南アジアの経済発展を刺激した。太平洋とインド洋の連携が深まったのも、日本の経済的進出によることが少なくない。そして、多くの国々で、経済成長が促され、いくつかの国で、中産階級が勃興し、民主化が進むことになった。

このように、ＦＯＩＰは、日本の発展のための必要条件であり、また、日本の発展の結果、一つのものとして発展してきたものであった。そしてその根底にあったのは、海洋の自由、貿易の自由、法の支配などの普遍的な諸価値、諸原則であった。

●中国の膨張

しかしながら、ＦＯＩＰへの関心が高まったきっかけは、近年の中国の膨張であった。

中国の膨張が顕著になったのは、２００８年の頃である。中国はオリンピックを成功させ、リーマン・ショック後の世界経済の再建に貢献した。それまで中国の指導者や知識人は、自由や民主主義について、まだ中国には遠い目標だと言っていたのが、この頃から、そういうことを言わなくなった。

２０１２年11月、共産党総書記となった習近平は、中華民族の偉大な復興（中国夢）を提唱し、19世紀以来の屈辱を晴らして、偉大な復興を遂げると主張した。しかし、中国はすでにＧＤＰ世界第二位となって、急速にアメリカを追い上げている。その領土は、モンゴル族が樹立した元や、満州族が樹立した清には及ばないものの、漢民族で最大の版図を有した後漢や明の１・５倍に達している。[2] それ以上の拡大は復興ではなく侵略と言わざるを得ない。それを復興と言うのは、自らが被害者であることを強調することによって膨張を正当化するものである。

なお、中華民族という民族は存在しない。存在するのは漢民族であり、モンゴル族であり、ウイグル族である。しかし、圧倒的な多数は漢民族なので、中国夢という目標の中で、少数民族の存在感は弱まりつつある。香港の一国二制度を事実上終わらせ、ウイグル族にウイグル語の学習を禁止するということは、この中国夢のコロラリー（帰結）なのである。

同じ２０１３年には、世界と中国を結びつける一帯一路の構想を打ち出し、アジアインフラ投資銀行（ＡＩＩＢ）の設立を提唱し、２０１５年これを成立させた。

２００７年、中国海軍高官が、キーティング米太平洋軍司令官に対して、太平洋の安全については、ハワイより東はアメリカが、西は中国が責任を持つべきだと述べたことがあった。２０１３年６月、オバマ大統領と会った習近平は、太平洋は米中両国を入れるだけ広いと述べた。事実上、同様のコンセプトによる一種の勢力圏分割案である。

中国はまた、南シナ海で周辺国と領有権について争いのある島や礁を一方的に埋め立て、軍事基地建設などを進めた。これに対し２０１３年フィリピンは、中国の唱える九段線は国際法的な根拠がないと常設仲裁裁判所に訴え、２０１６年、同裁判所はフィリピンの訴えを全面的に認めた。しかし、中国はこれをただの紙切れだとして無視し、さらなる軍事基地化を続けている。

日本との関係では、１９６０年代末まで関心を示さなかった尖閣列島について、１９９２年に領海法を制定してこれを中国の領海内に編入し、２００８年、初めて公船を尖閣領海に侵入させた。また２０１０年、尖閣に侵入した中国人船長を日本が逮捕すると、激しい批判を展開し、さらに２０１２年に日本政府がそれまで民間人所有であった尖閣を買い上げて国有としたところ、猛烈な批判を行った。その後も尖閣周辺への進出を強化している。

●中国外交の3つの特質

中国外交には、次の３つの特徴がある。

第一に、国家の平等を認めないことである。かつて中国は１９５４年の平和５原則などにおいて主権平等を謳い、1970年代には、反覇権を原則としていた。しかし近年の中国外交は覇権そのものであって、主権平等、反覇権の原則は過去のものとなっている。

中国は大国外交と周辺外交を区別する。大国との間は一応対等である。これに該当するのは、アメリカ、ロシア、インド（および国家ではないがEU）である。米露インドは核兵器を持つ大国であり、将来はともかく当面は対等の交際をしてよいと思っている。

しかし、それ以外の国々については、中国は対等だと思っていない。周辺外交という言葉自体、近隣諸国を見下ろした言葉である。太平洋の西半分は中国が責任を持つということは、この地域は中国に従属すべしということである。2010年7月、ASEAN地域フォーラムにおいて、楊潔篪《ようけつち》外交部長は、居並ぶASEANの外相に向かって、「中国は大国であり、あなた方は小国だ。それは厳然たる事実だ」と述べた。なお、日本についてはその経済力と日米同盟ゆえに、小国扱いはしていない。

中国外交の第二の特質は、以上と表裏一体であるが、相互性――レシプロシティの欠如である。筆者は、2013年頃、ある中国政府高官と会食したことがある。そのとき、彼女が日本の防衛予算が増えたことを批判したので、それは1％程度であり、中国は毎年10％も増やしているではないかと反論したところ、中国の政策は以前と同じだが、日本は政策を変えた、と言った。私は驚いたが、これが彼らの思考様式かもしれないと思った。

中国はしばしば、台湾、香港、ウイグル等々は核心的利益であって譲歩の余地がないと言う。しかし、他国にも核心的利益がある。

相手にも核心的利益があるということを認めれば、相互の核心的利益を調整するためのメカニズム――国際法、国際裁判、仲裁など――の必要性を認めることになる。また、両者の核心的利益の上位に、より普遍性を持った核心的利益――自由、民主主義、人権など――が存在することを認めることになる。言い換えれば中国は、相手にも核心的利益があることを、また、一国の核心的利益に上位する核心的利益があることも認めないのである。

第三の特徴は、政治と経済の不可分である。中国は、よく二国間関係について、雰囲気がよい、悪いという言い方をして、それを政策に反映させる。２０１０年、尖閣周辺で対立が顕在化したとき、中国はレア・アースの対日輸出を止めて圧力をかけた。また、フィリピンが中国に対して「非友好的」である感じたときには、バナナの通関手続きを遅らせ、バナナを腐らせたことがあった。最近も突然台湾のパイナップルの輸入を禁止した。通常、国際関係は政経分離であって、政治で若干の摩擦があっても、経済活動はこれと切り離して行うものである。経済の政治的利用は原則として禁止されている。しかし中国はそうは考えない。中国に対して従順でなければ、適切な待遇は与えないのである。

このような、主権平等の原則の欠如、レシプロシティの欠如、政経不可分は、すべて、かつての中華秩序の特徴である。すなわち、現在の中国の行動は、意図しているか否かはともかく、アメリカ、ロシア、インドなどを除く地域で、新しい中華秩序を作り出そうとするものである。

この点に関し、アメリカも同様に覇権的だという人があるかもしれない。たしかに、アメリカ外交にも同様の大国主義的な特質はある。しかし、アメリカは少なくとも建前としては主権国家平等、レシプロシティ、政経分離の原則を認めており、相手国はアメリカの原則に則ってアメリカに反論することができる。中国の外交はその点でまったく異なっている。

●地域秩序のすすめ

以上のような中国の膨張に対抗するためには、大きなグループを作ることが必要である。国際社会の構成要素は、依然として主権国家であるが、現在の国際社会で一定の発言権を持つためには、数億人の塊が必要である。

私が提唱するWPUは、日本、ASEAN諸国、オーストラリア、ニュージーランド、太平洋島嶼国など、つまり、中国政府高官が述べ、習近平が示唆した、中国の影響下に入るべき地域が、1つのグループとして自立性を持ち、発言しようとするものである。

地域統合に関する議論は、EU統合の行き詰まりで、下火になっている。私は、EU統合は行きすぎだったと考えている。たとえば経済統合の結果、各国に応じた異なる金融政策、財政政策がとり難くなったと思う。

しかしEUは外交政策の統一では成功している。EUは多くの外交問題について共通の立場を定め、加盟国はそれを支持しつつ、自国の立場からも意見を述べる。これは、EU各国の立場を主張する上でも、国際社会での合意を形成するためにも、有効な方法となっている。WPUにおいても、このような方法が追求できるのではないだろうか。ドイツやフランスが、ＥＵの一員として発言し、かつそれぞれ主権国家として発言するように、日本もＷＰＵの一員として発言し、また日本の立場から発言するのである。

これまで東アジア共同体という構想が何度も提唱されてきたが、一度も発展しなかったのは、地理的な「東アジア」という点を重視しすぎたからである。地理的近接は重要だが、政治経済体制も極めて重要である。あまりに異質な国と同じ共同体は作れない。

それに、超大国が入った地域統合はうまく行かないものである。ＥＵが相対的にうまく行っているのは超大国が入っていないからであり、アフリカ連合（ＡＵ）も同様である。

なお、同じ理由で、超大国のアメリカもＷＰＵのメンバーとはしない。東南アジア諸国にはアメリカに対する抵抗感が強い国が少なくない。アメリカにとっても、これら諸国を無理やりアメリカの側につけようとするよりも、日本を通じて間接的に結びつく方が有効だ。

そして日本もＡＳＥＡＮ諸国もオーストラリアも、このＷＰＵの一員となることによって、より世界に対して大きな発言力を持てるのではないかと思う。

●ＡＳＥＡＮ諸国と日本

こうしたグループの結成は、はたして可能だろうか。まずＡＳＥＡＮ諸国について考えてみよう。

日本とＡＳＥＡＮ諸国との関係は良好である。日本のＡＳＥＡＮへの直接投資の累積額は、いまだに中国の約2倍である。経済的に、双方にとって切っても切れない関係にある。

ただ、日本と東南アジアの関係はずっと順調だったわけではない。何よりも、戦争があった。戦争が独立に結びついたインドネシアとミャンマーにおいて相対的に対日感情はよかったが、戦場となって中国に次ぐ多数の犠牲者を出したフィリピンの対日感情は刺々しかった。１９５０年代末から60年代初頭にかけて、初期の日本の青年海外協力隊は、フィリピンの奥地で、石を投げられたこともあった。

また日本資本の急激な進出は、一時、傲慢な日本人として嫌われた。１９７４年の田中角栄首相の東南アジア訪問は、激しいデモで迎えられた。１９７７年、これを反省した日本が福田ドクトリンを打ち出して以後、ようやく対等な関係が発展した。平成の時代には、天皇皇后両陛下が東南アジアを繰り返し訪問され、歴史和解も著しく進んだ。

現在、日本のＧＤＰはなおＡＳＥＡＮの合計を上回っているが、こうした対等のアプローチは重要である。日本はこの地域を取り込むとか、中国と影響力を競い合うというのではなく、あくまで対等の姿勢で、これらの国々の自由と独立と発展を支援することを目的とすべきである。それが日本の利益になるのである。

日本とＡＳＥＡＮとの関係は、基本的にはサクセス・ストーリーだった。日本の経済発展が東南アジアに及び、経済発展が起こり、その上に、いくつかの国で民主化が進んだ。われわれはこの先をさらに構想しなければならない。

その最大のものは、人の流れではないだろうか。日本は少子化によって人口減少が進んでいる。相当な数の外国人労働者の受け入れが不可欠である。今や、日本にやってくる技能実習生は、ベトナム人が最多である。日本がアフリカなどで行うＯＤＡ関連事業でも、水産事業でも、フィリピン人労働者なしには難しくなっている。彼らは、しかし、単なる補完的な労働力ではないし、そうであってはならない。日本の多様性を高め、新たな活力をもたらしてくれる「人財」として遇さなければならない。

同様に、より多くの留学生、研修生も招きたい。もちろん、東南アジアからだけではなく、アフリカからも中南米からも中東や中央アジアからもやってくる。しかし最大勢力は東南アジアである。彼らを教えることによって、われわれも学ぶことは多い。多数の留学生と真剣に向き合うことによって、日本語という壁で守られた保守的な日本の大学に風穴を開けたいと、私は願っている。このような人の流れの加速によって、日本と東南アジアは、相互に著しくパワーアップできると私は考えている。

●地域秩序の原則

さて、地域秩序の成功のためには、参加国の平等を含め、健全な原則が必要である。かつての大東亜共栄圏は、よい原則を欠いていた。日本が盟主であることは自明とされ、八紘一宇という、外国から見れば意味不明の原則が押し付けられるなど、論外であった。

ＡＳＥＡＮの原則を見てみよう。２００８年に発効したＡＳＥＡＮ憲章は、（１）独立と主権の尊重、（2）内政不干渉、（3）ＡＳＥＡＮ共通の利益に重大な影響を与える案件に関する協議の強化、（4）法の支配、グッドガバナンス、民主主義の原則の支持、（5）基本的自由と人権の尊重、および社会的正義の推進、（6）国連憲章、国際法、国際人道法の支持、（7）多角的貿易ルールとＡＳＥＡＮのルールに基づくレジームの支持、をその原則として挙げている。

このうち、民主主義については、最近のミャンマーのクーデターは明らかにこれに反するし、それ以外のいくつかの国々についても、やや曖昧である。国民参加の選挙を行っていない国もあれば、行っていても問題の多い国もある。しかし、すべての国が民主主義の原則を支持しており、日本も従来から、各国の実情に応じ、経済的発展を先行させ、時間をかけて民主化を進める方針だったので、日本の方針とＡＳＥＡＮ憲章の間には、それほど大きな違いはないと言ってよい。

もう1つの問題は、内政不干渉の原則が強いことである。また、意思決定において、コンセンサスを過度に重視することである。これは、少し緩めて、ピア・プレッシャーの利くような体制を目指すべきだろう。シンガポールの元外務次官、ビラハリ・カウシカンは、南シナ海における中国の活動に対して沈黙を守るラオスとカンボジアは、ＡＳＥＡＮから除名すべきだと言ったことがあり、２０２1年2月のクーデター以後のミャンマー情勢への対応においても、ＡＳＥＡＮ内部で意見の違いが表面化している。いずれにせよ、過剰なコンセンサス志向を改めようという動きはすでに存在している。こういう動きと連帯していくべきだ。[3]

なお、民主化において、最も重要なのは法の支配である。一般国民にとって、一番恐ろしいのは、理由なく拘束され、裁判を受ける自由を奪われることである。法の支配こそ、民主化に向けての最も重要なメルクマールである。日本はカンボジア、ベトナム、ラオスなどにおいて法典整備をはじめとする法整備支援を続けているが、これは法の支配を確立するための息の長いプロセスの一部であって、重要な意義を持つものである。

●重要な3カ国

さて、ＡＳＥＡＮの中で、ＷＰＵのメンバーとして最も重要であり、かつメンバーたり得る可能性が高いのは、インドネシア、フィリピン、ベトナムの3カ国である。

近年、外務省による世論調査で、ＡＳＥＡＮ諸国に対し、(1)現在最も重要なパートナーはどの国か、(2)最も信頼できる国はどこか、ということを尋ねている[4]。

日本が「重要」だと最も明確に答える国はベトナムである(以下、米、韓、中)。「信頼」でも、日、露、米、韓の順である。フィリピンでは、「重要」で米、日、中、韓、「信頼」で米、日、中、露である。日本は中国より上位にあり、米+日は中国を圧倒している。インドネシアでも、「信頼」でも「重要」でも、日本は中国より上位にある。日本がこれら3カ国と連携できれば、4カ国の人口は6億人であり、中国の14億の40%を超える(図表序-1)。

なかでも重要なのはインドネシアである。インドネシアは人口2億7000万人でＡＳＥＡＮ最大であり、ＡＳＥＡＮの盟主を自負している。日本との関係は緊密である。ＷＰＵができれば、日本とならぶリーダーになり、ＥＵにおける独仏のような存在になるだろう。

次に重要なのはフィリピンとベトナムである。フィリピンでは、現ドゥテルテ政権はやや反米であるが、国民全体には長い親米の伝統がある。一時大統領が破棄するとしていた「訪問米軍に関する地位協定」も、２０２１年７月、継続されることになり、米比同盟も継続の方向である。経済的には中国の進出が著しいが、日本の影響力も強い。長年にわたるミンダナオ紛争解決に向けての日本の協力は高く評価されている。

ベトナムは、民主主義体制ではないが、中国との長年の地政学的対立を抱えており、何度かパラセル諸島をめぐって中国海軍と戦火を交えており、紛争の平和的解決を強く主張している。また、国内における日本語学習熱、日本への労働者の流れも、最も盛んであり、現在、技能実習生として日本にやってくる外国人として、中国を抑えて、ベトナム人が１位となっている。文化的、政治的、経済的に日本と極めて密接である。

これら三国に次いでは、ミャンマーの親日度が高い。日本は太平洋戦争中、ミャンマーに大きな被害を及ぼしたが、ミャンマーのイギリスからの独立に貢献したことも記憶されており、日本のＯＤＡも高く評価されている。日本に対する「信頼」・「重要」指標も高い。現在の混乱がおさまるまで、数年はかかるだろうが、政治が正常化し、日本との関係も正常に戻れば、ミャンマーはＷＰＵの一員たりうる可能性があるように思われる。

ＡＳＥＡＮの中の第２グループは、マレーシア、シンガポール、ブルネイ、タイである。

図表序-1　西太平洋連合参加国（仮）の人口とGDP

	人口（万人）	名目GDP（億米ドル）	一人あたりGDP（米ドル）
インドネシア	27,063	11,192	4,136
フィリピン	10,812	3,766	3,485
ベトナム	9,646	2,619	2,715
タイ	6,963	5,436	7,807
ミャンマー	5,405	761	1,408
マレーシア	3,195	3,647	11,415
カンボジア	1,649	271	1,643
ラオス	717	182	2,535
シンガポール	570	3,721	65,233
ブルネイ	43	135	31,087
ASEAN合計	66,062	31,731	（平均）4,803
日本	12,653	50,818	40,247

出所：World Bank, World Development Indicators datebase.

マレーシアでは、先の世論調査では、「重要」で中、日、「信頼」で日、中での順であり、中国の影響力も強いが、マハティール首相のルック・イーストの伝統もあり、日本との関係も深い。シンガポールでは、「重要」で、中、米、日、「信頼」で米、中、日で、米＋日なら中国に対抗できる。アメリカとの軍事基地利用協定も締結している。ＷＰＵが成立すれば、東京とともに経済の中心となるであろう。また、両国ともＴＰＰの一員である。

タイは、「重要」で中、日、「信頼」で日、中であり、やや中国の影響力の方が上回る。アメリカとの軍事協定もあるが、伝統的に旗幟鮮明を避ける国なので、ＷＰＵへの参加はためらうだろう。現在の王制のあり方を含む政治的混乱の将来も展望しにくい。しかし日本の産業集積は大きく、様々な深い関係もあるので、その参加はＷＰＵの性格によるだろう。ブルネイは、ＴＰＰの一員でもあり、マレーシアとシンガポールが入れば、参加は可能だろう。

第3グループはカンボジアとラオスである。ラオスは、親日かつ親ベトナムであるが、中国と隣接していて、中国に対して独自の姿勢を打ち出すことは難しい。カンボジアは、国民は親日だが、現政権は中国との結びつきが特に強い。またベトナムとの関係は微妙である。両国とも、ＷＰＵへの参加は難しいかもしれないが、長い目で見れば必ずしも不可能ではないと思う。

●重要な絆

以上のように、それぞれの国の地政学的利益、国柄、経済関係など、様々な側面から検討してきたが、それ以外に、いくつかのユニークな絆がすでに存在する。

1つは防災である。日本、フィリピン、インドネシア、そしてのちにふれる台湾も、地震、ハリケーン、台風など、自然災害の多い国である。インドネシアの中部スラウェシ地震の際には、多くの国が救援に入ったが、そのあとの復興計画については、日本だけに依頼したいという要請があった。このように、すでに存在している信頼関係を、さらに強化し、いつでも相互に協力できる体制を強化することが必要である。

また、海洋の自由の点で、フィリピン、インドネシア、マレーシアとは、海上保安庁の船舶供与や技術訓練などを進めている。海賊や密輸を取締り、国家の主権を支援する活動である。これをさらに強化するとともに、共通の衛星によって、南シナ海、東シナ海の船舶の状況を相互に把握することが可能だろう。

また、日本はＡＳＥＡＮ諸国で水道、母子保健、医療、病院など、多くの協力を実施している。ベトナムにおいては、南ベトナム時代から続いている病院もあり、ラオスのような第三国の患者も対象としている病院もある。留学生の受け入れ、日本の学校や大学の進出においても、すでに多くの実績がある。近年、労働者の受け入れが多いことも、すでに述べた通りである。

日本の協力による交通インフラの建設は、ＡＳＥＡＮ諸国のほぼすべてにおいて極めて盛んであり、特に地下鉄のような通勤線の建設は、中産階級の乗り物であり、温暖化対策にも寄与するものとなっている。

●オーストラリアとニュージーランド

ＡＳＥＡＮ以上に、パートナーになりやすいのはオーストラリアである。

オーストラリアは、巨大な国土（世界6位）と相対的に小さな人口（２５００万人）を持ち、イギリス型の民主政治を持つが、本国から遠く離れているのが、最大の特質だった。

そのため安全保障には敏感で、世界の主な紛争には、両世界大戦、朝鮮戦争、ベトナム戦争からイラク戦争まで、必ず英米の側に立って関与してきた。

オーストラリアは、第二次大戦後、対米関係が最も重要となったが、地理的にはアジアと近く、１９７２年には伝統的な白豪主義を廃止して、アジアとの関係を深めた。

その中で最も深い関係を結んだのは日本である。貿易において日本が長く最も重要な相手国だった。戦争の記憶や、捕鯨問題、環境問題などのリベラル系の対日批判も根強く、日本研究者には反日の人が多かったが、全体として親日であり、２００５年の国連安保理改革運動においても、日本の常任理事国入りを支持していた。

その傾向は、ケヴィン・ラッド政権（２００７－10、２０１３）においてやや変化した。中国語を話すラッド首相のもとで、中国寄りへの変化が見られた。しかし、中国において豪企業の社員が逮捕され、ウイグル人に対する弾圧が表面化したりすると、その姿勢は変化した。

２０１１年に日本に東日本大震災が起こったとき、軍の輸送機を提供し、消防団などの救援隊を派遣し、ギラード首相は4月には現地に入るなど、伝統的な友情を示してくれた。

以上のようなことから、オーストラリアは最も頼もしい仲間である。人権感覚の強い国なので、また中国の様々な報復に対して国民レベルの反感が高まっているので、中国を外した地域秩序について賛成してくれるだろう。

オーストラリアは、太平洋島嶼国との関係でも重要なプレーヤーである。かつてフィジーのクーデターを批判した結果、フィジーの中国傾斜を招いたことがあったが、最近オーストラリアはそのことについてフィジーに対して遺憾の意を表明した。民主主義の重視だけでは、反民主主義陣営を利することがあることを、理解したのであろう。
以上の点は、ほぼニュージーランドについてもあてはまる。

●太平洋島嶼国

さらに、太平洋島嶼国も、人口は少ないが、海域は巨大である。太平洋島嶼国は、ミクロネシア、メラネシア、ポリネシアに分かれる。そのうち、ミクロネシアは日本とアメリカの影響力が強く、パラオとマーシャル諸島とナウルの３カ国は台湾と国交を持っている（大洋州では、あと、ポリネシアのツバルだけが台湾と国交を有する）。

メラネシアはオーストラリアの影響力が強い。最大の国はパプアニューギニア、ついでフィジーである。ポリネシアは小さな国が多く、ニュージーランドが近い。

現在、中国の影響力が伸びたのは、相対的にこれらの国々は所得が高く人口が少ないので、ＯＤＡの金額が少なかったことも一因である。十分な協力をしなければならない。また、すでに述べたとおり、クーデターが起こったときに、オーストラリアなどが批判したため、中国の影響力が強まった。また、日本、豪州、ニュージーランドの間の協力が不十分だった。これからは三国の協力を密にし、台湾の参加も得て、太平洋島嶼国にＷＰＵの中で然るべき位置を与え、関係を強化すべきである。

また、太平洋島嶼国には入っていないが、東ティモールも、長年の独立運動の末、独立した国で、デモクラシーを実現している。この国にはオーストラリアの影響力も強いので、日豪が協力して、

WPUの一員に迎えるべきである。

●周辺国

その他の関係国についても簡単に述べておく。

まず、北朝鮮はもちろん入らない。体制も基礎となる価値も違いすぎる。

韓国も今のままでは含めるべきでない。１９６５年の日韓基本条約、１９９８年の小渕恵三・金大中日韓共同宣言、２０１５年の慰安婦合意などを事実上一方的に見直し、「親日的」言論は処罰し、親日派の子孫から財産を没収することは、法の支配と両立しない。また、日本に対して日本海を東海と呼ぶよう主張する一方、中国に対しては黄海を西海と呼ぶよう主張していない。つまり、中国に対して自主性の乏しい国である。韓国は歴史的に中華秩序の中に位置を占める方が心地よいのかもしれない。

ただ、最近の米韓首脳会談（２０２１年５月）では、韓国も航海の自由にコミットしている。さらに台湾海峡の安全や南シナ海の安全について、より明確なコミットをするようになるか、注目したい。

他方で、台湾はぜひ入ってほしい。中国との関係で難しいが、人口は２３５０万人であり、オーストラリアより若干少ないだけであり、EUで言えば、独、仏、イタリア、スペイン、ポーランドに次ぐ。法的にはともかく、政治学的には立派な国家であり、先端的な産業や、最近のコロナ対策においても素晴らしい成果を上げた。少なくとも実務レベルの参加は可能である。

ってほしい。ロヒンギャに対する手厚い対応とか、ＰＫＯにおける活動とか、国際社会における活動も注目すべきものがある。

また東南アジアに隣接するバングラデシュは人口１億６０００万で、極めて親日的な国なので、入

現在、世界で最大の問題は中国の猛烈な台頭である。経済的のみならず、政治的、軍事的にも台頭し、国際法を基礎とした近代国際秩序に挑戦している。これに対してアメリカが猛然と反発しはじめて、世界は米中の対立で覆われている。

これはかつての冷戦よりもはるかに難しい構図である。多くの国が中国の市場に結びついており、デカップリングは言うは易くして行うは極めて難い。東南アジア諸国はもちろん、日本にとっても極めて難しい。かつてのココム（ＣＯＣＯＭ：対共産圏輸出統制委員会）やチンコム（ＣＨＩＮＣＯＭ：対中国輸出統制委員会）のような、しかしはるかに複雑なルールを作るしかないが、自由主義諸国に不利な取引はせず、安全な取引だけするというような都合のいいことができるだろうか。

しかも、仮に米中が本当に衝突した場合、アメリカは対応可能かもしれないが、近隣の国々にとっては大惨事になる。またアメリカは、中国と激しく対立していても、突然態度を変えて中国と手を握ることがないとは限らない。アメリカが態度を変えれば、中国はすぐにこれを受け入れるだろう。しかし、中国の周辺にある国が中国に対して敵対的な政策をとっていて、それを転換したとしても、中国は簡単にこれを許さないだろう。要するに中国の周辺にある国は、アメリカと同じ政策をとれない

のである。

東アジアでも多くの国は自由民主主義体制を支持し、あるいは共感している。いかなる小国も、他国に従属したいとは思わない。それゆえ、基本的には国家間の平等と法の支配による近代国際秩序を、求めている国がほとんどである。

ヨーロッパにおいても、安全保障はＮＡＴＯの役割である。ＮＡＴＯに相当するものは、日米、米比、米タイなどの二国間同盟とＱＵＡＤである。それ以外に、自由民主主義の側にたち、直接的に中国と対決的でない枠組みを作ることを、ＷＰＵは構想したものである。

それは、中国との対決を避けるという消極的な意味を持つだけではない。東アジア、西太平洋に発展してきた、故・山崎正和の言葉をもじって言えば、いわば柔らかな民主主義の連合体として、われわれは世界に声を上げることができるのではないかと思う。日本の声も、インドネシアの声も、より大きなものとなり、普遍的価値の点でヨーロッパ諸国と連携し、ナショナリズムの点で共鳴しあうアフリカ諸国と連携して、世界に大きな発言力を持つことができるのではないだろうか。

ＷＰＵについて、古代中国の合従連衡の故事を思い出す人も多いだろう。西方から台頭してきた秦に対し、東方の6カ国（韓・魏・趙・燕・楚・斉）が縦に繋がる同盟を作って対抗したが、秦は1カ国ずつ横につながる同盟を提唱してこれを切り崩したという故事である。古代中国では、合従は連衡に敵わなかった。しかしＷＰＵの東にはアメリカという超大国があり、西には未来の超大国のインドがあるので、悲観することはない。それに中国の猛烈な膨張も、それほど長くは続かないだろう。内部の様々な矛盾と少子化の進行で、今後10年、20年で相当の変化が起こるだろう。それまでＷＰＵを成熟させ、さらに世界に貢献できる連合体へと発展させていきたいと考える。

注

（１）筆者は、かつて『可能性としての未来――１００年後の日本』（『アステイオン』91号、２０１９年12月）に「西太平洋連邦を目指して」、『読売新聞』に「西太平洋連合を目指そう」（「地球を読む」２０２０年11月１日）を寄稿している。本稿はそれらを発展させたものであるが、その途中で「西太平洋連合と構想する」として、『アステイオン』94号（２０２１年５月）に発表している。共同研究によって、若干の変更を加えているが、その骨格はアステイオン掲載論文と大きな違いはない。このような形での掲載を許可されたアステイオン誌に感謝したい。

（２）中国が元や清なみの版図を目指すとすれば、ロシアやモンゴルや中央アジア諸国から領土を「回復」することになるが、それは、当面は難しいだろう。

（３）やはりカウシカンは、最近のＡＳＥＡＮの中の意見の違いの表面化に注目している。Bilahari Kausikan, "The Arena: Southeast Asia in the Age of Great-Power Rivalry," *Foreign Affairs*, March/April, 2021.

（４）外務省「令和元年度対日世論調査」（令和２年３月18日発表）。

第I部

ASEAN加盟国

第1章 インドネシアの西太平洋連合構想

相澤 伸広

インド太平洋地域がグローバルな成長のエンジンになることに異論を唱える者は少ない。問題はそのエンジンがどのような形になるかである。言い換えるならば、どのような国家と社会によってそのエンジンが構成され、どのような秩序が形成されるのかにある。現在、見えつつある秩序の形は、1つには米中の二大国によって二極化された秩序であり、もう1つには中国を中心とした覇権型秩序である。しかし、そのどちらの秩序も米中以外の中規模、小規模の国々にとって必ずしも望ましい秩序であるとは言えない。

本章はしたがって、「西太平洋連合（以下、ＷＰＵ）」というコンセプトがどのような形をとることで、上記の2つとは異なる第三のアジアの秩序づくりの礎となり得るのか、インドネシアを中心に据えて論じるものである。そのためにもまず、インドネシアにとってのＷＰＵの意義、ＷＰＵにとってのインドネシア意義について確認しておきたい。

インドネシアにとってのＷＰＵの意義は、一言で言えば、米中二極型秩序および中国覇権型秩序がもたらす政治的経済的リスクを低減させることにある。ではそれらはどのようなリスクだろうか。

東南アジアの新興国にとって、米中二極型の秩序形成の初期段階にある現在は、中国の生産拠点の移転や、本来中国に投資される予定であった資本の投資先振り替えで利益を得られる大きなチャンスとなっている。とりわけコロナ禍で大きな打撃を受けた経済の回復のためには、米中対立構造は皮肉にも理想的な秩序だと見なすことも可能である。ただ、インドネシアが現在の人口ボーナスを活かし、期待されるような世界第4位の経済大国へと成長するためには、[1] 一過性ではない長期的なインフラ投資や開発プランが必要不可欠である。そのために必要な地域秩序とは、さらなる投資を呼び込むための予見性の高い政治経済環境である。米中二極型の秩序が抱えるリスクの第一はこの予見性が大きく損なわれるところにある。リスクの根源にあるのは米中デカップリングの深化により、これまでの成長を支えてきた自由貿易と多角化を通じた経済成長モデルが通用しなくなる可能性である。したがって経済成長こそが東南アジア各国の第一の政治目的であるとするならば、米中関係に依存する地域秩序は、長期の国家戦略上決して望ましいものではない。

より心配な点は、米中二極型の秩序はとりわけインドネシアの政治社会的安定、特に国民国家の統合維持にとっても、無視できないリスクを増大させる点にある。米中対立が、政治的、経済的、技術的競争から、さらにイデオロギー的競争としての側面を強めれば、国際環境のダイナミズムに呼応する形で国内における政治的社会的亀裂が深化し、対立がエスカレートしかねない。[2] この懸念は、過去80年の間に、植民地対反植民地、共産主義対反共産主義、権威主義対民主主義といった国際秩序の対立構造が、インドネシアを舞台に大きな政治対立として現れ、多くの犠牲者を出してきた歴史に起因する。国際的な二極構造が国内の政治対立のエスカレーションにつながった歴史の繰り返しを避けたいと思うのは自然であろう[3]。

一方の中国覇権型の秩序も、別の形でインドネシアにとっては経済的にも政治的にもリスクが高い。第一に、民主主義国としてその政治制度の維持に多くの政治資源を費やしているインドネシアにとって、権威主義体制を中心とするアジアの秩序が広がることは、民主主義体制の維持に対する逆風となる。中国やベトナムなど権威主義体制の近隣国がより高い経済成長パフォーマンスを見せれば、経済成長を通じて国民の政治的支持を獲得しなければならない政権としては、民主的なアカウンタビリティを遵守するインセンティブは大きく低下してしまう[4]。

そしてもう一点、インドネシアが多民族多宗教国家であるがゆえに抱える中国覇権型秩序のリスクが存在する。それは、世界最大のムスリム人口と、世界最大規模の華人社会を抱えているインドネシアにおいて、イスラムと華僑華人は、これまで国内の政治社会を不安定化させるアイデンティティ・ポリティクスの2大発生源であった。中国のウイグル人への苛烈な政策と、習近平国家主席が主唱する「中国の夢」への華僑華人動員戦略の両者ともに、反中ナショナリズムを喚起する政治的地雷となる。中国覇権型秩序の中で、中国との経済的依存関係を高めれば高めるほど、中国の内政・外交が間接的にインドネシアの政治的安定を脅かす可能性を高め、インドネシアの政治的安定が中国次第となれば、主権の維持もままならなくなる可能性がある。

したがって、両シナリオを避けるためにも、また少なくとも、対米、対中関係が抱えるリスクを回避するため、第三のアジアの秩序構想をインドネシアは必要としている。したがってインドネシアには日本を含めた他の地域国との連携の強化を躊躇う理由は小さい。

次に、ＷＰＵにとってのインドネシアの意義、インドネシアがＷＰＵの柱として位置づけられるべき理由はどこにあるだろうか。

第一に米国、および日米にとっての重要性を確認しておきたい。アジアにおける中国覇権型の秩序の形成を防ぎ、「自由で開かれた」秩序を目指すという戦略的利益を追求する上で、インドネシアは日米豪印が主唱するインド太平洋構想の文字通りインド洋と太平洋とがつながる地理的中心に位置している。インドネシアの海域が「自由で開かれた」ものになっていなければ、どれほど日米豪印が連携しても、海洋秩序における自由で開かれた航行可能性の確保は骨抜きになる。２００９年より定例化しているインドネシア——米国合同演習Garuda Shieldは２０２１年８月には島嶼部防衛訓練を主眼として史上最大規模で実施された。このことは米国のこの地域における海洋安全保障戦略におけるインドネシアとの関係の重要性を示すものであった。

地政学的な要因のみならず、アジアにおける「価値の共有」という観点からもインドネシア抜きの秩序は考えられない。２０２１年３月12日に“The Spirit of Quad”として民主主義の強靭性を強調したが、インドネシアは日豪以上にアジアの民主主義を代表する大国である。[5] ＡＳＥＡＮの中心性の尊重も同宣言で強調している以上、論理的な説得性を持つためにも、本来であればＱＵＡＤにインドネシアを入れたQUINTにすることが自然である。民主主義、法の支配、海洋秩序、といった基礎的な点に鑑みても、「価値の共有」、「Like-Minded」という言葉を用いるのであれば、インドネシアはカースト制度が残るインド以上に日米豪と価値を共有していると言っても過言ではない。

第二に、中国にとってのインドネシアとの連携の意義についても確認しておきたい。まず、中国が求める海洋地域秩序についてインドネシアとの関係が重要になるのは、南シナ海をめぐり、フィリピン、ベトナムとの対立関係が、東南アジア全体との対立関係にエスカレートすることを防ぐことにまずある。次に、そしてさらに重要な点は、南シナ海の事実上のコントロールを掌握した後の段階を見据えたときの地政学的利益である。中国の立場で見ると南シナ海からインド洋に向かう際、南部、東南部のチョークポイントとなっているのが、インドネシアの海域である。具体的にはマラッカ海峡、スンダ海峡はもちろんのこと、マラッカ海峡を通過できないスーパータンカーなどの大型船舶の航行が可能となるロンボク海峡からスラウェシ海、スールー諸島海域である。仮に南シナ海の事実上のコントロールを掌握したとしても、インドネシアが対中対決姿勢に転じれば、南シナ海をベースにした外へのアクセスの自由度は低下し、南シナ海の持つ戦略的価値はその分大きく低下し、これでは不都合である。

もう1点、中国にとってインドネシアが重要となる文脈で忘れてはいけないのは、華僑華人との連携である。習近平国家主席が「中国の夢」として「中華民族の偉大なる復興こそが、近代以降の中華民族の最も偉大な夢」と語るとき(6)、中国の外に居住する中華民族、つまり華僑華人との関係もまた戦略的に重視される。[7] 華僑華人の居住人口で世界最大と推計されているインドネシアとは、そのため政府間関係だけではなく、華僑華人コミュニティとの関係についてのマネジメントが別途必要となり、中国が世界を対象に実施している僑務政策の成否を占うためにもインドネシアはとりわけ重要な試金石となる。[8]

このように、インドネシアが米中の双方に戦略的に重要と見なされることは、外交上の重みを獲得するポジティブな面もあるが、同時に大国間の異なる秩序構想が衝突するフロントラインに立たされる可能性を意味することにもなる。これは論理的な帰結だけではなく、歴史的教訓でもある。具体的には１９５０年代から１９６０年代に経験した中国の革命輸出や、米国のスマトラ分離独立構想に見られる米中双方からの国内政治への介入の失敗に証明される通りである。[9]

これまでインドネシアはこうした過去の歴史とその地政学的重要性からくる大国間競争のアリーナとなるリスクについて、その解決策として「頑なに」非同盟主義を掲げ、その姿勢を堅持してきた。タイがその時々に最も力のある大国との事実上の同盟関係を「柔軟に」結びかえることを戦略とするのとは、対照的な選択である。アジアの中で非同盟を貫いてきた国家として、インドネシアにはアジアの他の国以上に多国間による地域秩序構想を通じた安定が必要不可欠な政策史が存在する。

したがって、西太平洋が分断の地域になり、インドネシアが分断のフロント国家にならないようにするためにも、そして中国の覇権型秩序が形成されないようにするためにも、インドネシアは日本とならんでこのＷＰＵの主唱国となって然るべき国であることは論をまたない。

では、インドネシアが主唱するＷＰＵが達成すべき目標、実現すべき原則とは何か。国家の枠で考えれば次の３原則に集約されるだろう。それは、民主主義、国民統合そして経済成長を同時に達成することにある。これを社会・個人のレベルで考えれば、自由と安全と繁栄の３点を同時に達成することに求められよう。

ＷＰＵがこれまでにないインパクトを持つために重要なポイントとなるのは、加盟国は上記３原則をすべて「同時に」実現することを志向し、それが可能な地域づくりに尽力することにある。中国覇権型の秩序であれば、国民統合と経済成長の２つ、別の言い方をすれば、安全と繁栄は原理的に達成可能である。また米国が主導する秩序で言えば、民主主義と経済成長、個人のレベルで言えば自由と繁栄は達成することができるかもしれない。しかし米中どちらの秩序構想においても、３つの要素を同時に達成することは難しい。

そこで鍵となってくるのが、日本の役割である。日本は、上記３つの到達目標を１００点でないにしても高いレベルでバランス良く達成してきた稀有な経験を持つ。先進国の仲間入りを果たし、完全ではなくとも国内治安、国民統合、社会福祉を安定させ、国民は高いレベルで政治的文化的自由を享受している。日本がＷＰＵを主導する一翼を担いうるのは、そこに大きな理由があると言えよう。

ではインドネシアがこのＷＰＵのもう一方の一翼を担うべき理由はどこにあるだろうか。その要点を以下３点論じたい。第一に、インドネシアにはこれまで、「第三の秩序づくり」を行ってきた外交上の大きな実績がある。インドネシアは一貫して非同盟の立場をとってきた経緯があり、その意味において、WPUを米中とは異なる第三の秩序という意義づけに説得力を持たせるには、インドネシアほど適している国はない。第二にアジアにおいて民主主義を共有する、もしくは志向することを原則として地域秩序を構想するのであれば、過去20年を費やし人口2億8000万の大国を民主化し定着させてきたインドネシアの実績は、アジアにおいて民主主義が持つ正当性を支える上での中心的な支柱となる。第三にデジタル空間が現実の地政学的空間と相互作用的に秩序形成の主たる力学として影響力を拡大させる以上、地政学的な一極化、二極化を回避するには、当然サイバー空間における一極化、二極化を避ける必要がある。それはいわばサイバー空間における脱新帝国主義であり、そのためには東南アジアの事実上のリーダーであり、デジタル経済が急速に拡大するインドネシアのイニシアティブが必要となる。以下に、これらの3つの点について詳しく述べていきたい。

1　インドネシアの地域構想：大国間競争への不信と第三の道の模索

グローバルな秩序が二極化していく中で、どのように生き抜き、国家の統一をどのように維持し、混乱を乗り越え、発展させていくのかという問いはインドネシア外交の建国以来の一貫したテーマであった。その手段の1つとして、インドネシアは多国間の地域構想、連合づくりをこれまで積極的に仕掛けてきた歴史がある。ここではその代表的な事例について4つ挙げたい。

第一に、１９４０－50年代の脱植民地期のアジアの混乱期、危機の時代において、その問いに対してインドネシアが出した答えが１９５５年のバンドン会議におけるアジア・アフリカ諸国による非同盟宣言と平和十原則であった。ここでは反帝国主義・反植民地主義と平和共存の原則が強調され、旧植民地国と、国連をはじめとする国際機関の双方に対する根深い不信感が新しい枠組みの基盤となっていた。集団防衛の排除や内政不干渉の原則も、ここでは主として大国間の競争関係に独立まもない各国が巻き込まれる可能性を最小化する試みであった[10]。この精神はより広範な支持を得て、１９６１年には非同盟諸国宣言へと結実する。

ただそこには1つだけ落とし穴があった。バンドン会議の精神も非同盟主義も大国・旧植民地に対する抵抗運動のイデオロギーであった。したがって、会議を主催したスカルノ大統領がそのイデオロギーが持つ政治的動員のエネルギーを自らの権力維持のために用いることで、大国、旧植民地との軋轢を活用することで自らの統治の正当性を調達するようになり、地域の不安定化をもたらした。地域の安定を目指したバンドン精神の土台を皮肉にも自ら崩していくこととなった。スカルノ大統領は、バンドン精神に掲げられた反帝国主義の実現として、国内においては経済政策を犠牲にしてでも革命行動の継続を選択し、外交政策もまたマレーシア連邦の建国反対、西パプアの併合といった旧植民地宗主国との対決姿勢を軸に展開した。その結果欧米諸国との関係は大きく悪化し、このことが地域の政治的不安定化をもたらした[11]。

そこで地域安定の第二の仕掛けとなったのが、東南アジア諸国連合（ＡＳＥＡＮ）であった。

１９６５年の九・三〇事件とその後のスハルトによる事実上のクーデターによってスカルノが失脚すると、西太平洋地域の政治環境は大幅に変化した。権力を掌握したスハルトは反帝国主義ではなく経済成長をもって政権の正当性を調達しようと目論んだ。その結果、スカルノがマレーシア建国に反対して展開したコンフロンタシ（マレーシア対決政策）を停止し、地域的な安定を求めるための地域秩序をインドネシアは欲した。そこで出した答えが、タイ、マレーシア、フィリピンと１９６７年４カ国で設立したＡＳＥＡＮの設立であった。中国が展開する各国の共産党や革命支援といった政治的影響力へ共同で対処しつつ、加盟国間の紛争を未然に防ぐことで地域内の安定に同時に寄与する中規模国の「緩やかな」連合であった。

　第三の仕掛けは東アジアサミット（ＥＡＳ）であった。１９８０年代、90年代の安定期の後に訪れた１９９７－98年の経済危機と米国の対テロ戦争期における米国の一極時代において、インドネシアは東南アジア地域の安定のために、ＡＳＥＡＮ＋３からＡＳＥＡＮを中心とするＥＡＳを構想することで、インドネシアを取り巻く戦略環境の安定、すなわちアジア全体の地域秩序の安定に努めた。とりわけ、２００４年にＥＡＳを構想する上で、オーストラリア、ニュージーランドに加えて「東アジア」にインドの参加を求めたのは戦略的決断であった。この決断にはＡＳＥＡＮ＋３の枠組みにおける中国の相対的地位の上昇を懸念したという点も当然存在するが、インドネシアの立場から見ると、もう１点理由があった。それはあくまでも太平洋に重心があり、インドネシアが地域秩序の端に位置づけられていたところを、ＥＡＳでインド洋と太平洋をつなぐ枠組みに組み替えたことでインドネシアが地域秩序の中心に位置づけられるようになったのである。[12] 周辺を中心化するというインドネシアの地域構想の発想は、ＷＰＵを対中戦略の文脈だけでなく、太平洋諸島やラオス、ミャンマー、バングラデシュ等をバランス良く引き込むことで地域の安定を企図する中心的プラットフォームとして位置づける上で大いに応用できるポイントである。

第四の仕掛けはＡＳＥＡＮ憲章の採択であった。インドネシアは、地域秩序の安定の要点は外交上のパワーと地政学的要素をバランスさせるだけでなく、各国内の経済改革と政治改革のバランスをとることにあると喝破した。ＡＳＥＡＮは政治に踏み込むべきではないとする各国既存の外交エスタブリッシュメントの度重なる反対をインドネシアはかつて押し切り、民主主義や人権条項を入れたＡＳＥＡＮ憲章を２００８年に採択した過去を持つ。ここで発揮されたインドネシアの外交イニシアティブは１９９７－98年における経済危機において、金融危機が政治危機、そして社会的危機に発展したインドネシアの苦い経験に基づき、政治改革なしの経済改革に持続性はないという教訓から出てきたものであった。ＡＳＥＡＮ憲章が東南アジア各国の政治改革の契機になったかと問えば、現段階で明示できる結果は小さい。それでも、当時の国際政治環境、すなわち米国が対テロ政策の名目で中東や南アジアに軍事介入する時代において、大国が地域に介入することを防ぐ手立てとして、ＡＳＥＡＮ憲章が間接的にでもその効果を果たしたと見なすことはできる。ＡＳＥＡＮ憲章が民主主義や人権へのコミットメントを謳っている以上、米国が徒らに地域介入することを未然に防ぐ、外交的「盾」の役割を果たしたと言っても過言ではない。実際にインドネシアをはじめとして東南アジア各国において２０００年代に数々のテロ事件が発生し、人権問題があっても、それらをきっかけに米国や国連が軍事介入することはなかった。つまりマクロで言えば、大国の介入を防ぎ東南アジアを平和な地域として、経済成長に集中できる環境を作ったのである。この功績は過小評価してはならない。少なくともＡＳＥＡＮ憲章を提唱したインドネシアが、当初の他の加盟国の反対にあっても、民主主義や各国内の政治的安定のために、大国の介入を防ぐ仕掛けが必要だったということは認識しており、ゆえにＡＳＥＡＮ憲章の採択は２０００年代から２０１０年代の東南アジアの平和の礎の１つとして認めることができるだろう。[13]

このように国際秩序の変容期において、インドネシアはこれまで繰り返し、グローバルな秩序の変動期に東南アジアの安定を求めて、事実上の「第三の地域秩序構想」を四度にわたって主唱してきた実績がある。普段は国内問題、とりわけ自国の経済成長と国内の治安維持に集中し、地域秩序の構想に対する積極的な意思は見えない。しかし、これまでの歴史が示しているように、危機が生じると、そこには地域大国としての責務を感じるその姿があり、そのことが地域の中で一定の信用を得ていることは間違いないであろう。

その信用は近年も、たとえば２０２１年のミャンマーにおけるクーデター後にも象徴的に示された。国内外から極めて強い非難を受けているクーデターの主導者ミン・アウン・フライン国軍司令官が、インドネシアの首都ジャカルタに赴き、東南アジアの他の首脳との会合への出席に同意したのである。クーデター政権としては国際承認がのどから手が出るほど欲しいのは、ルトワックの『クーデタ入門』にも記された通り、権力奪取の定石である。したがって近隣のＡＳＥＡＮから承認を受けるため、「首脳」として会議に出席することを求める姿勢に疑問はない。しかし、ミャンマー国内情勢が全く落ち着いていない中では、国外に出た瞬間何が起きてもおかしくはなく、大きなリスクを孕んだ渡航となる。したがって確たる信用なしには開催できない会議であった。クーデター後の体制運営でミャンマーが参考にしているとされるタイでも、議長国のブルネイでもなく、インドネシアで会議が開かれたのは、象徴的であった。会議の開催がそのままミャンマーの国内闘争の解決につながることはなくとも、国連等、他の国際機構が何ら効果的な手を示せない中で、国内対立、そして国際的なエスカレーションをわずかでも抑えた功績は大きい。これまでの歴史から、現在に至るまで、いわば地域の安定のアンカーとして、比類なき外交実績を積んできた点からも、インドネシアがＷＰＵの中心的な柱となることは間違いないだろう[14]。

2 民主主義を支える西太平洋の政治経済的エコシステム

ＷＰＵにおいて、インドネシアが求める１つの柱となるのは、民主主義の維持、促進である。インドネシアでは民主化後20年にわたって高い投票率を維持し続けており、２０１９年の大統領・国会議員選挙の投票率は82％であった。選挙当日はおしゃれをして投票所に赴き、投票所の側は装飾を施しスタッフは仮装し、周りには出店が並び、ちょっとしたライブミュージックの舞台が登場する投票所もある。和気藹々とした事務作業ゆえに、投票手続きには時間がかかるが、時間がかかるからといって文句を言うものはほとんどなく、選挙当日はさながら町のお祭りのようである。民主化後１９９９年に初めて国会選挙が実施されてから20年経ち[15]、地方首長選挙や地方議会選挙など、頻繁に選挙が実施されており、それは単なる行政手続きとしてではなく、もはやインドネシアの文化として根付きつつある。

　この20年の歩みはインドネシアにとってのみならず、東南アジア全体にとっても、極めて大きな意義があると言えよう。１９９８年の経済危機時点では開発独裁体制の崩壊を経てインドネシアのバルカン化が危惧され、そのような国民国家崩壊の危機時に、民主化を実施しようとしたとき、隣国シンガポールのリー・クアンユー首相からは、危機を東南アジア全体に波及させることになるとして、反対された経緯もある。インドネシアの民主化に対して懐疑的な見方が強い中にあって、その後地方分権化をも加えて、20年間にわたって民主制を維持してきた。これは歴史的に見ても、大変な快挙である。なかでも、２０１４年5月にタイでクーデターが起き、選挙で選ばれたインラック政権が倒れた後、インドネシアは大統領選を成功させた。僅差であったにもかかわらず、最終的には敗者のプラボウォ陣営が敗北を受け入れ、タイの識者は「インドネシアが東南アジアの民主主義を救った」と謝意を表した[16]。

　一方で、インドネシアの民主主義が安泰だと結論づけるのもまた誤解である。むしろ、インドネシアの民主主義は内外の苦境の中、瀬戸際で持ち堪えていると言った方が正確であろう。国内においては、インドネシアの民主主義を支えてきた反汚職撲滅委員会や憲法裁判所の権限や独立性がこの数年で大幅に削られ、国是パンチャシラ（共和国建国五原則。唯一至高なる神性、公正で文化的な人道主義、インドネシアの統一、合議制と代議制における叡智によって導かれる民主主義、インドネシア全国民に対する社会正義、の五つ）に反するとして、宗教団体が一方的に非合法化され、ジャーナリストがフェイクニュースを流布した疑いで逮捕されるなど、民主主義の質の低下を示す兆候は随所に見られている[17]。インドネシアの選挙制度は持ち堪えているが、民主主義の基礎となる法の支配や人権、自由主義的価値については、漸次的に危機が深まっている状態にあるといえよう。

　こうした国内政治の文脈の中で見られる民主主義の後退は、地域的に、そしてグローバルな政治社会環境の中でも、民主主義が弱体化していることと無縁ではない。かつて２００４年にインドネシア外相が国連総会において、「一国の民主主義が定着できるか否かは、グローバルレベルにおける民主的環境がなければ、全く保証できない」と訴え、歩みを始めたばかりの民主主義を支えるための多国間協調型の国際環境作りを訴えた[18]。つまり、各国の民主主義を支える国際環境もまた民主的でなければならないと訴え、超大国米国の一方的な政治介入を批判したものである。その後、東南アジアの民主主義国は２０１４年のタイのクーデター、フィリピン・ドゥテルテ政権下におけるポピュリズムの台頭、そして２０２０年マレーシアにおける与党造反政変による政権交代と、東南アジアには地域全体として政治的に権威主義体制に流れている傾向が見て取れ、２０２１年のミャンマーのクーデターは改めて、東南アジアには民主主義を支える政治的、社会的な国際環境が存在していないことが証明されてしまった。

　こうした流れの原因は一義的には各国の社会変化の中にあるものの、同様に国際的な趨勢も無視できない。民主主義には現在二つの向かい風が吹いていると言える。一つには、中国の経済的成功である。一党独裁の権威主義体制がアジア最大の経済大国として経済成長、貧困撲滅、そして国家の統一を守り、今回のパンデミック危機においてもウイルス流出に対する国際的非難を封じ、一党体制の危機対応能力の高さ、優位性が盛んに喧伝された。一方で欧米の先進民主主義国においては、経済格差の拡大を背景に各国の国内の社会的分断があおられ、反エリート運動が隆盛し、ポピュリズムの台頭を許して民主主義的合意形成の難しさが強調された。パンデミックへの対応も米国やインドにおける感染者、死者の急増に伴い、民主主義は守勢に立たされることとなった[19]。

　したがって、中国の台頭と欧米の先進民主主義国の躓きを見て、経済成長、貧困撲滅のためには中国のような統治システムを評価する政策エリートは民主主義各国の中にも存在し、インドネシアもまた例外ではない。その具体的な表れが、２０１６年の大統領選挙公開討論会におけるプラボウォ大統領候補の発言であった。現職に批判的なイスラム保守派の支持を固めるためにも、本来であれば、ウイグル人に対する中国政府の苛烈な政策を誰よりも批判すべき立場にあったにもかかわらず、中国の貧困対策の成功を激賞したのであった。

　２０２０年にアジアの経済成長を大きく鈍化させたコロナウイルスの結果、西太平洋の各国は経済成長を復活させることに多くの政治的資源を費やしており、もはや民主主義の重要性についての議論、ましてやアジアを民主主義の地域とするために協働しようという機運は完全に下火となっている。経済成長のスピードこそが、政権の正当性を獲得する上でより重要な位置を占める現代において、インドネシアから他の各国を見れば、多くの国は民主主義のための協力相手国ではなく、経済成長のための競争相手と見なされてしまう。[20] その際たる例が、対中投資の移転先をめぐる東南アジア各国間の誘致合戦である。民主主義的な手続きの遵守以上に、投資誘致実績でベトナム等、東南アジア各国に負けてはならぬと、形振り構わぬ政権運営が顕在化した。そうした焦りからくる政治的動きが２０２０年のオムニバス法の強行採決であり、異議申し立てに対する事実上の言論封鎖であった。[21] 経済的利益のためにデュープロセスを疎かにする政権運営は、今後のインドネシアの民主主義の維持にとっては大きな懸念材料である。

当初から、民主主義を一国で堅持することの困難を理解していたインドネシアは、非公式の民主主義促進のための外交フォーラムとして、ユドヨノ政権期にバリ・デモクラシー・フォーラム（以下ＢＤＦ）を設立した。機構ではなく政府間のフォーラムとして組織されたＢＤＦはまず２００８年に閣僚会合を開催し、「民主主義をアジアの戦略的アジェンダとすること」「政治的発展を促す域内協力フォーラムを設立すること」「民主主義と政治的発展へ向けた相互協力のための基盤を設立すること」との目標を掲げ、[22] あくまでも「域内のすべての国に開かれた開放的な政府間フォーラムである」とされた。つまり、東南アジアが、主として権威主義体制の地域であることを理解した上で、現時点で民主主義体制である必要はなく、「民主主義を希求する（Democratically Aspired）」国であればフォーラムの参加者として認められるという基準を創出した。

フォーラムの目的としては「民主主義は地域の平和と安定の促進にとっての鍵であり、域内の経済協力と軌を一にする形で域内の政治協力を促進する必要があり、その意味で民主主義をアジアの戦略的アジェンダにすべき」として、「経験とベストプラクティスの共有」に焦点が置かれた。

インドネシアにとってフォーラム設立の本音は、先にも述べた通り、他国への民主主義の伝播以上に、インドネシア自身の民主主義を孤立させないことにあった。すなわち、インドネシアの民主主義が周りの権威主義体制によって弱体化させられることがないよう、国際環境を構築するという目的である。シュルツ米国元国務長官の言葉をもじれば、民主主義育成のための「庭づくり」のメカニズムであった。

インドネシアのこうした民主主義イニシアティブはＷＰＵ構想に引き継がれるべきものである。ＡＳＥＡＮ憲章にデモクラシーを書き入れ、バリ・デモクラシー・フォーラムを設立し、民主主義の維持のための国際環境づくりに注力してきた国である。既存のＡＳＥＡＮの枠組みでは２０１４年タイと２０２１年ミャンマーのクーデターを予防することはできなかった苦い経験もある。そうした反省から、インドネシアとしても、これまでのＡＳＥＡＮアプローチを補強する意味で、ＷＰＵに期待するものも出てくるだろう。

インドネシアが伝えられることとしては、「政治改革なき経済改革」は持続不可能だということ、民主主義の促進は、大国の圧力によってではなく内発的に起こる政治社会変動をサポートするというスタンスを強調すること、そして、民主化の機運があれば、多国間主義を通じたベスト・プラクティスの共有を通じてサポートすることにあるというメッセージである。

内発的かつ多国間の協力を通じた民主主義の促進を謳うことで、ＷＰＵは、中国覇権型の秩序とは目指す政治的な原理原則の違いを明らかにし、さらにはアメリカ中心型の民主主義アプローチをも牽制することができる。民主主義の協調外交を米中イデオロギー対立とは独立した外交として見直されるべきであるという主張である[23]。

ＷＰＵが持つ政治、安全保障上の意義を見出す際、インドネシアが参加すること、さらに日本やフィリピンが中心的な役割を担う上ではやはり民主主義を地域の原則に掲げることは不可欠であろう。ＢＤＦの初回討論でも合意されたように、「民主主義の定着にとって最も効果的な方法は関係機関の強化と法の下の平等の徹底である」との考えがある。これは日本が掲げる民主主義強化のアプローチと親和的であり、現時点で民主主義ではないベトナムやラオス等の国としても受け入れやすいアジェンダとなるだろう[24]。

3　デジタル空間における新バンドン宣言

米中大国間競争が国際秩序の基本原理となるとき、ＷＰＵの国々が直面する具体的なリスクの表れは2点指摘できる。１つには、冒頭で述べた米中デジタルサプライチェーンのデカップリングによる経済機会の逸失リスクであり、もう１つには、米中のハイテク企業を中心とするデジタル空間内の二極ヒエラルキーが確定することで、ＷＰＵの国々の主権が脅かされるリスクである。一方では各国政府はそのガバナンス能力の向上のためデジタル化を進め、自国に競争力のある企業を育てるためにも、米国や中国の先端企業との連携、および投資を呼び込む必要がある。そうした呼び込みを促進するためには、データ収集、所有、課税の問題等、優遇措置を講じることが求められる。ただ、他方ではデータ収集する主体が、米国か中国かについてリスクの性質に違いがあるものの、どちらであっても、経済成長と主権のトレードオフの関係が存在する。

より具体的には、「監視国家」を通じた中国覇権型のデジタル空間の秩序形成となるか、ズボフが言うところの「監視資本主義[25]」を通じた米国覇権型のデジタル空間の秩序形成になるかという、デジタル空間における政治的選択肢はそのまま、中国の「デジタルシルクロード」、米国の「クリーンネットワーク」といったかたちで地政学的な意味を持たされ、５Ｇをめぐる選択のようにデジタル空間における新冷戦秩序が現実空間の秩序形成に決定的な影響を与えることとなる。したがって、ＷＰＵの主眼である、米中の両大国を加盟させない第三の秩序形成という主旨はまさにこうした二極分化しつつあるデジタル空間の秩序がもたらす歪みを正し、インパクトを和らげる機能を持ち得るかが鍵となる。

この時、ＷＰＵの持つ具体的な機能として、ＡＩと安全保障分野にかかる基準づくりを一例として挙げたい。ＡＩに関するグローバルな倫理基準が依然として定まっていない中、ＡＩ活用の倫理基準をＷＰＵにおいて先んじて定めることはＷＰＵの大きな戦略的利益となる。まず、世界の安全保障上、西太平洋がすでに戦略的要衝となっている現実を踏まえる必要がある。かつ、戦術的かつ軍事的な優位性を確保するのは、ＡＩを活用した統合型の部隊、兵器体系の構築であることが自明である以上、この地域の安全保障上の競争力を規定するのは、まさにＡＩ活用システム開発のスピードとなる。そうなると、西太平洋地域において実践運用可能なＡＩシステムの開発については、実際の現場における無数の「テスト」が必要となる。その「テスト」とはシステム開発からデータ収集、実戦演習まで、段階ごとに陸海空の地理的情報から防衛関連情報、重要インフラや実際の戦場における分析情報へのアクセスが求められ、そうしたアクセスなしには、「プログラムのアップデート」や「テスト」ができず、実践において必要となる信頼を構築することもできない。したがってＡＩ開発プロセスに国家のみならず広範な民間企業の参画が可能となるよう機密情報へのアクセスを可能にしなければならない。ＡＩの活用能力が安全保障上決定的となることが必至なことを踏まえれば、ＷＰＵは、たとえ自国に国際的な競争力を有する開発企業が存在しなくとも、こうしたＡＩ開発の「テスト」や「民間企業の参画」にかかる共通の倫理規程の構築を多国間で先んじて主導することが、いわばデジタル空間における「帝国主義」に対するレバレッジとなる[26]。米中とは異なり、自国内にグローバル競争力を持つアクターが少ないからこそ、インドネシアを中心にＷＰＵとしてデジタル空間におけるいわば「新バンドン宣言」を発出することが効果的となろう。

ここで参考になるのは、１９９５年に策定された「東南アジア非核兵器地帯条約」である。東南アジアにおける核兵器の開発・製造・実験・配備等の禁止を５大核保有国に求めるものであり、平和と安定および国際的な核軍縮の進展を求めるイニシアティブであった。その後、５大核保有国はこの条約を承認していないものの、いわゆる「持たざる」中小国が連合を組んで、地域の安定のために大国に対してモノを言うことができる前例を作っており、上記の提案はそうした経緯にも通じるものである。

ただ注意すべきは、ＡＩの活用については核兵器と異なり、経済政策上もガバナンス向上の観点からも得られる利益が高いという点である。ＡＩを活用しなければ、経済的な国際競争力さらには、貧困問題や気候変動に対する対応策の向上も実現し得ないことからも、そのために、米国や中国の支援、協働、投資を求めるインセンティブは高い。個々の起業案件、個々の社会課題解決においては、イノベーション推進の立場からＡＩの活用とその有効性を担保するための様々なデータアクセスは推進されるべきである。ただ、得られたデータやＡＩが下す判断についての公共性、公益性、検証性を担保するメカニズムの構築なしに導入が進めば、新たな社会的亀裂を生む可能性を孕む。

すでに米国でも、国家が民間企業の下請け化している事例が増えている。たとえばアマゾン社が置き配の安全用にドア先に設置する監視カメラが、公的に設置される監視カメラ以上に街を網羅することで、警察はアマゾン社の映像に映った置き引き行為等に自動的に反応する形で動くことになる。いわば、警察の治安維持機能が、アマゾン社の下請けのような形になるということである。[27] 仮にカメラやシステムの誤作動で誤認逮捕が起きたとしても、または、カメラの故障で逮捕を逃したとしても、アマゾン社には公的責任は発生しない。ただ米国であれば、自国に本社があるアマゾン社に対して様々な形でアカウンタビリティを要求することができる。報道の自由もあるため、調査は可能であり、議会への召喚も可能である。しかし、すべての国がその国を代表する大企業に法的アカウンタビリティを求めることができるわけではない。

より問題となるのは他国の企業が事実上政府の公共サービスを下請け化することにある。インドネシアの中小小売店がアリペイやウィーチャットの決済に依存することで、事実上アリババやテンセントの下請けに組み込まれる。そうして築かれたプラットフォームを端緒にスマートシティにおけるセキュリティや電力・水道インフラといった公共性の高いサービスを提供する外資企業が得たミクロの地理情報、住居情報や、金融機関が用いる生体認証のデータが、公共データでも個人情報でもなく企業資産とされる。中国の場合、そうした公共性の高いデータもまた中国政府の求めに応じて、提供しなければならないように、これは事実上の、サイバー空間を通じた植民地支配に近い構造を構築していくことにつながる。そして、この構造は民間企業の競争力向上という市場メカニズムの中で進展していくため、経済成長を第一の政治目標としてこれを促す国家としてはこの資本の動きを止めることは難しい。国際サービス貿易の自由化を通じて、新たな企業や資本が治安や金融、医療、教育といった極めて公共性の高い分野に入っていくことで、経済成長を促すという国家主導の戦略が、同時に主権維持を困難にするというジレンマがここに生じることになる。

インドネシアでは辛うじてゴジェックやトコペディアといった自国初のユニコーン企業が育ち、ソーシャル・プラットフォーマーとして公的サービスの一翼を自国の企業が担っている形となっている。それでも、こうした代表的な企業の株主の大部分を米中の代表的なテック企業やベンチャーキャピタルが占める[28]。このことは、東南アジアの最も成功した地場企業をもってしても、米中競争のダイナミズムから独立ではいられないことを示している。

この問題は、先に述べたように、米中以外の国すべてに共通する政策課題であり、本来であれば、より広範囲な多国間協議の場で議論されるべき問題でもある。ただ、西太平洋地域は世界の他の地域以上に、中国に近く、中国と米国のテクノロジー競争の最前線に位置している。したがって、各国政府が外交的にどれほど中立的立場を希求したとしても、安全保障技術の面からも、経済成長・イノベーションの面からも、米中のテクノロジーおよび資本からその国の市場が独立であることを目指すのは現実的ではない。それでは、「デジタルシルクロード構想」に代表されるように、あからさまにデジタル空間をテコとした新帝国主義とでも言うべき、ハイテク民間企業をアクターとする覇権型の秩序構築に対して、どのような手段をもって主権や自律性を守ることが可能であろうか。技術でも資本でも米中をコントロールすることができない状況だからこそ、各国はなるべく連合を組んで、それぞれの主権、公益性、安全保障を維持するための、対抗措置を模索する必要がある。

最もわかりやすい対抗手法の一つが、公共性の高い行政分野における、米中抜きの連合を組むことにある。カンボジアの中央銀行が導入したブロックチェーンベースの電子通貨「バコン」や２０１８年にインドネシアで開催されたアジア競技大会におけるＮＥＣの顔認証システム「ＮｅｏＦａｃｅ」のように、米中によらない日本と東南アジアの技術協力をベースにした事業のあり方がまさにＷＰＵの柱の一つとなる。

他方で、米中双方が開発する最先端の技術と大規模な資本との提携なしには、そもそも中進国の罠を乗り越えるためにも技術的発展も経済成長も望めないのも厳然たる現実である。したがって、米中との技術的、資本的関係を継続しながら、その主権を守ろうとするには、やはり規範や基準づくりでどれだけ力を持ち得るかが鍵となる。ＡＩ活用の倫理基準や自律型兵器の使用禁止、生体認証データの所有権移転などをめぐる新基準を世界に先駆けて宣言する必要があり、このＷＰＵというフォーラムでまさにデジタル世紀における一極、もしくは二極型のヒエラルキーの形成を牽制する声を上げることが有効である。その役割こそ、ＷＰＵの持つ、第三の秩序を模索する上での大きな意義になる。

4 人材育成アリーナとしての西太平洋連合

インドネシアがその柱となってＷＰＵの形成に注力する意義と目的を改めて一言で言うならば、それは、自由、繁栄、安全のバランスがとれた社会圏を作ることにあり、民主主義と国民統合と経済成長の三者が維持可能となる地域秩序づくりである。

そのために、冒頭で述べた通り、「ＷＰＵ」というコンセプトがどのような形をとれば第三のアジアの秩序づくりの礎となり得るのかという問いに対する答えを模索した。それは第一にインドネシアの非同盟外交実績に基づく信用を礎に、インドネシアには日本とならぶ、もしくは日本以上に中心的な役割を担ってもらう。第二に、ＷＰＵは民主主義を支えるプラットフォームとなることである。バンドン会議からアフリカ連合そして、ＡＳＥＡＮ憲章に至る大国の介入を防ぎ、内からの民主主義の精神を継承するのがＷＰＵという位置づけである。バリ・デモクラシーフォーラムのロジックを援用するならば、現在は権威主義体制でもやがては「民主主義を希求する」国々がベスト・プラクティスを持ち寄る場としての連合体である。そして第三に、デジタル空間で展開される中国政府、米国企業の新しい帝国主義的な秩序づくりに対抗できるよう、西太平洋地域において、ＡＩ倫理規範やデータ所有にかかる基準を、世界に先駆けて新バンドン宣言という形で掲げ、主権（と民主主義）を守りつつ経済成長を進める政治的参照点を作ることにある。

なお、「ＷＰＵ」というコンセプトを本章では秩序づくり、国づくりに資するメカニズムとして位置づけてきた。ただ、そうしたメカニズムを支え、運用するのは最終的には人である。したがってシステム・秩序づくりと同様に重要になってくるのが、人づくり、人材育成である。よって最後に加えるべき論点は、ＷＰＵとは人材育成のための共同体とするべきだという点である。なかでも重要なのはインドネシアと日本という二つの海洋民主主義国家の連携である。ＷＰＵの中心となる両国で、「テクノロジーに強く、民主主義、自由主義に共感する」人材育成を行うことが、この西太平洋連合の目的として求められよう[29]。そのためには、より一層の往来と相互社会のハーモナイゼーションが必要となる。具体的な施策としてはＷＰＵ加盟国の人々へのビザなし渡航の許可、もしくはFast Trackビザ発給、そして就労許可の基準を大幅に緩和、とりわけ労働者の就労分野の変更を自由とすることなどが求められる。日本とインドネシアを比べると、一方は少子高齢化に苦しみ、他方は若年層の人材育成に危機感を持っていることから、ある種相互補完的な関係にある。一例として日本の高技能高齢者とインドネシアの非熟練労働者のマッチング等は相互利益が明白である[30]。

ＷＰＵにおいて最大規模の人口を誇るインドネシアの考える人材育成計画はこの地域全体の望ましい人材のあり方を決するものとなり、その意味でもインドネシアの人材育成の手法、そして方向性を固める過程で日本がその協力パートナーとして協働するだけでも、ＷＰＵの意味は大いにある。仮にインドネシアがその人材育成の第１のパートナーとして中国も設定したらどうなるか考えるだけでも、その戦略的意味は明白であろう。今後も米国の大学がいわゆる高等教育におけるトップ教育を狙い続けることは間違いないだろうが、日本が目指すのはより広範な人材層の交流であり世代全体として「テクノロジーに強く、民主主義、自由主義に共感する」人々を日本とインドネシア、そしてＷＰＵ全体で増やすものである。本章で議論した「自由と安全と繁栄」をもたらす第三の秩序づくりを実現するためにも、地政学的戦略と人材育成と同時並行で進めることが必要なのである。それは米中対立が深化し、大国間で規定される国際秩序の緊張感が高まっている現代だからこそ、より一層インドネシアと日本が両翼となってアジアの中小国が直面する課題解決のために協力する重要性が増すのであり、そのためにも広い地域的な協力のプラットフォームとして機能するところに、ＷＰＵの価値が見出せる。

注

（1）「インドネシアは世界第４位の経済大国となる」ジョコウィ大統領談話、２０１７年３月27日、国家副官房長官補佐官室。(https://setkab.go.id/en/indonesia-will-be-worlds-4th-largest-economy-by-2045-president-jokowi-says/)

（2）「米中競争は、テクノロジーの競争、軍事的競争、経済的競争、イデオロギー的競争、そして外交的競争がある」イーライ・ラットナー国防長官特別補佐官、cited in Hans Nichols, “Biden’s China plan: Bring allies, Axios,” Oct. 29, 2020. (https://www.axios.com/biden-china-confront-allies-3aa289c0-53b6-4bd9-8e20-0a5a1adc90b0.html)

（3）インドネシア政治史におけるイデオロギー対立と国民統合の危機については、相沢伸広「インドネシアの国家建設：分裂の危機と克服の政治史」田中明彦、川島真編『20世紀の東アジア史　３』東京大学出版会、２０２０年参照。

（4）インドネシアを含めタイやフィリピン、マレーシアといった東南アジアの代表的な開発主義国家は１９８０年代から１９９０年代に権威主義体制下で経済成長を遂げた過去があり、このことが民主主義が経済成長にとって有利な政治体制であるというテーゼは東南アジアにおいて未だ説得力を有していない理由の１つでもある。

（５） Quad Leaders' Joint Statement, "The Spirit of the Quad," The White House, March 12, 2021.（https://www.whitehouse.gov/briefing-room/statements-releases/2021/03/12/quad-leaders-joint-statement-the-spirit-of-the-quad/）

（６）「習近平総書記が『中国の夢』を語る」『人民網日本語版』２０１２年11月30日。（http://j.people.com.cn/94474/8041295.html）

（７） "Xi Stresses Uniting Overseas Chinese to Realize Chinese Dream." Xinhua.net, October 14, 2020.（http://www.xinhuanet.com/english/2020-10/14/c_139439271.htm）；「〝中国寻根之旅〟北京开营４０００华裔青少年聚首」『中国新闻网』２０１３年８月３日。（http://www.chinanews.com/zgqj/2013/08-03/5119184.shtml）

（８）１９９１年よりシンガポール、香港が主導し2年に一度開かれる「世界華商大会」が、世界の華僑華人ビジネスパーソンが一堂に会する最大の場として確立されていた。ここでは各国のビジネスパーソン同士のネットワークづくりと同様に各国への貢献のため落地生根の経験と知恵を共有する場であった。それに対して中国は２０１４年の「一帯一路」構想発表後、僑務弁公室が主催し「世界華僑華人工商大会」を設立し、華僑華人は「中国の経済改革の新しい力として、一帯一路プロジェクトが成功するよう、現地と中国との虹の掛橋として、そして、チャイニーズ・ビジネスの新しいイメージの創出のために」尽力すべきであると李克強首相が呼びかけ、中国の外交戦略の中に明確に位置づけるようになった。

（９）米国のスマトラへの介入は以下を参照。Audrey R. Kahin and George McT. Kahin, *Subversion As Foreign Policy: The Secret Eisenhower and Dulles Debacle in Indonesia*, New York, The New Press, 1995.

（10）バンドン会議をめぐる外交については、宮城大蔵『バンドン会議と日本のアジア復帰：アメリカとアジアの狭間で』草思社、２００１年；Roeslan Abdulgani, *The Bandung Connection*, Jakarta, Gunung Agung, 1980: Kahin, George McTurnan, *The Asian-African Conference: Bandung, Indonesia, April 1955*, Ithaca, Cornell University Press, 1956. 参照。

（11）スカルノの政治手法としての「革命」の動員については、白石隆『スカルノとスハルト：偉大なるインドネシアをめざして』岩波書店、１９９７年を参照。

（12）ハッサン・ウィラユダ外相（２００４年当時）へのインタビュー、２０１２年11月28日、ジャカルタ。

（13）ＡＳＥＡＮ憲章をめぐるインドネシアのイニシアティブおよび東南アジア各国との政治的駆け引きについては、Aizawa, Nobuhiro, "Beyond the Non-Interference Dilemma: The Indonesian Initiative on ASEAN Charter, Nargis Crisis and Regionalism," *Australian Journal of Politics and History*, 2019, 65 (3): 412–429.

（14）同掲。なお、ミャンマーが危機の時に、インドネシアの声を聞くのは２０２１年が初めてではない。２００８年のサイクロン・ナルギス発生時にも、当時の最高指導者であったタンシュエ議長は、国際社会との対話を閉ざす中、ＡＳＥＡＮ臨時会議にてインドネシアの最後通牒を聞き入れており、その後の民主化の端緒を作った。

(15) 正確には１９５５年９月に一度自由選挙が行われ、その後は１９７１年から１９９７年にかけて５年ごとに開催された総選挙はスハルト体制の下、厳しい統制下での選挙が実施された。

(16) Thitinan Pongsudhirak, *Jokowi Saves Indonesia's Democracy (and Maybe Southeast Asia's too)*, East Asia Forum, 28 July 2014. (https://www.eastasiaforum.org/2014/07/28/jokowi-saves-indonesias-democracy-and-maybe-southeast-asias-too/)

(17) インドネシアの民主主義が抱える脆弱性と問題構造については、以下を参照。川村晃一編『２０１９年インドネシアの選挙：深まる社会の分断とジョコウィの再選』日本貿易機構アジア経済研究所、２０２０年；本名純『民主化のパラドックス：インドネシアにみるアジア政治の深層』岩波書店、２０１３年；見市建／茅根由佳編著『ソーシャルメディア時代の東南アジア政治』明石書店、２０２０年。

(18) Statement by Dr. N. Hassan Wirajuda Minister for Foreign Affairs Republic of Indonesia At the 59th Session of The UN General Assembly, New York, September 27, 2004.

(19) ただし、２０２１年５月になって米国におけるワクチン開発と国民への迅速なワクチン接種が広がったことで、民主主義の危機時の機能不全論は消えつつある。

(20) ２０２１年４月10日の会見でジョコウィ大統領は明確に「我々は輸出においてベトナムに負けている」と述べ、その不満をぶつけていた。とりわけ自身のバックグラウンドである木製家具の輸出においてベトナムに負けていたことが、極めて不満であったことを意見表出している。他にも日系企業が米中対立の中で、中国から生産拠点を移す際に、その多くがベトナムに向かっていることを、半ば裏切りであるかのように非難することもあった。ユドヨノ政権期以来、経済関係において言えば、閣議の中でも度々東南アジアの他国との競争に勝つよう、具体的に大統領から指示が出ていた（２０１９年６月元閣僚へのインタビューによる）。

(21) オムニバス法とは、２０２０年11月２日に大統領署名によって発行した事実上のビジネス環境改善のための法律である。米中対立の中で、中国における各国資本の生産拠点の東南アジアへの移転を好機と見なし、インドネシアへの投資促進を促すべく、労働者保護の強い労働法および、自動的に最低賃金の毎年約８％上昇を保証してきた最低賃金法等の改定を定めた。

(22) ＢＦＤについての引用はすべて、日本国外務省の翻訳による。(https://www.mofa.go.jp/mofaj/area/indonesia/bdf/kk_gs.html)

(23) ２０２０年10月10日ハッサン・ウィラユダ元外相インタビュー。

(24) フォーラムの設立の主唱者であるインドネシアのハッサン外相によると、このフォーラムにおいて最も関心を持ったのは実際にベトナムであった。

(25) Zuboff, Shoshana, *The Age of Surveillance Capitalism: The Fight for a Human Future at the New Frontier of Power*, Public Affairs, 2019.（ショシャナ・ズボフ『監視資本主義：人類の未来を賭けた闘い』野中香方子訳、東洋経済新報社、２０２１年）

(26) 相沢伸広「米国国防総省ＡＩ戦略における『文化』問題」笹川平和財団、２０２０年12月。（https://www.spf.org/jpus-j/views-from-inside-america/20201223.html）

(27) 全米49州に広がった、アマゾンのカメラ「リング」の情報網は、警察や消防当局との「協力関係」を締結した。そうした「協力関係」に基づいて、２０２０年には約2万２３３５件にわたる警察・消防署のデータ提出要請があった。要請に応じるか否か、データを維持するか消去するか、これらはアマゾン社で決定される。“US Police and Fire Departments Partnering with Amazon’s Ring passes 2,000,” *Financial Times*, January 30, 2021.

(28) 代表的なところではゴジェックにはグーグルやテンセント、セコイア・キャピタル、ＫＫＲらが名を連ね、トコペディアにはアリババやグーグル、セコイア・キャピタルが入っている。なお、両社は２０２１年４月に統合を発表した。

(29) 日本とインドネシアの人材育成にかかる協力関係構築については、Project 2045 Executive Summary Indonesia-Japan 2045：A Joint Project of Two Maritime Democracies, Jakarta, ERIA, December 2018.（https://www.eria.org/publications/project-2045-executive-summary-indonesia---japan-2045-a-joint-project-of-two-maritime-democracies/）参照。

(30) ジョコウィ大統領も二期目就任式において、政権の大目標が人材育成にあることを明確に打ち出している。とりわけ、重要なのはミレニアル世代からZ世代の人材育成である。当然、インドネシアにとってはイノベーションを担う高度人材の育成が一義的に重要だが、それと同等に中間層の下位に位置するバックグラウンドを持った子供たちの教育が、インドネシアの社会安定のためには重要であり、その層に対する学校教育、職業教育にどれだけＷＰＵが投資できるかにかかっていると言っても過言ではない。

第２章 フィリピンの地域主義外交と西太平洋連合

高木 佑輔

人口や経済規模から見て、フィリピンは東南アジアの主要国の１つである。主要格付け機関から投資適格と認定され、世界中から投資を呼び込んでいる。およそ２００万人もの人々が世界中で活躍し、本国に住む家族や親族に送金し、その額は国内総生産の１割にも匹敵する。近年では、日本や韓国のような非英語圏の人々に人気の語学留学先の１つとなっている。その一方、ＡＳＥＡＮ外交に目を移すと、インドネシアのような存在感を示すことは少ない。また、条約に基づく同盟国である米国との関係においても、１９９１年の米軍基地撤収や、ロドリゴ・ドゥテルテ大統領の度重なる発言に見られるように、同盟の制度化が着実に進んでいるとは言い難い。フィリピンの人々の国際的な活躍と、地域主義や同盟に基づく外交の低調さとの間には一種のずれがあるように思われる。

他方、こうしたずれが見えにくい関係としては、ミンダナオを中心とする地域主義外交の試みと、比日関係がある。フィリピン政府が展開した独自のＡＳＥＡＮ外交として、ブルネイ・インドネシア・マレーシア・フィリピン・東ＡＳＥＡＮ成長エリア（ＢＩＭＰ－ＥＡＧＡ）の試みがある。さらに、

２０１６年に始まったインドネシアとマレーシアとの海洋安全保障に関する三カ国協力の焦点はミンダナオ南西部に広がるスールー海とスラウェシ海における協力である。また、比日の二国関係、特に民主化後の関係に目を向けると、単線的とも言えるほどの関係強化の流れが浮かび上がる。第二次世界大戦の記憶が忘れられることはないが、それが二国間の外交を左右するような事態には至らない。特に経済関係は、２００８年に発効した比日経済連携協定のような形で制度化まで進んでいる。さらに、日本に住むフィリピン人の増加に見られるように、比日関係は経済関係を超えて緊密に推移している。また、長年にわたって反乱に苛まれてきたミンダナオの平和構築や開発に関して、日本の支援はフィリピン政府のみならず、反政府闘争の主体であったモロ・イスラーム解放戦線（ＭＩＬＦ）からの信用さえも獲得してきたと言える。

3節からなる本章では、第1節と第2節でフィリピンの地域主義外交の来歴と国際的なプレゼンスの実態を検討する。それを踏まえ、第3節では、西太平洋連合（以下、ＷＰＵ）を実現する際の焦点としてミンダナオを中心とする地域協力と比日関係に注目する。

1 フィリピンの地域主義外交の来歴——太平洋構想、ＳＥＡＴＯ、バンドン会議、ＡＳＥＡＮ

フィリピン外交史を振り返ると、フィリピンは独立直後に太平洋構想を立ち上げていたことに気づく[1]。独立直後のフィリピンにとって、安全保障上の最大の脅威は日本軍国主義の復活であった。それに対して、米国の引き続く関与を引き出そうとした。また、国内に目を向ければ、共産党の影響を受けた反政府運動フクも大きな脅威であった。これに対し、当時の大統領エルピディオ・キリノは、韓国や台湾の反共政権との関係強化を目指し、太平洋連合を構想した。

　ただし、同構想の限界として、協力相手として韓国や台湾を重視し、東南アジア諸国に対する理解が欠けていた点がある。また、当時の米国政府は、韓国や台湾の好戦的な姿勢に対して冷淡であり、これら両政府と組もうとするキリノ政権の構想に対しても冷淡であった[2]。こうした状況下、国際連合総会議長を務めるなど、国際情勢の理解に長けたカルロス・ロムロ外務大臣は、当初案を若干修正した太平洋諸国連合構想を提唱したが、東南アジア諸国の支持を得ることはできなかった。

　キリノ大統領の後を襲ったラモン・マグサイサイ大統領は、近隣諸国との外交に強い関心を持たず、積極的な反共姿勢をとり、フィリピンはタイやパキスタンとともに東南アジア条約機構（ＳＥＡＴＯ）の設立メンバーに名を連ねることになった。しかしながら、ＳＥＡＴＯへの参加は、中立を標榜し、パキスタンとの緊張関係の続くインドの目の敵となるという思わぬ副産物を生み出した。その結果、バンドン会議において、フィリピン政府を代表したカルロス・ロムロは、インド紙に「ワシントンの声」を代弁したと揶揄されるに至った。

　地域主義外交の軽視は、ＡＳＥＡＮが創設された１９６０年代に至っても続いた。１９６２年、当時のディオスダード・マカパガル大統領は、北部ボルネオ（後のマレーシア領サバ）に対する領有権を主張した。[3] その後、フェルディナンド・マルコス大統領がサバ領有問題を棚上げする姿勢を見せた後の１９６７年、ＡＳＥＡＮが発足した。しかし、１９６８年には、サバ侵攻のために訓練されたフィリピン人特殊部隊隊員を、作戦の隠蔽を目的に虐殺する事件（ジャビダー虐殺）が発生した。侵攻作戦も特殊部隊の存在も公式には否定されたものの、暗殺されるはずだった特殊部隊隊員の生き残りが証言、ミンダナオのムスリムの間での反マニラ感情が爆発し、モロ民族解放戦線（ＭＮＬＦ）の発足に至るなどし、南部フィリピン情勢は流動化した。[4] 一連の事態の推移の中で、マレーシア政府は、マルコス政権に対する懐疑心を持ち続けることになった。その結果、フィリピンを次回の開催地とするはずのＡＳＥＡＮ首脳会議の開催は長期にわたって延期された。１９８７年12月、第２回のＡＳＥＡＮ首脳会議はピープルパワー政変によって発足したコラソン・アキノ政権によってようやく実現した。

アキノ大統領の後継者となったラモス大統領は、父親がＡＳＥＡＮ発足時の外務大臣だったこともあり、フィリピン外交史の中で最もＡＳＥＡＮ外交に傾注した大統領と言える。[5] ラモス大統領のＡＳＥＡＮ重視は、ＡＲＦやＡＰＥＣのような太平洋をまたぐ協力枠組みのみならず、ＡＳＥＡＮよりもスコープの狭い地域主義外交にも結びついた。１９９４年、ラモス大統領は、フィリピン南部のスールー海とスラウェシ海で国境を接するマレーシアとインドネシア、さらに近隣のブルネイとの協力枠組みであるＢＩＭＰ-ＥＡＧＡ構想を立ち上げた。ダバオを拠点とする実業家ポール・ドミンゲスは、ラモス政権でミンダナオ担当の大統領補佐官（次官級）を務め、同構想を軸とした貿易と投資の促進を目指した。ただし、１９９７年のアジア通貨危機により、この構想の気運は大きく削がれることとなった。

その後、フィリピン政府が積極的なＡＳＥＡＮ外交を進めたとは言い難いものの、ミンダナオを焦点とする協力関係は発展していった。２０１０年代後半には、主にインドネシア政府の提案に応える形で、スールー海とスラウェシ海における協力構想が立ち上がった。２０１６年、アブサヤフがインドネシアからフィリピンへの石炭輸送船を襲う事案が相次いで発生した。これに対し、当時のインドネシア海洋担当調整大臣ルフット・パンジャイタンが懸念を表明し、スールー海とスラウェシ海が「新たなソマリア」になると発言、新しい行動の必要性を説いた[6]。同年には、海洋安全保障に関する三カ国協力に合意した。その後、最も難しい海上国境線問題を棚上げする形でパトロール実施に合意した[7]。また、２０１６年以降、フィリピンとインドネシアが国境を接するスラウェシ海において、二国間の共同パトロールが実施されるなど、危機を転じて地域協力の機会とする動きが見られる。

フィリピンのＡＳＥＡＮ外交にとって、サバ領有権問題はのど元に刺さったとげのようである一方、そこからスールー諸島を挟んだミンダナオ島は、フィリピンを東南アジア諸国と実質的に結びつける地域主義外交の現場となっている。

2　フィリピンの国際的フットプリント——大国偏重からの脱却

●多角化する経済外交：貿易、投資、送金

フィリピン外交には、歴代政権が参照する「3本柱」がある。その内容は、「（1）国家安全保障の維持と強化、（2）経済安全保障の促進と獲得、そして（3）在外フィリピン人の権利の保護と、在外フィリピン人の利益と福利の増進」であり、地域主義はそもそも言及されていない[8]。この3本柱を明示したラモス政権は、ASEAN外交、国軍近代化法の制定、一連の経済構造改革、そして在外フィリピン人の権利擁護を目的とする新法制定などを通じて3本柱の実現を目指した。3つのうち、国軍近代化法については、アジア通貨危機後に予算が確保できずに頓挫したため、その後にも大きな影響を残したのは、後の2本である。ただし、ラモス政権以降のフィリピン政府にとって、経済安全保障はほぼ経済成長を通じた安全保障の追求であり、経済活動の安全保障化ではない。

経済成長実現のため、ラモス大統領は国内経済活動の自由化と対外開放、さらには輸出振興と対内直接投資（FDI）の呼び込みに奔走した[9]。彼は、マルコス政権期に猖獗を極めた「取り巻き（クローニー）資本主義」がフィリピン経済を破壊したという認識に立ち、取り巻き資本主義の解体を目的とする一大経済構造改革に乗り出した。ただし、単なる既得権益の解体ではなく、経済の自由化、民

図表2−1　フィリピンの主要輸出国／地域（2000年、2010年、2020年）

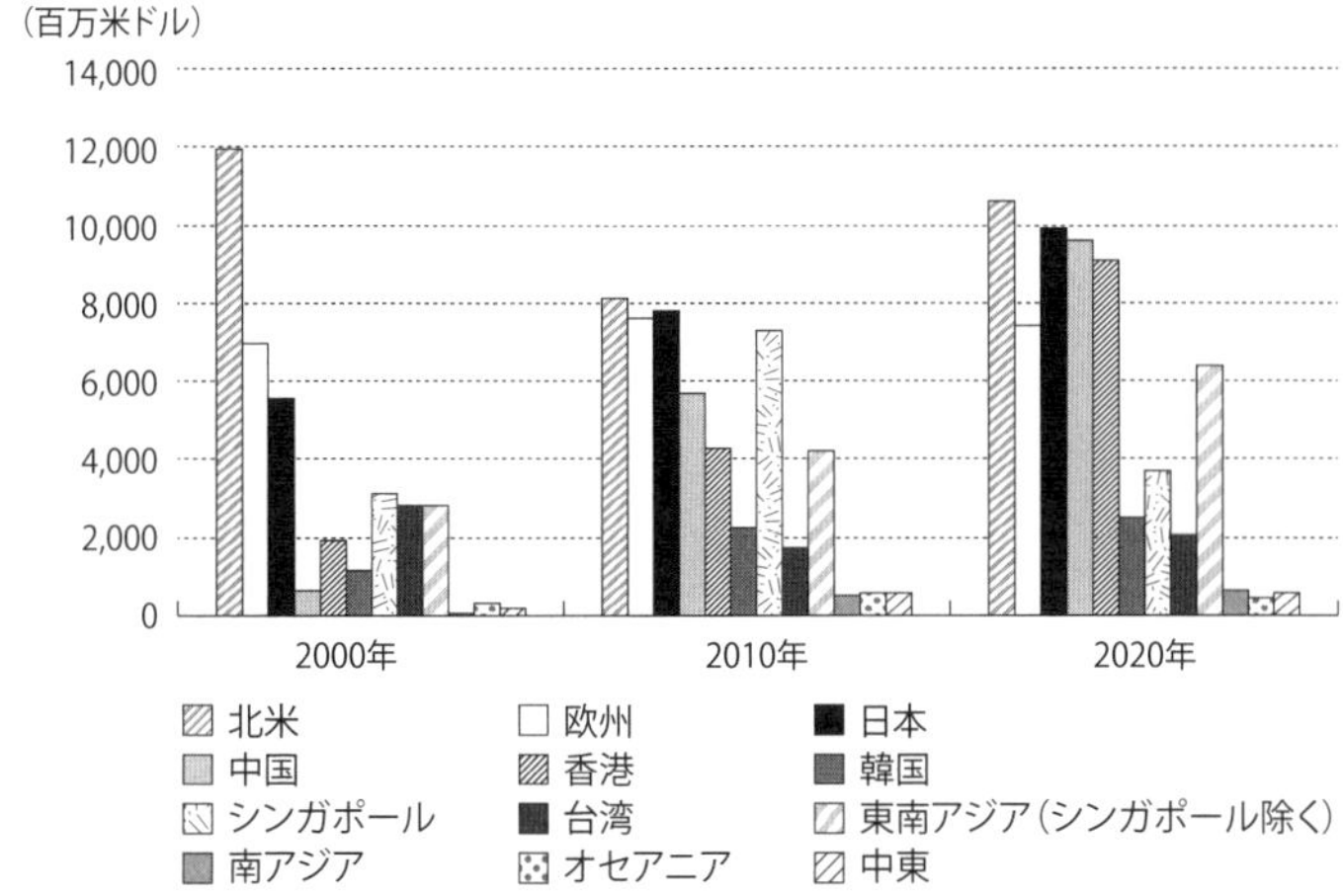

出所：フィリピン中央銀行データベースより筆者作成。

営化と輸出振興を組み合わせた。

輸出振興については、それまで国内市場向けであったＦＤＩ促進政策を転換し、輸出振興とＦＤＩ促進を組み合わせた。特に、フィリピン経済特区庁の設立以降、ＡＳＥＡＮ域内の分業体制を活用する日本企業の誘致を促進したことにより、投資促進と輸出振興は製造業振興を伴った。図表2－1は、フィリピンの主要貿易相手の動向を整理したものである。

輸出について興味深いのは、北米への輸出総額が過去20年間で大きく変わらないものの、それ以外の国や地域への輸出が伸びている。中国への輸出が伸びているのは想定どおりと言えるが、それに加えて興味深いのは東南アジア諸国への輸出の伸びである。

輸入についても全体額が増大した（図表2－2）。特に、中国の伸びが顕著だが、東南アジ

図表2-2　フィリピンの主要輸入国／地域（2000年、2010年、2020年）

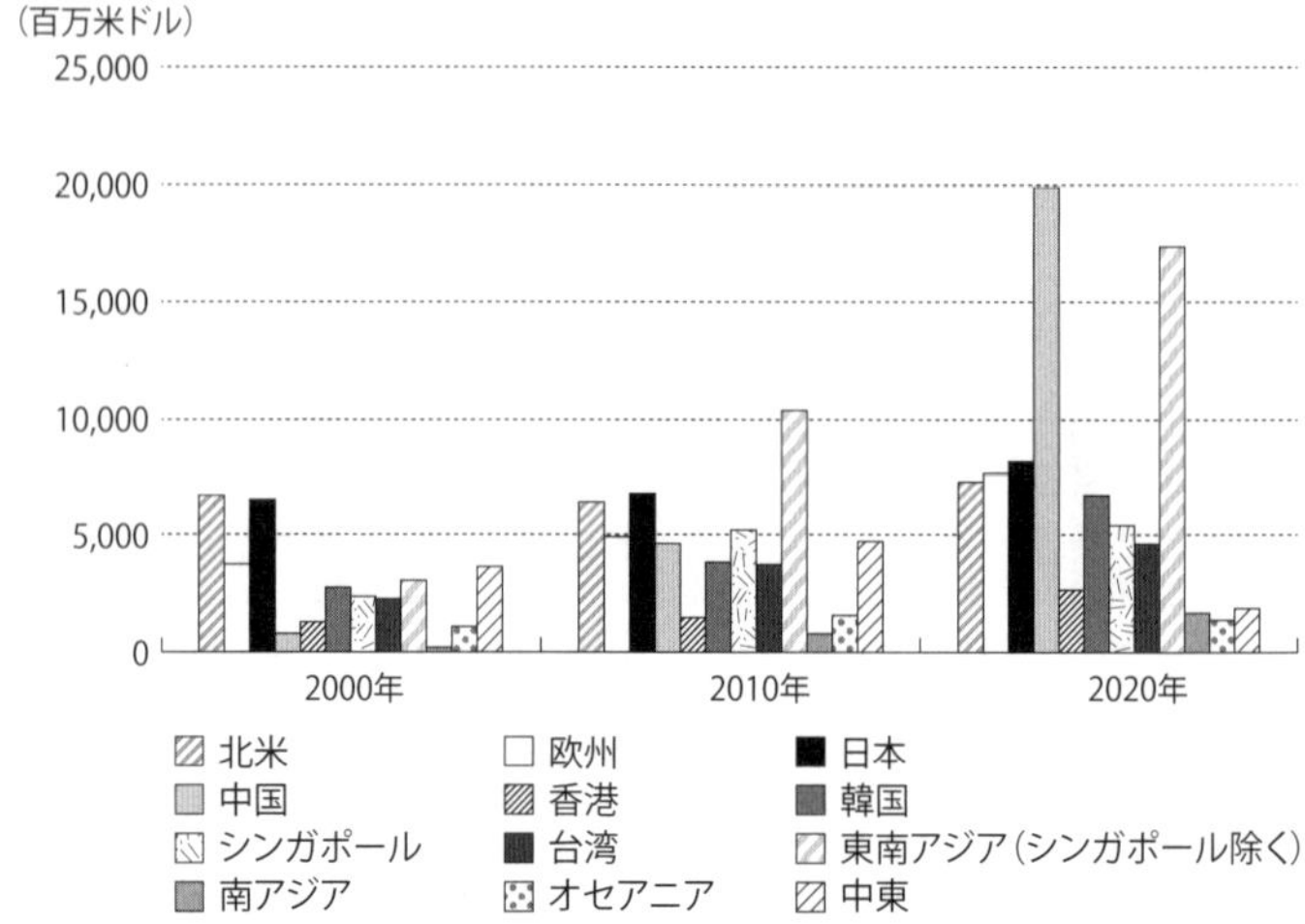

出所：フィリピン中央銀行データベースより筆者作成。

アからの輸入も急増している。また、貿易総額そのものが増大したことも重要である。近年注目を集める中国の台頭については、中国がどこかの国に「入れ替わった」というよりも貿易全体の伸びに「積み重なった」と見るのが妥当であろう。[10]

図表2－3は、2005年から2020年までの拠出国別FDIの推移である。新聞報道では、首脳会談直後のコミットベースの数字に注目が集まるものの、フィリピン中央銀行が公表している実行ベースで見ると中国からの投資は他国と比べて大きくないことがわかる。欧州や北米からの投資は大きいものの引き上げ規模の大きい年もあり不安定さを示す。一方、日本からの投資は年による変動はあるものの、大規模な引き上げはなく推移している。また、貿易

図表2-3　実行ベースで見た主要拠出国FDIの推移

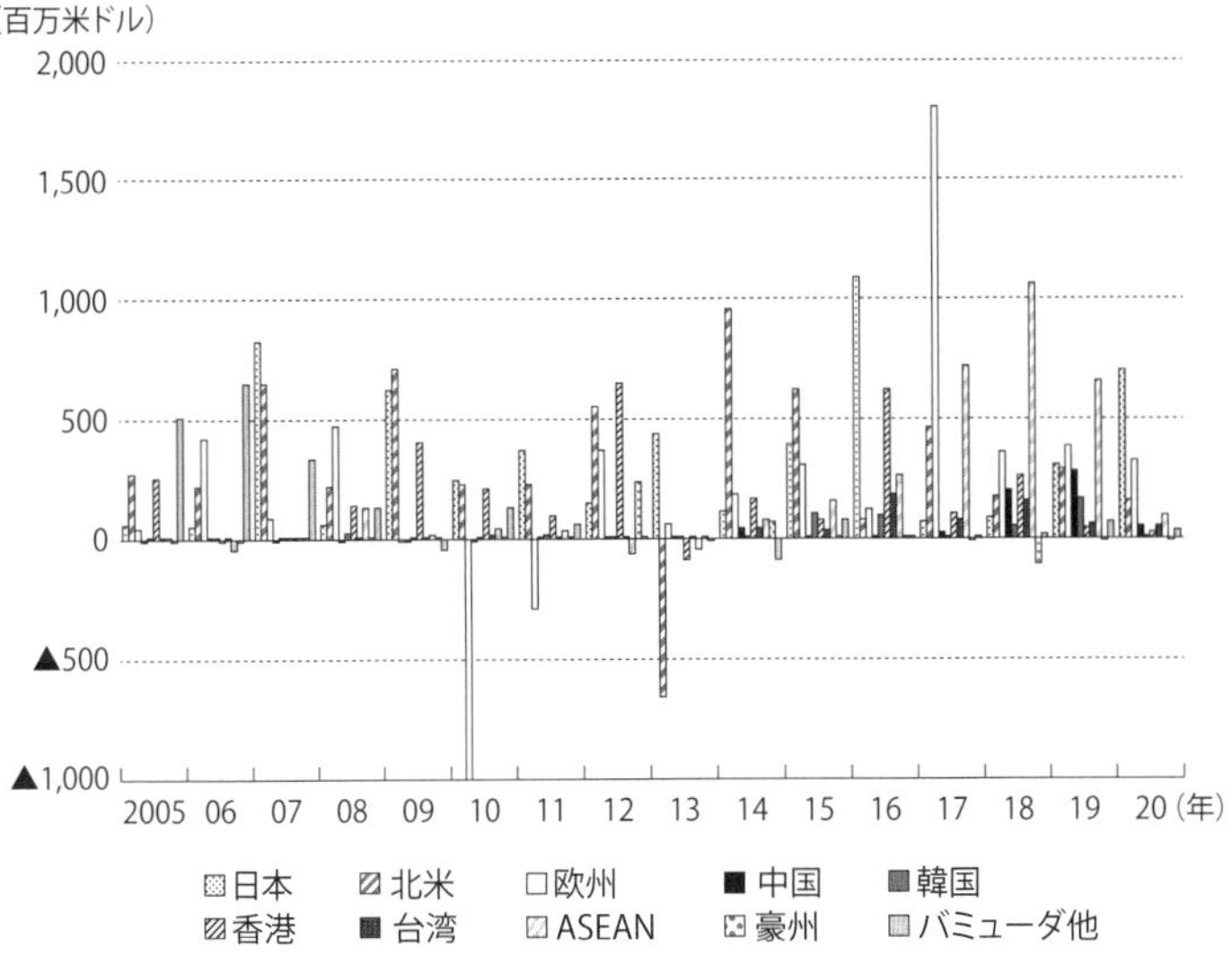

出所：フィリピン中央銀行データベースより筆者作成。

と同じくＡＳＥＡＮ諸国からの投資が増加していることも、２０１０年代の顕著な傾向である。投資のデータにはＡＳＥＡＮ諸国にシンガポールが含まれており、シンガポールは第三国からの投資を含むとはいえ、ＡＳＥＡＮ地域との経済的結びつきが強まっていることが読み取れる。

　経済外交とならび、フィリピン外務省が外交の３本柱の１つに掲げるのが在外フィリピン人の権利擁護である。ただし、これには単なる領事業務の重視以上の意味がある。フィリピンの経済構造の特徴としてしばしば取りざたされるのはＧＤＰのおよそ１割にあたる在外フィリピン人からの送金である。アジア通貨危機により製造業誘致の機運が削がれた２０００年代初頭、フィリピン政府はサービス産業振興とならび、労働力の海外輸出を本格化した[11]。こうした政策の結果、２００６年には海外からの送金がＦＤＩとＯＤＡの総計を超えるに至った。

海外在住フィリピン人の在住先や送金についてのデータからは、フィリピンの経済活動のさらなる多角化の様相が読み取れる。２０１９年の統計局データによれば、国外に住むフィリピン人２２０万人のうち、東・東南アジアと中東を含むアジアが81・１％、南北アメリカが８・１％、欧州が７・７％となる。アジアの内訳を見ると、東アジア、東南アジアと中東がそれぞれ21・７％、８％、51・４％となり、中東の存在感が高まる[12]。他方、送金元を確認すると、北米のプレゼンスの大きさが印象的である。フィリピン中央銀行が公表した２０１９年のデータによれば、北米が全体の約4割で最多、次いで中東を除くアジアと中東がそれぞれ約2割、欧州が1割となっている[13]。北米からの送金の大きさは、４００万人に上るとも言われるフィリピン系米国人の存在が大きい。

以上、貿易、投資と送金という3つの側面から検討してみると、経済活動の拡大と多角化がフィリピン経済の特徴であることがわかる。経済構造の特徴からフィリピンの経済外交の対象を素直に考えるのであれば、その対象国が特定国に傾斜することは考えにくい。

●大統領の外国訪問に見る外交の多角化

ラモス大統領の経済外交重視や在外フィリピン人の権利擁護は、その後のいずれの政権にも引き継がれた。ただ、アキノ政権からドゥテルテ政権への移行期に顕著になった対中対峙から対中接近への

図表2-4　大統領の外国訪問（2004-19年）

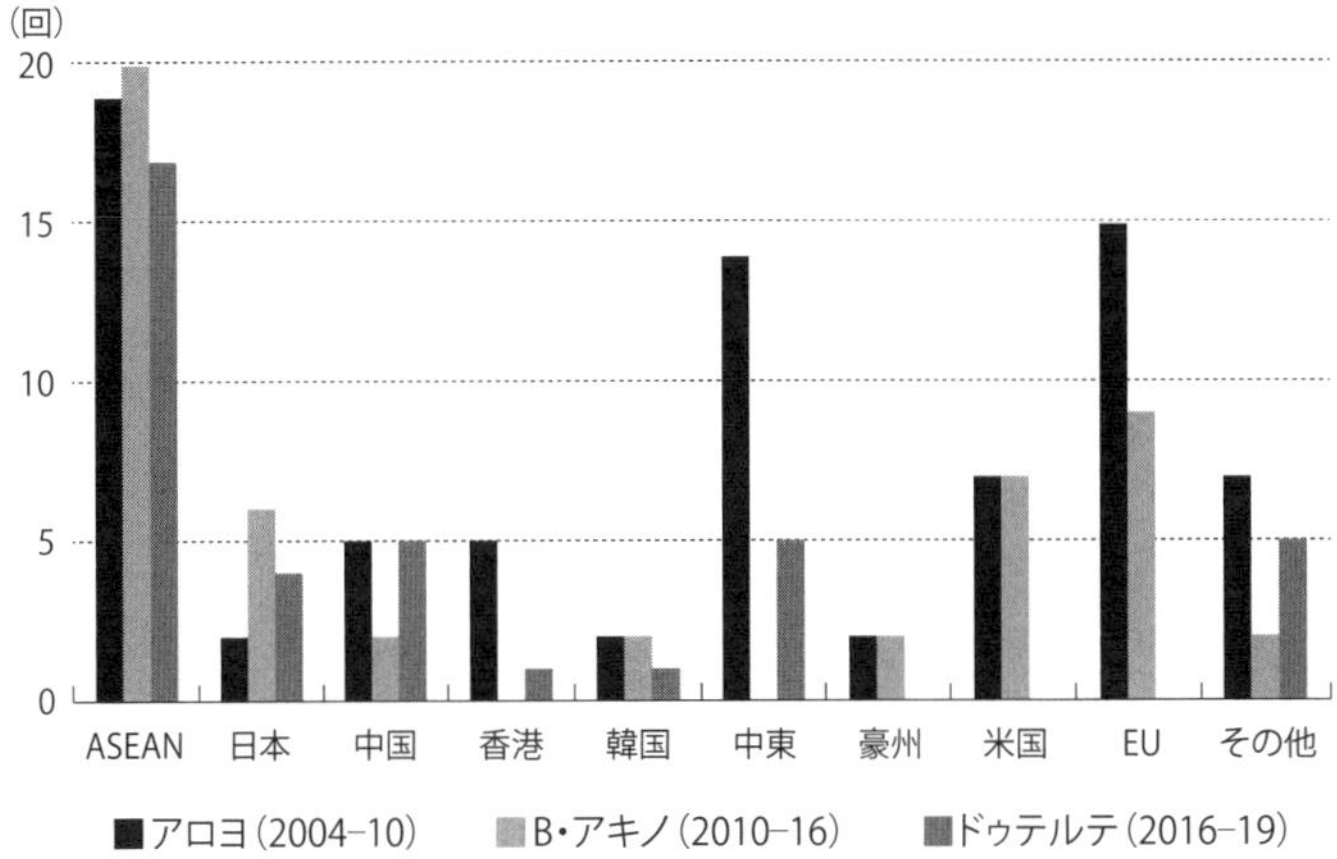

出所：『アジア動向年報』各年版をもとに筆者作成。

変化のように、政権交代が外交方針の転換と重なる場合も少なくない。大統領が主導する外交方針の特徴について、大統領自身の外国訪問の記録から、大まかな傾向がわかる。

図表２－４は、２００４年から２０１９年までの大統領による外国訪問の回数を、主要国と地域別にまとめたものである。地域ごとで見ると、まず目を引くのはＡＳＥＡＮ諸国への訪問回数の多さである。ＡＳＥＡＮ諸国への訪問は、ＡＳＥＡＮ首脳会議への参加を目的としたものも少なくない。そのため、１回の訪問で多くのＡＳＥＡＮ首脳と会談する機会が生まれる。次に、中東諸国やＥＵ諸国への訪問が続いている。中東諸国には、上述のように在外フィリピン人が多く働いており、外国訪問には在外投票の掘り起こしという政治目的も付随している。なお、ＥＵ諸国の訪問数が多いのは、１回の外遊で数カ国を歴訪するため、訪

問国数が増えることに起因しており、特定国との結びつきが強いとは言えない。

国別に見ると、ドゥテルテ大統領が米国、豪州や欧州訪問を避けているのと対照的に、アロヨ大統領もアキノ大統領も米国訪問が最も多い。米国に次いで訪問が多いのは、アロヨ大統領とドゥテルテ大統領の場合は中国、アキノ大統領の場合は日本となる。アキノ大統領は中国と距離を置き対米関係を強化したのに対し、ドゥテルテ大統領は中国に接近し米国と距離をとった。米国や中国との関係が政権交代によって変動するのに対し、日本との関係は政権の意向に左右される側面は少ない。

大統領の外国訪問を概観すると、フィリピン外交はＡＳＥＡＮ諸国と日本との関係が安定的に推移している一方、米中両大国との関係はしばしば政治化してきた経緯が浮かび上がる。ドゥテルテ大統領による対中接近と米国との関係軽視は印象的ではあるものの、過去３名の大統領の外国訪問に共通するのはＡＳＥＡＮ諸国と日本との関係重視であり、外交関係は多角化してきたと言えるだろう。

●安全保障協力の多角化

外交関係の多角化を象徴する事例として、安全保障協力に注目しておきたい。これまで、同盟国である米国との関係強化が続いてきた。１９５１年には、比米相互防衛条約が結ばれた。フィリピン政府は、１９９１年に基地協定更新に失敗したのち、中国の海洋進出が顕在化した後の１９９９年に米国との訪問軍協定（ＶＦＡ）、２０１４年には拡大防衛協定（ＥＤＣＡ）を制定するなど、漸進的ながら同盟を再編してきた。２０２０年2月以降、ドゥテルテ大統領が一方的にＶＦＡ破棄を通告したものの、２０２１年７月のロイド・オースティン米国国防長官訪問に際して、破棄通告を取り消すことを公表した。

　基地協定更新失敗やＶＦＡの破棄通告のように、政治家の米国に対する立場は国内政治と結びつきながら動揺を繰り返す一方、国軍は米国との結びつきが強い。特に、２０００年以降は対テロ戦争、特に対アブサヤフ作戦の一環で比米間の安全保障協力が本格化した。[14] アブサヤフは、フィリピン政府からの独立を目指したＭＮＬＦやＭＩＬＦと異なり、グローバル・ジハードを掲げたアル・カイーダや、東南アジア全体でのイスラーム国創設を目指すジェマー・イスラミーヤとの結びつきを強めていた。２００２年１月、米国は「不朽の自由作戦―フィリピン版」を開始、作戦の終了する２０１４年まで、米軍特殊部隊員が年平均で５００名から６００名の規模でフィリピンに滞在した。２００５年以降、この作戦の本部はマニラの米国大使館からミンダナオ島西部サンボアンガ半島にあるフィリピン軍の基地に移転し、現場でフィリピン国軍の能力構築支援を行った。サンボアンガ半島が面するスールー海域は、フィリピン国軍にとっての主戦場であり、そこに米軍が滞在しつづけたことは、フィリピン軍と米軍との現場レベルでの交流を深める機会となった。

　こうした対テロ戦争に関連する支援は、海洋安全保障関連でも重要な制度的遺産となった。２００６年、フィリピン政府は、米軍の支援を受けてスールー海域を主な対象とする「南部沿岸監視」を開始した。２０１１年、アキノ政権は、米軍の支援を受けつつ、南部沿岸監視を国家沿岸監視システムに改編した。ドゥテルテ政権に入っても国家沿岸監視システムに対する米国からの支援は継続してきた。

ただし、防衛交流や調達の相手は米国に限らない。たとえば、フィリピン空軍は２００５年以降、およそ10年にわたって超音速機不在の状況が続いていた。中国に対する抑止を意識していたアキノ政権は、国軍近代化法を更新し、海空軍の能力強化を図った。その一環で、韓国からの戦闘機購入に踏み切った[15]。また、人材育成や合同演習の面では豪州との関係強化が進んでいる[16]。アキノ大統領は、２０１２年、比豪の防衛協力を制度化すべく、豪州との訪問軍協定を結び、比米の軍事演習に豪州軍が参加することを促した。ドゥテルテ大統領の豪州訪問は実現していないものの、２０１７年には両国海軍の戦略対話が実現、マニラ湾に寄港した豪州軍の艦艇にドゥテルテ大統領が乗艦し、両国の協力関係の順調さを示す機会となった。

●国際主義の追求

より能動的なフィリピン外交は、地域主義や同盟関係よりも、国際主義の追求という側面に表れる。国際主義を重視した顕著な事例として、２０１３年の常設仲裁裁判所への提訴が挙げられる。この問題は２０１０年代に突如始まったわけではない[17]。実際、フィリピン政府内部では国際法に基づく海洋秩序構築の試みが連綿と続いてきた。１９８４年、フィリピンは国連海洋法条約を批准した11番目の国となった。２００９年には、群島基線法を制定し、大陸棚の範囲を明確化する準備を進めた[18]。法律制定後、一部の政治家や法律家がこの法律を問題視し、違憲審査が実施された。この違憲審査を主に担当したのは、かつてラモス大統領の法律顧問としてミスチーフ環礁問題に対峙したアントニオ・カルピオであった。２００１年に最高裁判事に任命されていたカルピオは、やがて国連海洋法条約に基づいて中国と争う日が来るとき、フィリピン側が「きれいな手」で対応できるよう、法律と国連海洋法条約との整合性を検討した。

カルピオの予期した中国との対立は２０１２年に再び顕在化した。２０１２年4月、フィリピンの排他的経済水域内で操業した中国漁船を取り締まろうとしたフィリピン海軍船が、中国漁船を守ろうとした中国公船と対峙する事態となった。同盟国である米国による仲介や、ＡＳＥＡＮメカニズムを通じた問題解決に失敗したフィリピン政府は、ついに国際法に訴えかけることとなった。

ドゥテルテ政権発足後、フィリピン政府は必ずしも自国に有利な判決を振りかざすような外交を展開していないが、法執行能力の開発という面ではアキノ政権から大きな変化はない。フィリピン政府は、アロヨ政権下の２００９年に沿岸警備隊法を制定、１９９０年代からの懸案であった沿岸警備隊の海軍からの分離を実現した。[19] 特に興味深いのは、対中外交では真逆の姿勢をとるアキノ政権とドゥテルテ政権の双方で沿岸警備隊の能力構築が進んできたことである。沿岸警備隊による演習等を沿岸警備隊外交と呼ぶジェイ・タリエラによれば、アキノ大統領は、南シナ海問題で問題を非軍事的に解決する意図を示すため、ドゥテルテ大統領は中国を刺激しないため、それぞれ沿岸警備隊を増強してきた。米国に対する批判を強めるドゥテルテ大統領であるが、上述の国家沿岸監視システムに対する米国からの支援を止めることはなく、西フィリピン海を含む広域の沿岸監視システムの構築が続いて

図表2–5　フィリピン各地の貧困率の推移（2006–18年）

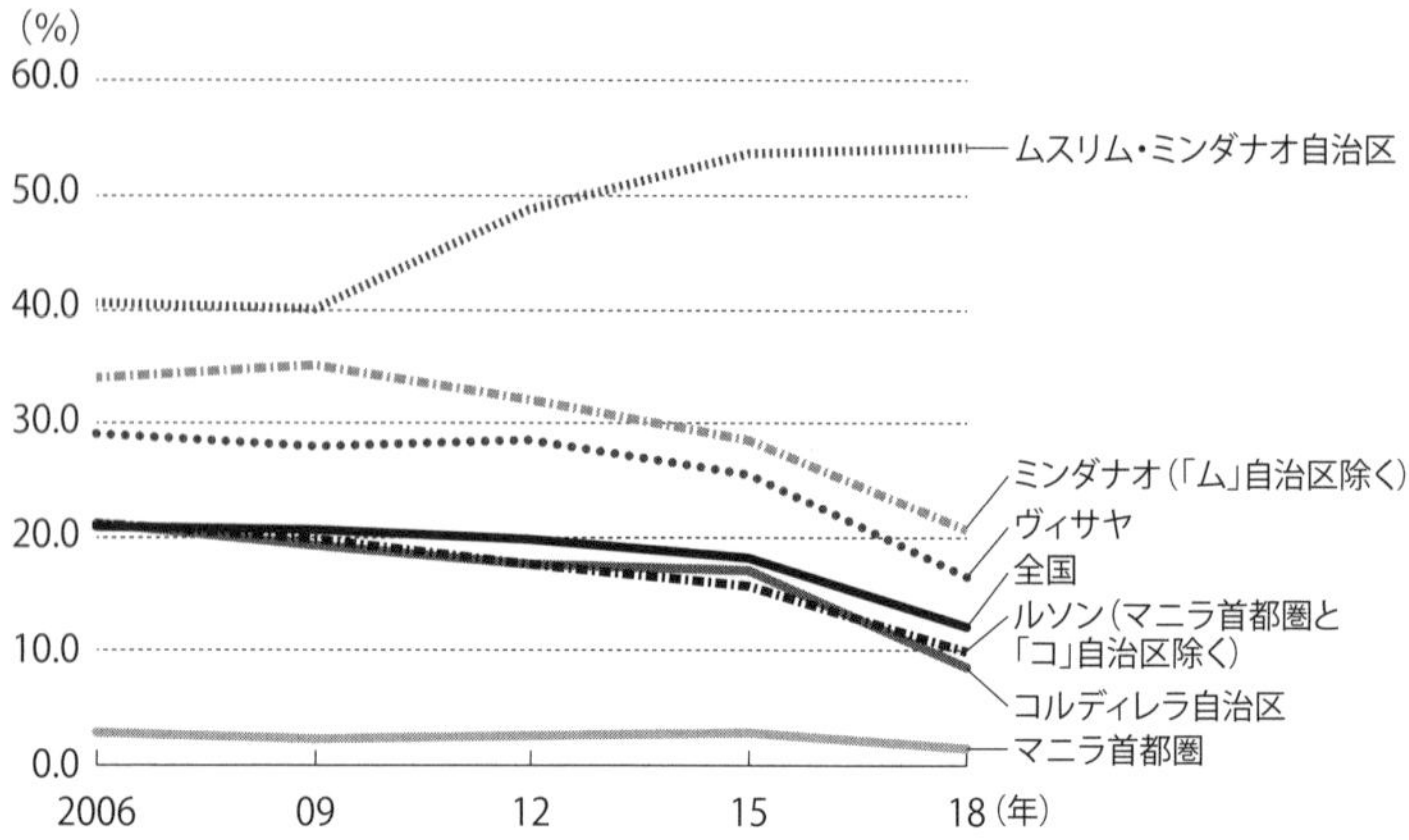

出所：フィリピン統計局より筆者作成。

いる。国際法に基づく海洋秩序の維持のためのフィリピン政府の努力は、政権交代を経ても途切れることなく続いてきたと言える。

●比日間の開発協力

政府開発援助（ＯＤＡ）の分野では、日本との関係が深い。[20] ２０１９年の国家経済開発庁（ＮＥＤＡ）の資料によれば、日本はフィリピンが受け入れたＯＤＡの39％を占め、それに続いて、アジア開発銀行が26％、世界銀行が20％と続いている。こうしたＯＤＡの使い道について、同じ資料によれば、58％がインフラ開発、社会改革分野が18％、政府の制度改革支援が15％、農業支援が８％と続いている。

日本政府の協力重点分野としてミンダナオの和平と開発がある。[21] 図表２－５の貧困率の推移に見られるように、ムスリム・ミンダナオ自治区は、２０１０年代から続く社会経済開発から唯一取り残され、むしろ逆行してしまった地域である。

ムスリム・ミンダナオ自治区への支援に関しては、２００６年、それまで個別に展開されていたミンダナオ地域への開発協力を統合し、日本バンサモロ再建開発イニシアティブ（通称Ｊ－ＢＩＲＤ）として仕切り直した。さらに、ミンダナオ国際監視団と国際コンタクトグループに参加し、和平合意に向けた支援にも参加した。特に、２００８年に起きた武力紛争当時、他国の国際監視団が安全確保のために帰国する中、現地に残り協力を進めたＪＩＣＡに対する信頼は厚いものがある。こうした日本政府の活動はフィリピン政府内の要路にも知れ渡ることとなり、２０１１年には、アキノ大統領とムラドＭＩＬＦ議長の会談が、成田空港近郊のホテルで実現した。

以上に加え、近年急速に協力事業が進んでいるのが海洋安全保障分野である[22]。２０１６年以降、日本政府は10隻の巡視船と2隻の大型巡視船を円借款により供与することを決め、順次引き渡しが続いてきた。また、人的交流や人材育成についても、人材の派遣と招聘の両方向で交流が活発化してきた。派遣に関しては、海上保安庁職員が専門家として派遣されてきた。招聘については、これまで続いてきた短期研修に加え、幹部候補生向けの大学院修士課程レベルの国際教育プログラムを新設し、ＪＩＣＡ、海上保安大学校と政策研究大学院大学の協力の下、海上保安プログラムを実施している。

3　西太平洋連合とフィリピン

●ミンダナオ開発協力と地域主義外交

これまでの経緯を踏まえれば、フィリピンを一足飛びにＷＰＵの中に位置づけるよりも、既存の限られた地域主義外交を補強し、それをＷＰＵという枠組みの中に位置づけていくことが現実的だろう。フィリピンが具体的な地域主義外交を展開したのは、いずれもミンダナオを舞台とするものであった。具体的には、ＢＩＭＰ－ＥＡＧＡや、スールー・セレベス海の海洋安全保障についての三カ国協力においてである。２０１９年にムスリム・ミンダナオ自治区から再編成されたバンサモロ・ミンダナオ自治区に対する継続的な開発協力も必要になるが、今後は国境を超える地域協力の中に位置づけなおすことが考えられる。第2節で見たように、この地域の貧困率は依然として高く、人的資本への投資が欠かせない。この地域の教育については、歴史的にマニラ、さらには西欧の大学を目指す途と、インドネシアやマレーシアの宗教学校から中東留学を目指す途の2つが存在してきた[23]。現代においても、中東留学を経た宗教指導者によるイスラーム寄宿学校の役割は少なくないが、こうした学校が過激主義の温床になっているとの指摘もある。そうした中で、過激主義とは一線を画した宗教教育を普及するための教育支援も一案である。その際、世界最大のイスラーム人口を擁する隣国インドネシアの穏健なイスラーム教育機関への留学の機会を広げることも考えられないだろうか。現状では、インドネシアとフィリピンのムスリムの交流について、テロリスト・ネットワークに関する指摘が圧倒的であるが、この地域の人の流れを止めることは現実的ではなく、むしろ穏健なイスラームのあり方を知る機会を広めていく方策を考えていくべきではないだろうか。いずれにせよ、Ｊ－ＢＩＲＤを通じて醸成した信頼関係を礎にしつつ、バンサモロ・ミンダナオ自治区を開かれた地域主義の中に埋め込んでいくような開発協力を進めていくことが重要と考える。

ＢＩＭＰ－ＥＡＧＡにおける海洋安全保障協力や連結性支援は、本書第1章で指摘された海洋の自由と特に関連する。ＡＳＥＡＮのサブ地域への支援として、これまではメコン川流域への支援に関心が集中してきた。特に、メコン下流域への支援については、日米協力の枠組みでも注目を集め、２０２０年には「日米メコン電力パートナーシップに関する日米共同閣僚声明」の発出に至った[24]。他方、ＢＩＭＰ－ＥＡＧＡの対象地域であるスールー海とスラウェシ海における協力に対する関心はいまだに低いと言わざるを得ない。ムスリム・ミンダナオ地域の自立的な経済開発を支援する上でも、ＢＩＭＰ－ＥＡＧＡとの協力強化は優先的な検討課題と考えられる。

●比日関係を軸とした多国間外交

これまでのところ、比日関係の深化は、二国間関係の深化と同義であったが、これを多国間関係に拡大していくことがＷＰＵ形成に向けた課題と言える。具体的に協力が期待できる分野としては、本書第1章で述べるような防災や海洋分野が挙げられる。

すでに、２０１３年にフィリピン中部レイテ島を襲った巨大台風ハイヤン（フィリピン名ヨランダ）からの復興支援では、他国とともに日本政府からも大規模な支援を展開した経験がある。[25] この台風では、暴風に加えて高潮が沿岸住居を襲ったこともあり、死者・行方不明者合わせて７３６１名、負傷者2万８６８９名に上り、４００万人が避難を余儀なくされたという。日本政府は、フィリピン政府からの支援要請に基づき、１２００名からなる国際緊急援助隊を編成し、自衛隊の艦艇3隻、ヘリコプター8機、輸送機8機を派遣、レイテ島住民の診療、貿易、ワクチン接種と物資と人員の空輸を行った。一連の救援活動後、東京で開催された比日米合同ワークショップの席上、当時の駐日フィリピン大使マニュエル・ロペスは、第二次世界大戦の激戦地における日米艦艇による人道支援について、「驚くべき和解」のしるしと評したという。実際の支援に加え、避難や救難訓練を積み重ねることも減災に資する取り組みとなるだろう。

海洋分野の協力については、２０１０年代後半、日本からの巡視船供与やレーダー輸出など、耳目を集めやすい物的支援が拡大してきた。他方、東南アジア諸国への支援はＪＩＣＡ専門家の派遣をはじめとする地道な「人づくり」支援の伝統もある。こうした日本による協力は対フィリピンに限ったものではなく、ＡＳＥＡＮ諸国全体に対して行われてきた事業の一環でもある。[26] ただし、開発協力のパートナーの側に地域全体での海洋安全保障協力という認識が共有されているとは考えにくく、西太平洋全体の海洋の自由を維持、推進していくとすれば、開発協力国同士の連携を強める施策が必要とされるだろう。今後も海洋状況認識の文脈等で物的支援が続くことが予想されるが、それらを活用した多国間協力の枠組みを立ち上げるなど、二国間協力を多国間協力に発展させる余地がある。

今後の比日間の海洋分野の協力を進める上で、総合海洋政策本部参与会議による累次の政策提言は参考になる。[27]同会議の目的は日本の海洋基本政策の立案全般へ助言することにあり、比日関係に特化したものではないが、同会議の政策提言の中には、比日関係強化のための示唆に富むものも少なくない。その中でも、フィリピンに関連するものとしては、海洋人材協力などが挙げられる。フィリピンは、世界の船員のおよそ25%を占める船員大国であり、たとえば２０１９年の船上からの送金はその年の送金全体の21%を占める。また、造船業において、２０１９年のフィリピンの造船量は世界全体の1%強に過ぎないとはいえ、ベトナム、イタリアやドイツをしのぎ世界4位の地位を占める。[28]さらに、このフィリピンの造船業を支える重要企業は日本の常石造船である。海洋国家を支える人材育成や造船業の分野で比日間が協力する余地は大いにあると考えられる。

また、南シナ海に関しては、上述のカルピオ元最高裁判事の指摘が傾聴に値する。[29]カルピオ判事は、国連総会の場で、中国が国際法を順守すること、仲裁裁判の判決を順守すること、仲裁裁判の判決に従うことを投票に付すべきと主張している。また、ＡＳＥＡＮ全体としての取り組みを作り上げるのは容易ではなく、一定の有志国との連携が現実的ではないかとし、中国を除く係争国による南シナ海の共同パトロールを提案した。さらに、事実上の航行の自由作戦を展開している国として米国に加えてインド、豪州や日本の存在を指摘し、フィリピンとしてもこれを支援すべきだと主張した。中長期的解決策としては、南シナ海の海洋保護区構想がある。現実に進む中国による軍事化の試みの前に非現実的に聞こえるかもしれないが、中国による人工島建設やその軍事化は、安全保障上の脅威であるだけでなく、海洋環境の破壊であり、食糧安全保障にも死活的に関わる問題である。開かれた海洋秩序を維持するため、海洋環境の保護のための国際協力を訴えることは重要であり、日本が東南アジア各国と進めてきた開発協力を発展させて地域間協力を進めていくことが必要と考える。

　これらの取り組みへの協力を進めることに加え、地域主義そのものを醸成するような取り組みに協力することも考えられる。たとえば、フィリピン外務省付設の研究機関であるフィリピン外交研究所は、カンボジアやミャンマーなどからの外交官の研修を受け入れてきた実績がある。こうした活動については、日本政府としても協力の余地があるのではないだろうか。また、フィリピンの最高学府フィリピン大学には、大学院レベルの教育と研究を行うアジアセンターがある。同センター設立は、太平洋構想に積極的でなかったマグサイサイ政権が関心を示した唯一の地域主義志向の事業であったと言える。同センターには、トヨタ財団の支援した大人数収容ホールもあり、日本との縁も浅くはない。同センターのアジア研究との協力関係を深めることで、地域主義振興を図ることもできるだろう。

　フィリピンのこれまでの外交を考えると、比日関係を発展させる形でＷＰＵを提案することが現実的と考える。地域主義との関係で言えば、フィリピンがこれまで培ってきたミンダナオ島を中心とするＢＩＭＰ－ＥＡＧＡや海洋安全保障に関する三カ国協力へのさらなる協力が考えられる。日本は、インドネシア、マレーシア、さらにはブルネイとも良好な関係を維持してきた。他方、サバ領有権問題に象徴されるように、フィリピン政府が常にマレーシア政府と良好な関係にあるわけではなく、フィリピンとマレーシアの二国間関係を正面から強化する試みには限界があるように思わる。その点、日本が、フィリピンとマレーシアの関係を含むＢＩＭＰ－ＥＡＧＡの協力を加速することに障害があるとは考えにくい。ＢＩＭＰ－ＥＡＧＡ発展のカギはスールー海、スラウェシ海とミンダナオ島の治安の安定であるが、これを実現することに反対する近隣諸国は存在しない。バンサモロ・ムスリム自治区創設や三カ国協力の成立で生まれた機運を失わないよう、社会経済開発をも視野に入れた開発協力が求められる。

　さらに、比日関係を国際主義のようなより普遍的な枠組みで捉えることも、ＷＰＵ構想を進めていく方策となるだろう。特に、海洋における法の支配については、比日両国が利害を共有する課題となる。二国間協力を国際主義の枠組みの中に位置づけることは、必ずしも地域主義外交に強い関心を示してこなかったフィリピンをＷＰＵに招待する道筋となるだろう。

付記　本稿の作成の一部は、科学研究費補助金（19K20518）などに支えられた。

注

（1）独立直後のフィリピン外交については，Milton Walter Meyer, *A Diplomatic History of the Philippine Republic: The First Years 1946–1961,* Claremont: Regina Books, 2004.

（2）太平洋構想のアメリカ側の受け止めや，限界については，伊藤裕子「『太平洋条約』構想の変容：アジア太平洋地域安保統合への動きとフィリピン・イニシアチブ１９４９—１９５１」『亜細亜大学国際関係紀要』２００１－03年，第10巻第３号：41－66。

（3）ＡＳＥＡＮ設立前後から第２回ＡＳＥＡＮ首脳会議開催までの外交については：山影進『ＡＳＥＡＮ：シンボルからシステムへ』東京大学出版会，１９９１年。

（4）ジャビダー虐殺以降のミンダナオ情勢の流動化については，Marites Dañguilan Vitug and Glenda M. Gloria, *Under the Crescent Moon: Rebellion in Mindanao,* Quezon City, Philippines: Ateneo Center for Social Policy and Public Affairs and the Institute for Popular Democracy, 2000.

（5）ラモス外交については，W. Scott Thompson, *Trustee of the Nation: The Biography of Fidel V. Ramos,* Mandaluyong, Philippines: Anvil Publishing, 2011.

（6）ルフットの発言については，Jensen, F. and K. Kappor. “Indonesia Fears Piracy Surge on Shipping Route Could Make it ‘New Somalia,’” *Reuters,* April 21, 2016.（https://www.reuters.com/article/us-indonesia-security-idUSKCN0XI0LB）February 5, 2021 accessed.

（7）スールー海とスラウェシ海における三カ国協力の展開については，IPAC（Institute for Policy Analysis of Conflict），“Protecting the Sulu-Sulawesi Seas from Abu Sayyaf Attacks,” 2019 IPAC Report No. 53.（http://www.understandingconflict.org/en/conflict/read/77/Protecting-The-Sulu-Sulawesi-Seas-from-Abu-Sayyaf-Attacks）February 21, 2021 accessed; Alexandra Amling, Curtis Bell, Asyura Salleh, Jay Benson, and Sean Duncan,“Stable Seas: Sulu & Celebes Seas,” *One Earth Future,* 2019.（https://www.stableseas.org/publications/sulu-celebes-seas）February 21, 2021 accessed; Kusuma Endra and Syaiful Anwar, “Implementation of the Philippines-Indonesia Coordinated Patrol in the Sea Border Area of Indonesia and the Philippines from the Sea Power Perspective,” *Journal of Social and Political Sciences,* 2020, Vol. 3, No. 4: 1120–1131.

（8）フィリピン外交の３本柱については，Department of Foreign Affairs, N.A., “Philippine Foreign Policy,” DFA.（https://dfa.gov.ph/80-transparency-category/75-philippine-foreign-policy）April 2, 2021 accessed.

（9） ラモス政権の政権運営については、Almonte, Jose, *Endless Journey: A Memoir*, Quezon City: Cleverheads Publishing, 2015. 経済政策については特に、A. R. Raquiza, *State Structure, Policy Formation, and Economic Development in Southeast Asia*, New York: Routledge, 2012.

（10） 中国の台頭に対するフィリピンの対応と、後述するフィリピン外交における国際主義の追求や安全保障協力の多角化については、高木佑輔「フィリピンの対中外交――交錯する3つのアクターと3つの政策」竹中治堅編『中国の台頭とインド太平洋諸国』（千倉書房、近刊）。

（11） サービス産業育成については、Antoinette R. Raquiza, "Philippine Services Sector: Domestic Policy and Global Markets." In *Southeast Asia Beyond Crises and Traps: Economic Growth and Upgrading*, edited by Boo Teik Khoo, Keiici Tsunekawa, and Motoko Kawano, pp. 225–249, Cham, Switzerland: Palgrave Macmillan, 2017.

（12） 在外フィリピン人の滞在先については、Mapa, Claire Dennis S., "Total Number of OFWs Estimated at 2.2 Million," Philippine Statistical Authority, 2000.（https://psa.gov.ph/content/total-number-ofws-estimated-22-million）April 3, 2021 accessed.

（13） 送金元については、フィリピン中央銀行データベースより算出。フィリピン・ルーツの米国人人口については：U.S. Department of State, "U.S. Relations with the Philippines," United States Department of State, March 25, 2021 accessed.（https://www.state.gov/u-s-relations-with-the-philippines/）

（14） 米国からの軍事援助額を含むテロ対策およびアブサヤフについての分析は、Zachary Abuza, "Balik-Terrorism: The Return of the Abu Sayyaf," Carlisle, Strategic Studies Institute, 2005。「不朽の自由作戦―フィリピン版」については、Linda Robinson, Patrick B. Johnston, and Gillian S. Oak, "U.S. Special Operations Forces in the Philippines, 2001–2014," RAND Corporation.（https://www.rand.org/pubs/research_reports/RR1236.html）February 21, 2021 accessed.

（15） 戦闘機購入については、Rappler.com, "PH Air Force Returns to Supersonic Age: Fighter Jets Arrive in Clark," Rappler, November 28, 2015.（https://www.rappler.com/nation/114258-philippines-fa50-jets-arrive）July 1, 2020 accessed.

（16） 豪州との関係強化一般については、Australian Embassy in the Philippines, N.A,"Australia-Philippines Defence Cooperation."（https://philippines.embassy.gov.au/mnla/Defence.html）May 31, 2021 accessed.

（17） フィリピン政府による仲裁裁判提訴までの経緯については、Marites D. Vitug, *Rock Solid: How the Philippines Won Its Maritime Case against China*. Quezon City: Ateneo de Manila University Press, 2018.

（18） 群島基線法の制定過程については、Severino, Rodolfo, "Clarifying the New Philippine Baselines Law." In *Energy and Geopolitics in the South China Sea: Implications for ASEAN and Its Dialogue Partners*, edited by ASEAN Studies Centre, Singapore:

ISEAS (Yusof Ishak Institute), 2009, pp. 74–76.

（19）沿岸警備隊については、Tarriela, Jay T, *The Rise of the White Hulls in Southeast Asia: The Philippine Coast Guard Case*, Ph.D. dissertation submitted to the National Graduate Institute for Policy Studies, 2021.

（20）ＯＤＡについては、NEDA (National Economic and Development Agency), *Official Development Assistance: Portfolio Review Report 2019*, Pasig City: NEDA, 2020.

（21）日本政府によるミンダナオ支援については、落合直之『フィリピン・ミンダナオ平和と開発：信頼がつなぐ和平の道程』佐伯印刷株式会社出版事業部、２０１９年、谷口美代子『平和構築を支援する：ミンダナオ紛争と和平への道＝Assisting Peace-building：Mindanao Conflict and Road to Peace』名古屋大学出版会、２０２０年。

（22）高木佑輔「ドゥテルテ政権の外交政策：フィリピンにおける親アジア路線の模索と課題」『国際問題』２０１７年10月、第６６５号：20－29。

（23）ミンダナオの教育事情については、川島緑『マイノリティと国民国家：フィリピンのムスリム』山川出版社、２０１２年。イスラーム寄宿学校とテロリズムとの関連については、Zachary Abuza［2005］。

（24）外務省「日米メコン電力パートナーシップ（ＪＵＭＰＰ）に関する日米共同閣僚声明」外務省ウェブサイト、２０２０年。(https://www.mofa.go.jp/mofaj/press/release/press6_000675.html) ２０２１年４月２日アクセス。

（25）ハイヤンからの復興支援については、山口昇「災害救援活動における民軍連携と日米同盟：台風『ハイヤン』のケース」信田智人編『日米同盟と東南アジア：伝統的安全保障を超えて』千倉書房、２０１８年。

（26）大庭三枝「東アジア地域秩序の変容と日ＡＳＥＡＮ協力：安全保障分野に着目して」木宮正史編『朝鮮半島と東アジア』岩波書店、２０１５年。

（27）総合海洋政策本部については、首相官邸ウェブサイト。(https://www.kantei.go.jp/jp/singi/kaiyou/index.html)

（28）造船業のデータについてはＵＮＣＴＡＤデータベースを参照。

（29）カルピオの提案については、ANC 24/7 Dateline Philippines, “Carpio Maintains Truthfulness of Column Baring, Bitter Divide, in PH Team on China Arbitration Case.” (https://www.youtube.com/watch?v=4dy4-18UkHM) July 20, 2021 accessed.のほか、アントニオ・カルピオ『南シナ海紛争：西フィリピン海におけるフィリピンの主権的権利と管轄権』大野拓司訳、２０１７年ＩＭＯＡウェブサイト (https://www.imoa.ph/downloads/) よりダウンロード。

第3章 ベトナムの「非対称性の管理」と対外関係

池部 亮

　歴史的に中国の南進圧力に苦しめられ続けたベトナムにとって、中国との関係をいかに適切に保つことができるかが、いつの時代においても最重要課題であった。国土面積、人口規模、経済力、軍事力で圧倒する中国とどのように向き合うのかといった「非対称性の管理」の重要性は近現代のベトナムの対外関係にあっても同様である。ベトナムにとって、安全保障、資源開発、インフラ整備、経済協力などで域内外の諸外国と友好関係を深めることは非対称性の管理において重要な戦略の1つとなっている[1]。

　ベトナムは第2次世界大戦後、約半世紀もの間、戦乱の渦中に置かれた。ベトナムはこの戦乱期を経て、安定的な国家運営にとって絶対的に必要な3つの条件を強く認識したのである。すなわち、①国際的な承認の必要性、②中国との全面的な対立の回避、③特定の大国への依存の回避である。1945年9月に成立が宣言されたホー・チ・ミンのベトナム民主共和国は国際社会からの認知を直ちに得ることができず[2]、外国の介入を許し、ベトナムは第一次、第二次インドシナ戦争へと引き込まれてしまった。[3] また、カンボジアをめぐる第三次インドシナ戦争は、ベトナムを支援するソ連との同盟関係を盾としベトナムの対中敵視を投影した戦争であった。このカンボジア問題によってベトナムは南北統一後の復興に欠かせない国際関係の正常化を決定的に遅らせてしまった。

ベトナムは１９８６年にドイモイ（刷新）を決定し、全方位外交による対外関係の改善、世界貿易機関（ＷＴＯ）加盟による国際経済への完全なる参入を果たした。しかし、その後もベトナムは環太平洋パートナーシップ（ＴＰＰ）、欧州連合（ＥＵ）とのＥＶＦＴＡ[4]など、巨大な自由貿易圏への参加を積極的に進め、経済統合を通じた国際的認知を幾重にも積み重ねることに邁進している。

小国ベトナムが安定的な国家運営を持続するためには、中国との関係を適切に保ち、ロシア、米国、インド、ＡＳＥＡＮ、日本、ＥＵといった諸外国・地域機構との良好な関係を維持することが重要となる。ただし、ベトナムは地域機構や経済協力の枠組みへの参加に際し、中国を牽制する意図が明白なものからは距離を置いている。

本稿ではベトナムの処世術とも言える中国との間にある非対称性の管理について、１９７６年の新生ベトナム誕生以降の対外関係の来歴から考察する。その上で本稿のテーマである新しい地域連携の枠組みとなる「西太平洋連合」（Western Pacific Union、以下ＷＰＵ）にベトナムが参加するための条件などを検討する。

1　閉塞からの教訓

●中国との対立と閉ざされた対外関係

抗米戦争後半になると、中ソ対立が鮮明となり、北ベトナムは中ソとの等距離外交を模索しつつも徐々にソ連への傾斜を強めていった。中国は自国の南に親ソ連の統一国家が成立することを警戒し、南ベトナムに米国の影響が残ることを期待した。[5] １９７２年にはニクソン米大統領が訪中して中国と米国が急接近し、ベトナムの対中不信感はますます高まった。１９７６年に南北統一を果たしたベトナムは急進的な社会主義政策を進め、華人商人の財産を没収し、資産を国有化したため、中国は華人弾圧だとしてベトナムを非難した。

ベトナムは１９７８年6月に経済相互援助会議（ＣＯＭＥＣＯＮ）に加入し、安全保障協力が含まれるソ連・ベトナム友好協力条約を締結した。中国はベトナムの華人迫害を理由に１９７８年7月にベトナムに対する経済・技術援助を完全に打ち切り、中越対立が先鋭化していった。

隣国のカンボジアでは、１９７５年4月、カンボジア共産党（クメール・ルージュ）がプノンペンを制圧し、民主カンボジアを誕生させ、ポル・ポトが首相に就任した。ポル・ポトは反越政策を掲げベトナム南部の国境地域への侵攻を繰り返し、中国共産党はベトナムと敵対するポル・ポトを引き続き支援した。１９７８年末、国境衝突はエスカレートし、ベトナムは国境地帯を越えてプノンペンにまで侵攻し、「これは自衛のための反撃であり、かつカンボジア難民による自発的反抗である」と主張した。しかし、国際社会はカンボジアの主権侵害としてベトナムを非難した。中国は１９７９年2月、懲罰と称しベトナム北部に侵攻し中越国境紛争が勃発し両軍に数万人規模の死者を出したが、ベトナム側の犠牲者には民兵や一般市民も多く含まれていた。その後、約10年間、ベトナムはカンボジアに軍隊を駐留させ国際的な孤立を深めていった。

こうしてベトナムは困窮の時代を迎える。経済は落ち込み、国民は耐乏生活を強いられた。ほぼ唯一の経済的支援者であったソ連も国力が限界に達し、ベトナムへの十分な援助は期待できなくなっていった。

●ドイモイ（刷新）政策の開始

ベトナム共産党にとって、１９８６年末のドイモイの導入は経済破綻と国際的孤立から脱却する上で避けられない選択であった。市場経済を取り入れるドイモイ政策のイデオロギー面の説明は、将来の社会主義体制の実現を目指しつつ途中段階では私営企業や個人経営などの非社会主義セクターの存在を容認するというものである。

また、ベトナムは外交面では１９８８年に全方位外交路線を決定し、カンボジア駐留軍の部分撤退を開始した。１９８９年5月には中ソ関係が正常化し、同年末には米ソ首脳による冷戦の終結が宣言された。もはやベトナム軍がカンボジアに駐留を続ける理由はなくなり、１９９１年10月、カンボジア和平のためのパリ協定が締結された。

●ベトナムが得た教訓

約半世紀の戦争を通じベトナムが得た教訓は、第一に国際的認知を得ない国家運営がいかに困難であるかということである。１９４５年９月のホー・チ・ミンによるベトナム民主共和国の樹立も、国際社会からの認知を直ちに得ることができなかった。また、１９７８年以降のベトナム軍のカンボジア侵攻と長期間の駐留がソ連陣営を除く国際社会からの孤立を招いた。国際的認知を得られないままベトナムは軍事的にも、経済的にも追い詰められてしまったのである。

第二に中国と全面的な対立関係に陥ったことが、軍事的な脅威に加え経済的な困窮を招いたことである。「非対称性の管理」が歴史的な国是であるベトナムにとって、中国をベトナムに侵攻するまで怒らせてしまったことは誤りで、中国との関係を適切に保つことは国家運営の最重要な基盤であることを改めて自覚したのである[6]。

第三にソ連、中国といった大国との同盟関係に依存した安全保障上の不確実性である。ベトナムにとってみれば、１９７２年の米中の歩み寄りは、抗米戦争で共闘してきた中国がベトナムを裏切ったことを意味する。また、１９７９年の中越国境紛争や１９８８年の南シナ海[7]での中越海戦において、同盟国のソ連はベトナムが期待する安全保障上の役割を果たさなかったのである。

こうした経験からベトナムは現在にまで通ずる対外関係の基本原則を確立したと言える。そして、政治、外交、安保のみならず、援助、貿易、投資といった経済関係においても特定国に過度に依存しないことが自国の交渉力を確保する上で重要となる。そのためには、何よりもベトナム自身の経済的な自立が必要であり、ドイモイ以降、全方位外交、輸出先市場の獲得、国内市場開放による外国投資の導入に邁進していくのである。

2　ベトナムの対外関係

●中国との関係

中ソ対立の解消とベトナム軍のカンボジアからの完全撤退によって、中越国境紛争以来冷え切っていた中国との関係も修復に向かった。1988年3月にはスプラトリー群島[8]で中越の軍事衝突が発生したものの、ベトナム共産党は対中和解を正式決定し、同年末には国交正常化前の段階でありながら国境貿易が再開された。中国製品が大量にベトナムに流入し、深刻なモノ不足とインフレに悩むベトナム経済にプラスの効果をもたらした。

1989年はカンボジアからのベトナム軍の完全撤退が実現しただけでなく、第二次天安門事件と東欧社会主義諸国の崩壊が中越関係の改善を後押しした。中国はアジア地域の社会主義国の崩壊を防ぐべく、北朝鮮とベトナムとの団結を重視するようになり[9]、１９９１年11月には中越国交正常化が実現した。

現在、ベトナムにとって中国は最大の貿易相手国であり、ベトナム側が大幅な貿易赤字を抱えている。ベトナムが対外開放を進め、外資系企業の工場が進出するにつれ、部品や材料など中間財の対中輸入が拡大したためである。経済面においても特定の大国に依存したくないベトナムにとって過度な対中輸入依存からの脱却は重要課題の１つである。

●南シナ海問題

中越国交正常化当時、両国間には陸上国境、北部湾[10]、南シナ海での領土・領海をめぐる係争が存在していた。両国は２０００年までに陸上国境協定、北部湾境界線協定を相次いで締結しており、現在では南シナ海の群島の領有権のみが係争事項として残されている。

２００９年５月、中国は従来から自国領として主張してきた南シナ海のいわゆる九段線を示す地図を国連大陸棚限界委員会に提出し、人工島や滑走路を建設するなど実効支配を強化し始めた。中国の巡視船に衝突されベトナム漁船が沈没したり、拿捕や船員の逮捕、海底ケーブルの切断など、中国の行動がエスカレートしている。

２０１４年５月にはパラセル群島近海のベトナムが排他的経済水域と主張する海域に中国が石油掘削リグを設置し、数十隻に及ぶ両国の艦船がにらみ合い、中国側が放水や衝突などを繰り返したとされる事件が発生した。ベトナム政府がこの様子を映像とともに公表し、国内外に衝撃を与えた。ベトナム主要都市で大規模な反中デモが起こり、一部が暴徒化し中国人４人が死亡、１２６人が負傷したとされる。中国政府は反中デモの暴徒化を許したベトナム政府を非難し、観光交流事業などを部分的に中止するなどした。

この事件は、従来は抑止されていた大衆的な中国への抗議行動が一時的ではあれ容認され、対中批判の声を直接あげることがなかったベトナム共産党が強い抗議の姿勢を示すなど、それまでのベトナムの動きとは質的に異なるものであったとされる。[11]

２０１４年７月、中国が同海域からの撤収完了を発表すると、ベトナムの共産党書記局常務が「ベトナム共産党書記長特使」という肩書きで訪中し、習近平国家主席と会談し、「中越戦争以後最悪」とも言われた両国間の緊張状態は緩和された。[12]

●中越間の関係修復力

このように両国は政府間で激しく対立しても、国家あるいは政府を代表しない共産党組織の肩書きで相手国の国家元首と会談ができる対話チャンネルを有している。両国共産党は相互の体制維持が自国の体制維持にとっても重要と考えており、目に見える政府間関係とは別の党間協力が太いパイプとして存在している。

また、両国には軍同士の対話チャンネルも存在し、その機能の１つは、ベトナム人民軍の動向、特に米国との安全保障協力に関する「対中説明」の機能とされる。２０１０年8月に行われた初の米越共同軍事演習の直後、ベトナム国防省のヴィン次官が訪中し、米国との軍事交流が南シナ海問題や中越関係と無関係である旨中国側に説明したとされる[13]。またベトナムは「いかなる国とも同盟関係にならない」、「いかなる国の軍事基地も置かない」、「他国との対立において第三国の介入を求めない」という「３つのＮｏ」の方針を提示したとされる[14]。

このように両国は有事の際に戦争に突入しないための装置として、複数の対話チャンネルを有している。逆説的には、対中不信と対中警戒が大きいベトナムにとって、これらの対話装置はなくてはならないものである。一方、南シナ海の係争事項を除けば、中越は表向きは友好を基礎とした安定的な関係を維持しており、「全面的戦略パートナー」として最も緊密な国家関係にある[15]。

●米国との関係

カンボジア問題が解決に向かう中、米国はベトナムに対し国交正常化のための4段階のロードマップを提示した。ロードマップは行方不明米兵（ＭＩＡ[16]）の調査とカンボジア和平プロセスに応じるもので、これに従えば、米越国交正常化はカンボジア総選挙後、カンボジアで新国会が召集されるまで待つ必要があった。

１９９３年に国連監視下でカンボジア総選挙が実施され、７月に国際金融機関による対ベトナム融資が容認され、１９９４年2月には米国の対越経済制裁の全面解除が発表された。しかし、米国は国交正常化の条件として、新たにベトナムにおける人権問題の改善を要求しベトナムはこれに反発したとされる。[17] １９９５年7月に、ようやく米国はベトナムとの外交関係樹立を宣言した。しかし、クリントン米大統領の声明に「和平演変」を示唆する発言や人権・労働問題に関してベトナムを非難するニュアンスが含まれていたことから、ベトナムは国交樹立の国内ニュースの扱いを意図的に小さくするなどして不快感を表した。

ベトナムはＷＴＯ加盟の前提ともなる米国との二国間通商協定の締結交渉を急ぎ、１９９９年7月に基本合意に達した。しかし、ベトナムの政治局内の保守派から異論が出て調印が延期されてしまった。最終的に協定は基本合意から約1年後の２０００年7月に締結され、２００１年末に発効した。また、同協定締結後の２０００年11月には現役の米大統領として初めてクリントン大統領が訪越した。

米越通商協定が基本合意に達した後、ベトナムの政治局内の保守派から異論が出て締結が1年も延期された背景に中国からの圧力があったとする憶測がきかれる。同じ社会主義市場経済国である中国がＷＴＯ加盟交渉の前提となる米中二国間協議を進めている最中であり、国有企業の補助金や市場開放など共通する課題について、社会主義国としてベトナムが先に米国に譲歩することを中国が許さなかったとする見方である。また、米越通商協定が調印された頃、レ・カ・フィエウ越共産党書記長が改めて「ベトナムは中国の改革モデルに従う」と言明[18]したことも、この中国圧力説に真実味を与えている。

米越通商協定の発効でベトナムの対米輸出は劇的に拡大し、２００２年にはベトナムにとって米国が最大の輸出先となった。近年では米中貿易摩擦による貿易転換効果で２０１９年の対米輸出シェアは24%にまで上昇し、ベトナムの対米貿易黒字は拡大の一途を辿っている。こうした状況を捉え、トランプ米大統領は、「ベトナムは貿易の最大の悪用者」と強く非難し[19]、２０２０年末にはベトナムを為替操作国に認定した。

現在のベトナムの対米関係において対立点となるものは通商問題と人権問題である。一方、ベトナムは米国に対し、南シナ海での中国に対する抑止と牽制の効果を期待しており、米国との防衛協力も少しずつ進めている。

●ASEAN加盟とその意義

ベトナムは機構としてのＡＳＥＡＮに対し、長い間「アメリカ主導の反共軍事同盟」と見なし警戒してきた。ベトナムがこの姿勢を転換したのは外交面でのドイモイを開始してからである。ベトナムは１９９２年7月に東南アジア友好協力条約（ＴＡＣ）に調印し、米国との国交樹立と時を同じくして１９９５年7月にＡＳＥＡＮに加盟した。

ベトナムのＡＳＥＡＮ加盟の意義としては、大きく3つあるとされる。第一に内政不干渉の原則を掲げるＡＳＥＡＮが政治体制の異なるベトナムを承認したことである。ベトナムでは体制批判的知識人に対する弾圧や少数民族反乱など、欧米諸国から非難される人権問題が時折生じるものの、ＡＳＥＡＮの場で問題とされることはなく、ＡＳＥＡＮはベトナムにとって居心地のよいシェルターの役割を果たしている。

第二に長年にわたり戦乱の渦中に置かれ孤立してきたベトナムにとって、事実上の「不戦共同体」としてのＡＳＥＡＮへの加盟は、対外関係の安定化をもたらすものであった。

第三にＡＳＥＡＮ＋３首脳会議や協調的な安全保障の枠組みとしてのＡＳＥＡＮ地域フォーラム（ＡＲＦ）など、定期的な会議体の価値である。多国間交渉のみならず二国間での域内、域外主要国の指導者や高官と公式、非公式の接触機会を確保できることである。[20] たとえば、２０１０年にＡＳＥＡＮ議長国となったベトナムは積極的な水面下での外交を展開し、南シナ海をめぐる中国との係争を多国問対話によって取り上げることに成功した。このときはクリントン米国務長官による同海域における「航行の自由、アジアの海洋公共財への開かれたアクセス、国際法の順守」といった発言を引き出し、同問題への米国の関与を取り付けたのである。またベトナムが議長国を務める中、拡大ＡＳＥＡＮ国防相会議（ＡＤＭＭプラス）も発足し、ベトナムにとってＡＳＥＡＮを活用した軍事外交の大きな成果の1つとなった。[21]

●インドシナ3国の関係

１９７６年にベトナムに南北統一国家が成立すると社会主義を掲げる一党独裁の国が陸上国境を接してインドシナに３つ誕生することになった。その後、カンボジア紛争期にはインドシナ三国は国際的に孤立し、ソ連陣営への依存を高めるとともに、三国は「戦闘的、同志的」団結を誓った。[22] 第三次インドシナ戦争終結後、カンボジアは総選挙によって立憲君主制の国へと生まれ変わった。ベトナムは社会主義政権のラオスと友好関係を維持し、現在でも二国は時折「特別な関係」とも呼ばれる。

これらインドシナ三国がカンボジア和平後に初めて三国だけの首脳会談を持ったのは１９９９年10月であり、会談が実現した背景にはＡＳＥＡＮ10の成立があった。インドシナ三国は近隣諸国や国際社会からインドシナ連邦結成の陰謀、ベトナムによる小覇権主義といった非難を招くことなく、三国の連携や協力を気兼ねなく追求することができるようになったのである。[23]そして、三国はこの最初の会談で開発の三角地帯構想の推進で合意した。同構想は、インドシナ三国の国境地帯における貧困削減や社会的安定、国境治安の確保、善隣友好関係の促進などを主たる目的とし、２００４年に日本が資金、技術面での支援に関心を示したことから本格的に動き出した。[24]日本にとっても同構想はインドシナ三国との政治的関係を強化する上での象徴的プロジェクトとなっている。

また、ベトナムにとってラオスとカンボジアは企業進出先としても重要な市場となっている。ベトナム統計総局によると、ベトナムの対外直接投資の２０１９年末の登録資本金残高は約２０７億ドルで、このうちラオス向けが24％を占め第1位、ロシアが14％で第2位、カンボジアが13％を占めて第3位となっている。ラオスとカンボジア向けの主な業種は、航空サービス、ガソリン小売り、携帯電話サービス、銀行・保険などの金融、ゴム・コーヒー・キャッサバ・カシューナッツなどの農業開発事業であり、ベトナムでは国有企業が独占的に権益を握る分野が多い。[25]

ベトナムの対外直接投資は１９８９年から２００６年までの累積額で8億ドルに過ぎなかった。しかし、２００７年単年で約10億ドル、２００８年には約31億ドルと急増した。２００７年にＷＴＯに加盟したベトナムは対外市場アクセスを獲得した一方で国内市場開放の義務を負うことになった。ベトナムの国有企業は従来のように国からの優遇的な扱いを期待できず、外国企業やベトナム民間企業との競争に晒されることになった。国有企業は事業再編と業容拡大、市場獲得のための対外投資を進め、隣接するラオスとカンボジアに多くの企業が進出するようになった。これら2国はベトナムにとって輸送費や賃金水準などでメリットがある上、豊富な資金と市場情報を持つベトナムの国有企業にとって国内市場の延長として比較的進出し易い市場と言えるであろう。また、歴史的な友好協力関係で培った国家・企業・個人レベルでの人脈も効果的に機能しているものと考えられる。

●日本との関係

１９７３年に抗米戦争に関するパリ和平協定が締結されると、日本は当時の北ベトナムと国交を樹立した。しかし、カンボジア問題が発生すると１９７８年以降ベトナムに対する円借款を凍結した。その後、１９９２年11月、凍結していた総額４５５億円の円借款の再開を決定し、現在、日本はベトナムにとって二国間援助で最大の供与国となっている。

１９９３年3月にヴォー・ヴァン・キエト越首相が国交樹立後初めて日本を公式訪問し、１９９４年8月には日本の総理大臣として初めて村山富市首相が訪越した。近年では２０２０年10月に日本の菅義偉首相が就任後最初の外遊先としてベトナムを訪問するなど[26]、日本にとってベトナムは経済のみならず、外交、安全保障など幅広い協力関係を構築する重要国の1つとなっている。

現在、日越間には外交上の対立点は見られない。ベトナムにとって日本は貿易で4位、対内直接投資で2位、政府開発援助（ＯＤＡ）の供与国として1位と、重要な経済パートナーとなっている。

日越貿易の特徴は、輸出入が均衡していることにある。日本企業の輸出生産企業がベトナムに多く展開する中でも過度な対日輸入超過は見られない。これは、日本企業の海外生産比率上昇によってサプライチェーンが中国やＡＳＥＡＮ諸国などにも分散しているためである。日本は１９９０年代以降、ベトナムにとって最大の貿易パートナーであったが、２００４年に中国が、２００９年に米国が、２０１３年には韓国がそれぞれ日越貿易額を上回った。

また、ベトナムの対内直接投資においても１９９０年代から認可ベースの累積残高で日本は最大であった。しかし、近年では韓国の投資が拡大し日本の投資額を上回るようになった。ベトナム統計総局によると、２０１９年末の累積投資額の大きい国は、韓国（６８１億ドル）、日本（５９４億ドル）、シンガポール（４９８億ドル）で、韓国と日本の投資は製造業投資が多く、シンガポールは都市開発などの不動産事業が多い。なお中国は第7位となるが、第5位の香港経由の投資も多いため、実質的な中国の投資額はもう少し大きくなる。

ＯＤＡでは、２０１６年にベトナムに供与された二国間ＯＤＡに占める日本の割合は65％にも達している。なお、日本に次いで多いのはドイツ（９％）、韓国（８％）、フランス（５％）、米国（５％）などであった[27]。一方、日本の東南アジア諸国向けＯＤＡの２０１８年度の実績では、最大の供与先はベトナムであり、国際協力分野で日越両国は相互に重要なパートナーとなっている。[28]

人的交流では、２０２０年6月末時点で、日本に滞在するベトナム人は42万人と中国人（79万人）、韓国人（44万人）に次ぐ第3位の規模である。なかでもベトナム人留学生は約７万人と近年増加傾向にあり、中国（約12万人）に次ぐ第2位となっている。また、技能実習生では22万人超と全体の55％を占め、ベトナムは最大の送り出し国である。[29] 一方、ベトナムに長期滞在する邦人数は２０１９年10月時点で2万人超と世界各国・地域の在外邦人数の中で14番目であり、東南アジア諸国の中ではタイ、シンガポール、マレーシアに次ぐ規模である。[30]

3　自由貿易大国に向けて

●ＷＴＯ加盟と輸出の拡大

ＷＴＯ加盟によってベトナムは世界主要市場から最恵国待遇を享受できるようになり、グローバル企業の輸出生産に必要な世界標準の通商環境を手に入れた。ベトナムにとってＷＴＯ加盟は国際経済関係正常化の到達点と言えるものであった。

図表３－１はベトナムの対内直接投資の歴年のフローと輸出額の推移を示す。投資動向の特徴から、４つの時期に分けて考えることができる。第１期はドイモイ開始後、ベトナム投資ブームとなった

図表3-1　ベトナムの対内直接投資と輸出額の推移

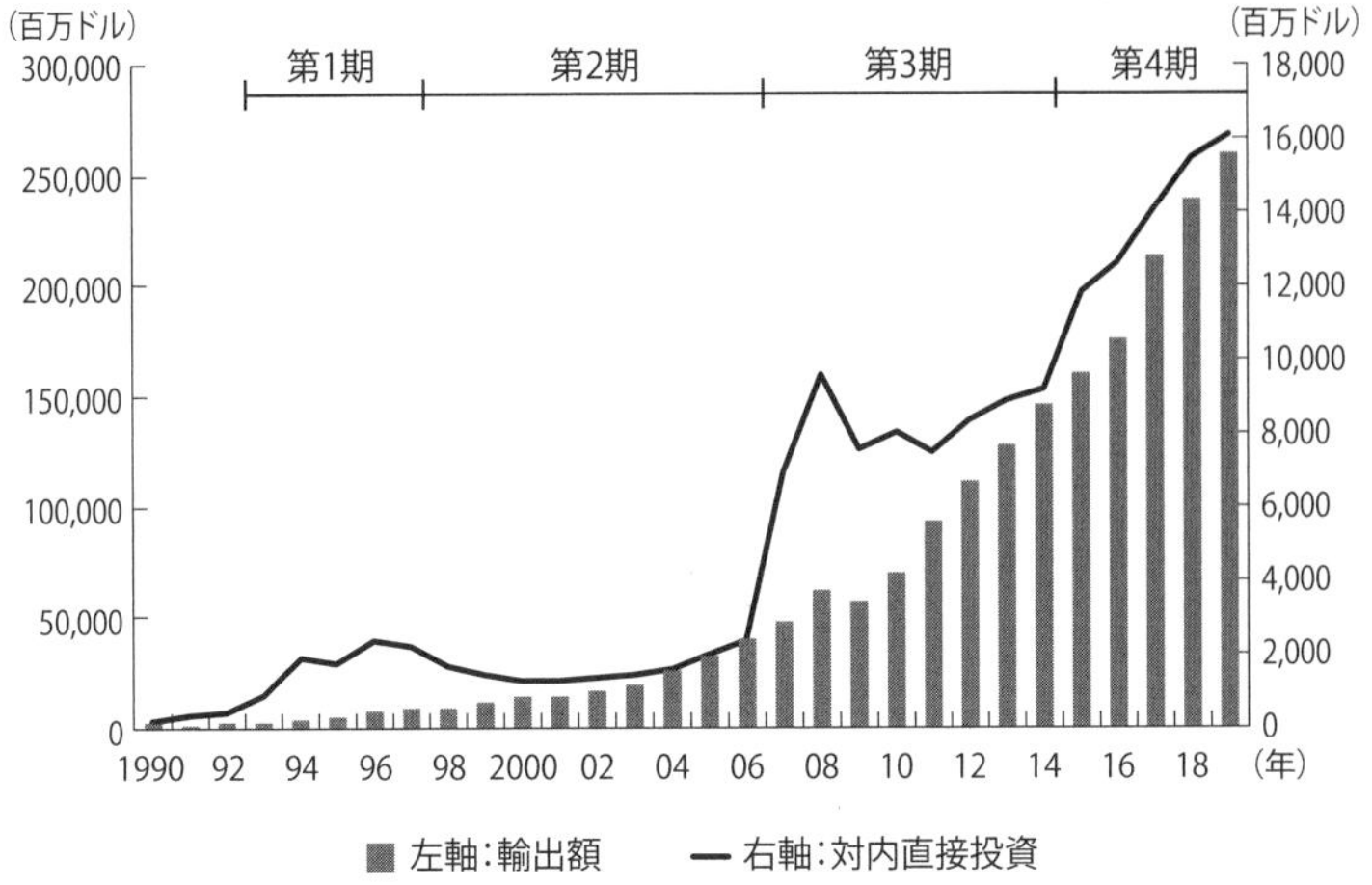

出所：UNCTAD Stat. およびIMF, Direction of Tradeより筆者作成。

１９９３－97年、第２期はアジア通貨危機で投資が低迷した一方、ＷＴＯ加盟に向け国内法整備を進めた１９９８－２００６年、第３期はＷＴＯ加盟によって輸出志向型の企業進出が増加した２００７－14年、第４期はＴＰＰやＥＶＦＴＡなどのメガＦＴＡへの参加を進める一方、米中対立によってベトナムの輸出生産が一層拡大する２０１５年から現在までである。

図表を見ると第３期の起点となる２００７年と２００８年に対内直接投資が大きく拡大し、２００９年にはリーマンショックによる影響を受けたものの、その後は70－90億ドルの高い水準で推移していることがわかる。２０１５年以降の第４期では対内直接投資はさらに増加傾向を強めている。ベトナム統計総局によると、ベトナムの輸出に占める外国投資企業の輸出比率は、２００７年の57％から２０１６年には72％

にまで上昇している。ＷＴＯ加盟後の外国投資の中に輸出志向型の製造業投資が多く含まれているのである。

第4期の投資拡大はＴＰＰやＥＶＦＴＡなど経済統合への参加によって中長期的に良好な輸出環境が確保できることが投資家に好感された結果であろう。さらに米中対立が先鋭化し、中国からの生産移管の受け皿としてベトナムが選好されてきたことも要因と言えるであろう。

●自由貿易（ＦＴＡ）大国に向けて

２０００年代以降、ＷＴＯの多角的貿易交渉は難航するようになり、貿易のさらなる自由化に向けた取り組みはＦＴＡがその主流となった。ベトナムが初めて多国間ＦＴＡを結んだのは１９９５年のＡＳＥＡＮ自由貿易地域（ＡＦＴＡ）であり、最初の二国間ＦＴＡは２００８年の日本・ベトナム経済連携協定（ＪＶＥＰＡ）である。また、ＡＳＥＡＮ中国、ＡＳＥＡＮインド、東アジア地域包括的経済連携（ＲＣＥＰ）[31]など、ＡＳＥＡＮを通じた域外国とのＦＴＡも増加し、２０２１年８月時点でベトナムは14の発効済みＦＴＡを有している。[32]現在、ベトナムのＦＴＡカバー率は輸出で63％、輸入で81％、輸出入全体で73％と高い水準に達している。[33]アジア地域の主要国のＦＴＡカバー率は、中国が32％、韓国が70％、シンガポールが91％であり、ベトナムはアジアではシンガポールに次ぐＦＴＡカバー率を有すＦＴＡ大国となったのである。

●メガＦＴＡへの参加

ベトナムがＴＰＰやＥＶＦＴＡなどのメガＦＴＡに参加する動機は何であろうか。ベトナムは社会主義市場経済を掲げ、少なくとも政治体制面ではほかの加盟国と比べ異質である。また、ＷＴＯ加盟時点でのベトナムの１人あたりＧＤＰは１２００ドルに満たない低位中所得国であり、市場開放によって国内産業の成長機会が奪われる懸念もある。それでもベトナムが自由化レベルの高いＦＴＡに参加する動機は、第一に外国直接投資と輸出の拡大、第二に外圧による国内の立ち遅れた経済法整備の推進、第三に外交的、政治的要因が挙げられる。[34] 特に、第三の点については、幅広い国々と経済統合を進め、外交チャンネルを多元化することで非伝統的な安全保障を強化でき、中国の南シナ海での覇権に対応する「非対称性の管理」の一手段となるものである。

では、ベトナムのＴＰＰへの加盟経緯を見ていこう。米国がＴＰＰの前身となるＰ４協定に参加表明したのは２００８年９月であった。そのわずか３カ月後、米国通商代表部（ＵＳＴＲ）はオーストラリア、ペルー、ベトナムもＴＰＰ交渉に参加すると発表しており、ベトナムは早い段階でＴＰＰへの参加を決意していたことになる。[35] ２００８年の段階では中国を自由貿易によって包囲するというＴＰＰの性格は前面に出ていたわけではなく、ベトナムもそれほど中国に気を遣う必要なく交渉参加を決断できたと考えられる。

ベトナムはＴＰＰ交渉への参加について、「米国に招待された」としている。米国が交渉初期段階からベトナムに対し参加を促した理由については明らかではない。ただし、ベトナム側のＴＰＰ交渉団長を務めた工商省次官はその理由について、①ＴＰＰを将来拡大していく上で開発途上国であるベトナムが参加できていることはプラスとなること、②ベトナムがＷＴＯなどの約束事項を厳格に履行してきた実績が評価されたこと、③人口規模が大きく、高成長を続けるベトナムの市場性が期待されたこと、を挙げている[36]。

次にＥＶＦＴＡについて見ていこう。ＥＵは２００７年からＡＳＥＡＮとのＦＴＡ交渉を開始し、２００９年3月までに7回の交渉を経たものの進展がなかった[37]。ＡＳＥＡＮ諸国は経済水準の格差が大きく、各国で対応可能な自由化レベルも異なるため、ＥＵは個別交渉へと方針を切り替え[38]、２０１０年にシンガポール、マレーシアと交渉を開始した。ベトナムとは２０１２年6月に交渉を開始し、２０１５年12月にＥＶＦＴＡが最終合意された[39]。

ＥＶＦＴＡの目的は相互に重要な貿易パートナーとの関係をさらに強めていくことにあるが、そのほかの狙いとしてＥＵ側は国家統制色が依然として強いベトナムの国内構造改革を迫ること、ＥＶＦＴＡをほかのＡＳＥＡＮ諸国へのゲートウェイとすることにあった[40]。また、ベトナムは輸出市場の拡大、市場経済国への認定、衣類などの原産地規則の緩和、国内調整に時間を要す分野では段階的な自由化が認められるべきと主張したとされる[41]。

4 新しい地域秩序と西太平洋連合構想

●ベトナムを取り巻く外交課題

既述のとおり、ベトナムの外交上の主たる懸案事項は、欧米諸国から要求が強まる人権問題、米国との通商問題、中国との南シナ海領有権問題である。

人権問題については、中越両国とも共産党一党独裁の社会主義体制を目指す過程で資本主義を暫定的に取り入れるという建前であり、その過程で生じる資本主義的な弊害は政治体制によって取り締まることを肯定している。[42] 一方でベトナムは欧米が主張する民主化の要求に対し、政治犯の釈放、ＩＬＯ基本条約への批准といった譲歩も見せている。欧米からの民主化要求に対して中国が一定の防波堤の役割を果たし、かつＡＳＥＡＮ諸国内では人権問題などでミャンマーやカンボジアなどもあるため、非難の矛先がベトナムだけに向かうことはないといった安心感もあるであろう。

米国との間にある通商問題は米中対立による中国からの生産立地移転といった貿易転換効果で厳しい状況に置かれている。UN Comtradeによると、２０２０年の米国の対ベトナム貿易赤字額は７３２億ドルに達し、米国にとってベトナムは中国、メキシコに次ぐ第3位の貿易赤字国となり、２０２０年12月には米国はベトナムを為替操作国に認定した。バイデン政権下での対ベトナム貿易政策次第ではあるものの、ベトナムは家具、水産物、履物、衣類、スマートフォン、ノート型パソコンといった対米輸出額の大きい品目の輸出自主規制や通貨の切り上げといった対応を迫られる可能性も否定できない。

　ベトナムが抱える外交課題として最も懸念が大きく、解決が困難なものは中国との間の南シナ海問題である。表面上は互いに自制を訴えつつも、現場となる海域ではそれぞれが実効支配強化を進めている。中国の動向のみが報じられることが多いが、ベトナムも２０１７年にスプラトリー群島の複数の島にロケット弾発射台を配備し、11月には同群島で滑走路を延伸するなどしている。[43]

　南シナ海における中国への牽制の必要性から、ベトナムは米国をはじめインドなどとの安全保障面での協力関係を強化している。２０１６年５月には米国が対ベトナム武器禁輸措置を全面解除し、２０１８年３月には抗米戦争後初めて米空母がダナンに寄港し、米海軍が主催する環太平洋合同演習（ＲＩＭＰＡＣ）にもベトナムは初めて幕僚を派遣した。また、インドとの間で国防を含む協力協定に調印し、２０１６年には両国関係を全面的戦略パートナーへと格上げした。２０１８年５月にはインドの戦艦がダナンに寄港し、初の両国共同海軍演習を実施した。

　このほか、ベトナムは米国、ロシア、インド、スペインなど外国企業の南シナ海での石油探査事業を認可しており、ベトナム指導部は中国の南シナ海における覇権行動に対して国内的には抑制的な態度をとりつつも、中国への対抗姿勢を緩めていない。今後、中国が直接ベトナムを軍事的に攻撃する事態とならないよう注意を払いながら、南シナ海での自国の実効支配を強化しつつ他国との防衛協力も進めるという状況が続いている。

●新しい地域秩序への対応

本書で扱う新しい地域秩序であるＷＰＵ構想に関する議論の前に、一帯一路構想とインド太平洋構想へのベトナムの対応について見ていこう。

まず一帯一路については、ベトナムは中国が主導するアジア・インフラ投資銀行（ＡＩＩＢ）にも２０１５年12月の発足時から加盟しており、２０１７年11月には中越間の経済回廊建設を一帯一路の一環として推進していくことで中国と合意した。このように一帯一路に対するベトナムの姿勢は積極的に見えるが、実際の一帯一路構想に基づく国内のインフラ建設プロジェクトはわずか1件で、かつ既存プロジェクトの資金不足を補うためのものである。ベトナムは一帯一路に対して「総論肯定、各論慎重」の態度をとっている[44]。ベトナムは援助を通じて中国依存を強めることで南シナ海問題における自国の発言力を弱めてしまう懸念がある上、国内の反中世論の反応を警戒する必要もある。中国からの開発資金が魅力的であるにせよ、現時点では従来のドナーからの借款を適正に利用しながら国内の開発需要を充足させることがベトナムにとっては得策なのである。

では、インド太平洋構想についてはどうであろうか。日米が提唱する「自由で開かれたインド太平洋（Free and Open Indo-Pacific、以下ＦＯＩＰ）」は太平洋とインド洋を結ぶ地域をカバーし、法の支配や市場経済を重視する国々との協力促進を謳う。地域の平和と安定、繁栄に貢献し、経済と安全保障の両面で連携を目指すもので、中国が一帯一路構想によって同地域でインフラ投資を拡大することに対抗する意図も含まれているとされる。インドやＡＳＥＡＮも独自のインド太平洋構想を提唱しており、日米などの考え方と必ずしも同じではない。特に対象国・地域に中国を含めるか否かという点において異なっている。日米が掲げるＦＯＩＰについては、中国を牽制もしくは一帯一路構想に対抗する性格があるため、ベトナムとしては賛否を表明できない。また、ＦＯＩＰは（米国的な）民主主義の価値観を共有するという趣旨が含まれている点もベトナムは警戒するであろう。

２０１８年3月にチャン・ダイ・クアン越国家主席は訪印時の演説で、「インド・アジア・太平洋の世紀」、「包摂的繁栄」といった表現を用い、中国を除外しないインド太平洋の枠組みを提示した。アジアという言葉と包摂性は中国を含むということを暗に示しているのである。[45]

一方、２０１８年10月に東京で開催された第10回日メコン首脳会議でベトナムを含む関係国は「日メコン協力のための東京戦略２０１８」を採択した。[46] これによると、ＦＯＩＰに関連して、①平和、安定、繁栄を確保するために法の支配に基づく自由で開かれた秩序の強化は重要であること、②ＦＯＩＰの実現でメコン諸国も大きな利益を得ることができる地理的優位性を有していること、③メコン諸国の首脳はＦＯＩＰの実現のための日本の政策を歓迎すること、が確認された。これは日メコン協力とＦＯＩＰという視点であり、日本と構成国の二国間による声明ではない。また、メコン諸国は日メコン協力プロジェクトによる日本の同地域へのインフラ支援に対する期待もある。いずれにせよ、ベトナム単独では沈黙せざるを得ないものの、メコン諸国という枠組みとしてであれば、ＦＯＩＰ

への共感も比較的し易いということであろう。

２０１９年６月にはＡＳＥＡＮ自身も「インド太平洋に関するＡＳＥＡＮアウトルック」を発表した。この構想でも「包摂」という言葉が使われており、中国を除外しない構想となっている[47]。ベトナムはインドやＡＳＥＡＮが掲げる中国を除外しない包摂的な構想であれば、むしろ積極的に賛成しているように見える。

ベトナムはＦＯＩＰに対して消極的な態度であるものの、南シナ海の安全保障において大国や域内外諸国との防衛協力に消極的なわけではない。たとえば、日米ロ豪印の空母や軍用船の寄港、ＲＩＭＰＡＣへの幕僚派遣、日米による巡視船供与などである。総論ではＦＯＩＰに賛否を表明し難いベトナムも、各論では関係国と緊密な関係構築を進めるという対応を見せている。

今後、米中対立がどこまで深刻さを増していくかはわからない。デカップリングの世界が到来しても、非対称性の管理の実践という意味で、ベトナムは米国か中国かの二者択一を避け、一方を選択せざるを得ない事態に追い込まれないように振る舞い続けるしかないのである。

●西太平洋連合（ＷＰＵ）の可能性

日本がＷＰＵ構想を掲げたとしたらベトナムは参加できるであろうか。日本をはじめ豪州、ニュージーランド、太平洋島嶼国、東南アジア諸国で構成される経済協力の枠組みである。日本は経済大国ではあるものの、地域の伝統的安全保障において主体的かつ先導的な行動を起こすことはなく、軍備の面で大国の介入を抑止する力も持っていない。であるならば、ベトナムが懸念する特定の大国への依存という点ではＷＰＵへの参加は問題とならないであろう。しかし、アジア太平洋地域に中国を含まない地域連合を立ち上げることには違いなく、潜在的な中国牽制の意図をどこまで覆い隠すことができるのかが課題となろう。また、日本の後ろには米国がおり、日米安保に支えられたＷＰＵという性格が明白であればベトナムは参加できないであろう。さらに日本とオセアニア諸国が民主主義や人権の尊重などの価値観を共有する「価値の外交」を提唱するのであれば、これについてもベトナムは一定の警戒を示すであろう。

世界は今後、米中2大国の覇権争いによってデカップリングとも言える状況に追い込まれる可能性がある。中国を主軸としたグローバル・サプライ・チェーン（ＧＳＣ）も対米輸出の制約や技術輸出の規制が加わり今後ますます再編が必須となっていくであろう。企業のビジネス・ネットワークは、たとえば政策リスクの大きい自動車産業では、中国で売るものは中国で作り、米国で売るものは米国で作るという「地産地消的」サプライチェーンの傾向が強まるであろう。また、ＧＳＣは米中が摩擦の対象とする中核技術やレア・アースといった部品や材料において、米中由来のものを避ける必要性に迫られる。さらに生産工場の立地場所も米中から見て中立な地域を選択する必要がある。中国の中間財供給力は強大であり、簡単に代替できるものではないが、中国でも米国でもない中立的なＧＳＣの再構築は一定程度必要となろう。企業は米中市場の両方が重要と考えており、どちらか一方のみを選択することはできないからである。

筆者が提案するＷＰＵの姿は、まず、非公式の経済協力枠組みとすることである。政治・外交面では完全な中立を掲げ、域内の投資自由化、自由貿易、環境、インフラ協力、ＧＳＣの再構築のための生産場所の提供といったことを打ち出すのである。また、ビジネス界の意見や要望を取り上げ、会議体には国籍を問わずグローバル企業の参加を得て運営していくことが望ましい。ただし、米中対立によって制裁や規制の対象となる企業の参加については慎重に検討する必要がある。また、ＧＳＣの再編という点で考えるのであれば、韓国企業の参加が必要であり、韓国についてもＷＰＵの対象国とするべきであろう。その上でたとえば、ＧＳＣごと、製品ごとに米国や中国が規制する技術や素材が使われていないことを認証する公的機関を設立したらどうであろう。加盟国が共同で中立的サプライチェーンの認証機関を設立し、デカップリング下の世界貿易でも米国市場と中国市場の双方と取引可能な中立的なサプライチェーンであることを認証するのである。

ＷＰＵは米中間の摩擦に巻き込まれない中立的かつビジネス志向の構想とし、それを全世界の企業も利用可能な地域として確立を目指す。域内の国際分業を円滑にするためのインフラ協力や税関システムの共有、一定程度の労働移動の自由、レア・アースなどの資源の共同開発などである。その上で、政治的にはいずれの大国にも与せず干渉を受けないことを公言するのであれば、ベトナムも参加可能な地域構想であり、ＧＳＣの立地場所として産業集積を増しつつあるベトナムにとってもメリットのある地域機構となるはずである。

注

(1) 白石隆・ハウ・カロライン『中国は東アジアをどう変えるか：21世紀の新地域システム』中公新書２１７２、中央公論新社、２０１２年。

(2) ソ連は国内再建と欧州問題があり極東問題への関心が希薄であったこと、米国は同盟国であるフランスへの遠慮があったこと、イギリスはフランスの立場に同情的であったこと、北部インドシナに進駐していた中国（国民党）は自身の利権確保とフランスとの外交取引に主要な関心を示していたことなどが挙げられる（白石昌也「対外関係と国際認識の変化」白石昌也編著『ベトナムの対外関係』暁印書館、２００４年）。

(3) 第一次インドシナ戦争（１９４６–54年）はフランスとの戦争（抗仏戦争）で、第二次インドシナ戦争（１９６０年頃–75年）は米国との戦争（抗米戦争）で、第三次インドシナ戦争（１９７８–91年）はベトナムのカンボジア侵攻により始まった戦争である。

(4) ＴＰＰは12カ国で交渉が開始され、２０１６年２月に署名されたものの、２０１７年１月に米国が離脱を表明し、２０１８年３月に改めて11カ国で署名され、同年12月に発効した。ＥＶＦＴＡは２０１９年６月に締結され、２０２０年８月に発効した。

(5) 中野亜里「新冷戦と東南アジア」中野亜里、遠藤聡、小高泰、玉置充子、増原綾子『入門　東南アジア現代政治史（改訂版）』福村出版、２０１６年。

(6) １９７０年代以降の対中関係におけるベトナム側の反省として、「中国が『覇権主義的』であることは事実としても、それをベトナムに戦争を仕掛けるまで怒らせてしまったのは、重大な誤りで、『北方の巨人』＝中国との全面的な対立関係にあっては、小国ベトナムは、国内的にも国際的にも身動きができない状況に置かれてしまい、そのような状態はベトナムにとってなんの得にもならなかった」（古田元夫『増補新装版　ベトナムの世界史』東京大学出版会、２０１５年）という評価が一般的であろう。

(7) 南シナ海は中国では南中国海、ベトナムではBien Dong（ビエン・ドン、東の海の意）と呼ばれる。

(8) 南沙／西沙という表記は中国語表記であり、ベトナム語ではTruong Sa/Hoang Sa、英語ではSpratly/Paracelである。本稿では英語名をカタカナで表記する。

(9) 田中恭子「カンボジア問題と中国」岡部達味編著『ポスト・カンボジアの東南アジア』日本国際問題研究所、１９９２年。

(10) ベトナム北部と中国海南島に挟まれた海域で、かつてトンキン湾（東京湾）と呼ばれたが、現在はベトナムではVinh Bac Bo

（北部湾）、中国でも北部湾と呼んでいる。南シナ海の北西に位置するため、両国とも「自国の海の北部の湾」という意味を込めた呼称を使用している。

(11) 古田［２０１５］。

(12) 佐久間るみ子「ベトナムと中国の共産党間関係に関する一考察」『外務省調査月報』第2号、外務省、２０１４年。

(13) 庄司智孝「ベトナムの全方位『軍事』外交：南シナ海問題への対応を中心に」『防衛研究所紀要』第18巻第1号、防衛省防衛研究所、２０１５年。

(14) ２０１９年に発行されたベトナム国防白書では、４つ目の「Ｎｏ」として、「他国との関係において武力の使用や威嚇を行わない」が加えられたとされる。庄司智孝「ベトナムが10年ぶりに国防白書を発刊：南シナ海問題が焦点に」ＮＩＤＳコメンタリー、第１０８号、防衛研究所、２０２０年（http://www.nids.mod.go.jp/publication/commentary/pdf/commentary108.pdf,）２０２1年2月20日参照。

(15) 中国のほか、ロシア、インドがこれに該当する。次に緊密な関係は日本や欧州諸国の「戦略パートナー」であり、米国はその次の「全面的協力パートナー」に該当する。

(16) ＭＩＡはMissing in Actionの略で戦闘中に行方不明になった米兵の意味。ベトナム戦争では約5万８０００人の米兵がベトナム領内で死亡し、１９７３年以来遺骨の返還が行われてきたが、米側は依然２５００人が行方不明であるとしていた。また、ベトナム領内に戦争捕虜（Prisoners of War：POW）が残存するという見解もあったが、ベトナム側は強く否定しており、米政府もそのような証拠はないとしている（朝日新聞「コトバンク」）。

(17) ＩＤＥ『アジア動向年報１９９５』。

(18) 中野亜里『現代ベトナムの政治と外交』暁印書館、２００６年。

(19) ＩＤＥ－ＪＥＴＲＯ『アジア動向年報２０２０』。

(20) 白石昌也「拡大ＡＳＥＡＮとインドシナ諸国」『国際問題』№５７６、日本国際問題研究所、２００８年。

(21) 庄司［２０１５］。

(22) 白石昌也「カンボジア、ラオス、ベトナム『開発の三角地帯』構想の成立経緯と概観」『アジア太平洋討究』第19号、早稲田大学アジア太平洋研究センター、２０１３年。

(23) 白石［２００８］。

(24) 白石［２０１３］。

(25) 池部亮・小林恵介「ベトナムの工業化とメコン諸国」前田啓一・池部亮編著『ベトナムの工業化と日本企業』同友館、

２０１６年。

（26）第二次安倍政権でも２０１３年１月に就任後初の外遊先としてベトナムを訪問している。

（27）外務省ウェブサイト（https://www.mofa.go.jp/mofaj/gaiko/oda/files/000497951.pdf#page=24）２０２１年１月23日参照。

（28）外務省「２０１９年版開発協力白書　日本の国際協力」（https://www.mofa.go.jp/mofaj/gaiko/oda/shiryo/hakusyo/19_hakusho/honbun/tokei/s2_2.html）２０２１年１月21日参照。

（29）政府統計「国籍・地域別在留資格別在留外国人」（https://www.e-stat.go.jp/stat-search/files?page=1&layout=datalist&toukei=00250012&tstat=000001018034&cycle=1&year=20200&tclass1=000001060399&tclass2val=0）２０２１年２月５日参照。

（30）外務省「海外在留邦人数調査統計」（https://www.mofa.go.jp/mofaj/toko/tokei/hojin/index.html）２０２１年２月５日参照。

（31）ＲＣＥＰはＡＳＥＡＮ10カ国に加え、日中韓、豪州、ニュージーランド、インドの16カ国で交渉が開始され、２０２０年11月にインドを除く15カ国で署名された。

（32）多国間はＡＦＴＡ、ユーラシア経済連合、ＴＰＰ、ＥＶＦＴＡの４つ、二国間は日本、チリ、韓国、英国の４つ、ＡＳＥＡＮを通じたＦＴＡは中国、韓国、日本、オーストラリア・ニュージーランド、インド、香港の６つで、ＲＣＥＰは発効待ちとなっている。

（33）ＪＥＴＲＯ『２０２０年版世界貿易投資報告』をもとにＩＭＦ統計を用いて算出した。ＦＴＡカバー率は２０２１年８月時点で発効済みＦＴＡの国・地域との貿易額が貿易総額に占める比率で、２０１９年の貿易統計に基づき算出した。

（34）藤田麻衣「国際経済参入の新たな段階：ＷＴＯ加盟から「新世代の自由貿易協定」参加へ」石塚二葉編著『ベトナムの「第２のドイモイ」：第12回共産党大会の結果と展望』ＩＤＥ－ＪＥＴＲＯ、２０１７年。

（35）USTR, “2009 Trade Policy Agenda and 2008 Annual Report.”（https://ustr.gov/about-us/policy-offices/press-office/reports-and-publications/2009/2009-trade-policy-agenda-and-2008-annual-report）２０２１年２月10日参照。

（36）『Dien Dan Doanh Nghiep（ビジネスフォーラム）』２０１６年１月29日（https://enternews.vn/vi-sao-viet-nam-duoc-moi-tham-gia-tpp-94049.html）２０２１年２月８日参照。

（37）EU, “Overview of FTA and Other Trade Negotiations, Updated Nov. 2020.”（http://trade.ec.europa.eu/doclib/docs/2006/december/tradoc_118238.pdf）２０２１年２月13日参照。

（38）ＪＥＴＲＯ『ＥＵ・ベトナム ＦＴＡ 交渉の経緯と進捗状況』２０１４年（https://www.jetro.go.jp/ext_images/jfile/report/07001903/07001903.pdf）２０２１年２月21日参照。

（39）ＥＶＦＴＡは２０１９年６月に締結され、２０２０年８月に発効した。最終合意から締結まで約３年半を要したのは、ベトナムの人権状況の改善のためであり、国際労働機関（ＩＬＯ）の基本条約へのベトナムの批准が締結の条件となっていたためである（ＩＤＥ－ＪＥＴＲＯ『アジア動向年報２０２０』）。

（40）Dezan Shira & Associates "Vietnam Briefing," "Vietnam-EU Free Trade Agreement Expected by Late 2014," November 18, 2013. (https://www.vietnam-briefing.com/news/vietnam-eu-free-trade-agreement-expected-by-late-2014.html/) ２０２１年２月13日参照。

（41）ＪＥＴＲＯ［２０１４］。

（42）村主道美「台頭中国とベトナム」中居良文編著『台頭中国の対外関係』学習院大学東洋文化研究叢書、御茶の水書房、２００９年。

（43）ＩＤＥ－ＪＥＴＲＯ『アジア動向年報２０１８年』。

（44）小笠原高雪「米中対立のなかのベトナム」金子芳樹・山田満・吉野文雄編著『「一帯一路」時代のＡＳＥＡＮ：中国傾斜のなかで分裂・分析に向かうのか』明石書店、２０２０年。

（45）小笠原［２０２０］。

（46）外務省「第10回日本・メコン地域諸国首脳会議」(https://www.mofa.go.jp/mofaj/s_sa/sea1/page4_004407.html) ２０２１年５月２日参照。

（47）石川幸一「ＡＳＥＡＮのインド太平洋構想：ＡＳＥＡＮ主導の枠組みを強調」『世界経済評論ＩＭＰＡＣＴ』２０１９年 (http://www.world-economic-review.jp/impact/article1406.html) ２０２１年２月17日参照。

第4章 タイの外交政策と生存戦略
——バランスと国益の追求

柿崎 一郎

タイはインドシナ半島の中央に位置する、東南アジア大陸部最大の経済大国である。日本との交流の歴史も琉球王国の中継交易が繁栄した15世紀までさかのぼることが可能であり、６００年の歴史を有する。明治時代に入って１８８７年に公式の外交関係を結んでからもすでに１３０年あまりが経過しており、両国間の外交関係の歴史も長きにわたっている。この間、日本とタイはともに独立を維持したほか、同盟国として第二次世界大戦に参戦したり、数多くの日系企業が進出したりするなど、密接な関係を構築してきた。また、これまでは日本からタイへの人やモノの流れが圧倒的に多かったが、近年ではタイから日本に入ってくるモノも様々な工業製品から食品に至るまで多様化したほか、２０１０年代に入ってからはタイから日本を訪れる観光客が急増し、両国間の人やモノの流れが双方向化しつつある。本章では、そのタイの外交政策の変遷と生存戦略の傾向を確認した上で、西太平洋連合（以下ＷＰＵ）構想に対してどのような反応を示すかをうらなってみたい。

1 タイの外交政策の変遷

●独立の維持と不平等条約の解消

欧米の列強との接触を本格的に開始した19世紀後半から20世紀前半までのタイの外交政策上の最重要課題は、帝国主義の嵐の中での独立の維持と、その過程で列強と結ばざるを得なかった不平等条約をいかに解消していくかということであった。タイが最初に結んだ不平等条約はラーマ4世王期の1855年にイギリスとの間で締結したバウリング条約であり、領事裁判権や3％の関税を認めるものであった。この条約を皮切りにタイは欧米諸国と同様の条約を結び、1870年までにその数は計13カ国に達した[1]。日本とは1887年の「修好条約締結方に関する日暹宣言書」への調印をもって国交を樹立し、1898年には近代法典が完成するまでの領事裁判権を認めるという条件付きで日暹修好通商条約を締結した[2]。

当時イギリスがタイとの間の自由貿易を欲していたことから、このような不平等条約の調印は不可避であり、要求をのむことによってタイはイギリスの非公式帝国主義が公式なものに変わるのを回避しようとした。しかしながら、インドシナ半島の東から植民地の獲得を始めたフランスの領土的野心を止めることはできず、1863年にタイの属国の扱いであったカンボジアの大半がフランスによって保護国化されたのを皮切りに、１８９３年にはメコン川左岸、すなわち現在のラオスの大半をフランスに割譲した。[3] ラーマ5世はイギリスがフランスを牽制することを期待したものの、結局それは実現しなかった。ただし、その後もフランスがタイの領域をさらに侵食しようとしたことからイギリスもようやく重い腰を上げ、１８９６年の協定でチャオプラヤー川流域を「緩衝国」として残すことでフランスと合意した。

その頃、フランス領事が保護民の資格を乱発し、植民地の住民のみならずタイ人でさえもフランス保護民の資格を得ることでタイの法律の適用外となったことから、タイの統治権が大きく損なわれる事態が出てきた。このため、タイは外国人顧問の提言を受け入れ、領土の割譲と交換する形で領事裁判権の一部解消を目指すことになった。こうしてフランスにメコン川右岸の一部とカンボジア北西部を、イギリスにマレー4州を割譲することで不平等条約の一部解消を実現させ、１９０９年をもって現在の領域が確定した。[4]

１９１４年に第一次世界大戦が勃発すると列強による植民地獲得競争は終焉を迎え、タイの独立が脅かされる事態は解消されたが、当時のラーマ6世は戦勝国となって不平等条約の解消を行おうという戦略に出た。当初タイは第一次世界大戦に対しては中立を宣言していたが、アメリカの参戦で連合国側の勝利が確実となると、１９１７年に参戦してヨーロッパに若干の部隊を派遣し、無事に戦勝国の地位を獲得した。[5] これを用いてタイは不平等条約の解消のために各国と交渉を始め、１９２０年にはアメリカが早々と関税自主権の回復を認めたものの、イギリスとフランスとの交渉は難航し、最終的に関税自主権を解決できたのは１９２７年のことであった。[6] ただし、領事裁判権の完全撤廃はタイの近代法典の完成まで待つ必要があり、その実現は１９４０年のこととなった。

このように、タイが帝国主義の嵐の中で独立の維持に腐心し、他方でその目的のために結ばざるを得なかった不平等条約の解消も進めてきたが、この間にタイは数多くの国々と関係を構築して、タイに最も利害関係を持つイギリスやフランスを牽制しようとした。たとえば、１８９０年代にはロシアとの関係を構築し、フランスとの同盟国であったロシアを通じてフランスを牽制しようとした。[7] 日本についても同様であり、１９００年代には法律顧問の政尾藤吉をはじめとする日本人顧問を20人程度受け入れたほか、タイからも日本への留学生の派遣が行われた。[8] ほかにも、鉄道建設にあたっては領土的野心のないドイツ人技師を多数雇用するなど、特にラーマ5世王期には様々な国と関係性を構築しながら、タイはパワーバランスをとろうとした。[9] ただし、メコン左岸の割譲の際には期待していたイギリスの支援は得られなかったものの、全体的に見ればタイの外交路線は親英傾向が強かった。

●日本とアメリカとの同盟

このように、帝国主義の時代にはタイはパワーバランスを用いながら独立の維持と不平等条約の解消を進めてきたが、１９４０年代から１９６０年代にかけては日本とアメリカという特定の国との同盟関係を強化することになった。

日本との同盟関係については、タイにとって大きな賭けであった。１９３９年にヨーロッパで始まった戦争でフランスがドイツに敗れると、日中戦争の最中であった日本は翌年フランスのヴィシー政権に対してフランス領インドシナ（仏印）北部への日本軍の進駐を求め、これを認めさせた[10]。これを見た当時首相であったプレーク・ピブーンソンクラーム（以下ピブーン）は、フランスに対して過去に割譲したラオスとカンボジアの一部、いわゆる「失地」をタイに返還するよう要求し、これを拒むフランスとの間で１９４０年末に紛争が発生した。日本がこれを調停し、タイに有利な形で「失地」の一部返還を実現させた。これで日本はタイを味方に引き込もうとしたのであるが、ピブーンは最後まで態度を保留したままであった[11]。

このため、１９４１年12月8日の開戦当日にタイに入ってきた日本軍とタイ側との間に衝突が発生し、既成事実を作ってから日本軍の通過を認めるという戦術をタイ側は採用した。その後、日本軍が東南アジア各地で快進撃を見せると、ピブーンは日本と同盟を結んで共に枢軸国側で戦うことを決め、英米に宣戦布告を行った上で英領ビルマのシャン州への進軍を行った[12]。しかしながら、枢軸国側が劣勢になるとピブーンは態度を変え始め、日本との距離をとり始めたことから、日本はピブーンの気を引くために、タイが占領したシャン州東部とかつてイギリスに割譲したマレー4州をタイに引き渡した。他方で、イギリスとアメリカに残ったタイ人が英米軍の支援の下で抗日組織・自由タイを組織し、やがてタイ国内の反日派とも接触してひそかに抗日運動を展開していった[13]。１９４４年にピブーンが退陣すると自由タイ政権が成立し、表では日本との同盟を結びながら裏では連合軍と連携するという二面外交を行った。最終的に、終戦の翌日に自由タイの重鎮プリーディー・パノムヨンはピブーン政権による宣戦布告は無効であるとの平和宣言を出し、タイは「敗戦国」から脱却することに成功した。[14]このように、当初は日本と運命を共にすることを決めたタイではあったが、最後には連合国側と接近することで日本とともに敗戦するという運命から脱出したのであった。

　この日本との同盟が解消すると、タイは西側陣営に属してアメリカとの同盟関係を強化していくこととなった。タイの平和宣言に対し、実際に領土や資産を奪われたイギリスは非常に冷淡な態度を示したものの、アメリカはタイの宣戦布告無効宣言を受け入れ、来るべき冷戦を見据えてタイに寛大な処置を与えることにした。[15]他方で、フランスはタイに割譲した「失地」の返還を強固に求め、これが実現しないとタイの国際連合への加盟に反対する姿勢を示したことから、国際社会への復帰を優先するタイは最終的に返還に応じ、１９４０年代に一時的に拡大したタイの領域は再び元に戻った。[16]

　実際に、アメリカの期待どおりにタイは西側陣営の一員として積極的に共産主義の波に対抗することになった。当初、アメリカは１９４８年に首相の座に復帰したピブーンに疑いの目を向けたものの、彼の反共的な姿勢と中国の共産化をはじめとする周辺地域での政情から、アメリカはピブーンを信頼して彼の反共政策を全面的に支援することになった。１９５０年にアメリカはタイに対して経済援助と軍事援助を開始し、アメリカの支援によって世界銀行からの借款もアジアでは初めてタイに供与された。[17]１９５４年には反共同盟である東南アジア条約機構（ＳＥＡＴＯ）が発足し、タイはその本部をバンコクに誘致した。[18]終戦によっていったん途絶えた日本との国交も１９５２年に回復し、懸案であった戦時中の借金である特別円問題についても、総額１５０億円を日本が無償で供与することで

１９６１年までに解決した[19]。

１９５７年にサリット・タナラットのクーデターでピブーン政権が崩壊すると、西側陣営の一員としてのタイの役割はさらに強化された。開発体制を敷いたサリットとその後継者のタノーム・キッティカチョーンはアメリカとの同盟関係を強化し、タイはベトナム戦争に突入したアメリカを積極的に支援することになった。１９６３年にはアメリカとの間で軍事協力協定を結び、タイ国内の飛行場を米軍が使用することを認めた。１９６５年に北爆が始まると、多くの米軍機がタイの東北部を中心とする飛行場からベトナムへと爆撃に向かい、タイは北爆へ向かう米軍機の最も重要な基地となった[20]。タイはまたアメリカの要請に応じて南ベトナムへの兵力の派遣も行った。このようなアメリカとの関係性の強化は、北ベトナムの共産化やラオスでの共産勢力の拡大といった国外での共産主義の伸長のほか、国内でのタイ共産党の武装闘争の開始や解放区の拡大にも対応したものであり、内外から押し寄せる共産主義の波を抑えるためのものであった。

しかしながら、アメリカが中国と接近を始め、ベトナムから手を引いていく姿勢を取り始めると、アメリカの後ろ盾に支えられていたタノームの開発独裁政権は危機感を持ち始めた。ラオスやカンボジアでも共産勢力が優勢になる中で、インドシナ3国の共産化が現実のものとなると、タイへの共産化の波及は避けられないと考えられるようになった。そのような中で、国内でも開発体制に反対する学生を中心とした運動が勢いを増し、１９７３年の10月14日事件でタノーム政権は崩壊したのである。

●バランス外交への回帰

１９４０年代から日本、アメリカと特定の国との同盟関係を強化してきたタイであったが、ベトナム戦争の終焉とインドシナ３国の共産化によって再びバランス外交を重視するようになった。

タノーム政権の崩壊後に一時的に軍は政治から排除され、文民政治家による民主的な政治体制の構築を目指していたが、１９７５年にクックリット・プラーモートが首相に就任すると、彼は中国との国交を復活させる一方で、タイ国内からの米軍の撤退を要求した。[21] これはタイの周辺での大きなパワーバランスの変化に対応したもので、これまでのアメリカ一辺倒の状況を是正して冷え込んでいた中国との関係を復活させることで、共産国に取り囲まれたタイが生き残りを図る戦略であった。その後、１９７８年末にベトナムがカンボジアに侵攻すると、親中国であるカンボジアを支援したい中国と、ベトナム軍がタイ・カンボジア国境付近まで展開してきたことに対して不信感を募らせるタイとの利害が一致し、タイと中国の関係はさらに深まった。[22]

アメリカとの関係は相対的に弱まったものの、タイのアメリカへの依存が完全に断ち切られたわけではなかった。１９７６年までにタイ国内に駐屯していた米軍はすべて撤退したものの、カンボジア問題の発生からタイは再びアメリカに対して軍事支援を求め、１９８２年からはコブラ・ゴールドと呼ばれる合同軍事演習を実施することになった。[23] しかしながら、冷戦の終結に伴ってアメリカが民主的な政治体制を重視するようになると、タイでクーデターが発生するたびにアメリカはタイに対して異議を唱えるようになり、そのたびにタイとアメリカの関係はぎくしゃくすることとなった。

１９９２年の「暴虐の５月」の際には、アメリカは反政府デモの武力鎮圧に対して憂慮を示し、合同軍事演習を中止していた[24]。

他方で、日本との関係は１９７０年代初めの反日運動の高まりの後は好転していった。１９６０年代の高度経済成長下で日本商品の輸出や日系企業のタイへの進出が増加し、タイの貿易赤字が急増したことを憂慮した学生らが１９７２年に日本商品不買運動を展開し、１９７４年の田中角栄首相の訪タイ時にも反日運動を展開した[25]。しかしながら、その後は貿易赤字も縮小していったことから反日運動は下火となり、１９８０年代後半からはプラザ合意後の円高の影響で日本からの投資が急増していった。タイの経済ブームはやがてバブル化し、１９９７年のバーツ切り下げに端を発するアジア通貨危機を招いた[26]。このときに日本は積極的にタイに支援の手を差し伸べ、タイへの緊急融資や雇用創出に資金協力した[27]。

タイは１９６７年に結成された東南アジア諸国連合（ＡＳＥＡＮ）の枠組みも重視していた。そもそも、タイは東南アジアに地域協力組織を構築することで共産主義の波による「ドミノ倒し」から逃れようと考え、サリット、タノーム政権下で一貫して外務大臣を務めたタナット・コーマンが参加国間の調整に尽力していた[28]。ＡＳＥＡＮの成立後まもなくアメリカがベトナムから手を引き始めたことから、ＡＳＥＡＮは１９７１年に中立地帯宣言を行い、１９７６年には東南アジア友好協力条約を結ぶなど、東南アジアの国際環境の変化に対応しながら相互信頼の醸成を目指していった[29]。やがて１９８０年代の後半になるとカンボジア問題も解決へと向かい、インドシナ３国との関係改善も進んできたことから、タイのチャーチャーイ・チュンハワン首相は１９８８年に「インドシナを戦場から市場へ」というスローガンを提唱し、周辺諸国との経済協力を積極的に行う姿勢を示した。このような中で、１９９０年代に入るとタイはＡＳＥＡＮ域内での自由貿易を促進するためのＡＳＥＡＮ自由貿易地域（ＡＦＴＡ）構想を打ち出し、積極的に推進していった。[30]

21世紀に入ると、タイ経済も通貨危機から脱却し、２００１年に首相に就任したタックシン・チンナワット首相の下で「国の改造」を進めていった。[31] 彼は輸出の拡大のために世界各地で流行していた二国間自由貿易協定（ＦＴＡ）を積極的に推進し、遅々として進まないＡＦＴＡを尻目に独自のＦＴＡ政策を進めていった。[32] 実際には２００６年のタックシン政権崩壊までに締結まで至ったものは多くはなかったものの、タックシン政権時代に多くの国とのＦＴＡ交渉が開始された。日本との間でも交渉が進展し、２００７年に経済連携協定（ＥＰＡ）が締結された。[33]

２００６年にクーデターが発生してからは、タックシンの恩恵を受けた農民や都市の下層の住民からなる親タックシン派と、主に中間層以上からなる反タックシン派の対立が顕著となり、２０１４年のさらなるクーデターによってその構図は民主化を求める革新派と、軍や王室を支持する守旧派あるいは王党派の対立へと変化してきた。特に、２０１４年のクーデター以降は２０１９年の民政復帰後も含めて民主主義を軽視する守旧派の政権が続いていることから、タイは民主主義や人権問題に敏感な欧米諸国よりも、むしろ中国との関係を重視する傾向にある。日本はタイとの良好な関係を維持しているものの、タイの政治的対立を緩和させるような役割は担えていない。

さらに、２０２０年に入ってからは学生を中心としたグループがこれまでタブーであった王室改革を声高に叫ぶような事態も発生し、タイの政治対立も新たな段階へと入りつつある。現在はコロナ禍で反政府デモは抑え込まれているものの、おりしも２０２１年初めにミャンマーで発生したクーデターに対するミャンマー国民の反発も、タイの革新派の反政府活動を再燃させる可能性が高い。このため、守旧派の政権が中国との関係を重視せざるを得ない状況はますます高まっている。

2 タイの生存戦略

●バランスの追求

このような外交政策の変遷からは、タイの生存戦略とも言うべき特徴を見出すことができる。それは、①バランスの追求、②国益の追求、③インドシナの盟主、の3点である。

バランスの追求については、大国間のバランスを重視するとともに、特定の国との関係を牽制するために別の国との関係を強化したり、特定の国と接近しすぎないようにするという戦略である。大国間のバランスの重視は、帝国主義の嵐が吹き荒れていたラーマ5世王期に顕著であった。たとえば、１８８０年代にイギリスとフランスがそれぞれビルマ、ベトナムとタイの領域を結ぶ鉄道建設をタイに申請してきた際には、ラーマ5世はもしどちらか片方の要求を認めてしまえば、もう一方も同じような要求を出してきて認めざるを得なくなることは間違いなく、これを続けていくうちにどちらも一歩ずつバンコクに近づいてきて、最終的に力の強いほうに奪われてしまうであろうと警戒していた。[34]このため、官営鉄道を建設する際にあえて英仏ではなくドイツ人技師を中心とした鉄道局を設置したのではあるが、ドイツの影響力が強くなりすぎることも考慮して建設請負業者はイギリス企業を選んでいた。[35]この決定がドイツ人中心の鉄道局とイギリス人請負業者間の対立を招き、結果として鉄道建設の遅延をもたらしたのであるが、これが大国間のバランスを重視した結果であった。

　これと似たような話は、近年でも見られる。２０００年代に入るとタイでも高速鉄道計画が浮上し、２０１１年に成立した親タックシン派のインラック・チンナワット政権は中国と日本を天秤にかけながら高速鉄道の実現を目指し、双方に協力を要請した。[36]この方針は２０１４年のクーデター後に成立したプラユット・チャンオーチャー政権に継承され、政府間協力の枠組みを用いてバンコク―ノーンカーイ間の東北線を中国との協力で、バンコク―チエンマイ間の北線を日本との協力でそれぞれ高速鉄道を建設する計画を進め始めた。[37]このように、中国と日本を競わせることでバランスを維持するとともに、より有利な条件を引き出そうという魂胆が見え隠れしている。

　このようなタイのバランス追求からすれば、特定の国と接近しすぎるという選択肢は本来あり得ないものであった。しかしながら、これまで見てきたように１９４０年代から１９６０年代にかけては、日本やアメリカとの同盟関係を強化する、すなわち特定の国と接近しすぎた時期も存在していた。これは例外的な事例とも捉えられるが、タイ側では接近しすぎたものの、いざというときのために初めから保険を掛けておいたり、あるいは途中から距離をとり始めるという柔軟な対応によって接近しすぎたことに伴うリスクを回避していた。

たとえば、第二次世界大戦に巻き込まれた際には、ピブーンは日本軍が戦争を開始するタイミングを見計らって意図的に「雲隠れ」して、日本軍が事前の許可なくタイに侵入するという状況を作り出しており、侵入が既成事実となったのを確認してからやむを得ず日本軍のタイ国内の通過を認めるという態度をとった[38]。その後、枢軸国側の優勢を目の当たりにした彼は枢軸国側に立って「勝者」となるべく英米に宣戦布告し、英領ビルマへの進軍もしたが、やがて連合国側が優勢になり始めると日本との距離をとり始めた。この第二次世界大戦では、タイ側のアクターは途中でピブーンから自由タイの首謀者プリーディーへと切り替わり、末期は日本との表面的な同盟を維持しつつ裏では連合国と連携するという完全な二面外交となっていたが、ピブーン自身も日本側が疑念を抱くほどに日本離れを進めており、裏では中国との接触も試みていた[39]。このように、ピブーンでさえも日本と運命を共にするという当初の決断を後悔し、途中から連合国側に近づく戦略を取り始めていたのである。

冷戦下のアメリカとの同盟は、戦時中の日本との同盟に比べればタイの自発性が強く出ており、共産化の波を食い止めるという点でアメリカとタイの利害が一致した結果であった。しかしながら、冷戦下でタイは必ずしもアメリカとの関係のみを重視したわけではなく、同じく西側陣営に属していたイギリス、フランス、西ドイツや日本との関係も活用していた。軍事面ではアメリカとの関係が最も重要であったが、１９５０年代後半からは特別円問題の解決のための無償資金が日本からタイへ向けて流れ始め、それが終了する１９６０年代後半からは円借款に引き継がれていった。また、開発体制の下での外資導入型の工業化政策の中で日本からの投資も拡大し、日本のオーバープレゼンスが問題視されるほどに日本との経済関係は強化されていた。そして、１９７０年代に入って米中が接近を始めるとタイも中国に接近し、開発体制の終了後の１９７５年には中国との国交を正常化させて国内の米軍に対して撤退を求めた。このように、一見するとアメリカに接近しすぎていたように見えるものの、実際にはほかにも様々な関係性を構築してリスク分散を図っており、情勢の変化に応じた変わり身もまた早かったのである。

●国益の追求

このように、タイはバランス感覚を重視して巧みに各国との関係を構築し、自らの生存基盤を確保してきたが、他方で国益を最大限に追求しようとしてきた。もちろん、国益は必ずしも公共の利益というわけではなく、為政者の個人的な利益という場合もある。しかしながら、真の国益にせよ為政者の私益にせよ、国際関係に水を差す可能性がある場合でも利益追求がなされてきたことに留意する必要がある。

利用できるものは最大限に活用して国益を追求しようという姿勢は、古くはアユッタヤー時代までさかのぼることができる。当時アユッタヤーには交易のために数多くの外国人が到来していたが、歴代の国王は自らにとって有用と思われる外国人を積極的に登用し、重要なポストに就けていた。日本人町の頭領として有名な山田長政も、日本人義勇兵の高い軍事力を利用したいという当時のソンタム王によって17世紀初めに登用されたものであり、オークヤーという当時の官僚としては最高の位まで出世したのである。[40] ラーマ5世王期に数多くの外国人顧問が存在していたのも、タイの近代化のために必要な技術を持つ人物はあまねく活用しようという発想が根底にあった。ただし、バランスを重視して特定の国の影響力が大きくなりすぎないように配慮していたのは、前述のとおりである。

第二次世界大戦中の日本との同盟下でも、タイは自らの利益を追求するために日本に対して様々な要求を突き付けていた。たとえば、日本軍の軍事輸送に鉄道車両を供出されてタイの米輸送力が減少した際には、日本側が必要とする量の米を供出するためには日本軍の軍用列車の削減が必要であると要求し、日本側から軍用列車を取り返すことに成功した。[41] また、鉄道の運行に欠かせない潤滑油が枯渇してきた際には、潤滑油が不足するために日本軍の軍用列車の運行を止めざるを得なくなったと何度も脅し、日本側の潤滑油のストックを入手するという芸当を成し遂げていた。[42]

冷戦下のアメリカとの同盟関係下でも、まったく同じ現象が見られた。１９５８年にアメリカの無償資金協力でバンコクと東北部を結ぶタイで最初の高規格道路・フレンドシップ・ハイウェーが開通すると、タイは世界銀行の借款や二国間協力を用いながら国内各地に高規格道路の整備を進めていった。その際に、アメリカの借款による道路整備も計画され、実際に入札までしたものの、当時の二国間の借款はいわゆる「ひも付き」であり、落札価格が予定より高くなった。このため、タイ側はアメリカの借款による整備を世界銀行の借款に変更することで国際入札に変更し、結果として建設費を大幅に削減することに成功していた。[43] アメリカとの友好関係を損ねるとの懸念の声もあったが、タイは国益を優先したのであった。

　現在進んでいる中国との政府間協力による東北線バンコク～ナコーンラーチャシーマー間２５３キロメートルの高速鉄道計画でも、国益の追求から計画は大幅に遅延している。プラユット政権に入った後、２０１４年11月に習近平国家主席との間で合意したことで翌年末の着工が目標とされたものの、双方の思惑の違いから交渉が長引き、２０１６年末にようやく数キロの区間の土木工事に着手できたに過ぎなかった。[44] 特に、中国が供与する借款の利率をめぐる交渉が難航し、タイ側は日本の円借款のほうがはるかに利率は低いと主張しながら、中国側の譲歩を引き出そうとした。最終的に、この問題が解決して高速鉄道システム納入契約に調印したのは２０２０年10月のことであった。

　中国側は、タイの高速鉄道計画の実現を見越してラオスと妥協する形でラオス国内区間の建設に着手したが、こちらが２０２１年末に開業する見通しはついたものの、接続するはずのタイ側区間の工事は大幅に遅延しており、２０２１年8月の時点でも土木工事のうち３・５キロが完成済み、１００キロ程度が着工されたばかりという状況である。権威主義的な政権とも仲よくしてくれる中国であり、自らの手柄のためにも高速鉄道計画の早期実現に越したことはないものの、中国に言われるがまま拙速に計画を進めてタイの国益を損ねることは許されないのである。

●インドシナの盟主

バランスの重視と国益の追求はアユッタヤー時代から見られたタイの伝統とも言える戦略であるが、20世紀末になるとインドシナの盟主というもう１つの特徴が見出せるようになった。これはそもそもタイのみが帝国主義の嵐の中で独立を維持したことに起因するが、特に20世紀後半に周辺諸国が独立を果たしたものの、国内の対立や戦乱によって経済的、社会的に後れをとったことから、タイがインドシナ半島の盟主として救いの手を差し伸べるという発想が生まれてきたことによる。

タイが最初にインドシナの盟主を自認したのは、おそらく第二次世界大戦直後のことであろう。終戦後しばらく政権を掌握したプリーディーは、戦後戻ってきたフランスに対抗して闘争を進めるインドシナ３国の独立運動を支援する姿勢を見せた[45]。その後、ピブーン政権も１９５０年代に入って周辺諸国との関係改善のために国際鉄道や道路の整備を計画し、各国に意向を確認させた。しかしながら、このときには反応は鈍く、わずかにカンボジアが戦後寸断されたタイとの鉄道の直通再開を求めてきたのみであった[46]。このような周辺諸国との関係改善の動きも、ラオスでの政情不安やタイ・カンボジア国境にあるカオプラウィハーン（プレアビヒア）の帰属問題によって１９６０年代に入ると停滞していった。

その後、タイがインドシナの盟主として積極的に動き出すのは、インドシナでの戦乱が終焉を迎える１９８０年代後半のことである。当時タイは経済ブームに突入する時期であり、上述した「インドシナを戦場から市場へ」のスローガンに象徴されるように、インドシナの市場化の先陣をタイが切ることで経済的利益を享受しようというものであった。タイ、ラオス、ミャンマーの国境が交わる、かつてアヘン取引で栄えた「黄金の三角地帯」を真似て、これにタイ族が居住する中国・雲南省を加えた「四角経済圏」構想がタイの財界から出され、さらにカンボジアとベトナムを追加した「六角経済圏」に拡大された上で、１９９２年にはアジア開発銀行が主導する「大メコン圏（ＧＭＳ）」という形で、インドシナ半島の局地経済圏構想が具体化していった。[47] また、この頃は「バーツ経済圏」なる言葉も出され、同じ年にタイ中央銀行は「東南アジア大陸部金融センター構想」を発表し、タイがインドシナの資金供給センターになることを意図した。[48] 日本もインドシナ半島での国際協力におけるタイの役割に期待し、１９９４年には日本とタイが協力してインドシナ地域への「南南協力」を行う目的で「日本・タイ・パートナーシップ・プログラム（ＪＴＰＰ）」に合意した。[49]

インドシナの盟主としてのタイの役割は、２００１年に成立したタックシン政権下でさらに強調された。彼は２００３年に隣接するラオス、カンボジア、ミャンマーとの経済協力の枠組みを打ち出し、翌年にはベトナムも加えてエーヤワディー・チャオプラヤー・メコン経済協力戦略（ＡＣＭＥＣＳ）と名付けた。[50] タイにはすでに近隣国への経済協力のために近隣諸国経済開発協力基金（ＮＥＤＦ）が設置されていたが、タックシンは２００５年にこれを近隣諸国経済開発協力事務機構（ＮＥＤＡ）に改組し、ラオスを中心に周辺国のインフラ整備事業、特にタイとの間の国際道路整備事業に無償資金や借款を供与していった。[51] このようなタイの周辺国支援はＡＳＥＡＮの枠外で行われており、上述したＦＴＡ締結への動きも含め、タックシン政権時代のタイはＡＳＥＡＮの枠組みにとらわれることなく、むしろ独自の動きを優先させていたことがわかる。

このようなタイのインドシナの盟主としての役割も、タックシン政権崩壊後の国内の政治対立の激化の中で低下してきた感はある。２００９年にはタックシンの身柄引き渡しをめぐって当時の反タックシン派のアピシット・ウェーチャーチーワ政権とカンボジアのフン・セン首相の対立が発生し、ＮＥＤＡの支援で行う予定であったカンボジア国内の道路整備計画が急遽中止されるという事態も発生した[52]。２０１０年代に入ると、中国の一帯一路政策の一環で中国の潤沢な資金がラオスやカンボジアのインフラ整備に流れ込んできたこともあり、タイの国際協力の持つ重要性も低下してきている。それでも、タイは２０１９年までに約１８０億バーツの資金を有償、無償で周辺国に供与しており、特にラオスの局地的な道路整備に重要な役割を果たしている。

3 西太平洋連合構想への展望

●日本への警戒感

最後に、タイがＷＰＵ構想をどのように捉えるか予想してみたい。これまでのタイの外交政策や生存戦略から考えると、ポイントとしては、①日本への警戒感、②中国・韓国への配慮、③タイの国益、の３点が挙げられる。

最初の日本への警戒感については、現時点ではそれほど大きな問題とはならないかもしれない。タイは第二次世界大戦中に日本との同盟にかけて失敗したという過去を持っているが、幸いなことに日本との同盟による失敗の歴史よりも、連合国側と裏でつながって敗戦国の立場から脱却したという成功の歴史のほうが強調されており、戦時中の日本兵による残虐行為についても教育の場で強調されているわけではない。現在もメディアで第二次世界大戦中の日本軍に関する話題が取り上げられることはあるが、そのほとんどは終戦時に日本軍が金塊を隠した可能性のある洞窟が発見されたというような「お宝探し」に関するものであり、日本のイメージを悪くするような代物ではない。２０２０年に入って学生による反政府デモが活発となったことから、１９７０年代の学生運動を回顧する動きは見られるものの、その学生らが主導した日本商品不買運動や反日運動が槍玉にあがることもない。

逆に、タイ人の間での日本のイメージは、実際に日本を訪問するタイ人の急増によってさらに好転している。これまでは日本というと漫画やアニメに代表されるサブカルチュアの国か、あるいは近年の和食ブームに伴う健康的な食文化の国というイメージが強かった。しかしながら、２０１０年代に入って日本訪問時のビザ免除が実現すると、日本を訪問するタイ人が急増し、２０１９年にはその数は１３５万人に達した。当初は団体旅行でおきまりの観光地を廻るだけであった彼らも、近年は個人旅行で日本国内各地を自由自在に訪問する人が増え、日本の様々な側面を自分の眼で見ることができるようになった。このような訪日タイ人の増加も、日本に対するイメージの好転に間違いなく寄与しているはずである。

しかしながら、だからと言って日本が提唱するＷＰＵ構想が手放しに歓迎されるとは思われない。ＷＰＵの想定される範囲はかつての「大東亜共栄圏」と重なる部分が多く、あまりに日本が主導するとかつての「大東亜共栄圏」の再来を懸念する人が出てくる可能性はある。そのような疑念を払拭するためには、この連合に参加する国はすべて対等な立場であり、日本のリーダーシップの下で活動するものではないということを周知することが、まずは必要不可欠であろう。

●中国・韓国への配慮

次に問題となるのは、中国と韓国への配慮である。ＷＰＵ構想に中国が入っていないことは、一見すると中国包囲網の構築に見えてしまう。かつてＡＳＥＡＮが反共連合として捉えられた時期があったが、ＷＰＵも反中連合と捉えられてしまうかもしれない。そうなると、中国との関係を重視しない国であれば問題ないものの、タイのように対中関係をうまく利用してきた国にとっては参加に躊躇してしまう可能性もある。

もし日本がＷＰＵ構想を提唱してこれを積極的に売り込もうとすると、タイとしては日本を選ぶか中国を選ぶかという究極の選択を迫られているように捉えるかもしれない。実はそのような事例が過去に存在し、その際にタイはどちらも選ばないという選択をしていた。１９３３年の国際連盟の臨時総会において、満洲国を否認するという勧告案が提案されたが、このときタイは唯一棄権票を投じた。この行為はタイが親日国の証しであるとして日本では大きく評価されたが、この行為は日本と中国のどちらにも肩入れしないというバランス外交のなせる業であった。当時のタイは、満洲国を否認すれば日本との経済関係が悪化し、満洲国を認めれば中国との関係が悪化すると考え、反日でも反中でもない中立の態度を示すためには投票を棄権すべきであると考えたのである[53]。

　今回のＷＰＵ構想の場合は、国際連盟の投票の場合とは異なることから、中立の立場を示す方策はない。しいて言えば、参加した場合の中国の反応と参加しなかった場合の日本の反応を天秤にかけ、より穏便な対応をすると思われる日本に期待して不参加の意思を示し、中国の報復を回避するという策がより現実的なのかもしれない。日本の存在も重要ではあるが、タイにとって中国は日本よりも重視せざるを得ない国となっている。２０１９年の中国向け輸出額はアメリカに次いで第二位の２９２億ドルで全体の12％となっており、輸入額は第一位の５０３億ドルで全体の21％を占めている。同年の訪タイ中国人の数は１１００万人を超えて他国を圧倒しており、訪タイ外国人の28％を占めている。訪タイ中国人の急増に伴って中国のオーバープレゼンスが顕著となったことから、中国に対する批判の声が高まってきたのは確かではあるが、現在のタイが中国抜きには考えられない状況になっている事実は疑う余地がない。

　一方、韓国の存在もタイにとって無視できないものである。貿易相手国としては、２０１９年の輸出額は47億ドル、輸入額は87億ドルと、日本のそれぞれ２４５億ドル、３３２億ドルと比べればはるかに少ない。しかしながら、同年の訪タイ韓国人の数は１８８万人と日本人の１７９万人を上回っており、国内では若者を中心に韓流ブームが続いている。韓国ブランドのデジタル機器や家電も日本ブランドを凌駕しており、韓国の存在感は想像以上に高くなっている。WPU構想に韓国が入っていないことは、日本と韓国の確執の結果、すなわち日本主導の構想から韓国を排除したものとして捉えられかねない。

このため、WPU構想が単なる反中・反韓連合ではないと示すことが重要である。日本も含めて参加国が対等な関係であることを強調するとともに、その構成国を客観的に説明する必要があろう。1つの方策としては、地域の超大国である中国に対抗するために、周辺のミドル・パワーが結集するという説明であるが、韓国を含まない理由としてはこれでは不十分である。このため、中国のみならず韓国も含めない理由を客観的に説明することもまた重要である。

●タイの国益

このように、タイがWPU構想に対してどのような態度をとり得るかを検討してきたが、最終的に最も重要なことは、この連合に参加してタイがどのような利益を得られるかである。たとえ「大東亜共栄圏」と捉えられようと、あるいは中国の報復が想定されようと、この連合に参加することで得られる利益のほうが大きいと判断すればタイは参加するであろうし、そうでなければ参加を見合わせるはずである。

タイはこれまで国家間の友好関係よりも自らの国益を優先して様々な駆け引きを行ってきた。このため、WPU構想に参加することでどのような利益が得られるのかを具体的に明示する必要がある。

中国やアメリカといった超大国が含まれていないことから、安全保障面での利益はあまり期待できそうにない。そうすると、最も可能性が高い利益は経済的なものである。経済的利益というと中国主導のアジア・インフラ投資銀行（ＡＩＩＢ）のような資金協力が考えられるが、タイはすでに自力でインフラ整備資金は調達できており、むしろ周辺国に借款を供与する側にある。このため、タイが最も関心を持つ経済的利益は、タイの市場拡大に貢献するようなものであろう。

また、社会的な利益もタイの関心を引くかもしれない。高齢化や少子化、都市の再開発や過疎化といった様々な社会的課題は、日本が先行して直面している問題である。「課題先進国」日本が抱える様々な課題は、今後タイを含むアジア諸国が必ずと言っていいほど直面する課題である。このような社会的課題に対する日本の対応策を披露するとともに、すでに同様の課題に直面している国々との共同作業でこれらの課題に取り組むことで、連合内での社会的課題への対応を促進することができるかもしれない。

さらに、防災や災害支援といった人道的利益についても、タイの国益と捉えられる可能性がある。タイは日本ほどの自然災害の多発国ではないが、洪水や干ばつは毎年のように発生している。火山は皆無で地震もほとんど発生しないが、２００４年のスマトラ沖地震の大津波のように、タイでも想定外の被害を受けることもあった。地震については近年北部で小規模のものが散発しており、西隣のミャンマーでは規模の大きな地震も時々発生していることから、タイで大規模な地震が発生する可能性がまったくないとは言い切れない。日本は様々な自然災害に見舞われているが、特に地震については耐震構造の強化や家庭や避難所での食料備蓄などのノウハウが蓄積されており、これを参加国内で共有していくことも考えられる。そして、実際に自然災害が発生した際の支援体制もあらかじめ整えておくことで、自然災害による被害を軽減することができよう。

このように、ＷＰＵに参加することでタイが得られる利益を明示することで、タイは参加することによるメリットとリスクと天秤にかけ、参加の是非を判断することができるのである。

タイの外交政策は、これまで一貫してバランスと国益の追求を重視してきた。バランス感覚を求めるタイからすれば、ＷＰＵ構想は見せ方によって親日か親中かの「踏み絵」として捉えてしまうかもしれない。バランスの追求という点では不利な面もあるものの、タイが最終的にはバランスよりも国益の追求を優先させてきたことも、これまでの経緯から明らかである。このため、この構想がタイの国益にとってどのような意味があるのかをうまく説明し、かつその利益がバランスを犠牲にしたことによる不利益を上回るものであることを明示できれば、タイの参加の可能性も高まるであろう。

注

（１）小泉順子「絶対王政の構築」飯島明子・小泉順子編『タイ史』山川出版社、２０２０年、２５３－２５７頁。
（２）石井米雄・吉川利治『日・タイ交流六〇〇年史』講談社、１９８７年、１２２－１３３頁。
（３）柿崎一郎『物語 タイの歴史：微笑みの国の真実』中央公論新社、２００７年、１１３－１２０頁。

（４）村嶋英治「タイ近代国家の形成」石井米雄・桜井由躬雄編『東南アジア史Ⅰ　大陸部』山川出版社、１９９９年、４１２－４１７頁。
（５）柿崎［２００７］１３８－１４０頁。
（６）村嶋［１９９９］４２２頁。
（７）村嶋［１９９９］４１４頁。
（８）石井・吉川［１９８７］１５０－１９２頁、村嶋英治『ピブーン：独立タイ王国の立憲革命』岩波書店、１９９６年、11－12頁。
（９）柿崎一郎『タイ経済と鉄道１８８５～１９３５年』日本経済評論社、２０００年、１１８－１２１頁。
（10）柿崎［２００７］１６１－１６３頁。
（11）E. Bruce Reynolds, *Thailand and Japan's Southern Advance 1940–1945*, Basingstoke: MacMillan, 1994, pp. 25–80.
（12）柿崎［２００７］１７１－１７５頁。
（13）市川健二郎『日本占領下タイの抗日運動：自由タイの指導者たち』勁草書房、１９８７年、22－１０９頁。
（14）柿崎［２００７］１８１－１８５頁。
（15）B. J. Terwiel, *Thailand's Political History: From the 13th Century to Recent Times*, Bangkok: River Books, 2005, pp. 275–276.
（16）David K. Wyatt, *Thailand: A Short History*. Chiang Mai: Trasvin Publications, 1982, p. 262.
（17）Daniel Fineman, *A Special Relationship: The United States and Military Government in Thailand, 1947–1958*, Honolulu: University of Hawaii Press, 1997, pp. 114–119.
（18）柿崎［２００７］１９９頁。
（19）石井・吉川［１９８７］２５８－２６０頁。
（20）末廣昭『タイ：開発と民主主義』岩波書店、１９９３年、55－57頁。
（21）Wyatt [1982] p. 301.
（22）Jeffery Sng and Pimpraphai Bisalputra, *A History of the Thai-Chinese*. Bangkok: Editions Didier Millet, 2015, p. 399.
（23）Patricia Norland et al. *The Eagle and the Elephant: Thai-American Relation since 1833*. Bangkok: United States Information Service, 1997, p. 269.
（24）高橋正樹「対米関係」日本タイ学会編『タイ事典』めこん、２００９年、２３０－２３１頁。
（25）柿崎一郎『タイの基礎知識』めこん、２０１６年、１７５－１７６頁。
（26）末廣昭『タイ：中進国の模索』岩波書店、２００９年、37－51頁。

(27) 末廣昭「日本の新たなアジア関与：知的政策支援は可能か」末廣昭・山影進編『アジア政治経済論：アジアの中の日本をめざして』ＮＴＴ出版、２００１年、２４６－２５２頁。

(28) 山影進『ＡＳＥＡＮ：シンボルからシステムへ』東京大学出版会、１９９１年、１００－１１５頁。

(29) 柿崎［２０１６］１５８頁。

(30) 永井史男「タイの多国間主義外交」大矢根聡編『東アジアの国際関係：多国間主義の地平』有信堂、２００９年、１７０－１７２頁。

(31) 末廣［２００９］１４２－１７７頁。

(32) 永井［２００９］１７６－１７８頁。

(33) 白石昌也『日本の「戦略的パートナーシップ」外交：全体像の俯瞰』早稲田大学アジア太平洋研究センター、２０１４年、１７７頁。

(34) 柿崎［２０００］１１２頁。

(35) 柿崎［２０００］１２０－１２１頁。

(36) 柿崎一郎「タイと中国の鉄道協力：高速鉄道計画をめぐる思惑の不一致」末廣昭・青木まき・伊藤亜聖ほか『アジアの新たな地域秩序と交錯する戦略：タイとＣＬＭＶ・中国・日本』東京大学社会科学研究所、２０２０年、１７３頁。

(37) 柿崎一郎「タイの高速鉄道計画　第5回：中速鉄道化と高速鉄道計画の復活」『タイ国情報』２０１５年、第49巻第5号：32－37。

(38) 柿崎［２００７］１７１－１７３頁。

(39) 村嶋［１９９６］２４３頁。

(40) 石井・吉川［１９８７］61－67頁。

(41) 柿崎一郎『タイ鉄道と日本軍：鉄道の戦時動員の実像１９４１～１９４５年』京都大学学術出版会、２０１８年、３５４－３６８頁。

(42) 柿崎［２０１８］３６９－３８３頁。

(43) 柿崎一郎『鉄道と道路の政治経済学：タイの交通政策と商品流通１９３５～１９７５年』京都大学学術出版会、２００９年、１１３－１１４頁。

(44) 柿崎［２０２０］１７６－１８５頁。

(45) 村嶋英治「１９４０年代におけるタイの植民地体制脱却化とインドシナの独立運動：タイ仏印紛争から冷戦の開始まで」磯部

啓三編『ベトナムとタイ：経済発展と地域協力』大明堂、１９９８年、１５３－１９３頁。

(46) 柿崎［２００９］72－73頁。

(47) 柿崎［２０１６］１５３頁。

(48) 永井［２００９］１７０頁。

(49) 白石［２０１４］１７５頁。

(50) 青木まき「タイ国内における『メコン地域』概念の形成とその動機」末廣昭・青木まき・伊藤亜聖ほか［２０２０］１５１－１７０頁。

(51) 柿崎一郎「タイの国際交通網整備　１９９４～２０１５年：バンコク中心型交通網の外延的拡大（下）」『横浜市立大学論叢人文科学系列』２０１９年、第70巻第２・３号：１７９－１８５。

(52) 柿崎［２０１９］１８６頁。

(53) 村嶋［１９９６］２００－２０１頁。

第5章 ポスト軍政のミャンマー
――「民主化」、経済成長、クーデター

工藤 年博

今から10年前の２０１１年3月30日、ミャンマーでは23年間続いた軍政から民政移管がなされ、軍出身のテインセイン大統領が率いる「民主政権」が誕生した。テインセイン大統領は大胆に政治・経済・国際関係を改革し、欧米諸国を中心とする国際社会の制裁を解除させることに成功した。ミャンマーはそれまでの国際社会におけるパリア（のけ者）から、世界が有望な投資先として注目する「アジア最後のフロンティア」と呼ばれるに至った。

それから10年後の２０２１年2月1日、ミャンマーでは再び国軍によるクーデターが発生し、国民民主連盟（National League for Democracy：ＮＬＤ）政権を率いてきたアウンサンスーチー（以下、スーチー）国家顧問やウィンミン大統領が拘束された。同日、２００８年憲法規定に基づき国防治安評議会が開催され、大統領代行に就任した国軍出身のミンスウェー副大統領が非常事態を宣言し、ミンアウンフライン国軍最高司令官が全権を掌握した。[1] このクーデターに対してミャンマー国民は全国的な街頭デモを行い、また医療関係者、教員、公務員、銀行職員などが職場を放棄する市民不服従運動

（Civil Disobedience Movement：ＣＤＭ）を展開することで激しく抗議・抵抗した。しかし、国軍はこれを武力で弾圧し、ミャンマーの市民団体である政治犯支援協会（Assistance Association for Political Prisoners：ＡＡＰＰ）によれば２０２１年５月25日時点で８２７人の市民が犠牲となり、延べ５４２１人が逮捕されている。[2] 少数民族武装勢力の一部では国軍との戦闘が激しくなり、国軍が彼らの支配地域を空爆する事態に至った。本章執筆時点（２０２１年５月）でクーデターから４カ月が経過したが、ミャンマーの混乱は収束しそうにない。

括弧付きではあるが「民主化」後のミャンマーは、ロヒンギャ問題をはじめとして数多くの困難に直面してはいたものの、経済は成長し、貿易は拡大し、外資が流入し、雇用は改善し、インフラは整備され、教育は充実し、メディアが自由化されるなど、多くの前向きの変化の中にあった。２０１６年３月には２０１５年11月の自由で公正な総選挙に基づくＮＬＤへの政権交代が実現し、民主主義が根付きつつあるとも考えられていた。しかし、こうした表面上の安定と成長の下で、今回の危機の芽は生まれ育っていたのである。本章の第一の目的はなぜ今回のクーデターが起きたのか、その政治的背景を探ることである。

今回のミャンマー国民による抗議・抵抗運動は、１９８８年の民主化運動や２００７年のいわゆる「サフラン革命」を大きく超える規模の拡大と持続力を見せた。国民の抗議・抵抗運動が激しくなった背景には、ここ10年間の経済成長と、インターネットの解禁と携帯電話の普及による情報アクセスの改善がある。本章の第二の目的は、この時期のミャンマー経済・社会の変化を理解することである。

ポスト軍政のミャンマーの成長はテインセイン大統領の改革と国際経済環境の好転によってもたらされたものであったが、クーデターはこれらの条件を逆回転させてしまった。

第三に、少し話題は変わるが、ポスト軍政のミャンマーがメコン地域において新たに果たしつつあった役割、すなわち連結性について検討する。ミャンマーはメコン地域で最大の国土面積を持ち、中国、インド、タイ、バングラデシュ、ラオスと長い国境を接し、インド洋にも長い海岸線を持っている。ミャンマーがメコン地域において重要な地理的位置にあることは明らかである。しかし、軍政時代を通じて国際社会のパリアであったミャンマーは、アジアの生産・物流ネットワークから切り離されており、この地域のミッシング・リンクであった。しかし、改革開放に舵を切ったポスト軍政のミャンマーは、メコン地域のミッシング・リンクから「結節点」に変貌しつつあった。このことはクーデター後のミャンマーの行方が、地域全体の将来に密接に関係していることを意味している。

最後に、議論をまとめ、クーデター後のミャンマーを展望する。その上で、将来ミャンマーが西太平洋連合（以下ＷＰＵ）に参加する意義と条件を考えたい。日本の役割にも言及する。

1　クーデターの背景

●上からの「民主化」

今回のクーデターの背景を理解するためには、10年前の「民主化」にさかのぼる必要がある。[3]

クーデターの直接の原因は、２０２０年11月に行われた総選挙でスーチー率いるＮＬＤが圧勝し、国軍系の連邦団結発展党（Union Solidarity and Development Party：ＵＳＤＰ）が大敗したことにあると言われている。[4] たしかに総選挙でのＮＬＤの圧勝とＵＳＤＰの大敗がクーデターの引き金となったことは間違いないだろう。しかし、総選挙の結果はＮＬＤの議会における議席数を少し増やすものの、国軍の国政関与に大きな打撃を与えるものではなかった。

というのも、現在の政治体制は国軍に様々な特権を認める２００８年憲法により規定されており、２０１２年に補欠選挙によって議員になったスーチーも、不承不承ながらこの政治体制を容認していたからである。この憲法のもとで国軍最高司令官は全議席の4分の1に相当する軍人議員を任命し、国防・内務・国境の3大臣を指名できる権限を持っていた。また、２００８年憲法では非常事態宣言が出された場合は、大統領ではなく、国軍最高司令官が全権を掌握することが規定されている。国軍は今回の行動をこの規定に基づく合法的なものであると主張している。つまり、２００８年憲法がある限り、すぐに国軍の地位が脅かされるという状況ではなかったのである。

そして当然のことながら、クーデターの発生は「アジア最後のフロンティア」として順調な経済成長を遂げてきた、ミャンマー経済に大きな打撃となることが予想された。国軍出身でありながら大胆な改革を進めたテインセイン大統領が目指したミャンマーの経済発展を、国軍が自ら頓挫させかねない動きであった。国際社会からの国軍関係者への制裁強化や、国軍関連企業への影響も予測された。

実際、日本のキリンホールディングスはクーデター発生後、ミャンマー・エコノミックホールディングスとの合弁事業の解消を表明した。国軍にとっても払うべきコストは小さくないと予想されたはずである。傍から見ると、今回のクーデターが合理的な判断によるものとは思えないのである。

　にもかかわらず、国軍はなぜこの時期にクーデターという暴挙に出たのだろうか。その理由を理解するためには、10年前の民政移管にまで歴史をさかのぼる必要がある。１９８８年にクーデターで発足した国家法秩序回復評議会（State Law and Order Restoration Council：ＳＬＯＲＣ）を１９９２年以降、およびこれを１９９７年に改組した国家平和発展評議会（State Peace and Development Council：ＳＰＤＣ）を２０１１年の民政移管まで率いた国軍最高司令官のタンシュエ議長は、スーチー、ＮＬＤ、学生、若手僧侶、メディアなどの民主化勢力を徹底的に弾圧してきた。スーチーはおよそ15年にわたって自宅軟禁に置かれ、ＮＬＤ幹部や学生活動家の多くは投獄されたり、タイとの国境の少数民族支配地域へ逃げたりした。今回のクーデター後にミンアウンフライン国軍最高司令官が行っている弾圧を、タンシュエは前の軍政期を通じてずっと行ってきたのである。

　こうした状況を１８０度転換し、スーチーを国政に招き入れたのは、テインセイン大統領であった。テインセインは２００７年のいわゆる「サフラン革命」を国軍が武力で弾圧したとき、軍政下の首相代行（その後、首相）として国際社会の非難の矢面にたった人物である。２００８年5月には14万人の死者・行方不明者を出した、サイクロン・ナルギスの災害対応にも奔走した。これらの経験から国際社会の厳しい姿勢とミャンマー社会の貧しさを知り、国の発展のためにはスーチーとの協力とそれによる欧米諸国の制裁解除が必要なことを悟ったと言われている。

もう1人、スーチーに協力した人物がいる。国軍序列3位のシュエマン統合参謀総長である。彼は民政移管にあたりタンシュエ議長から自分が大統領に指名されるものと思っていたが、実際には下院議長にされてしまった。その結果、自分より格下の序列4位でありながら、大統領になったテインセインをライバル視するようになった。テインセインの次に大統領にすると、シュエマンはタンシュエ議長から約束されていたとされる。テインセインも2期目はやらないと公言していた時期もあるので、そうした密約があった可能性はある。実際、民政移管後しばらくはテインセインの改革に協力していた。ところが、テインセインの改革開放が予想以上の成果を上げ、国内ではもとより国際社会においても評価が高まるにつれ、シュエマンはテインセインが続投するのではないかと疑い始めた。結局、彼は圧倒的な国民人気を持つスーチーに協力することで、次期大統領を目指すという戦略をとるに至った。すなわち、国軍の序列1位のタンシュエ議長、序列2位のマウンエー副議長が引退したのち、それぞれの思惑は異なったものの、序列3位と4位の人物が突如としてスーチーの協力者となったのである。こうして改革はドラスティックに進んだ。

ここで我々が確認しておくべき事項がある。それはタンシュエ議長が23年ぶりに権力を手放す決断をしたのは、２００８年憲法の制定や国軍系政党であるＵＳＤＰの設立、継続的な弾圧による民主化勢力や少数民族武装勢力の弱体化、国軍関連企業や政商による経済利権の確保等により、民政移管後も国軍の国政関与と自律的組織運営の基盤ができたと考えたためである、という点である。思い出す必要があるのは、２０１１年3月にテインセイン政権が発足した時点では、国内外のウォッチャーや政策担当者はポスト軍政のミャンマーの行方を展望できていなかった点である。テインセイン政権の発足は国軍支配の終わりの始まりなのか、それとも２００８年憲法によって制度化された国軍支配の継続なのか、我々は迷っていた。それは権力基盤を強化した国軍が、その基盤に基づいて「民主化」を進めることも、強権支配を続けることも選択できたということを意味する。選択肢は国軍の側にあったのであり、スーチーをはじめとする民主化勢力側にあったわけではない。

　こうした我々の迷いを一気に払拭してしまったのが、テインセイン大統領が始めた大改革であった。その改革のスピードがあまりにも速く、大胆なものであったので、軍政23年の長期停滞に慣れていたミャンマー・ウォッチャーや各国の政策担当者は目がくらみ、それまで異例とも言える厳しい制裁を科していた国際社会も一転してミャンマー応援団へと変貌した。たしかに、テインセインは国民経済の発展を目指して、おそらくタンシュエ議長の想定をも超える改革を行った。しかし、その改革は軍政23年間の統治に伴う負の遺産を払拭することを目的としたものであり、本来タンシュエあるいは国軍の主流派が描いたシナリオに沿う、もしくはその範囲においてのみ許されるものであったはずである。

　10年前の「民主化」プロセスにおいてスーチーの協力が重要であったことは間違いないが、それは本質的には国軍による上からの改革であった。そして、改革の許容範囲の大枠を決めていたのが、タンシュエ議長が作り上げた２００８年憲法であったのである。当時、私は「このことは（改革が国軍主導であることは）、2008年憲法で規定された政治体制の枠内であれば改革は進むものの、その枠をはみ出そうとしたときに反動があり得ることを意味している」と書いた[5]。テインセイン大統領はその矩《のり》を踰《こ》えたように思われる。それが2016年3月のスーチー政権の誕生である。

●携帯電話とスーチー政権の誕生

テインセイン大統領の改革でその後のミャンマー政治に最も大きな影響を与えたものは、インターネットの解禁と携帯電話の普及、それに伴うSNS、特にフェイスブックの利用拡大である。なかでも携帯電話（大部分がスマートフォン）の急速な普及は、国民の情報アクセスを劇的に改善した。軍政時代を通じてミャンマーの携帯電話は国営の郵便・電気通信事業体（Myanmar Posts and Telecommunications：MPT）の独占で、加入料金は極めて高かった。携帯電話の回線が少なかったため、公務員や軍人が特権的に加入権を得て、それを並行市場に横流しをすることが横行していた。実際、筆者も2000年にヤンゴンに駐在していた際にどうしても携帯電話が必要な時期があり、当時の並行市場の相場であった2000ドル／月で携帯電話を又借りしたことがある。現在の労働者の賃金が約100ドル／月であることを考えれば、その高額さがわかるだろう。

しかし、テインセイン政権下で2013年に携帯電話事業が外資に開放され、外資3社が参入すると、SIMカード1枚が1500チャット（約1ドル）で入手できるようになった。図表5－1は100人あたりの携帯電話加入者数を示している。2013年に13人に過ぎなかった人数が、

図表5-1　ミャンマーの携帯電話加入者数（100人あたりの数）

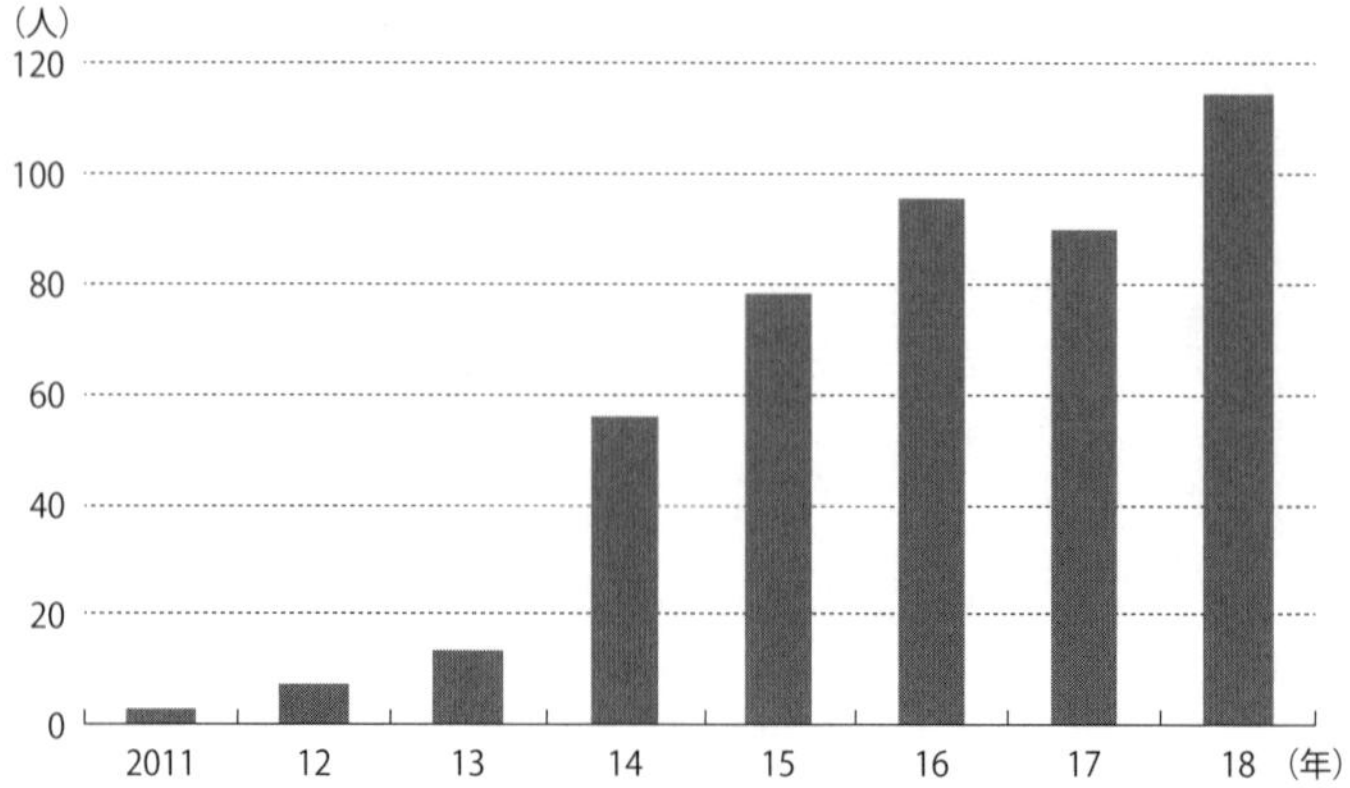

出所：World Bank, World Development Indicators. 2021年5月25日アクセス。

２０１６年までのわずか3年間で95人にまで増加したことがわかる。ミャンマーでは人々は主に携帯電話を使ってインターネットにアクセスしており、その普及は国民の情報へのアクセスを劇的に改善した。

メディアの自由化と相俟って、人々は政治情報にもふんだんに接し、自由に発言をするようになった。こうした中、自宅軟禁から解放され、政治の表舞台に復帰したスーチーは、世界を旅して各地で演説をした。スーチーの世界的なプレゼンスの向上は、軍政時代に国際社会において惨めな地位に置かれてきた多くの人々にとって、ミャンマー人としての誇りと自信を回復させるものであった。それまではミャンマー・パスポートを持って外国へ行けば、空港のイミグレーションで不法滞在や不法就労を疑われていたが、今やその国の代表が国連や外国の議会で演説をし、スタンディング・オベーションで迎えられている。若い女性の間では、スーチーのように伝統的なタメイン（女性用巻きスカート）を着て、髪に花を挿すことが流行った。こうしてミャンマーにおける２０１１年以降の前向きな変化は、スーチーと結びつけられ、彼女の国民人気は一層高まった。そして、この人気を加速させたのがＳＮＳの普及であった。ＵＳＤＰは不満であったであろうが、国民の間では改革の成果はスーチーの功績と認知されたのである。ＵＳＤＰの内部では２０１５年の総選挙を心配する声が上がり始めた。

ところが、改革が順調に成果を挙げる一方で、テインセイン大統領とシュエマン下院議長のライバル関係は政権と党運営に大きなダメージを与えていった。シュエマンは大統領の政党活動を禁じた憲法規定を利用して、テインセインに代わりＵＳＤＰの実質的な党首（党首代行）に就任した。議会とＵＳＤＰの双方に大きな影響力を持ったシュエマンは、ことあるごとにテインセインに挑戦した。その一例が比例代表制の導入に関する出来事である。

２０１２年の補欠選挙でのＮＬＤ圧勝を見て、ＵＳＤＰ内では２０１５年総選挙への懸念が高まった。ミャンマーの選挙制度は小選挙区・単純多数制である。この選挙制度では死票が多くなるため、獲得議席数と得票率の間に乖離が生じやすい。たとえば、２０１５年の総選挙においてＮＬＤは約６割の得票率で約８割の議席を獲得したのに対し、ＵＳＤＰは約３割の得票率で１割以下の議席しか獲得できなかった。もし比例代表制がとられていればＵＳＤＰは約３割の議席をとったことになり、全議席の４分の１を占める軍人議員と合わせれば、政権を維持できた可能性があった。ＵＳＤＰはＮＬＤから分派した国民民主勢力（National Democratic Front：ＮＤＦ）などと組んで、議会に比例代表制の導入を提案した。紆余曲折を経て２０１４年11月、下院の委員会が比例代表制を含む８つの選挙制度の提案を採決しようとしたとき、シュエマン下院議長は議員の発言を遮り、憲法裁判所が小選挙区制のみが合憲であると判断したと宣言したのである。当時の憲法裁判所長官はシュエマン派の人物であった。こうして比例代表制の導入は頓挫した。

ＵＳＤＰの実質的な党首であったシュエマン下院議長は、なぜこのような自党に不利な動きをしたのだろうか。確証はないが、比例代表制に反対していたスーチーとなんらかの政治的取引があったのではないかとも言われている。これ以外にもシュエマンはテインセイン大統領との確執を繰り返し、ついに２０１５年８月にはＵＳＤＰ党首代行を解任された。しかし、ＵＳＤＰは内紛の中で有効な選挙戦略を実施できず、11月の総選挙で大敗を喫したのである。タンシュエ議長に代表される国軍の保守派・主流派は、スーチー政権の誕生を許したテインセインとシュエマンに不満を抱いたはずである。

●パワーシェアリングの実験と破綻

２０１５年総選挙での大勝により、２０１６年３月、半世紀ぶりに民主的に選ばれたスーチー政権が誕生した。しかし、ここで注意すべきことは、そもそも選挙に立候補しなかったテインセイン大統領も、選挙で落選したシュエマン下院議長も、政治の表舞台から姿を消した、あるいは影響力を失ってしまったということである。２人の喪失は、スーチーを国政に招き入れ、協力し、そして国軍の保守派・主流派の攻撃から守ってきた国軍出身の大物協力者がいなくなったことを意味した。また、特にテインセイン大統領とその部下たちが政治の表舞台からいなくなったことは、国軍の意思決定にも影響を与えたと考えられる。スーチー、ＮＬＤとの対話はもとより、国際社会の現実を理解し国内問題との調整をするバランサーが国軍から消えたのである。かつてはＮＬＤ幹部にも国軍出身者がいた。しかし、軍政が長く続く中で次々と引退してしまい、国軍との人的パイプはなくなっていた。

こうした中、スーチー政権と国軍との関係は徐々に悪化していった。スーチー国家顧問とミンアウンフライン国軍最高司令官との関係も冷却化していった。総選挙が近づくと両者の関係はとげとげしいものになり、２人ともほとんど会話を交わすことがなくなってしまった。スーチーの肝いりで開催された少数民族武装勢力との和平を話し合ういわゆる21世紀のパンロン会議では、ミンアウンフライン国軍最高司令官が演説を終えた後、最前列に座っていたスーチーとウィンミン大統領は拍手もしなかったと言われる。ミャンマーの国政運営において、国軍最高司令官との関係が悪いことは致命的である。

ここで、スーチー政権が国軍とのパワーシェアリングに基づいて成立した政権であることを、もう一度確認する必要がある。スーチーは２０１２年に下院の議員になったとき、２００８年憲法による政治体制に参加することを不承不承ながらも宣誓しているからである。２００８年憲法によって、軍政時代にタンシュエＳＬＯＲＣ／ＳＰＤＣ議長が持っていた権力が、（文民の）大統領と（軍人の）国軍最高司令官の２人に分割された。この憲法において「首脳」を意味するビルマ語（Akyi Ake）が使われているのは、大統領（第16条）と国軍最高司令官（第20条c項）のみである。大統領は国家元首であり行政の長であるが、国軍最高司令官も相応の権力を持つのである。先に述べたように、国軍最高司令官は上下院の4分の1に相当する軍人議員を指名し、国防・内務・国境の3大臣を任命する。武器を保持するすべての国内の組織は、国軍の指揮下に置かれる。軍人は軍法会議で裁かれ、そこでは国軍最高司令官の決定が最終である。さらには、国軍最高司令官が強い影響力を持つ国防治安評議会[6]の勧告に基づき、大統領は非常事態宣言を出すことができ、そのときは全権を国軍最高司令官に委譲することが規定されている。国軍は今回のクーデターはこの条項に基づく措置であると主張している。このように２００８年憲法に基づく政治体制は、基本的に政党政治によって選ばれる大統領と軍隊を指揮する国軍最高司令官の2人のリーダーのパワーシェアリングによる統治であった。

　２０１１年3月から２０１６年3月までのＵＳＤＰ政権においては、テインセイン大統領とミンアウンフライン国軍最高司令官とが協力して国政を担う体制になんら問題はなかった。タンシュエ議長が前の軍政を通じて国軍最高司令官の地位にあったので、ミンアウンフラインは20年ぶりに彼に代わり、55歳という若さで国軍最高司令官に就任したばかりであった。ミンアウンフラインにとって、テインセイン大統領やシュエマン下院議長、あるいは多くの閣僚たちは、国軍における大先輩であり、彼らが主導するＵＳＤＰ政権にモノを言える立場にはなかった。また、テインセイン大統領は定期的に国防治安評議会を開き、国軍との調整を行っていた。

　本当の意味での大統領と国軍最高司令官とのパワーシェアリングが始まるのは、スーチー政権の誕生後である。両者は国家のあり方について、考えが真っ向から対立する。そもそもスーチーをはじめ

ＮＬＤは反軍政運動の中で誕生し、民主化運動をリードしてきた組織である。ＮＬＤにとっては国軍の国政関与を許している限り、ミャンマーに真の民主主義は実現しない。結果として、スーチーは国軍とのパワーシェアリング体制を切り崩す挑戦を始めた。

最初の動きは、スーチーの国家顧問への就任である。２００８年憲法は外国人の家族を持つスーチーが大統領になれないように、巧妙に大統領の資格要件が定められていた。ところが、ＮＬＤは政権の誕生後すぐに国家顧問という新たな役職を法律で設置し、スーチーに実質的に「大統領を超える」地位を与えた。この法律の議会における採決に際しては、軍人議員が立ち上がって反対したものの多数決で強行された。国軍から見ればスーチーの国家顧問への就任は、２００８年憲法をないがしろにする動きと映ったはずである。

また、２００８年憲法の矛盾も露呈した。本来、国家元首は１人であるべきところに、無理やりもう１人のトップを据えているのであるから、対立が生じるのはある意味必然である。その１つが、次期国軍最高司令官の任命問題であった。軍政時代にタンシュエ議長が20年近くに及び国軍最高司令官の地位にあったため、国軍内での幹部人事が停滞した。国軍はこの反省に基づき、民政移管後は再び最高司令官を含む軍人の定年を60歳に設定した。ところが、２０１６年３月のスーチー政権の誕生を受け、国軍の安定を図るためにミンアウンフラインの定年が５年間延長されたのである。歴史にもしもはないと言われるが、もしも２０１５年11月の総選挙でＵＳＤＰが勝利していればミンアウンフラインは国軍最高司令官のポストを退いて、大統領に就任していたかもしれない。そうなると最高司令官は再び若返ることになり、国軍内でクーデターを主導できるだけの実力を持つトップは誕生しなかったかもしれない。しかし、国民の圧倒的支持を受けてスーチー政権が誕生した状況下では、国軍がトップを替えることはできなかったのである。

こうした経緯により、その5年後の２０２１年にはミンアウンフラインは国軍最高司令官の在位10年を迎え、同年7月には定年が迫っているという状況にあった。次期最高司令官について準備をするべきタイミングであったが、ここでスーチーは国軍の人事への実質的な介入を試みた。２００８年憲法第３４２条は「大統領は、国防治安評議会の提案と承認により、国軍最高司令官を任命する」と規定する。つまり任命権者は大統領なのである。もちろん国軍最高司令官は、自身が実質的に牛耳っている国防治安評議会を通じて、大統領の国軍人事への介入を拒否することができる。しかし、ＮＬＤ政権誕生後、大統領は一度も国防治安評議会を招集しなかったため、２０２１年に入ってもミンアウンフラインの後任が指名されないという事態に陥っていた。一説ではスーチーは２０２１年7月にミンアウンフラインが定年退官するのを待って国防治安評議会を招集し、ＮＬＤに協力的な人物を後任に据えようとしたとも言われる。これは国軍にとって受け入れることができない、人事への介入であった。さらに、ＮＬＤは総選挙が近づいた２０２０年3月、憲法改正案を議会に提出した。ＵＳＤＰや軍人議員の反対で改正案は否決されたものの、両者の間に深い禍根を残した。

このように２０２０年11月の総選挙を前に、スーチー国家顧問とミンアウンフライン国軍最高司令官とのパワーシェアリングはすでに揺らぎつつあった。ＮＬＤが総選挙に再び勝利することを懸念した国軍は、総選挙を牽制し始めた。投票日を目前に選挙準備が公正に行われていないとして、選挙管理委員会を批判する声明を出したのである。ところが、この動きは逆効果であった。国軍の総選挙を妨害するかのような動きに、国民の反発を招いてしまったのである。結局、ＮＬＤが再び圧勝したことで、両者のパワーバランスは大きくスーチーに傾いた。

ＮＬＤの勝利が明らかになった後は、国軍は選挙不正があったとして選挙管理委員会に繰り返し調査を求めた。また、ＵＳＤＰと軍人議員は選挙不正を議論するための臨時議会の開催を要求した。しかし、選挙管理委員会も政府も国軍の要求を門前払いした。２０２１年1月26日、国軍は記者会見を開き、約８６０万人分の有権者名簿の不備があったと主張した。その記者会見においてある記者から「国軍はクーデターを起こす可能性はあるのか」ときかれ、国軍広報官はその可能性を否定しなかった。2月1日の新議会招集を目前にＮＬＤと国軍との間で話し合いがもたれたが、スーチー国家顧問とミンアウンフライン国軍最高司令官が直接会うことはなかった。

そして2月1日、クーデターは決行された。ここに5年間のＮＬＤと国軍とのパワーシェアリングの実験は挫折したのである。こうした経緯を見れば、国軍とスーチーやＮＬＤとの妥協は考えにくい。ミンアウンフラインは国政からのスーチーとＮＬＤの排除を、心に決めているだろう。国軍は非常事態宣言の解除後、スーチーとＮＬＤを排除した上で総選挙を行い、国軍系政党への権力委譲を目指すだろう。すなわち、大統領も最高司令官も、両者とも国軍出身者かそのシンパでなければならない。ここに２００８年憲法が想定した真のパワーシェアリングの体制は、事実上潰《つい》えたのである。

２　ポスト軍政のミャンマー経済

●成長の10年

ポスト軍政の10年間はミャンマーが順調な経済発展を遂げた時期である[7]。本節では経済成長とそれに伴う対外経済関係の変化を検討する。図表５－２は１９６０年代以降のミャンマー、タイ、ベトナムの１人あたり実質ＧＤＰの年平均成長率を示したものである。１９６２－88年はビルマ式社会主義の時代である。この時期は計画経済と鎖国主義がとられており、成長率は低迷した。１９６０年代、１９７０年代、１９８０年代と経済が長期停滞に陥っていたことがわかる。１９８８年９月－２０１１年3月は軍事政権の時代である。この図表では１９９０年代と２０００年代に分けて実績を示している。軍事政権は権力を掌握するとすぐに、社会主義経済体制を放棄し、対外開放と市場経済化に乗り出した。１９９０年代、ミャンマーは欧米諸国の制裁下にあったものの、一定の外国投資の流入や経済自由化による国内企業の勃興などにより成長率は高まった。

しかし、その後２０００年代の成長率が2桁成長となっていることについては、数値の信頼性に疑問がある。この時期ミャンマーは１９９０年代以上に厳しい制裁を国際社会から科されており、２００７年には経済苦境を背景にした「サフラン革命」と呼ばれる大規模な民衆蜂起が起きている。

図表5-2　1人あたり実質GDPの年平均成長率

	1961-70	1971-80	1981-90	1991-2000	2001-10	2011-15	2016-18
ミャンマー	0.7%	2.3%	−0.6%	5.8%	11.1%	6.4%	5.6%
タイ	5.0%	4.2%	6.0%	3.3%	3.9%	2.5%	3.5%
ベトナム	—	—	2.3%*	5.9%	5.6%	4.8%	5.6%

*：ベトナムの数字は1985-90年の年平均成長率。
出所：World Bank, World Development Indicators. 2020年10月5日アクセス。

２００８年には14万人の死者・行方不明者を出したサイクロン・ナルギスによる災害も受けており、とても2桁成長を実現できるような環境ではなかった。この時期は軍事政権が経済停滞を糊塗するために、数値を水増しした可能性が高い。

２０１１－15年は民政移管後のテインセイン大統領の時代である。テインセイン大統領は基本経済政策の１つとして正確な経済統計の作成と公表を掲げており、軍政時代のような意図的な数字の水増しはなくなったと考えてよい。したがって、この時期の６・４％という成長率は、１９６０年代以降のどの時期よりも高いと言える。

この時期の高成長はテインセイン大統領の改革と、国際経済環境の改善によってもたらされた。先に述べたとおり、まずテインセイン大統領はスーチーと対話し、彼女を２００８年憲法下の政治体制に引き込むことに成功した。その後、政治犯の釈放、メディアの自由化、少数民族武装勢力との停戦、自由で公正な補欠選挙の実施、人権委員会の設置、労働組合法や平和的集会に関する法律など市民の権利と自由を守るための法整備、為替レートの一本化、輸出入の自由化、外国投資法の改正など、政治・経済・メディア改革を一気に進めた。

スーチーの政治参加と一連の改革を見て、それまで厳しい制裁を科してきた欧米諸国は相次いで制裁を緩和・解除した。２０１１年11月末から12月初めにはアメリカのヒラリー・クリントン国務長官が訪緬し、その1年後の２０１２年11月にはオバマ大統領がアメリカの現職大統領としては初めてミャンマーを訪問した。アメリカは２００３年以来続けてきたミャンマーからの輸入禁止措置や金融制裁を解除した。欧州連合（ＥＵ）も２０１２年４月に対ミャンマー制裁を1年間凍結し、２０１３年には完全に解除した。日本をはじめ先進各国と国際開発金融機関は延滞債務問題を解決し、本格的な援助を再開した。こうしてミャンマーを取り巻く国際経済環境は劇的な改善を見せたのである。ミャンマーは過去に経験したことのない、成長機会に恵まれることとなった。

こうした良好な国際経済環境は、２０１６年のスーチー政権誕生後も続いた。しかし、２０１７年にラカイン州北部に居住する70万人とも言われる少数派イスラム教徒のロヒンギャが軍や警察の弾圧を逃れてバングラデシュへ流出すると、ミャンマーは再び国際社会の非難を浴び、欧米諸国の制裁が一部復活した。ただし、それらの制裁は国軍の幹部や経済主体をピンポイントで狙い打ちする標的制裁（Targeted Sanctions）で、２０００年代のように貿易投資を全面的に禁止したり、金融制裁で経済全体を停滞させたりするものではなかった。今回のクーデター後、欧米諸国は再び制裁を発動しているが、現在までのところ標的制裁にとどまっている。標的制裁は包括的な制裁に比べて、経済への影響は限定的である。

次に、輸出入の動向を見てみよう。図表５－３はミャンマーの輸出入額の年平均成長率を、５つの

図表5-3　ミャンマー輸出入額の年平均成長率

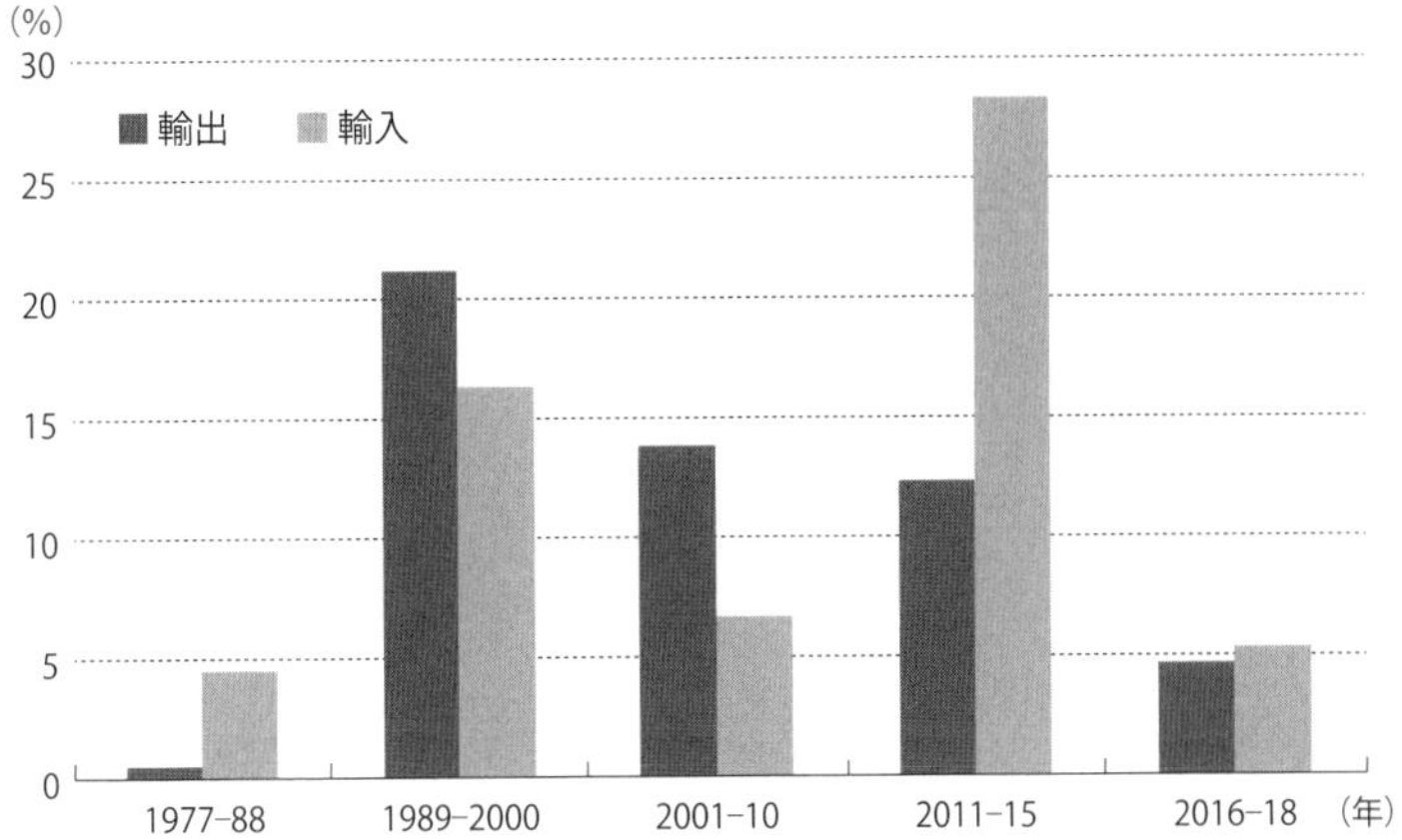

出所：World Bank, World Development Indicators. 2020年10月5日アクセス。

時期に分けて示したものである。左側の棒グラフが輸出の伸び率、右側が輸入の伸び率である。ビルマ式社会主義時代の後期にあたる１９７７年から１９８８年の時期は、輸出入ともに停滞した。先に述べたとおり、１９８８年９月に登場した軍政は社会主義を放棄し、貿易自由化を進めた。そのため１９９０年代には一転して輸出入ともに大きな伸びを見せた。

ところが、２０００年代には輸出入ともに伸び率が低下している。特に輸入の伸び率は６・６％にまで低下した。これは１９９７年のアジア通貨危機以降、外貨不足に直面した軍事政権が輸入規制を強化したためである。この時期、輸出先行政策（エクスポート・ファースト）がとられ、輸出をした業者がその輸出稼得外貨の範囲内でのみ輸入が認められるという、極めて統制的な貿易政策がとられた。

その次の時期、すなわちテインセイン政権下では、逆に輸入のみが大きく伸びた。この時期の輸入額の年平均成長率は28・３％で、テインセイン政権の5年間で輸入額は３・5倍になった。テインセイン政権の最重要経済政策は輸入の自由化であり、そこには実質的に半世紀ぶりの民政移管を円滑に実現するための戦略があった。２０００年代を通じた厳しい輸入規制のもとで、国民は窮乏生活を余儀なくされてきた。たとえ海外に出稼ぎに行った家族からの仕送りなどでミャンマー国内の消費者が外貨を持っていたとしても、輸入品を買うことはできなかった。もちろん、国内に消費者の必要を満たす製品を供給してくれる企業もなかった。

たとえば、日本の中古自動車はミャンマー国内に大きな需要があったが、その輸入は厳しく制限されていた。そのため、10年落ちのトヨタのマークⅡが時に１０００万円相当もするという状況であった。それがテインセイン政権下で一気に自由化されたため、２０１２年以降日本から毎年10万台を超える中古自動車がミャンマーに輸出された（図表5－4）。ミャンマー国内の中古自動車の値段は４分の1、あるいは5分の1にまで低下した。日本からの中古車の輸入解禁は、テインセイン政権が重視したクイック・ウィンズ（Quick Wins）、すなわち「すぐに目に見える成果」の代表例であった。

ところが、日本からの中古車輸入台数は２０１４年の16万台超をピークに、わずか3年で減少に転じている。図表5－４に観察される２０１８年以降の一層の減少は、中古車であふれかえったヤンゴンの渋滞緩和や自動車の国産化を推進するために、スーチー政権が事実上の輸入規制を強化したことによる。また、テインセイン政権の最終年の２０１５年にはすでに中古車の需要は飽和しつつあり、

図表5-4　日本の対ミャンマー中古自動車輸出

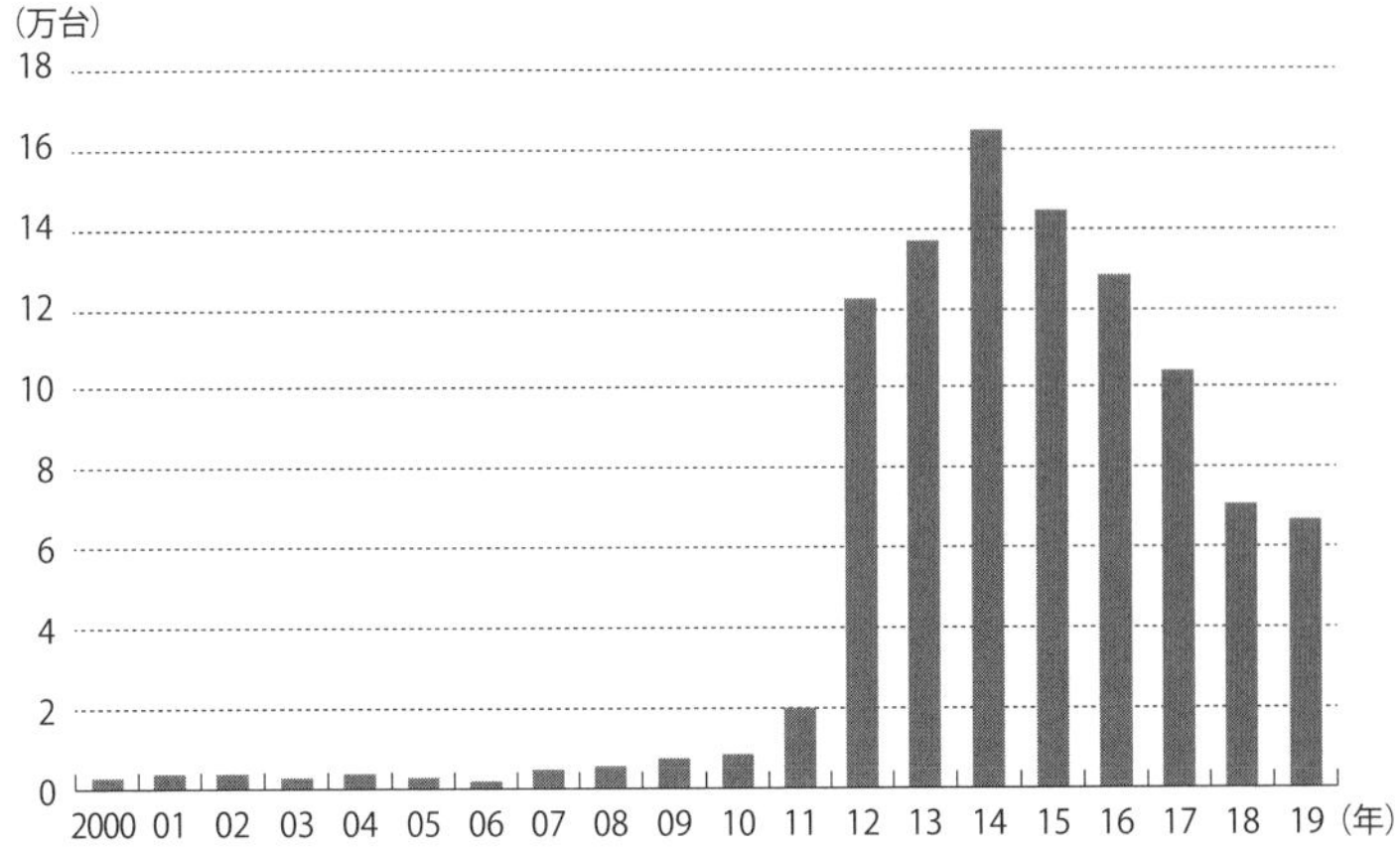

出所：財務省貿易統計。2020年10月15日アクセス。

輸入台数は減少に転じていた。ミャンマー経済の規模は小さい。軍政時代に抑え込まれていたペントアップ需要がいったん充足されれば、調整期を迎えるのは当然である。そして、こうした自然な調整はテインセイン政権の末期にはすでに起きつつあり、それが輸入の伸びの鈍化に表れた。

ここで注目すべきは、テインセイン政権期に拡大した貿易赤字とその対処方法である。この時期、国際社会の制裁は解除され、ミャンマー産業界は世界市場へのアクセスを回復した。しかし、同国ではインフラの未整備をはじめとした生産のボトルネックがあり、市場アクセスの回復がすぐには輸出の増加に結びつかなかった。一方、先に述べたように、戦後の復興期のようにミャンマーで発生したペントアップ需要を満たすために、輸入は急増した。結果として貿易赤字が拡大した。軍政時代、ミャンマーではしばしば貿易赤字の拡大が、引き締め政策への転

図表5-5　外国直接投資、政府開発援助、海外送金の年平均の受取額

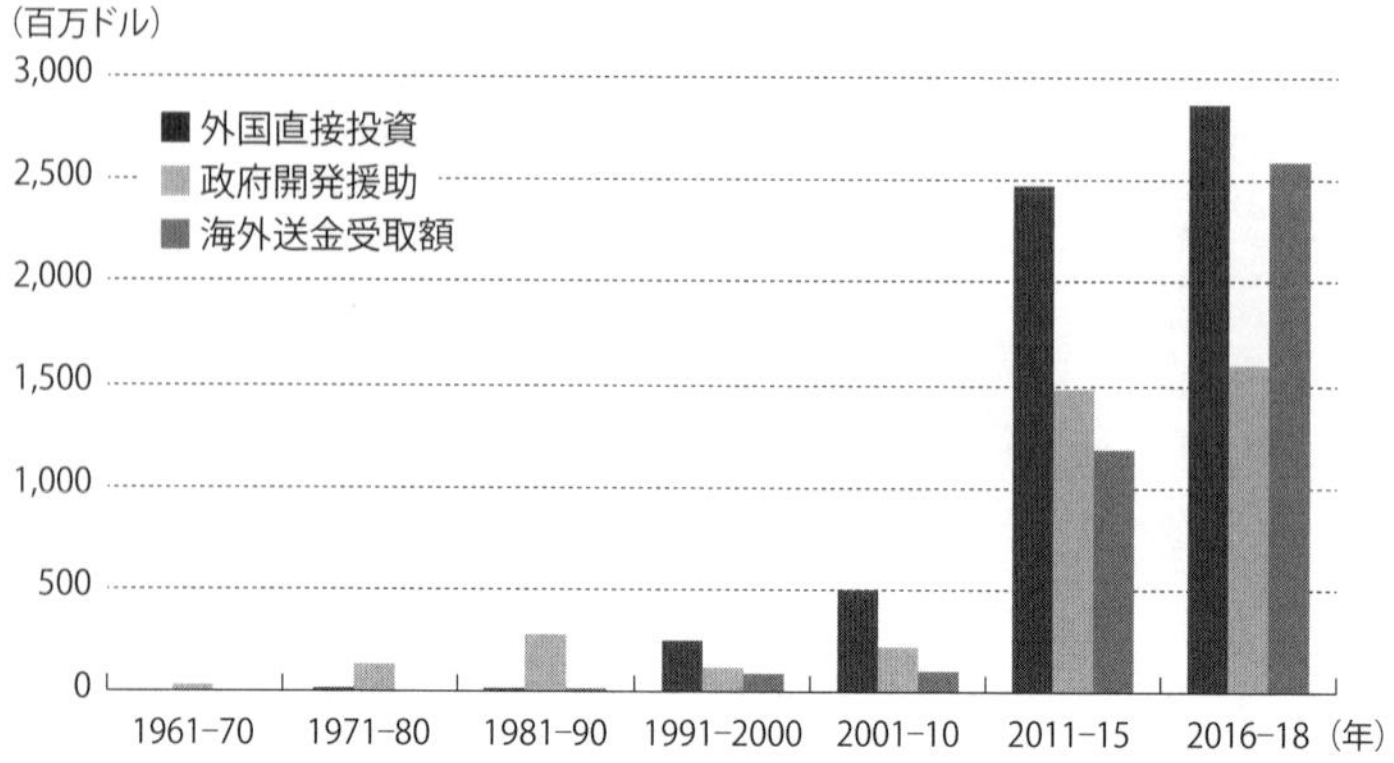

出所：World Bank, World Development Indicators. 2020年10月5日アクセス。

換の引き金となってきた。

しかし、テインセイン政権もスーチー政権も、外貨不足を理由とした輸入規制の強化はしなかった。なぜなら、貿易赤字は外国直接投資（ＦＤＩ）、政府開発援助（ＯＤＡ）、および海外出稼ぎ労働者からの送金によってファイナンスされていたからである（図表５－５）。これはテインセイン大統領の改革と国際経済環境の好転によって、ミャンマーが輸出以外の外貨の獲得チャネルを得たことを意味する。この時期、たしかに貿易（特に輸入）の伸び率は低下したが、それは政府の輸入規制によって引き起こされたものではなく、２０１１年の改革開放以降「アジア最後のフロンティア」として世界から注目され、過熱気味であったミャンマー経済が転換点を迎えつつあったことを示唆する経済的現象であった。逆に言えば、「民主化」後の様々な形態での外貨の流入が、輸入に依存するミャンマー経済の持続的成長を可能にしていたのである。

●クーデターと対外経済関係

しかし、2021年2月1日のクーデターにより、この10年間ミャンマーが享受してきた良好な国際経済環境は失われた。何度も指摘するが、ポスト軍政のミャンマーが高い経済成長を実現できたのは、「民主化」によって国際経済環境が好転したことが最大の要因であった。それが今回のクーデターによって悪い方向に逆回転を始めてしまった。先に述べたとおり、現在までのところ欧米諸国の制裁は限定的なものにとどまっている。それでも今後、外国企業がミャンマーでビジネスをするためには、産業全体に張り巡らされた国軍系企業とその子会社、国軍幹部やその親族のビジネス・ネットワークを避けなければならなくなる。また、欧米諸国の制裁対象になっている場合は当然であるが、対象となっていなくても国軍との関連が疑われれば、国民による消費者ボイコットのターゲットとなるかもしれない。このまま不安定な政治情勢が続けば、外国直接投資は大幅に減少するだろう。

先進国や国際金融機関による経済協力(援助)の大幅な減少も見込まれる。特に日本の動向は重要である。ミャンマーにとって日本は最大の援助供与国である。日本は2015年から2017年にかけて、年平均4億1200万ドルの援助を実施した(図表5-6)。これは2位の英国の年平均1億5800万ドルを大きく上回る。日本の援助はこの3年間にミャンマーが受け取った二国間援助の4割を占めた。また、日本にとってもミャンマーは大口の援助受取国である。2019年の日本の援助受取国(無償資金協力、技術協力、政府貸し付け等の純支出額ベース)において、ミャンマー(7億5700

図表5–6　主要ドナーの対ミャンマー経済協力実績

（支出総額ベース、百万ドル）

	1位		2位		3位		4位		5位		合計
2013年	日本	5,331.77	フランス	592.26	英国	156.18	アメリカ	80.92	デンマーク	75.96	6,485.30
2014年	ドイツ	1,035.89	日本	213.92	英国	120.68	オーストリア	106.95	オーストラリア	89.00	1,856.55
2015年	日本	351.14	英国	174.02	アメリカ	113.86	オーストラリア	55.43	スイス	40.48	893.74
2016年	日本	506.82	英国	144.59	アメリカ	131.45	韓国	47.31	オーストラリア	46.47	1,082.44
2017年	日本	379.07	英国	155.71	アメリカ	139.56	韓国	77.61	オーストラリア	68.24	1,075.87

原典：OECD/DAC。
注：卒業国向け援助を除く。
出所：外務省国際協力局編『政府開発援助（ODA）国別データ集2019』。2021年5月30日アクセス。

万ドル）は、インド（17億９５００万ドル）、バングラデシュ（11億３９００万ドル）に次いで第3位であった。しかし、クーデターを受けて日本は新規援助の停止を表明している。現地の治安や政治状況によっては、既存案件の実施も難しくなる可能性がある。

海外からの送金については、世界的な新型コロナウイルス感染症が収まればミャンマー人の海外への出稼ぎ労働者が再び増加し、金額も増えていくかもしれない。しかし、市民不服従運動の影響で銀行が機能しなくなっており、軍政時代のようにフンディーと呼ばれる地下銀行システムによる送金が増えるかもしれない。その場合、統計上の送金金額は減少することになる。外国人観光客は大幅な減少が見込まれる。いずれにしても、クーデター後のミャンマー経済は外貨不足に直面するだろう。

クーデター後の貧困状況の悪化も心配である。２０２０年からの新型コロナ感染症の拡大とこれを抑え込むための社会経済活動の制限により、すでに失業者は増加していた。

今回のクーデターによる経済活動の麻痺により、状況はさらに悪化している。国連開発計画（ＵＮＤＰ）は２０２１年４月30日に発表したレポートで、最悪のシナリオでは人口の約半数（48・２％）が貧困に陥ると予測している。２０１７年時点での貧困率は24・８％であったが、これがほぼ２００５年の水準にまで戻ってしまうという衝撃的な予測である。ここ10年の経済成長の成果が、帳消しになりかねない事態である。

それでも、ミャンマーの貿易に大きな支障が出ることはないだろう。図表５－７はミャンマーの貿易相手国を示している。２０１８年においてミャンマーの輸出においては、中国（34・８％）、タイ（18・２％）、シンガポール（８・１％）の３カ国向けが全輸出の６割以上を占めた。同じく輸入においても、中国（33・８％）、シンガポール（16・０％）、タイ（10・７％）の３カ国からが全輸入の６割以上を占めた。特に中国はミャンマーの輸出入いずれについても約３分の１を占める最大貿易相手国であり、そのシェアはポスト軍政を通じて上昇している。テインセイン大統領のいわゆる「中国離れ」の姿勢により、一般にはミャンマー経済の中国依存度は低下したと思われているが、貿易についてはむしろ中国への依存度が上昇した。

中国、タイとは従来陸路を通じた国境貿易が盛んであり、近年は北東インドとの国境貿易も増加している。国境貿易は中国人民元やタイ・バーツで取引されることが多く、たとえアメリカの金融制裁によってドル決済が困難になっても影響を受けにくい。また、国軍の戦略物資の調達も可能である。たとえば、航空燃料を販売するナショナル・エナジー・ピューマ・アビエーション・サービシズ

図表5-7　ミャンマーの貿易相手国ランキング

ミャンマー輸出（相手国トップ10）

	1988年		1990年		2000年		2010年		2018年	
1	シンガポール	12.9%	タイ	14.6%	シンガポール	27.5%	タイ	41.2%	中国	34.8%
2	香港	12.1%	シンガポール	13.8%	米国	19.8%	香港	20.9%	タイ	18.2%
3	日本	11.1%	インド	13.2%	タイ	10.2%	インド	12.4%	シンガポール	8.1%
4	インドネシア	9.3%	中国	10.0%	インド	8.7%	中国	6.2%	日本	7.3%
5	スリランカ	7.8%	日本	8.5%	中国	5.4%	シンガポール	3.6%	ドイツ	3.4%
6	韓国	7.1%	香港	6.8%	パキスタン	5.3%	日本	2.8%	インド	2.8%
7	ドイツ	4.9%	スリランカ	3.8%	日本	3.5%	マレーシア	2.1%	米国	2.4%
8	インド	3.0%	インドネシア	3.0%	香港	3.3%	韓国	1.6%	英国	2.3%
9	マレーシア	2.9%	米国	2.8%	英国	2.6%	コートジボワール	1.1%	韓国	2.1%
10	サウジアラビア	2.7%	韓国	2.7%	マレーシア	2.4%	バングラデシュ	1.1%	スペイン	1.7%

ミャンマー輸入（相手国トップ10）

	1988年		1990年		2000年		2010年		2018年	
1	日本	40.2%	中国	20.8%	シンガポール	21.1%	中国	26.7%	中国	33.8%
2	英国	9.3%	シンガポール	18.1%	マレーシア	12.6%	シンガポール	26.6%	シンガポール	16.0%
3	ドイツ	6.9%	日本	16.8%	タイ	10.6%	タイ	11.2%	タイ	10.7%
4	米国	6.2%	ドイツ	4.8%	中国	9.6%	韓国	6.0%	インド	4.9%
5	シンガポール	6.0%	マレーシア	4.8%	韓国	9.4%	日本	5.2%	マレーシア	4.4%
6	中国	3.3%	英国	3.9%	日本	9.4%	インドネシア	4.8%	日本	4.3%
7	チェコスロバキア	3.2%	オーストラリア	3.7%	台湾	6.5%	インド	3.9%	米国	3.4%
8	マレーシア	2.7%	韓国	3.5%	香港	3.9%	マレーシア	3.2%	インドネシア	3.3%
9	フランス	2.5%	タイ	3.0%	ドイツ	2.5%	台湾	2.7%	ベトナム	2.6%
10	ノルウェー	2.2%	米国	2.9%	米国	2.3%	オーストラリア	1.7%	オマーン	2.3%

出所：IMF, Direction of Trade.

（ＮＥＰＡＳ）[8]はクーデター発生を受けて現地での事業を停止したが、国軍は代わりに中国から陸路で航空燃料を調達した。ただし、国軍と対立するカチン独立機構（ＫＩＯ）の軍事組織であるカチン独立軍（ＫＩＡ）が、国境貿易で航空燃料を輸送していたタンクローリー7台を襲撃しており、治安状況によっては国境貿易にも影響が出る可能性はある（The Irrawaddy、２０２１年5月18日）。

今後ミャンマーと欧米諸国との貿易は停滞することが見込まれる。しかし、近隣諸国との友好関係さえ維持できれば、ミャンマーは日用品から戦略物資まで調達が可能である。また、中国の経済規模は２０００年代と比べても大きくなっており、中国向け輸出を伸ばすことでミャンマーは一定の経済成長を維持することができるかもしれない。日本や欧米諸国からの外国投資の減少も、中国やＡＳＥＡＮからの投資である程度は補うことができるだろう。クーデター後のミャンマー経済は２０１０年代のような高い成長は望めないものの、新しい軍政による経済運営がすぐに行き詰まり、経済破綻に陥る可能性も高くはないだろう。

3　連結性としてのミャンマー

最後に、ミャンマーがメコン地域において果たし得る、結節点としての役割について見ておこう。[9]

ポスト軍政のミャンマーの対外開放と経済成長は、自国のみならず、メコン地域全体にも大きなインパクトをもたらした。インドシナ半島の西海岸に位置するミャンマーは、日本の約１・８倍の国土面積を持ち、南西はベンガル湾、南はアンダマン海に面する。北東で中国、北西でインド、南東でタイと長い国境を接する。東ではラオス、西ではバングラデシュとも国境を持つ。ミャンマーはこれらの近隣諸国を相互に、そしてインド洋と結びつける結節点に位置している。

しかし、欧米諸国から制裁を受け、国内の交通インフラが未整備で、アジアの生産・物流ネットワークに組み込まれていなかったミャンマーは、軍政時代を通じてこの地域のミッシング・リンクであった。それがポスト軍政の国内改革と国際経済環境の改善により、地域の結節点となり得る可能性が出てきていた。なかでも、中国、タイ、インドの３カ国はいずれもミャンマーをランドブリッジとしてインド洋へ出ようとしていた。

第一に、陸封地形の中国・雲南省にとって、ミャンマーをランドブリッジとしてインド洋へのアクセスを確保することは、交易上も、安全保障上も重要である。これは中国が太平洋とインド洋の両方にアクセスを持つ、ツー・オーシャン（two-oceans）戦略の一環である。現在、この構想は中国の「一帯一路」下で策定された中国＝ミャンマー経済回廊（China–Myanmar Economic Corridor：ＣＭＥＣ）として、両国が合意した開発計画となっている。ＣＭＥＣは２０１７年12月のスーチー国家顧問の北京訪問の際に中国側から提唱され、２０１８年9月に覚え書きが結ばれた。２０２０年1月の中国の習近平国家主席の訪緬の際に、両国はＣＭＥＣの推進で合意している。

ＣＭＥＣは道路と鉄道で、中緬国境の瑞麗＝ムセとラカイン州チャウピューをミャンマー第２の商業都市マンダレー経由でつなぐルートと、マンダレーとヤンゴンをつなぐルートの２つで構成される、逆Ｙ字型の経済回廊構想である（図表５－８）。インド洋の出口となるラカイン州のチャウピューには深海港と経済特区を建設する計画である。ヤンゴン＝マンダレー間の鉄道建設は現在日本の経済協力で実施しているが、もしも今回のクーデターの発生を受けて日本が協力を中断した場合、中国が進出してくる可能性もあるだろう。

第二に、タニンダーリー管区のダウェーに深海港を建設し、その後背地に経済特区を建設して生産拠点とし、これとタイのバンコクおよび東部臨海地域の産業集積を道路・鉄道・パイプラインでつなぐ構想がある。これはアジア開発銀行（ＡＤＢ）が提唱する南部経済回廊（ミャンマー・ダウェー＝タイ・バンコク＝カンボジア・プノンペン＝ベトナム・ホーチミン）の一部である。ダウェーは南部経済回廊のインド洋へのゲートウェイの役割を担っている。

２００８年にタイ大手デベロッパーのイタリアンタイデベロップメント社（ＩＴＤ）が当時の軍政より事業権を獲得して開発を進めてきたが、同社の資金難や少数民族問題もあり、なかなか進捗しなかった。民政移管後の２０１２年にミャンマーとタイの両政府による合同委員会が設置され、開発が再始動された。２０１３年には両国間でダウェー開発のための特別目的事業体（Special Purpose Vehicle：ＳＰＶ）が設立された。同年、当時のタイ・インラック首相は来日に際して日本のダウェー開発への参画を要請した。２０１５年、日本もＳＰＶへの参加を決定し、ダウェー開発はミャンマー、タイ、日本の３カ国で推進する体制が構築された。ダウェー経済特区へは重化学工業の誘致も計画さ

図表5-8　中国ミャンマー経済回廊

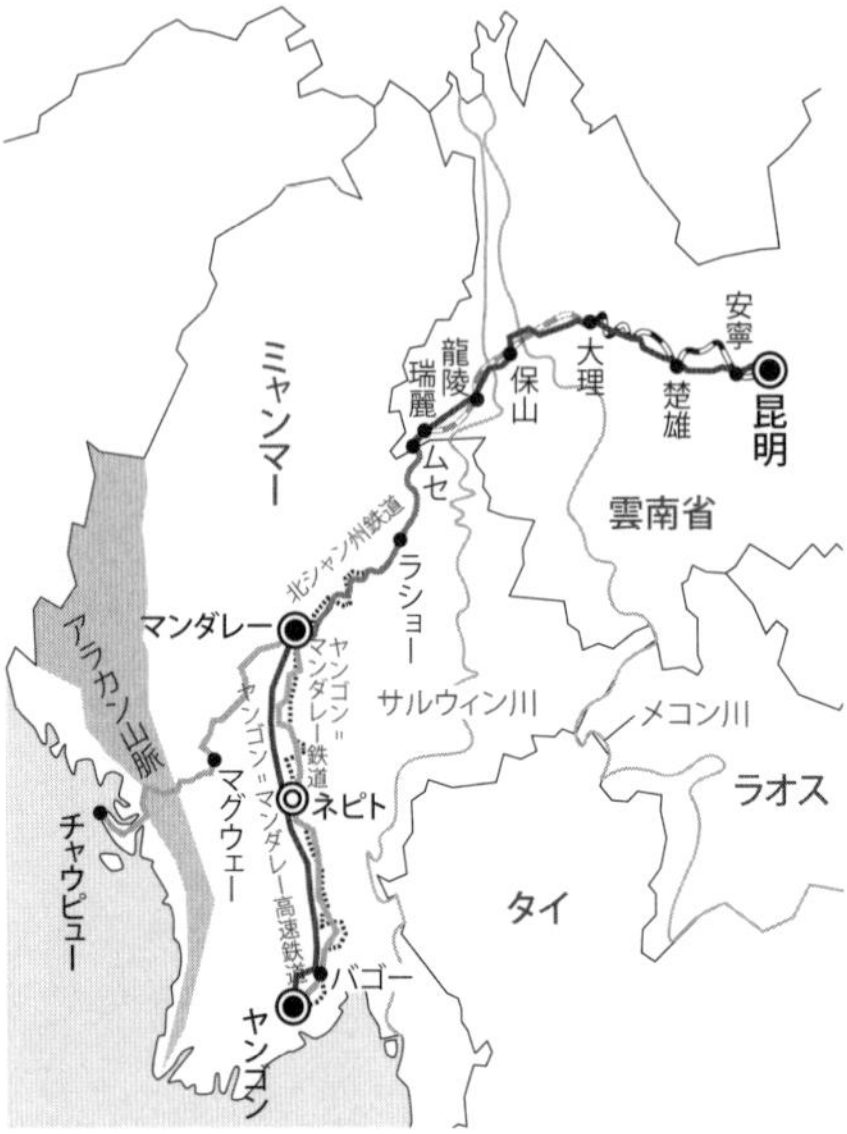

出所：石田正美氏（日本大学）作成。

れており、これが実現すればタイの自動車産業等への原料・素材の供給基地になり得ると期待される。しかし、その後も進捗は遅かった。今回のクーデターにより、さらに開発が滞ることが予想される。

第三に、インドが進めるカラダン川水陸複合輸送プロジェクトがある。これは北東インドのミゾラム州とラカイン州のシットウェーを陸路およびカラダン川を使った内航で連結し、さらにシットウェーに港を建設して、海路でインド東部の中心都市コルカタ（カルカッタ）につなぐという計画である。インドのコングロマリットであるエサール・グループが建設を進めた。北東インドは中国・雲南省と同様、陸封地形となっており、ミャンマー領内のカラダン川を通ってインド洋へ出られれば、インド大陸との新たな物流ルートを拓くことができる。

このように、ミャンマーはメコン地域や北東インドのインド洋へのゲートウェイを提供する重要な位置にある。ミャンマーがこの地域においてゲートウェイまたは結節点としての役割を果たす上で、重要な課題の1つはミャンマー国内の交通インフラの整備である。国内の交通インフラが整備されなければ、国際的な経済回廊はミャンマーの国境で止まってしまう。これまでミャンマー国内での経済回廊の建設が意欲的に進められてきたが、クーデターの影響により今後国内の交通インフラ整備は停滞するものと思われる。

また、ミャンマーの国境地帯には少数民族武装勢力の支配地域が展開されている。そのため、近隣諸国とミャンマー本土をつなぐためには国境地域の平和が必要である。しかし、クーデター後、国軍とKIAやカレン民族同盟（KNU）の軍事組織であるカレン民族解放軍（KNLA）など一部の少数民族武装勢力との戦闘が激しくなっている。国境地域の治安が悪化すれば、ミャンマーは結節点の役割を果たせなくなる。ミャンマーが再びメコン地域のミッシング・リンクとなってしまわないか、懸念される。

今回のクーデターによってはっきりしたことは、10年前にテインセイン大統領が始めた「上からの民主化」と、5年前にスーチー国家顧問とミンアウンフライン国軍最高司令官が試みた「パワーシェアリング」の実験が失敗に終わったということである。これはタンシュエ議長が長い年月をかけて書き上げた、２００８年憲法に基づく統治体制がうまくいかなかったことを意味する。ミンアウンフラインは今回の権力掌握はクーデターではなく、２００８年憲法に則った措置であると強弁している。しかし、何年後になるかわからないが、新たな選挙によって選ばれる大統領は、国軍出身者か、国軍の傀儡か、あるいはシンボリックなお飾りになるだろう。

国家のバックボーンはあくまで国軍であり、首脳（Akyi Ake）は文民の大統領であれ、国軍最高司令官であれ、国軍の意思と利害を代表する者でなければならない。ミンアウンフラインは２００８年憲法を順守するというが、それによる統治体制はもはや民主的に選ばれる大統領と国軍最高司令官の真のパワーシェアリングではなく、制度化された「国軍の間接支配」へと回帰するだろう。この体制にスーチーやＮＬＤの居場所はないように思われる。それでは、ＮＬＤ以外の民主化政党や少数民族政党はどうだろうか。現時点では予想は難しいが、これらの政党が国軍となんらかの協約を結ぶことができれば、民主化をゆっくりと進めていける可能性はあるかもしれない。少なくとも２００８年憲法下の国軍は、前の軍政とは異なり、平時においては日々の統治や行政までを担うつもりはないからである。

今回の国民の大規模で激しく持続的な抗議・抵抗運動は、ポスト軍政の10年間の経済成長と、インターネットとメディアの自由化、携帯電話の普及による情報アクセスの改善により、国民が力をつけたからこそ可能となったものである。しかし、クーデターの発生とその後の市民の弾圧によって、ミャンマー経済が持続的な成長を続けるための環境は失われてしまった。昨年来の新型コロナの感染の拡大と今回のクーデターによる経済麻痺で、ミャンマー経済は大きな打撃を受けた。ここ10年間は比較的高い成長率を記録したとはいえ、ミャンマーの所得水準は低く、いまだに多くの人々が貧困から抜け出せていない。国民が国軍に対抗する力を持つためにも、引き続き経済成長と教育・保健の改善が必要である。経済成長を促進するための国内外の環境を回復することが、喫緊の課題である。

ここで注意すべきは、新しい軍政あるいは再選挙で誕生する「民主政権」は、正統性の獲得のためにも経済成長を目指すであろう点である。そのために、インフラ整備、投資環境の整備、外国投資の誘致、資源開発・輸出などを行うだろう。治安と政治情勢が安定すれば、国内外からの一定の投資は戻ってくるかもしれない。ミャンマー国民が再び経済成長を目指し始めたとき、民主化勢力はＣＤＭなどによる経済・社会活動のボイコットを続けるのか、難しい選択を迫られることになるだろう。一方、軍政も国民の抵抗運動の抑え込みのための社会規制（インターネット規制等）と経済自由化のバランスに苦慮するだろう。

本章では、ミャンマーがメコン地域において「結節点」としての役割を果たし得る点についても指摘した。国内改革と国際経済環境の好転により、ポスト軍政のミャンマーは地域の結節点としての役割を果たしつつあった。しかし、それもクーデターによって後退を余儀なくされるだろう。

最後に、以上の議論を踏まえて、ミャンマーが本書のテーマであるＷＰＵに参加する意義について言及しておきたい。ＷＰＵとは中国の膨張と米中対立の深刻化、それに伴う地域秩序の変動と起こり得る危機の中で、西太平洋のミドル・パワーの国々が連帯して、平和と成長と自立を目指す構想である。５４００万人の人口と東南アジア大陸部で最大の国土面積を持つミャンマーは、これまで大国に翻弄されてきたミドル・パワーである。１９４８年の独立後ミャンマー国軍は長年にわたり、中国共産党に支援されたビルマ共産党と戦った。１９６２年にクーデターで政権を奪取したネーウィン将軍が鎖国と言われるような内向きの対外姿勢をとったのは、東南アジアでの米ソ冷戦に巻き込まれたくなかったからである。前の軍政時代にはアメリカの厳しい制裁を受ける中、中国への依存を高めざるを得なかった。テインセイン大統領の改革は、中国への過度の依存からの脱却を目指した動きでもあった。

ミャンマーは隣の大国、中国とインド、そしてタイ、バングラデシュとの関係のマネジメントにも腐心してきた。国境地域に多くの少数民族武装勢力を抱えるミャンマーは、これらの勢力への隣国からの干渉を避け、国の統一を守ることに苦心してきた。このような典型的なミドル・パワーのミャンマーにとって、いずれの大国にも過度に依存することなく、世界の各国とバランスのとれた外交と経済関係を維持し、自律的な国家運営を行うことは、民主政権であれ軍政であれ、歴代のミャンマー政権にとって最も重要な課題であったのである。このような現実に直面するミャンマーにとって、ＷＰＵへの参加は国家の統一と自立を保つための大きな力となるだろう。もちろん、メコン地域において重要な地理的位置にあるミャンマーがＷＰＵに参加することは、ＷＰＵにとっても有益である。

しかし、クーデター後のミャンマー情勢を見れば、今すぐに普遍的価値を共有するＷＰＵへの参加が実現できるとは思われない。将来、ミャンマーが現在の危機を克服し、政治的に安定し、治安がよく、民主的で、経済的に繁栄し、近隣諸国との友好な外交関係を持つ、そんな国になれれば、ＷＰＵへの参加資格を持つことは疑いない。今はそのようなミャンマーの姿を思い描くのは難しいかもしれない。しかし、10年前に国軍出身のテインセイン大統領が誰も思いもかけなかった改革を始めたように、この国ではリーダーの決断次第で大きな変化が起こり得る。また、テインセインが「民主化」へ向けた改革を始めたとき、日本は全力でその改革を後押しした。日本の支援はミャンマーが23年間の軍政の強権的な統治と経済停滞から、民主主義と経済成長へとスムーズに移行することに、間違いなく貢献した。日本の全面的な支援がなければ、テインセイン政権のあれだけの成功はなかっただろう。

いまだ歴史の先行きは見通せない。しかし、残念ながらミャンマーが再び民主主義と成長を取り戻すには、相当な時間がかかると見るべきだろう。そして、そのときには傷ついた人々、社会、経済が残っているだろう。ミャンマーが再び国際社会への復帰と経済・社会の復興を目指して新たな一歩を踏み出すとき、日本はもう一度その努力を支援すべきある。その先にＷＰＵへの参加が見えてくる。

注

（1）ミャンマー国軍は今回の権力掌握は暴力による不法な権力奪取、すなわちクーデターではなく、２００８年憲法に則った措置であると主張している。しかし、国防治安評議会を招集し、非常事態を宣言する大統領自身が国軍によって拘束されており、一般には２００８年憲法に基づく措置とは考えられていない。

（２）Assistance Association for Political Prisoners（ＡＡＰＰ）のウェブサイト（https://aappb.org/）に依拠する数字（２０２１年5月26日アクセス）。

（３）本節は、工藤年博「(２０２０年ミャンマー総選挙) クーデターの背景：誤算の連鎖」ＩＤＥスクエア世界を見る眼、２０２１年2月15日、(https://www.ide.go.jp/Japanese/IDEsquare/Eyes/2021/ISQ202120_008.html) を大幅に加筆・修正したものである。

（４）ミャンマーの２０２０年総選挙の結果の詳細な分析は、伊野憲治「２０２０年ミャンマー総選挙結果：連邦レベルを中心として」『基盤教育センター紀要』第35・36号併合、北九州市立大学、２０２１年3月を参照。

（５）工藤年博「ミャンマー新政権のゆくえ」工藤年博編『ミャンマー政治の実像：軍政23年の功罪と新政権のゆくえ』アジ研選書第29号、２０１２年、３３４頁。

（６）国防治安評議会は、大統領、副大統領の2人、外務大臣、国防大臣、内務大臣、国境大臣、国軍最高司令官、国軍副司令官、上下院議長の2人の11人で構成される。このうち、副大統領の1人、国防・内務・国境の3人の大臣、国軍最高司令官・副司令官の２人の合計６人は国軍最高司令官が直接・間接に任命した人物である。

（７）本節は、工藤年博「民政移管後のミャンマー経済：踊り場からの脱却へ向けて」工藤年博・大木博巳・国際貿易投資研究所編著『アウンサンスーチー政権下のミャンマー経済：最後のフロンティアの成長戦略』文眞堂、２０２０年、１９４-２０９頁を大幅に加筆・修正したものである。

（８）シンガポール系石油取引大手ピューマ・エナジーと国営ミャンマー石油製品公社（ＭＰＰＥ）の合弁企業。

（９）本節の議論の詳細は、工藤年博「新生ミャンマーとメコン経済圏：ミッシング・リンクから結節点へ」西口清勝・西澤信善編著『メコン地域開発とＡＳＥＡＮ共同体：域内格差の是正を目指して』晃洋書房、２０１４年、１４１-１６０頁を参照。

第6章 マレーシアの外交・安全保障政策

鈴木絢女

マレーシアの「国力」を一言で表すならば、「ふつう」となろう。マレーシアの2019年の人口は約3200万人で216カ国中44位（世界平均は約3450万人）、実質GDPおよび1人あたりGDPは、それぞれ約4兆ドル、1万2487ドル（同約4・5兆ドル、1万1057ドル）で、185カ国中32位、59位である。同じ年の軍事支出は38・3億ドルで149カ国中44位と、人口規模相応である[1]。

しかし、国際社会におけるマレーシアの存在感には、ふつう規模のハードパワーから推測される以上のものがある。これには、いくつかの理由がある。

まず、マレーシアの地政学的意義である。マレーシアの国土は、マレー半島とボルネオ島北部とからなる。マレー半島とインドネシアのスマトラ島との間には、インド洋と南シナ海とを結ぶマラッカ海峡がある。マラッカ海峡は南北約800キロあるが、南側の幅は65キロと狭い。東アジア諸国向けの原油の8割超がマラッカ海峡を通過するが、南端にはアメリカと強固な安全保障協力を築くシンガポールがあることから、中国はこの要衝の封鎖を現実的なシナリオと捉え、一帯一路の「21世紀海洋シルクロード」による輸送路の多様化を図っている。このいわゆる「マラッカ・ジレンマ」に加え、マレー半島が中国の朝貢・冊封システムの下にあったとする歴史的なナラティブも手伝い[2]、マレーシアは中国の地域覇権確立に向けた要所となっている。

もっとも、マレーシアの国際政治における意義は、中国の戦略地図の中の客体としての位置づけにはとどまらない。一般的に小国とされるこの国は、１９７０年代以降貫いてきた外交方針を関数として、国力以上の影響力を得てきた。まず、マレーシアは、非同盟運動（ＮＡＭ）、イスラーム諸国会議機構（ＯＩＣ）、東南アジア諸国連合（ＡＳＥＡＮ）などの途上国、中小国のまとまりや、南々協力を通じたアフリカ、中東、ラテン・アメリカの途上国との二国間関係を重視し、国際社会における非大国・非先進国の声を代弁するスポークスパーソンとしての役割を得ている。たとえば、マハティール・モハマド前首相（１９８１－２００３年、２０１８－20年）は、西欧のリベラル・デモクラシーとは異なる「アジア的価値」や「進歩的イスラーム」、さらには経済開発モデルを日本などの北東アジアに求める「東方政策」の主唱者として、日本でも世界でも認知されている。

国際社会の周辺から中小国やイスラーム諸国の代表として声を上げる一方で、マレーシアは、アメリカや中国、日本などの大国・主要国と、外交、経済、安全保障分野における良好な関係を不断に築いてきた。マレーシアの大国関係には、投資やサプライチェーンを呼び込み経済成長の糧とするとともに、軍事力の小さい自国の安全保障を肩代わりしてもらい、さらには、特定の国の影響力が突出しないように大国同士を牽制させあうといういくつかの狙いがある。一見すると、八方美人のように見えるマレーシア外交の背景には、小国ならではの計算と振る舞いがある。このような外交を通じて、マレーシアは「ミドル・パワーの地位を獲得」し、「格上と取り組んできた[3]」。

本章では、過去10年間の外交、経済、安全保障分野のマレーシアの振る舞いを確認した上で（第1節）、マレーシアの大国および中小国グループとの外交の軌跡を整理する（第2節）。さらに、第3節では、こうした外交的振る舞いがどのようなロジックに基づいて展開しているのかを明らかにする。具体的には、マレーシア外交のドグマ、国内の外交政策決定過程、そして、外交政策を方向づける歴史的なナラティブを描く。最終節では、マレーシア外交の軌跡を参照しながら、西太平洋連合（以下ＷＰＵ）の可能性を探る。

1 データで見るマレーシアの対外関係

まず過去10年間の外交、貿易、投資、武器装備調達のデータを眺めることで、マレーシアの大国との関係のパターンをつかむ。

図表6-1　米中日とマレーシアの首脳会談、2010-2019年

	2010	2011	2012	2013	2014	2015	2016	2017	2018	2019
アメリカ	●				●	●	●	●		
中国		●	●	●	●	●	●	●	●	●
日本	●		●	❷	●	●	●	●	❷	●

注：●は首脳会談が行われた年、❷は首脳会談が2回開催された年を示す。
出所：Ministry of Foreign Affairs Malaysia "Press Release"；外務省ウェブサイト「マレーシア」。

●外交

マレーシアは、米中日と満遍なく外交・経済・安全保障関係を築いてきた。とりわけ、２００９年頃から中国による南シナ海における軍事行動が活発化したことを背景に、２０１０年以降にはアメリカとの安全保障協力を明示的に推進しつつも、中国との関係強化にも取り組むという姿勢が可視化された。

過去10年にわたり、マレーシアと中国および日本は、ほぼ毎年首脳会談を行っている。アメリカとの首脳会談の頻度はその半分程度であるものの、２０１４年のバラク・オバマ大統領のマレーシア訪問が48年ぶりであったこと、さかのぼって２０１０年のヒラリー・クリントン国務長官の訪問が15年ぶりだったことを加味すれば、マレーシアとアメリカの外交関係は２０１０年代にいちじるしく進展したと評価するべきだろう（図表６－１）。

貿易および投資データからも、マレーシアの多様な対外関係を見て取ることができる。マレーシアの財・サービス輸出の対ＧＤＰ比は１９９９年の１２１・３％をピークに低下を続け、２０１９年には65・２％となった。しかし、世界平均（30・５％）をはるかに超えており、貿易依存度は依然として高い。[4] セクター別に見ると、輸出入ともに、集積回路やその部品、データ処理装置を含む電子・電気機器が最大（輸入47・７％、輸出34・15％）で、次点が鉱物性燃料および鉱物油、蒸留物（同15・１％、17・１％）である。[5] なお、輸入の11％を資本財、53％を部品や素材などの中間材が占めていることから、マレーシア国内の生産が輸入に依存していることや、国際的なサプライチェーンに組み込まれていることがわかる。[6]

国別の輸出入データを見ると、特定の地域・国が突出して大きな貿易相手になっているわけではないという特徴が浮かび上がる。２０２０年にはＡＳＥＡＮが最大の貿易相手で、輸出の17・８％、輸入の23・１％を占めた。第2位は中国および香港でそれぞれ14・８％、24・６％、以下アメリカ（７・１％、９・２％）、ＥＵ（６・１％、８・７％）、日本（４・０％、８・１％）と続く。ただし、中国および香港からの輸入の割合が２０１０年の16％から２０２０年の24・６％へと顕著に増加したこと、その一方で、ＡＳＥＡＮからの輸入が28・９％から23・１％、日本が13・４％から８・１％へと割合を落としたことは、注意すべきだろう（図表６－２～図表６－５）。

輸入を品目別に見ると、さらに重要な変化が見えてくる。輸入全体の24・４％を占める電気機械器具では、２０１０年にシンガポール（20・９％）、中国および香港（18・６％）、アメリカ（15・２％）、日本（11・１％）が主な輸入先だったが、２０１９年には中国および香港（30・６％）、シンガポール（18・５％）、台湾（12・７％）、アメリカ（９・４％）と変化した（図表６－６、図表６－７）。輸入における日本やＡＳＥＡＮのシェア縮小と中国の拡大は、自動車および自動車部品でも見られ、とりわけ

図表6-2　マレーシアの国・地域別輸出総額、2010-20年

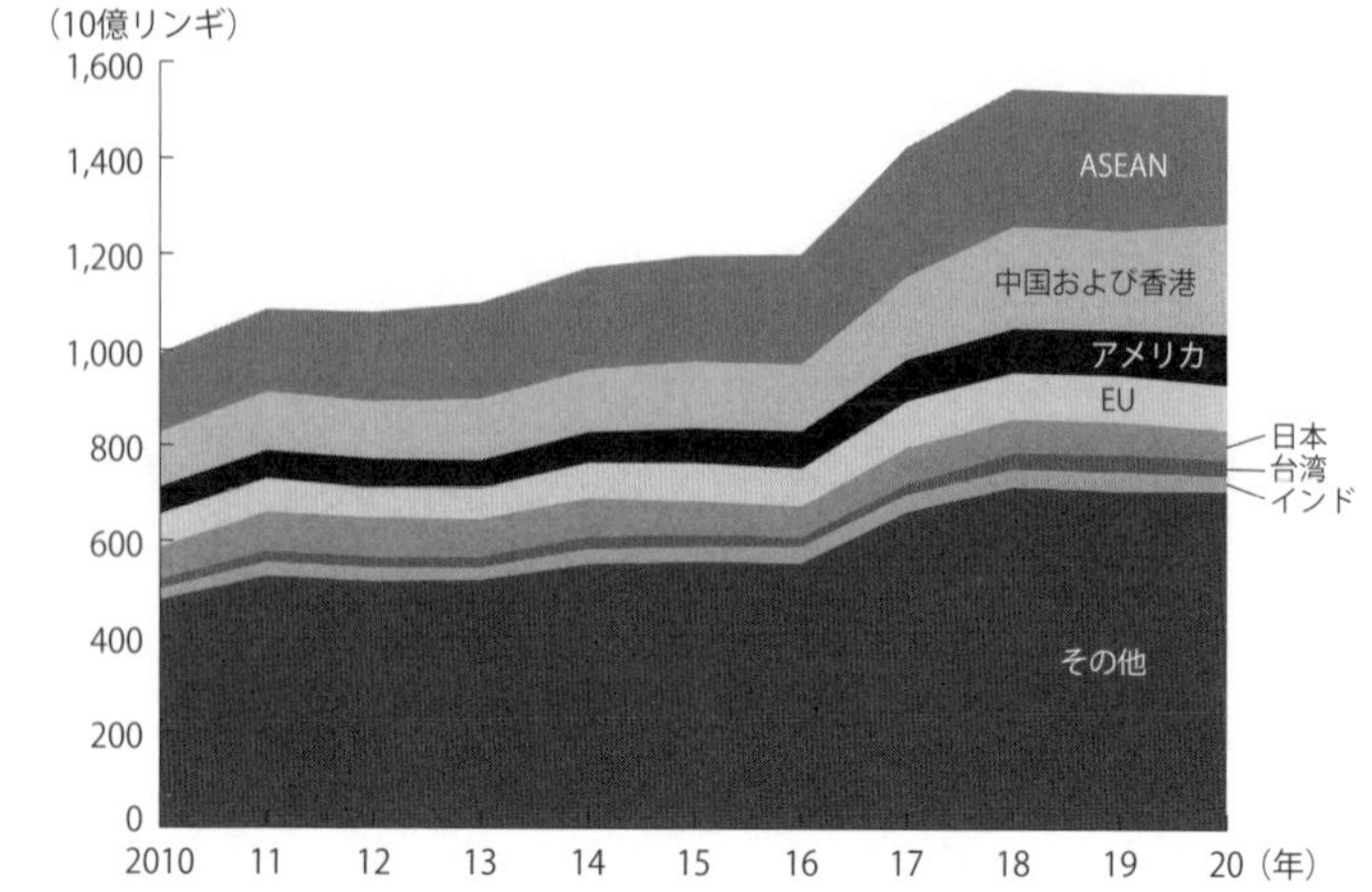

出所：Bank Negara Malaysia, Monthly Highlights and Statistics February 2021, "Direction of External Trade (New format)."

図表6-3　マレーシアの国・地域別輸出シェア、2010-20年

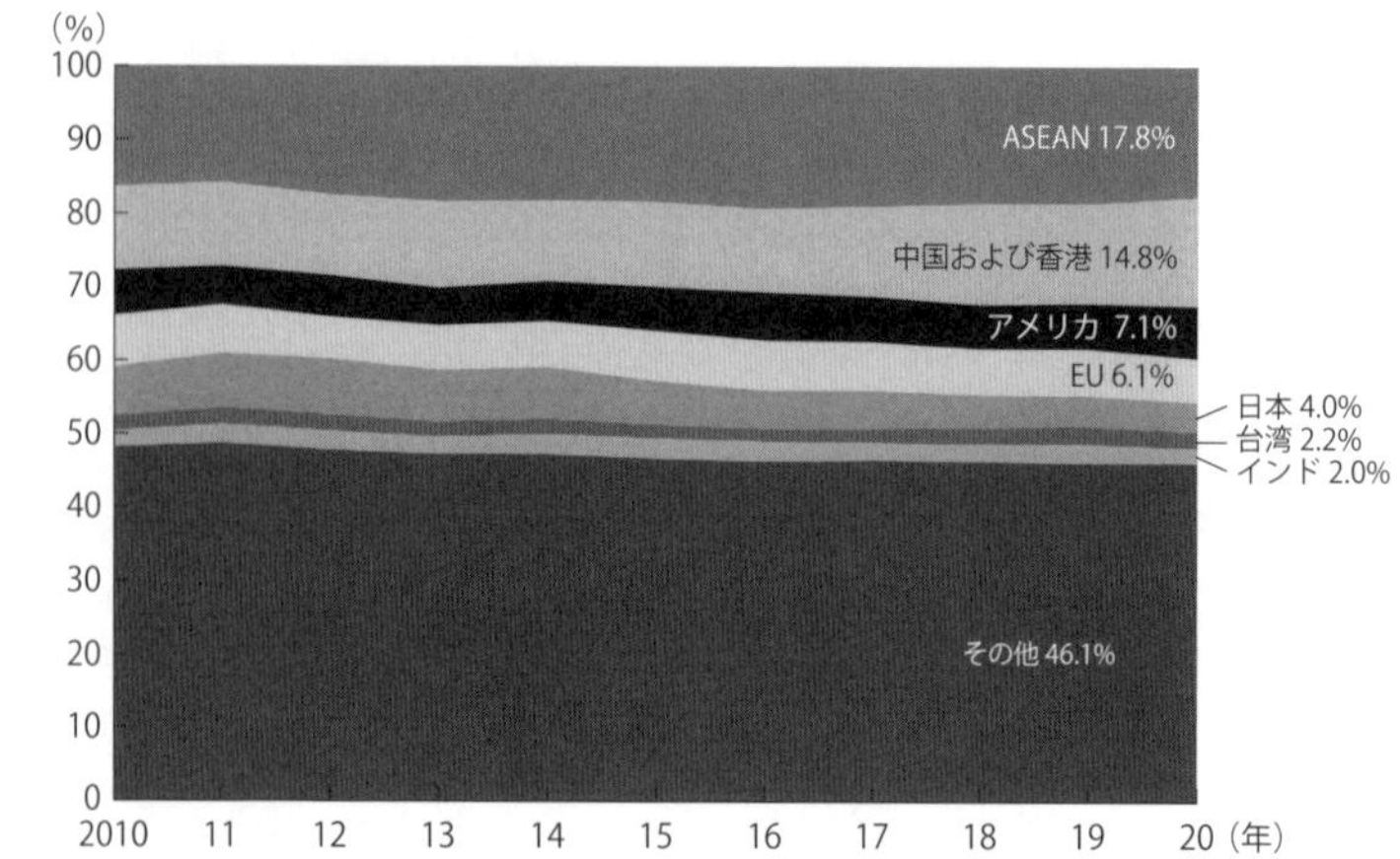

注：図中の数値は2020年。
出所：図表6-2に同じ。

図表6-4　マレーシアの国・地域別輸入総額、2010-20年

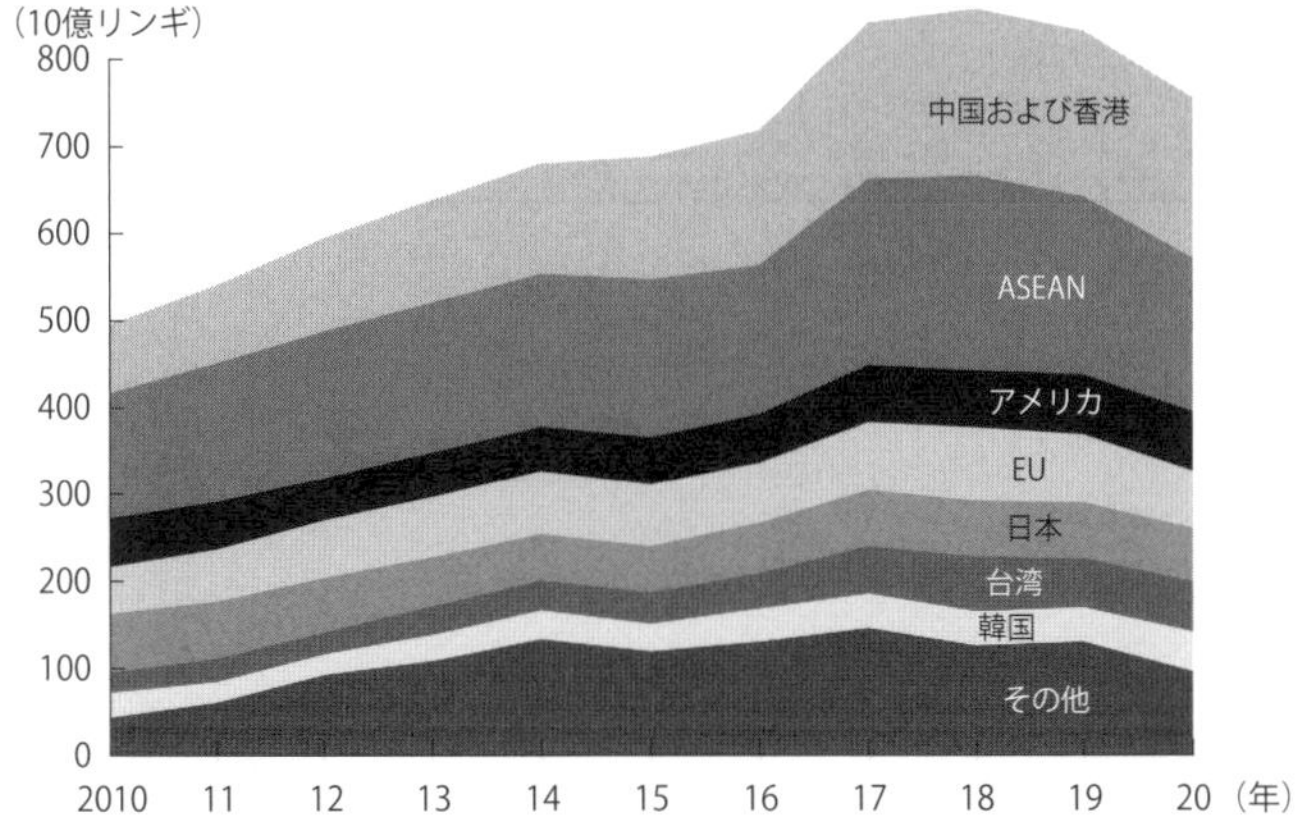

出所：図表6-2に同じ。

図表6-5　マレーシアの国・地域別輸入シェア、2010-20年

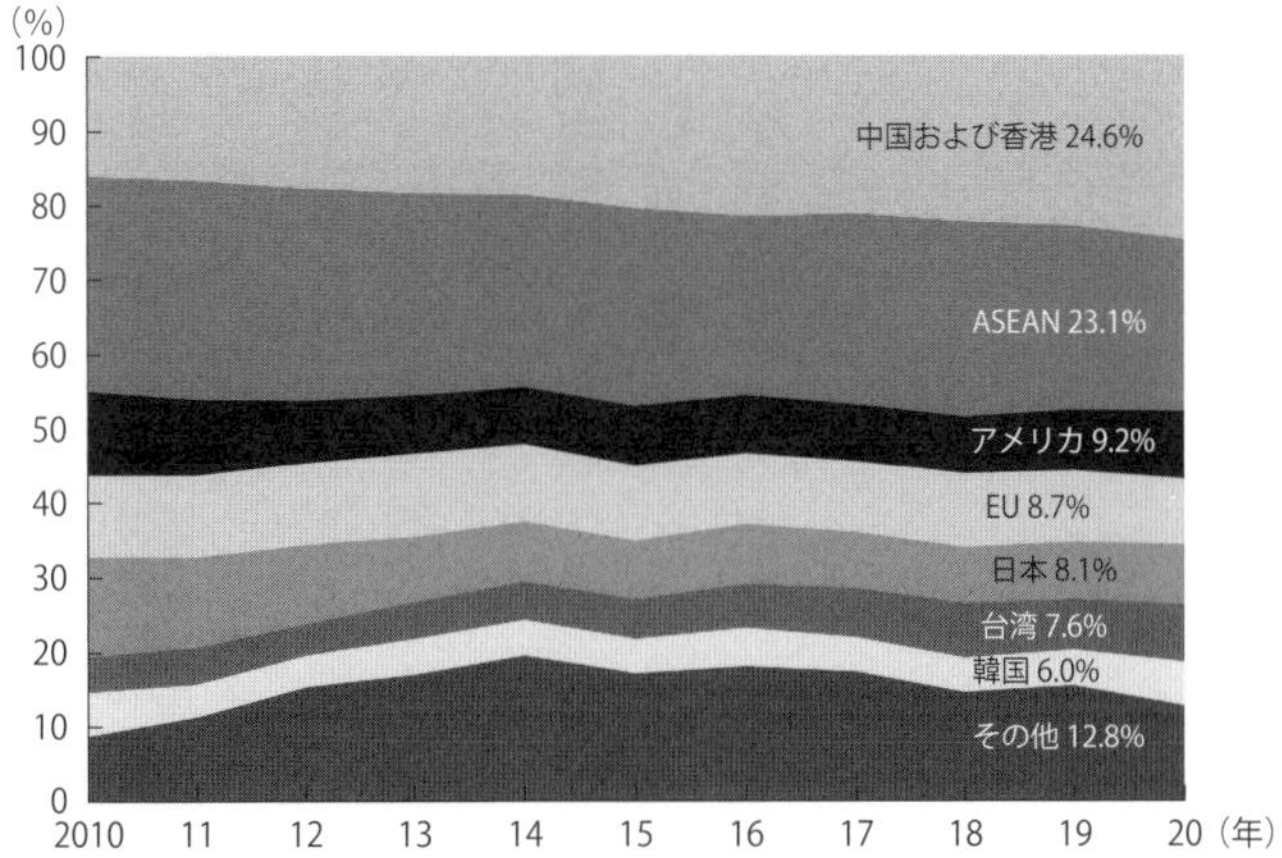

注：図中の数値は2020年。
出所：図表6-2に同じ。

図表6-6　マレーシアの電気機械器具の輸入先シェア（地域別）、2010年

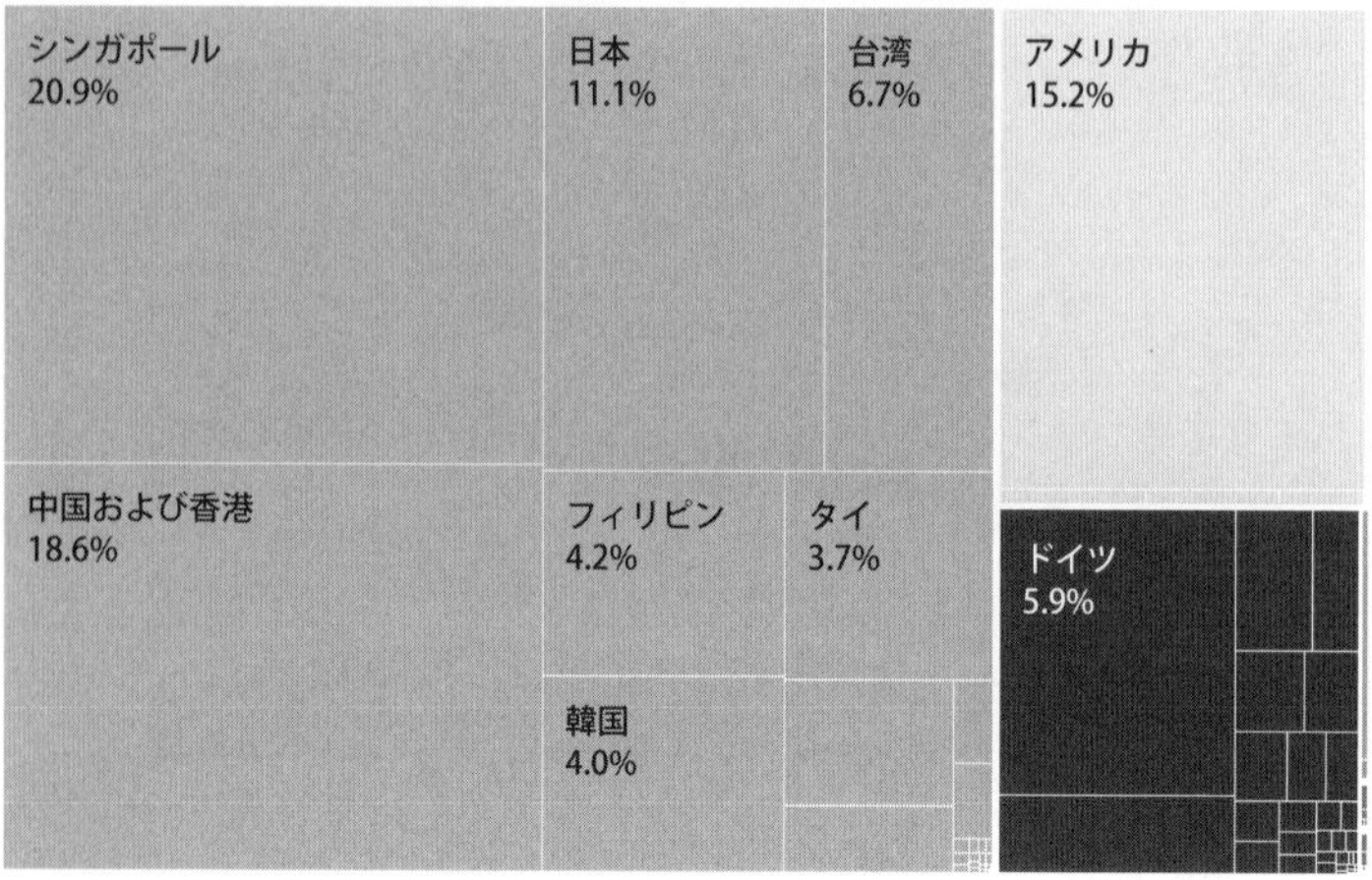

出所：The Observatory of Economic Complexity.

図表6-7　マレーシアの電気機械器具の輸入先シェア（地域別）、2019年

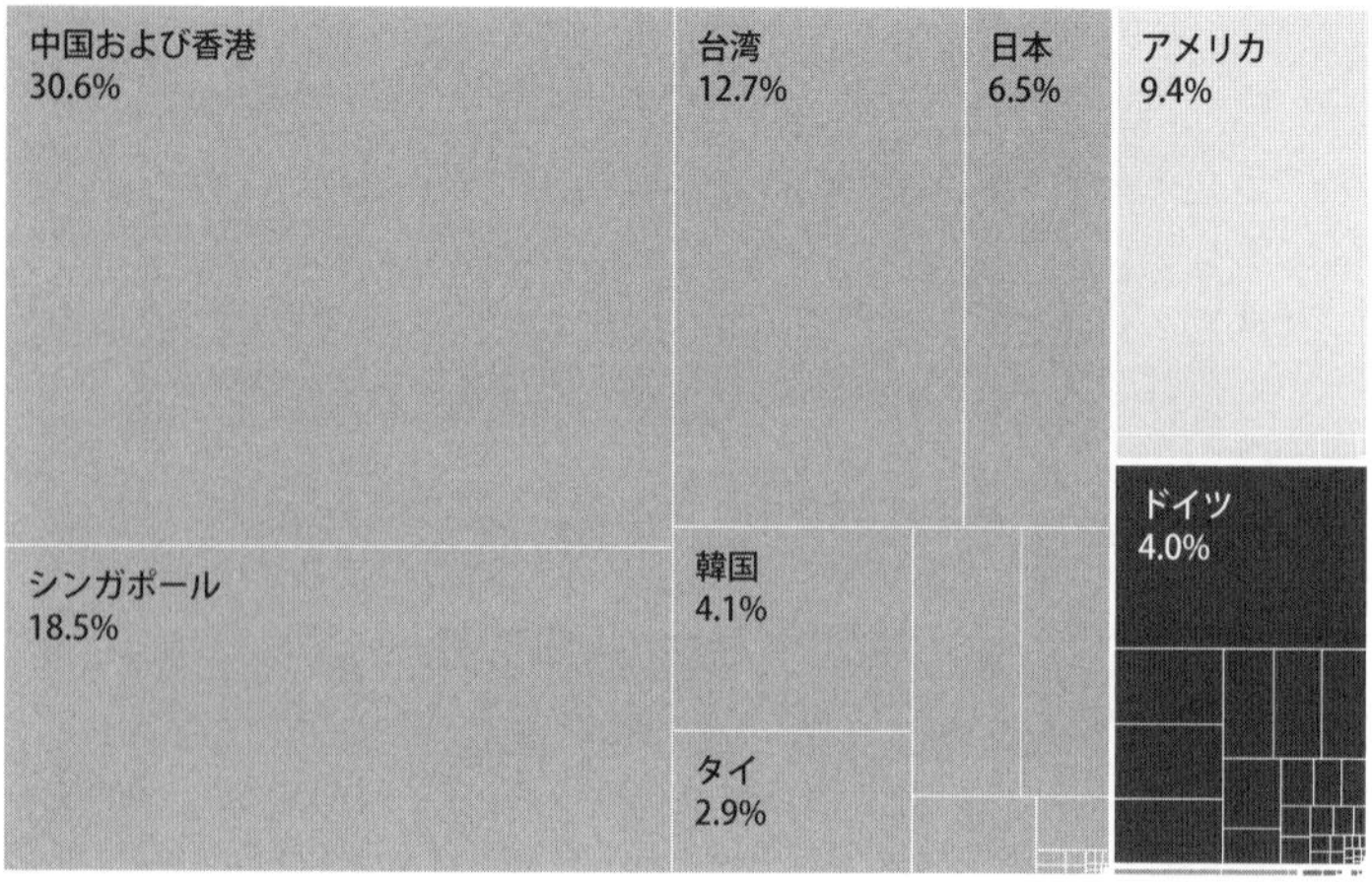

出所：図表6-6に同じ。

日本の縮小幅が大きい[7]。貿易統計は、投資・生産ネットワークの国際化の実態も考慮して解釈する必要があるが、中国を原産国とする中間材がマレーシアの製造業、なかでも、1980年代以降のマレーシアのお家芸である電子・電気機器セクターをより支えるようになったことは明らかである。

投資では、中国および香港のマレーシアへの対内直接投資におけるシェアが「一帯一路」を背景に2016年から急拡大し、2010年から2020年の期間の平均シェアは18・6％と最大になった。ただし、日本（17・4％）やシンガポール（14・6％）の存在感も十分に大きく、貿易と同様にどこか1つの国・地域のシェアが突出して大きいわけではない（図表6－8）。

最後に、防衛装備調達のデータも確認しておこう。2017年、マレーシアが初めて中国に4隻の沿岸警備艦を発注したことが注目されたが、全体として見れば、マレーシアの防衛装備調達は主にヨーロッパやトルコに依存している。ドイツおよびスペイン、フランスからはフリゲート艦、ヘリコプター、輸送機を、トルコからは装甲戦闘車両を主に調達している。アメリカからの調達は戦闘ヘリコプター、有人・無人航空機から航空レーダーや軍用電子光学・赤外線システムまで調達品目が多種にわたるという特徴がある（図表6－9）。

もっとも、こうした防衛装備調達先の多様性を、マレーシア政府の戦略によるものと結論づけることには慎重であるべきだろう。マレーシアの防衛装備調達については、明確な防衛政策に基づく調達戦略の欠如、受注過程における政治家や国内企業の私的な利益に基づく介入、透明性やアカウンタビリティの欠如などの問題点が指摘されている[8]。こうした対外政策における国内政治要因の重要性は、

（百万リンギ）

アメリカ	オーストラリア	ドイツ	その他	合計
7,823	1,185	−496	9,931	29,183
3,342	1,018	3,077	10,121	37,325
−1,366	1,460	1,720	13,546	28,537
580	917	−24	18,424	38,175
−1,738	1,011	1,093	19,095	35,600
5,402	1,618	−1,078	12,479	39,377
4,937	1,568	620	26,932	47,025
−4,885	2,514	3,708	26,988	40,419
7,080	1,186	2,087	14,230	30,741
2,715	993	300	10,144	31,692
1,015	856	−711	5,753	13,896

Investment in Malaysia by Blocks of Countries.”

マレーシアの対外関係を理解する上で不可欠である。

2 マレーシア外交の中の大国・中小国

ここでは、大国・主要国としてアメリカ、中国、日本の3カ国、中小国のまとまりとして非同盟運動（NAM）、イスラーム諸国機構（OIC）、東南アジア諸国連合（ASEAN）に焦点を絞り、マレーシアの外交史を概観する。

●アメリカ

フィリピンやタイとは異なり、マレーシアはアメリカの同盟国であったことはない。にもかかわらず、マレーシアの安

図表6-8　マレーシア、国別対内直接投資総額、2010-20年

年	香港・中国	日本	シンガポール	オランダ
2010	−814	2,923	1,681	6,136
2011	−410	9,868	6,347	3,552
2012	1,242	5,872	5,350	1,955
2013	4,792	8,017	5,519	4,742
2014	4,413	2,220	7,087	6,832
2015	3,114	9,494	8,340	3,121
2016	20,738	3,627	7,154	2,186
2017	15,768	5,059	6,346	689
2018	7,751	4,959	−816	2,014
2019	9,084	10,437	3,213	3,891
2020	3,690	2,202	4,179	601

注：マイナスは、投資引き揚げや債務返済等による資本流出の場合。
出所：Bank Negara Malaysia, Monthly Highlights and Statistics February 2021, "Foreign Direct

全保障政策にとって、アメリカは不可欠の要素であり続けた。

マレーシアの前身のマラヤ連邦は１９５７年に独立したが、国内では１９４８年以降のマラヤ共産党による蜂起、国外ではインドシナの共産主義勢力の拡大に直面していた。国の規模の小ささや、限られた国内資源を経済開発に向ける必要から、大国との安全保障協力は不可欠であり、マラヤは１９４９年にイギリス、オーストラリア、ニュージーランドと防衛協力（ＡＮＺＡＭ）を結び、英連邦戦略予備軍がマラヤ共産党の掃討にあたった。また、独立時には、英マラヤ防衛協定（ＡＭＤＡ）も締結された[9]。

他方で、軍事同盟によって自国の独立が損なわれることを懸念する与野党議員

図表6-9　マレーシアの防衛装備調達先（実績ベース）、2010-19年

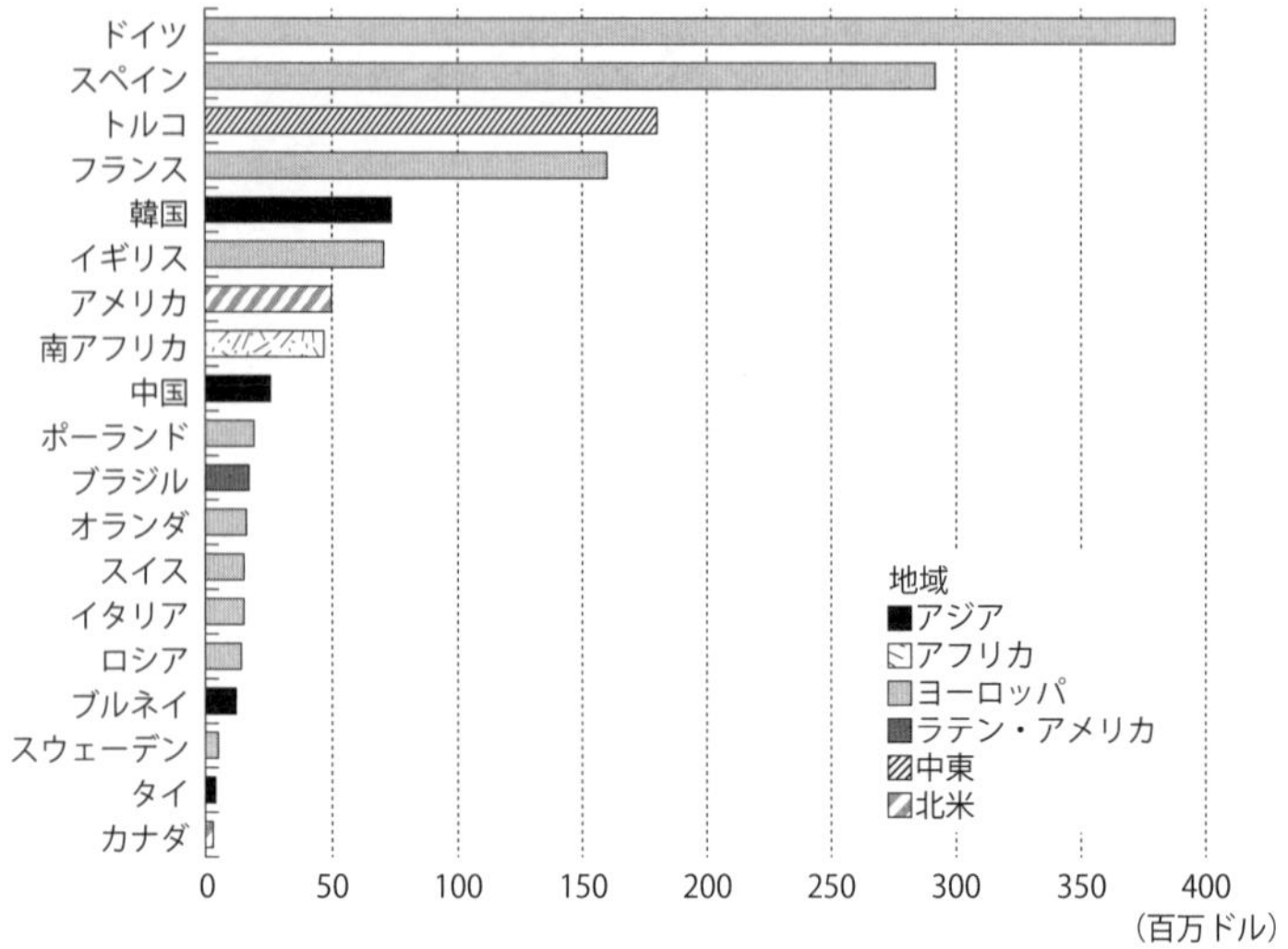

出所：Stockholm International Peace Research Institute, Arms Transfers Database.

の反発のため、マラヤはアメリカを軸とする東南アジア条約機構（ＳＥＡＴＯ）には参加しなかった。とはいえ、ＡＮＺＡＭ、ＡＭＤＡは反共を軸とし、また、マラヤ以外の構成国はＳＥＡＴＯの成員である。マラヤは、アメリカのベトナム戦争を支持し、社会主義国家の不承認をつらぬくなど、安全保障分野でアメリカをはじめとする西側諸国と平仄を合わせることになった[10]。

イギリスのスエズ以東撤退とインドネシアとの「対決」を契機に、マレーシアの外交政策は非同盟・中立へと舵を切るが（後述）、アメリカとの関係は１９８０年代から90年代にかけて、静かに、しかし着実に進展していった。１９８４年には軍人交流のためのフォーラムとして二国間訓練・諮問グループ（Bilateral Training and Consultative

Group）が設置され、共同演習、情報共有、兵站、交流プログラム等の分野での協力が進んだ。さらに、１９９１年の米軍フィリピン撤退以降、マレーシアは、中国の海軍力増強をにらみながら米軍の後方支援を提供してきた。米軍の哨戒機がマレーシアの基地から飛行し、米艦船はクラン港やコタ・キナバル港を頻繁に訪問している。湾岸戦争（１９９１年）、イラク戦争（２００３年）、アフガニスタン戦争（２００３年）に際しても、マレーシアはアメリカに対して外交的支持や後方支援を提供した。これは、マレーシアが、中国の野心に対するヘッジとしてアメリカを重視したからにほかならず、２カ国の安全保障協力は「知られざる物語」として着実に進んでいった。[11]

２０１０年代に入ると、大胆さを増す中国の海洋行動に対し、マレーシアはオバマ政権によるリバランシングを明示的に歓迎し、接近を模索する。これはアメリカにとっても渡りに船であり、２０１４年のオバマによるマレーシア訪問時には、南シナ海問題をおもな関心事として、二国間関係が「包括的なパートナーシップ」へと格上げされた。安全保障協力はさらに具体的に進展し、タイ、アメリカ、シンガポールなどからなる多国間共同訓練コブラ・ゴールドへの部分参加（２０１０年、翌年に完全参加）、離島奪還を仮想目標とするアメリカ・フィリピン合同軍事演習バリカタンへの部分参加（２０１２年）、マレーシア、ブルネイ、インドネシア、フィリピン、シンガポール、タイ、アメリカを参加国とする南シナ海における協力海上即応訓練（Cooperation Afloat Readiness and Training）への参加（２０１３年以降）が進み、現在では年間に14–16の二国間・多国間軍事演習が行われている。[12]中国による南シナ海における人工島建設および軍事化が報じられた２０１５年10月には、航行の自由作戦を終えたアメリカの駆逐艦ラッセンがコタ・キナバルに寄港し、また、同年12月に行われたＡＳＥＡＮ拡大防衛大臣会合の後には、ヒシャムディン・フセイン防衛大臣がアシュトン・カーター米国防長官とともに南シナ海に展開中の空母セオドア・ルーズベルトを訪問するというパフォーマンスも披露した。

着実な安全保障協力の一方で、アメリカとマレーシアの間には、価値や規範をめぐる対立という問題が常に横たわっている。１９９０年代には、労働者の権利や、アジア通貨・経済危機を契機とするマレーシア国内の政争への干渉をめぐり、マハティール首相がアメリカを激しく非難する場面があった。近年では、２０１６年にナジブ・ラザク首相が事実上のトップをつとめる国営投資会社１ＭＤＢ社の資金洗浄問題（後述）に関し、アメリカ司法省が同社の資産を凍結したのを契機に、二国間関係に再び距離が生じた。同年11月に行われた習近平国家主席とナジブの首脳会談では、南シナ海問題に「非当事国」が関与することは非生産的であるとする共同声明が公表されるとともに、ナジブ名義の現地紙の社説として、国際法や安全保障システムが「第二次世界大戦の戦勝国」以外の国々の意見を反映すべきこと、各国の多様な歴史、価値、統治システムが尊重されるべきこと、大国が小国を公正に扱うべきことなどの点でマレーシアと中国が共通の立場にあることが表明された[13]。

翌年には、トランプ政権が「国家安全保障戦略」を公表し、強制や恫喝によってインド太平洋地域の秩序を再編しようとする「修正主義者」の中国に対し、マレーシアを含む東南アジア諸国とのパートナーシップ強化を謳ったが、マレーシア側の反応は冷めたものだった。こうした状況は、２０１８

年5月にマレーシアで政権交代が起きた後も大きくは変わらなかった。トランプ政権による対中貿易戦争やアメリカ大使館のエルサレム移転に対する警戒感や反発が背景にあるが、マレーシアの防衛政策当事者からは、そもそもアメリカはマレーシアの事情を理解していないという不満も漏れ聞こえてくる。

●中国

１９７４年に、マレーシアが他のＡＳＥＡＮ諸国に先んじて中華人民共和国と外交関係を樹立したことは、マレーシア自身が描く外交史において極めて重視されている。この背景には、冷戦期の外交政策の転換がある。

１９６３年、マラヤはシンガポールと北ボルネオのサバおよびサラワクとともにマレーシアを形成したが（シンガポールは１９６５年に離脱）、この新しい国家はインドネシアとフィリピンからの反発を招いた。とりわけ植民地行政区を引き継いだマレーシアの樹立をイギリスによる「新植民地主義」と断じたインドネシアとの間では、武力衝突が起きた。ＡＭＤＡに頼りながら国土防衛を図ったマレーシアに対して、ＮＡＭや国連ではインドネシアを支持する国が増え、マレーシアは１９６４年にカイロで開かれたＮＡＭへの参加を拒否された。他方で、イギリス軍のスエズ以東撤退決定により、１９７０年にマレーシアからイギリス軍が撤退することが、すでに決定していた。

脱植民地化を果たした国々からは西側の一員として排除され、西側からの支援も先細っていく。こうした状況で、マレーシアは「中立主義」へと舵を切り[14]、１９６０年代から70年代前半にかけてソ連とその他の社会主義国を次々と承認していった。中華人民共和国については、中国共産党がマラヤ共産党を支援しないという言質を得たのちに国交を正常化し、台湾との外交関係を断絶した。その後は、二国間貿易合意（１９８８年）や二国間協力枠組み（１９９９年）を軸に、中マ関係は貿易、投資、金融など経済分野を中心にしつつ、文化や軍事の分野でも少しずつ展開していった。

ただし、安全保障分野では、警戒心もあった。たとえば、マハティールは、中国を脅威とはみなさないという方針を堅持しつつも、「中国のパワーが拡大すれば、拡張主義への誘惑にかられるリーダーも出てくるかもしれない」と、警戒心を隠さなかった[15]。

実際、２０００年代末にはこのような懸念が現実のものとなる。２００９年、マレーシアはベトナムとともに国連大陸棚限界委員会に大陸棚延伸を共同申請したが、これに対して中国は自国の「主権、主権的権利および管轄権が及ぶ」範囲として「九段線」の描かれた地図を国連に提出した。同じ年には、南シナ海における米海軍艦艇の航行に対する中国艦船による妨害（インペカブル号事件）や、中国海上警察によるベトナム漁船の拿捕が続き、翌年には中国人民解放軍がマラッカ海峡を通過する軍事演習を行った。これ以降も、中国船籍によるマレーシアの排他的経済水域への侵入、マレーシアが領有を主張するジェームズ礁、ルコニア礁近くでの中国艦船の停泊や演習などが続いている。

この事態へのマレーシアの対応は、多岐にわたる。まず、前項で見たように、アメリカとの安全保障協力の強化により、中国の軍事行動を牽制しようとした。他方で、紛争当事国の中でも「最も静かで控えめ」で[16]、「注意深い外交」を展開することで[17]、主権・管轄権をめぐる紛争が中国との外交問題、ひいては戦略的な対峙へと発展するのを防ぎながら、中国からの貿易や投資の確保を目指した。これと同時に、マレーシアは、中マ安全保障防衛戦略協議の設置（２０１２年）、二国間関係の包括的戦略パートナーシップへの格上げ（２０１３年）、卓上合同軍事演習（２０１４年以降）、マラッカ海峡における人道支援および災害救助を目的とする共同軍事演習（２０１５年以降）、中国海軍潜水艦のコタ・キナバル入港（２０１７年）など、中国との安全保障分野での協力、信頼醸成を進め、領域をめぐる紛争が対決に発展しないように、また発展したとしてもブレーキがかかるようインフラを構築している。最後に、ＡＳＥＡＮやＡＳＥＡＮ地域フォーラム（ＡＲＦ）の場で、南シナ海問題が議題に含まれるよう他国に働きかけ、南シナ海における小国の主張が国際社会の関心事となるよう仕向けた。

あらゆる外交資源を用いたこれらの対応は奏功していると言える。マレーシアと中国との間には、小規模なものも含め暴力を伴う対立は起きず、また、マレーシアは中国から大きな経済資源を受け取っている。マレーシア国内で30を超えるＢＲＩプロジェクトが合意・実施され、これにともない中国からマレーシアへの投資は急増した[18]。

近年の中国との経済関係強化の背景には、国内政治要因が絡んでいることも理解しておく必要がある。２０１０年にナジブ首相が設立した１ＭＤＢ社は、表向きには戦略的セクターの成長促進を目的とした国営投資会社だったが、実際には同社資金の一部が与党国民戦線（ＢＮ）の選挙資金、さらにはナジブの家族、取り巻きビジネスパーソンの私的な資金として流用されていた。２０１４年頃から

１ＭＤＢの不正資金流用と巨額債務疑惑が報道され、ナジブに対する与野党からの批判が募る中で、２０１５年11月にマレーシアを訪問した李克強首相は、マレーシア国債の買い増しと1ＭＤＢの発電部門と都市開発部門の買収を約束した。さらに、２０１６年11月のナジブ訪中時には、中国の輸出入銀行による融資を受けて、東海岸鉄道（ＥＣＲＬ）とマラッカおよびサバの石油パイプライン建設が合意された。これらの買収・投資資金の一部は、１ＭＤＢの債務返済に充てられた。２０１６年以降、ナジブがアメリカに舌鋒を向け、逆に自らの政治的な生存を助けた中国に接近していったのには、こうした背景があった。

もっとも、１ＭＤＢをめぐる汚職は有権者の反発を惹起し、２０１８年5月に行われた総選挙では、汚職の一掃をはじめとするガバナンス改革を謳った希望連盟（ＰＨ）が下院の過半数を獲得し、マレーシア史上初の政権交代が起きた。再び首相に就任したマハティールは、いわくつきのプロジェクトを凍結したが、実利をとるマレーシア外交には変化はない。マハティールは、経済的合理性の小さい2つのパイプラインを中止としたものの、マレー半島東岸やクラン港の活性化につながり得るＥＣＲＬについては、中国との再交渉によって工費を3分の1近く減らすだけでなく、マレーシアの鉄道会社の取り分を増やすことに成功した。

●日本

マレーシアとの間で価値や規範をめぐる対立、南シナ海をめぐる対立をそれぞれ抱えるアメリカ、中国に比して、日本とマレーシアの間には、大きな対立の種はない。二国間関係の象徴的な軸となってきたのが、日本の経済、経営モデル、技術、労働倫理の模倣を目指してマハティールが１９８１年に策定した「東方政策」である。この政策の主なプログラムは産業技術研修生や大学生の派遣だったが、これにとどまらず、日本を含む東アジアとの投資・貿易関係の強化を通じた輸出志向型工業化や重工業化も狙いとされた。１９７１年以降、マレーシアは、経済成長を実現させながら、多数派民族マレー人およびその他のブミプトラの経済的な地位を引き上げ、非マレー人との経済格差を縮小させることを謳った「新経済政策（ＮＥＰ）」を実施してきた。ＮＥＰの成功のためには、工業化による成長が不可欠であり、東方政策は、国内的な政治的支持調達としての意味合いも持っていた。

東方政策も呼び水となり、プラザ合意以降、日本からマレーシアへの直接投資は急増し、これにともない貿易も拡大した。しかし、１９９０年代になると、経済分野を超えた協力を進めようとするマレーシアと、これに慎重な日本とがすれ違う場面が見られるようになった。地域主義の分野では、日本とオーストラリアが音頭をとったアジア太平洋経済協力（ＡＰＥＣ）に対して、マハティールはアメリカを除く東アジア経済グループ（のちにコーカス、ＥＡＥＣ）を提案したが、アメリカの圧力もあり日本は難色を示した。また、中国の海軍力増強を背景に、マハティールは日本に対して憲法上の制約を超えて安全保障分野で貢献することを呼びかけたものの、社会党政権下の日本がこれに応えることはなかった。こうしたすれ違いの一方で、ＥＡＥＣ構想への支持を表明し、またマレーシアに輸出市場を提供した中国は、マレーシアが日本との二国間関係を考える上で、常に計算に入れねばならない変数となっていく。

２０００年代に入ると、中国の台頭や日中間の緊張を背景に、日本の戦略的イシューをマレーシアが支持しない事例が見られるようになった。たとえば、日本による国連安保理常任理事国入りや集団的自衛権行使に向けた憲法改正に対して、マレーシアは積極的な支持を表明していない。21世紀以降、二国間の閣僚交流も減少し[19]、投資や貿易分野における日本のシェアに比して、マレーシアから見た日本の外交上の重要性は低下したように見える[20]。

もっとも、日本には独特の役割がある。特に、マレーシア海上保安庁に対しては、２００５年の設立以降キャパシティ・ビルディングや艦船提供を行っており、２０１３年には両国の海上保安機関による共同訓練も行われ、現地でも極めて好意的に認知されている。２０１９年の首脳会談の際に発表された「日本・マレーシア協力：新時代における東方政策再訪」と題する文書においても、マラッカ海峡を中心としたインド・太平洋地域における法の支配に基づく自由、開放性、繁栄および平和的共存の確立に向けた協力が確認された[21]。さらに、ナジブ政権期に積み増した対中債務の支払いのためにマハティール首相が頼ったのが、低利の円建て外債（いわゆるサムライ債）であった。中国への経済的依存によって安全保障分野での妥協を余儀なくされる事態へのヘッジとして、日本のプレゼンスが再び大きくなっていると言える。

すべての大国と良好な関係を築き、大国同士をバランスさせ、時にはヘッジとして使い、かつ経済的資源や安全保障を引き出そうとする巧みな外交の一方で、マレーシアは、中小国からなる多国間枠組みも重視してきた。

●中小国グループ

　１９７０年以降に中立主義を外交基軸として定着させたラザク・フセイン首相（１９７０－76年）は、１９７１年にクアラルンプールで開かれたＡＳＥＡＮ会議において、「東南アジア平和自由中立地帯（ＺＯＰＦＡＮ）」宣言採択の立役者となった。この宣言は、アメリカ軍のインドシナ撤退やそれに伴う中国の影響力拡大を懸念した東南アジア諸国が、自律性を模索するとともにインドシナの社会主義国との関係を構築することを目指したものである。マレーシア外交という観点から見れば、マレーシアの中立主義を近隣諸国と共有し、ＡＳＥＡＮを拡声器として世界に向けて発信したものと言える。ＡＳＥＡＮは、今日のマレーシアの南シナ海への取り組みにとっても最も重要な多国間枠組みである。議長国を務めた２０１５年には、中国からの圧力をしりぞけて南シナ海問題を議題とし、中国による人工島建設への懸念を共同声明に盛り込むことに成功した。

　ＡＳＥＡＮとならび、ＮＡＭやＯＩＣ、77カ国グループ（Ｇ77）も、マレーシアにとって重要なグループである。マハティール政権以降、マレーシアは途上国に対する技術協力を核とする南々協力を拡大するとともに、これらの会議をクアラルンプールで開催した。国内における民族紛争の不在や着実な経済開発を背景とした信頼も手伝い、マレーシアは途上国の中で大きな影響力を持つようになった。２００３年には、ＮＡＭ、ＯＩＣの議長国として、多国間主義やルールに基づく国際社会へのコミットメント、途上国の利益に配慮したＷＴＯドーハ・ラウンドの進展、安保理改革を含む国連の民主化、パレスチナ問題の解決など、マレーシアの外交アジェンダをまるごと盛り込んだ声明を策定している。さらに、サウジアラビアやアラブ首長国連邦、トルコなどの中東諸国とは、二国間関係も緊密である。

　中小国グループとの協力は、大国間関係の中でともすれば埋没しかねない議題や価値を、数の力でもって国際社会に伝える作用を持つ。また、マレーシアがこうしたグループの中で影響力を得ていることで、大国がマレーシアを相手にするという効果もある。たとえば、オバマ大統領に対して、ナジブは自らを穏健なムスリムの代表として売り込むことで、アフガニスタン問題に拘泥するアメリカにとって有益な国家としてマレーシアを投影することに成功した。

3　マレーシア外交のロジック

　マレーシアの外交・国防政策の策定においては、首相が最も大きな権力を有している。また、国民の外交に対する関心は必ずしも大きくない上に、政府の統制下にある主流メディアを通じて、政府は情報をある程度コントロールできる。こうした理由から、マレーシアの外交政策には、首相個人の選好が反映されることが多い。１ＭＤＢ問題を背景としたナジブの対中接近や、東方政策の国内政治上の意義については、すでに述べたとおりである。

しかし、首相が好き勝手できるというわけでもない。いくつかのイシューでは世論が外交政策を左右する上に、独立以降積み重ねられてきたマレーシア外交のドグマが、歴代政権の外交政策に一定の枠をはめているからである。

●国内問題となる外交

マレーシアには、外交の国内政治化を促すいくつかのイシューがある。まず、普遍的人権である。最近の事例では、ＰＨ政府による国連人種差別撤廃条約の批准撤回が典型例である。

マレーシアでは、憲法によって多数派民族マレー人およびその他のブミプトラの「特別の地位」が定められ、教育機関や政府機関における就学・就業機会、政府入札、ビジネス・ライセンスの交付等における優遇政策が実施されてきた。また、この規定についての異議申し立ての禁止によって、マレーシアの政治制度はリベラル・デモクラシーとは相容れないものとなっている。

２０１８年選挙に際して、ＰＨは、「民主主義、自由、人権を守る国」として、一連の人権条約を批准することを約束した。この公約は、１ＭＤＢに関わるナジブや閣僚の汚職とそれを批判した与野党議員や弁護士、メディアに対する権利侵害に憤る有権者から支持された。しかし、政権の成立からまもなく、特別の地位への影響を懸念するマレー系与野党からの激しい反発があり、この公約は反故にされた。

また、イスラーム共同体をめぐる問題も重要である。マレーシアはＯＩＣやＮＡＭ、国連においてパレスチナ問題を提起しつづけてきた。近年では、ミャンマーのロヒンギャや中国におけるウイグルに対する迫害が問題とされている。もっとも、ロヒンギャ問題をめぐる集会が与党によって大々的に組織され、ミャンマー政府に対する激しい非難が表明されたことに比べると、ウイグル問題をめぐる運動は小規模にとどまる。しかし、マハティール政権、そして２０２０年3月に成立したムヒディン・ヤシン率いる国民連盟（ＰＮ）政権ともに、ウイグルの迫害は中国の国内問題ではあるが、ムスリムに対する抑圧は看過できず、中国政府の要請があってもウイグル難民は引き渡さないとする態度をとったことは、マレーシア政府がこの問題では妥協しないことを示している。人口の約6割をマレー人などのムスリムが占めるマレーシアにおいて、ムスリムの苦境に政府が対応しないことは、あまりにもリスキーだからである。

最後に、２０１８年選挙は、外交問題がグッド・ガバナンスやアカウンタビリティと分かち難く結びつく場合に、国内政治を左右する争点となることを明らかにした。

中国による１ＭＤＢ関連の投資についてはすでに述べたが、中国はこのほかにも、ナジブ首相の地元パハン州での工業団地建設や、彼の父親の名前を冠した新金融センター（Tun Razak Exchange）の建設事業への投資など、首相個人の利益に資する支援を行った。この結果、ナジブは南シナ海問題において、中国に対して妥協するようになっていった。[22] 首相を頂点とする外交政策決定過程を前提とすれば、こうした一点突破型の投資によってマレーシアの外交政策を左右することは、可能である。

しかし、国内の有権者は、１ＭＤＢの不正資金疑惑を許さなかった。ＰＨは、中国政府から資金援助を受けたナジブが、個人的な利益のために国家主権を差し出したと訴えた。こうした中で、中国のインフラ投資に対して厳しい目が向けられ、マハティール政権下でのいくつかのインフラ事業の凍結・中止につながった。グッド・ガバナンス、法の支配、経済的公正をキーワードに成立したＰＨ政府は、２０２０年2月の与党分裂により瓦解したが、こうした争点は、今後もマレーシア政治において重要な位置を占め続けるだろう。

●マレーシアの自画像

２０１８年の政権交代は、単に長期政権が瓦解したというだけでなく、人権、グッド・ガバナンス、法の支配、民族政治からの脱却など、従来の政治体制を換骨奪胎する一連のアイデアによって実現したという意味で、大きな変化だった。しかし、外交政策の基軸については、明らかな継続性がある。

ＰＨ政権の外務大臣だったサイフディン・アブドゥラは、「世界の舞台における新しいマレーシア」と題した論文の中で、「すべての国と良好な経済・外交関係」を持ち、「インフルエンサー、ＯＩＣ、ＮＡＭ、ＡＳＥＡＮのリーダー」、「グローバル・サウスの代表」であると同時に、「イスラームとムスリム共同体のよさを世界に伝える」「民主的ムスリム」でもあり、「ビジネス・フレンドリー」で「民主主義、自由、人権を守る国」として、マレーシアを描く[23]。

２０２０年以降のＰＮ政権が描く自画像にも多くの共通項がある。ＰＮの外交ビジョンでは、民主主義や人権といった語は抜け落ちたが、マレーシア外交の基盤としてのＡＳＥＡＮ、国連による多国間主義へのコミットメント、ＮＡＭ、ＯＩＣ、Ｇ77や南々協力の重要性、さらに貿易や対内投資の促進が引き続き主張されている。[24] 通商国家としてのアイデンティティ、ラザク以来の非同盟主義、マハティール以降の南々協力やイスラーム世界との関係といった外交基軸は、マレーシア外交のドグマとして深く埋め込まれているのである。

●マラッカ王国の遺産

マレーシアの通商国家としてのアイデンティティや大国との関係の紡ぎ方の根っこには、マラッカ王国に関する歴史的なナラティヴがある。マレーシア、特にマレー人リーダーは、15世紀のマラッカ王国を「成功例」としてしばしば参照する。マラッカ王国は、14世紀末にパレンバンの王族が建設した港市国家である。大陸部で優勢だったアユタヤ王国に従属しながらの船出となったが、鄭和の航海を機に明の朝貢国となると、アユタヤを牽制しながら支配領域を拡大し、南インドのムスリム商人との通商のために国王自らイスラームに改宗することで、インド、中国、東南アジアなどを結ぶ季節風貿易の中継点として繁栄した。マラッカ王国の歴史は、マレー世界におけるイスラーム受容の物語として、交易による繁栄の成功例として、そして、大国との関係のお手本として、頻繁に言及される。

他方で、２０２０年にＰＨ政府によって初めて出版された「防衛白書」では、１５１１年のマラッカ王国のポルトガルによる陥落が、次のように述べられている。マラッカ王国の興亡、ポルトガルとオランダによるマラッカ占領、イギリス植民地支配、日本による占領、マラヤ独立とマレーシア形成まで、マレーシアの歴史は、大国間政治の歴史でもあった。太平洋とインド洋に挟まれた要衝に位置するという地理的な条件によって、マレーシアには通商の機会や文明ももたらされたが、同時に強制や搾取の対象にもなった、と[25]。複数の大国と関係を紡ぐことを運命付けられながらも、いかに従属を避け、利益を得るか、という問題意識が透けて見える。

●西太平洋連合構想の可能性と課題

マレーシアは、大国と満遍なく良好な関係を築きながら、経済や安全保障のリソースを引き出してきた。また、ある大国が野心を見せる場合には他の大国を引き込んで牽制させあい、ある国の自国への影響力が大きくなりすぎる場合には別の国をヘッジとして利用してきた。他方で、中小国グループの中で影響力を獲得することにより、大国政治の中で埋没しかねないイシューを国際的な争点にしようと努めてきた。また中小国代表のポジションを得ることにより、大国から一目置かれる存在になることも目指した。こうした振る舞いによって、マレーシアは国力以上の影響力を獲得してきた。

マレーシアのユニークな地位は、ＷＰＵの重要なリソース、とりわけ、中小国やイスラーム世界へのゲートウェイになるかもしれない。中国に対する警戒心やアメリカに対する不信感を前提とすれば、マレーシアが大国のロジックに縛られないこの枠組みに興味を示す理由はあるように見える。とはいえ、いくつかの仕掛けも必要であろう。

まず、あらゆる大国と満遍なく良好な関係を維持するというマレーシアの外交原則に照らせば、大国間の敵対を前提とした枠組み、とりわけ「中国封じ込め」の匂いがするグループは受け入れられない。パワー・ポリティクスの領域を超えた仕組みが必要になる。

そもそも、ハードパワーがものを言う世界の中でゲームをしている限りにおいて、我々は、今後しばらくは拡大を続けるであろう中国に対抗することを強いられる。しかし、巨大な経済・軍事力を使って中小国の主権や自律的な意思決定を脅かしながら「中国の夢」を追求するゲームに、我々が乗っかる必要はない。力ではなくルールやアイデアがものをいう世界を、安心や安全が当たり前のように守られ、所得の大きさだけでなく個々人のウェルビーイングが関心となる社会を目指して、国や人々がつながり、協力するようなビジョンを描くことができるかが鍵となるのではないか。このような価値は、各国の国内政治でも少しずつ重視されるようになっており、こうした意識の変化をつかまえることができれば、国内向けにも説得力を持つ国家連合となるはずである。

次に、国家グループを作る際には、ある種の価値やイデオロギーが共有されていることが期待されるが、西欧主導の国際社会の中で築かれてきた「普遍的」価値としての人権や統治機構については、相対化したほうがよい。マレー人リーダーからムスリム有権者まで、普遍的人権を訝しむ向きがあるからである。また、２０１６年のナジブ首相による論説に見られるように、中国が普遍的人権・民主主義への対抗心を利用して、中小国の支持を得ようとしていることを考えれば、これらの価値を前面に出すことは逆効果となりかねない。

リベラル・デモクラシーは理想的な統治形態の1つかもしれないが、各国にはそれぞれ歴史を反映した固有のルールがある。リベラル・デモクラシーでなくとも、法の原則に従い、人々が意思決定において相応の役割を果たすような「まともな（decent）」国家[26]も尊重されてしかるべきである。こうした前提を堅持しながら統治や権利の問題についての対話を積み重ねる中で、decencyに関するコモン・デノミネーターが作られていくかもしれない。

最後に、日本の役割についても述べたい。日本には、海洋安全保障における能力構築や、人材構築などの分野での蓄積があり、協力枠組みも分野によっては二国間から面に広がりつつある。こうした得意分野からより多くの国を含む多国間の機能協力を始めることも可能かもしれない。

他方で、マレーシアが日本のリーダーシップに躊躇する理由があるとすれば、まずは、アメリカのクライエント国家というイメージだろう。その意味でも、大国間関係とは切り離したＷＰＵの構築が必要である。また、そもそも日本に新しい価値を体現する力があるのかという点についても、自省的に考えてみたい。日本における技能実習生の苦境、女性の地位の低さ、賃金抑圧、自殺者の多さ、新型コロナ感染症対策で暴かれた政府の能力の限界は、マレーシアをはじめ東南アジアの人々の知るところとなっている。日本自身が自らの問題点を認識し、新しい社会へ向けた一歩を踏み出す必要があるのかもしれない。

注

（1）人口、実質ＧＤＰおよび１人あたりＧＤＰは、World Development Indicator'sによる。軍事支出の出所は、Stockholm International Peace Research Institute (SIPRI), Military Expenditure Database, 2020.

（2）Shin Kawashima, "China's Re-interpretation of the Chinese 'World Order: 1900-40s'," in Anthony Reid et.al., *Negotiating Asymmetry: China's Place in Asia*, Singapore: NUS Press, 2009.

（3）Hari Singh, "Malaysia: Growing Foreign Policy Complexity and Persistent State Power," in Justin Robertson and Maurice A. East eds., *Diplomacy and Developing Nations: Post-Cold War Foreign Policy-Making Structures and Processes*, New York: Roudledge, 2005: John Lee, "Malaysia: 'Punching above its Weight'… and Finally Hitting the Target," *Southeast Asian Affairs*, 2011, pp. 158–170.

（4）World Development Indicators.

（5）値はすべて２０１９年。The Observatory of Economic Complexity.（https://oec.world/）２０２１年４月30日アクセス。

（6）値は２０２０年。Bank Negara Malaysia, Monthly Highlights and Statistics February 2021, "Imports by End-Use."

（7）２０１０年には輸入自動車・自動車部品の38・６％が日本、中国は８・４％だったが、２０１９年にはそれぞれ27％、21・６％となっている。出所は、注５に同じ。

（8）Dagmar Hellmann–Rajanayagam, "Malaysia," in Singh, Ravinder Pal ed., *Arms Procurement Decision Making Volume II: Chile, Greece, Malaysia, Poland, South Africa and Taiwan*, Oxford University Press, 2000, pp. 67–105.

（9）ＡＮＺＡＭおよびＡＭＤＡは、１９７１年にシンガポールも加えた５カ国防衛取極（ＦＰＤＡ）として再編成され、現在も演習・訓練、大臣や司令官級の会合を中心に活動が続いている。とりわけ近年は、南シナ海情勢を背景にアジア太平洋での軍事的プレゼンスの拡大を目指すイギリスにとって、ＦＰＤＡが重要な布石となっている。

（10）Johan Saravanamuttu, *Malaysia's Foreign Policy: The First Fifty Years: Alignment, Neutralism, Islamism*, Singapore: Institute of Southeast Asian Studies, 2010, pp. 48–55.

（11）Lee［2011］pp. 164–5.

（12）アメリカ大使館ウェブサイト（https://my.usembassy.gov/embassy/government-agencies/office-of-defense-cooperation/）２０２１年４月20日最終アクセス。

(13) Sun Daily, November 2, 2016.
(14) Saravanamuttu [2010] p. 162.
(15) Lee [2011] p. 161.
(16) Benny Teh Cheng Guan, “The South China Sea Conundrum: China’s Strategic Culture and Malaysia’s Preferred Approaches,” *International Journal of China Studies*, 2017, 8 (3): 375.
(17) Vivian Forbes, “ASEAN, China and Malaysia: Cautious Diplomacy, Trade, and a Complex Sea.” *International Journal of China Studies*, 2015, 6 (2): 133.
(18) 小野沢純「マレーシアにおける『一帯一路』戦略」『貿易と投資』２０１７年、第１１０号：49－71。
(19) 鈴木絢女「日・マ外交関係の30年：東方政策からすれ違いへ」、『マレーシア研究』２０１３年、第2号：57－71。
(20) たとえば、２０１３年7月にマレーシア首相府が実施したオンライン・サーベイでは、「マレーシアの親友として優先されるべきはどの国か?」とする質問に対し、「インドネシア、中国、インド、アメリカ、サウジアラビア、イギリス、その他」とする選択肢が与えられているが、その中に日本はない。
(21) 「日本・マレーシア協力：新時代における東方政策再訪」(https://www.mofa.go.jp/files/000484104.pdf) ２０２１年7月26日最終アクセス。
(22) 鈴木絢女「『主権国家』の合理性と政治統合：ＡＳＥＡＮと南シナ海問題」石戸光・鈴木絢女編『グローバル関係学３：多元化する地域統合』岩波書店、２０２１年、１６２－１８４頁。
(23) Saifuddin Abdullah, “The New Malaysia on the World Stage,” *Horizons*, Winter 2019, No.13: 114–127.
(24) Ministry of Foreign Affairs Malaysia, “Malaysia’s Foreign Policy.” (https://www.kln.gov.my/web/guest/foreign-policy) ２０２０年４月21日最終アクセス。
(25) Ministry of Defence, Defence White Paper: A Secure, Sovereign and Prosperous Malaysia, 2020, p. 13.
(26) John Rawls, *The Law of Peoples*, Harvard University Press, 1999.

第7章 人民党政権の対中傾斜とカンボジアの内政動向

山田 裕史

「中国は橋や道路といったインフラの整備で支援してくれている。中国以外に、カンボジアは一体、誰を頼ればいいというのか」。（フン・セン首相）[1]

カンボジアは２０００年代半ば以降、中国への傾斜を強めるようになり、１９９０年代から内戦後の復旧・復興を支えてきた日本や欧米諸国の影響力は相対的に低下した。その背景にあるのが、貿易・投資・援助の「三位一体」型による中国の経済進出である。冒頭のフン・セン首相の発言が示すように、経済開発を最優先するカンボジアは次第に中国への依存を深め、今やＡＳＥＡＮの中で中国の立場を代弁する「中国の代理人」と見なされるようになった[2]。

中国との領土対立がなく、中国への経済依存が強まっていることを考えれば、カンボジアがこうした中国寄りの立場をとるのは不思議なことではない。

とはいえ、１９７９年から長期支配を続ける与党・カンボジア人民党[3]にとって、中国は１９９０年代初頭まで最大の敵国であった。フン・セン首相はかつてポル・ポト派を支援する中国を「諸悪の根源」と呼んだが[4]、現在では「もっとも信頼できる友人」と賞賛するようになった[5]。つまり、カンボジアはポル・ポト政権期（１９７５－79年）から一貫して中国に傾斜していたわけではなく、人民党政権は反中から親中へと立場を大きく転換したのである。

人民党政権の対中政策は、なぜ、どのように変化したのだろうか。本章では、これまでの研究が着目してきた経済要因のみならず、１９９０年代以降の内政要因を重視してカンボジアの対中政策の変化を説明した上で、「西太平洋連合」構想に対して人民党政権が取り得る対応について検討する。

1　カンボジアの外交政策の特徴と変遷

●外交政策を規定する地理的条件と歴史的背景

冷戦下の１９５３年にフランスから独立したカンボジアは、米ソ対立や中ソ対立、中越対立など超大国や地域大国の対立に巻き込まれながら、内戦や虐殺、国際的孤立を経験してきた。

西隣にタイ、東隣にベトナムという２つの強国に挟まれた小国カンボジアにとって、両国の脅威からいかにして独立を維持して領土を保全するかは、現在に至るまで重要な課題となっている。カンボジアでは「アンコール期」（８０２年のジャヤヴァルマン２世の即位から１４３１年のアユタヤ朝の攻撃によるアンコール王都の放棄まで）を「栄光」の時代、シャム（アユタヤ朝）とベトナムによって領土を蚕食された「ポスト・アンコール期」（１４３１年から１８６３年のフランスとの保護条約締結まで）を「衰退」の時代とする歴史観が採用されている。独立後の政治指導者たちに共通して見られる認識として、タイやベトナムをカンボジアの存亡に関わる脅威と見なしている点が指摘できる。

ポスト・アンコール期のカンボジアでは、１４３１年にシャムの侵攻によってアンコール王都が放棄された後、王族内の勢力争いをきっかけに17世紀から19世紀にかけてシャムとベトナムの侵略や干渉、領土の割譲が続いた。とりわけ18世紀後半以降、カンボジアはシャムとベトナムへの両属状態に置かれ、両国から支配と干渉を受けることとなった。シャムとベトナムがメコン川を境にカンボジアを分断することを憂慮したアン・ドゥオン王（在位１８４１－60年）[6]はフランスによる保護を模索し、息子のノロドム王（在位１８６０－１９０４年）は１８６３年にフランスと保護条約を締結した。以後90年間、カンボジアはフランスの植民地下に置かれることとなった。

こうしたタイ（シャム）とベトナムからの脅威と領土の喪失、および、地政学的な苦境への対処として地域外の大国に支援や援助を求めるという歴史的な経験は、独立後のカンボジアの外交政策を規定する重要な要素となった。

●シハヌーク政権：中立外交から対中接近へ

独立直後のカンボジアでは、ノロドム・シハヌーク国王（在位１９４１－55年、１９９３－２００４

年）による王政が成立した。シハヌーク政権による外交の基本原則は、冷戦下の東西両陣営のどちらにも与しない非同盟・中立であった。シハヌークはカンボジアの独立維持と領土保全を図るために、中国と米国との均衡のとれた関係を重視した。中国との友好関係によって共産主義の北ベトナムとカンボジアの共産主義勢力の動きを牽制し、米国との友好関係によってその同盟国のタイと南ベトナムの行動を抑制しようとしたのである。

しかし実際には、隣国のタイおよび南ベトナムとの関係は次第に悪化していった。タイとは、プレア・ヴィヒア寺院をめぐる領土問題や1958年7月のカンボジアと中国の国交樹立などを理由に、1958年11月と1961年10月の二度にわたって外交関係を断絶した。一方、南ベトナムとは、国境画定問題やカンボジア国内の反シハヌーク勢力に対する南ベトナムの支援などを理由に、1963年8月に外交関係を断絶するに至った。

隣国からの脅威の高まりに対してもはや米国は抑止力となり得ないと判断したシハヌークは、中立外交のバランスを徐々に崩して中国との関係を強化していった。ベトナム戦争が激化するなか、シハヌークはホーチミン・ルートがカンボジア領内を通過することを黙認するだけでなく、「中国の対ベトナム解放勢力への無償軍事援助物資をシハヌークヴィル港で水揚げして運搬することを認める秘密協定を中国と締結し[7]」たのである。

一方、カンボジアと米国の関係は悪化の一途を辿った。1963年11月、シハヌークは外国援助の約85％（1963年末時点）、1962年度国家予算の14％を占めていた米国からの援助の受け入れ拒否を表明した[8]。さらに、米軍機がカンボジア領内を爆撃したとして、１９６５年５月から１９６９年７月まで米国との外交関係を断絶した。こうしたシハヌークの国家運営は、サンクム[9]内の親米右派や米国からの軍事援助の大半を失った国軍の強い反発を招いた。シハヌークが外遊中の１９７０年３月、ロン・ノル首相兼国防大臣ら親米右派は国民議会と王国評議会（上院）の合同会議を開催し、シハヌークを国家元首から解任した。この「ロン・ノル・クーデタ」後、カンボジアは５年に及ぶ内戦に突入することになる。

●ロン・ノル政権とポル・ポト政権：米中への一国依存

北京に到着したシハヌークは、中国と北ベトナムの説得に応じてカンボジアの共産主義勢力との共闘を受け入れ、カンプチア民族統一戦線の結成を宣言した。シハヌークが北京からカンボジア国民に対してロン・ノル政権の打倒を呼びかけるなか、カンボジア国内で反ロン・ノル闘争を遂行する民族解放軍の中核を担うこととなったのは、ポル・ポト率いるカンプチア共産党であった。

一方、１９７０年10月に王制の廃止と共和制への移行を宣言したロン・ノル政権（クメール共和国）は、米国の軍事・経済援助に全面的に支えられていた。ロン・ノルは米国に依存することで、内戦やカンボジア領内へのベトミンの浸透といった安全保障上の課題に対処しようとした。しかし、米国と北ベトナムによる１９７３年１月の停戦協定を経て米軍が南ベトナムから撤退すると、ロン・ノル政権は急速に弱体化し、１９７５年４月の民族解放軍によるプノンペン制圧によって崩壊した。

続くポル・ポト政権（民主カンプチア）は、既存の社会・文化・経済を全面的に否定し、農業を基礎とする急進的な共産主義政策を強行した。その結果、同政権下では約１７０〜２００万人（人口の約4分の1から3分の1）もの人々が死亡したとされる[10]。

ポル・ポト政権の対外政策として特筆すべきは、ベトナム（１９７６年７月にベトナム社会主義共和国として南北統一）が「インドシナ連邦」樹立の野望を抱いているとして、同国を最大の敵と設定した点である。ポル・ポト政権は１９７７年初頭からベトナム領への越境攻撃を本格化させ、同年12月には一方的にベトナムとの国交を断絶するに至った。その後ろ盾となったのが中国である。中国はポル・ポト政権に大量の武器・弾薬・軍需品を供給し、１９７７年９月にはポル・ポトが中国を訪問するなど、両国の関係は強化された。

一方、ベトナムはカンボジアによる越境攻撃およびカンボジアと中国の関係強化を戦略的な脅威と捉え、ポル・ポト政権の打倒を決断した。ベトナムは１９７８年12月、ポル・ポト政権から離反したヘン・サムリンやチア・シム、フン・センら中堅幹部を支援してカンプチア救国団結戦線を結成し、同戦線とともにカンボジアへ侵攻した。ここにカンボジアの共産主義勢力は、ポル・ポトら親中国派とヘン・サムリンら親ベトナム派に分裂したのである。

●人民革命党政権：国際的孤立とベトナム軍駐留

１９７９年１月、ヘン・サムリンを国家元首とする人民革命党政権（カンプチア人民共和国）が成立した。一方、政権の座を失いカンボジア北西部のタイ国境付近まで敗走したポル・ポト派は、人民革命党政権に対する武力闘争を開始し、１９８２年６月には、シハヌークが結成した王党派のＦＵＮＣＩＮＰＥＣ（独立・中立・平和・協力のカンボジアのための民族統一戦線）とソン・サン元首相率いる共和派のＫＰＮＬＦ（クメール人民民族解放戦線）とともに、民主カンプチア連合政府（３派連合政府）を樹立した。以後、１９９１年10月のパリ和平協定締結まで、ベトナムやソ連が支える人民革命党政権と、中国や米国、ＡＳＥＡＮが支援する民主カンプチア連合政府による内戦が続くこととなった。

人民革命党政権期の対外関係として注目すべきは、同政権が国際的な孤立状態に置かれた点、および、ポル・ポト政権打倒後もベトナム軍が１９８９年９月までカンボジアに駐留を続けた点である。まず、西側諸国と中国が人民革命党政権をベトナムの傀儡と見なして承認しなかったため、同政権は限定的な緊急人道支援を除けば、国連機関や西側諸国から開発援助の供与を拒否され、国際的な孤立状態に置かれることとなった。また、カンボジア駐留ベトナム軍が３派連合政府との戦闘の主力となり、人民革命軍の訓練も担うなど、人民革命党政権はベトナムに全面的に依存していた。

●新体制下の対外関係

１９９１年10月、カンボジア紛争の当事者４派（人民革命党政権、ポル・ポト派、シハヌーク派、ソン・サン派）と和平交渉に関与した18カ国の間でパリ和平協定が締結され、カンボジアは国連の暫定統治下に置かれた。93年5月の制憲議会選挙は、大方の予想に反して王党派のフンシンペック党[11]が勝利し、80年代を通じて国内を実効支配してきた人民党は第二党という結果に終わった。しかし、選挙に不正があったと主張する人民党は、政治工作を展開してフンシンペック党に同等の権力分有を迫った。その結果、フンシンペック党のノロドム・ラナリット党首を第一首相、人民党のフン・セン副党首を第2首相とする「2人首相」制による新政府が１９９３年9月に発足した。こうしてカンボジアは国際社会への復帰を遂げたのである。

１９９３年9月に採択・公布された現行憲法は、外交の基本原則として「永世中立および非同盟政策」の採用を規定している。この原則に従い、新政府は90年代を通じて外交の重点を次の4点に置いた[12]。

第一は、隣国タイおよびベトナムとの関係改善である。両国とは日常的な交流は活発な一方で、国民の間に歴史的な経緯に基づく複雑な心情があるほか、国境問題や移民問題などを抱えている。

第二は、東南アジア諸国との友好・連帯関係の促進である。１９９５年7月にＡＳＥＡＮのオブザーバーとなったカンボジアは、97年7月にラオスとミャンマーとともにＡＳＥＡＮに加盟する予定であったが、連立与党間の武力衝突によって加盟は延期となった。98年総選挙で人民党が勝利して政情が安定した結果、99年4月に加盟が実現した。

第三は、ポル・ポト派に対する外国からの援助を停止させることである。93年の制憲議会選挙をボイコットしたポル・ポト派は、94年7月に非合法化された。中国が同派に対する援助を停止したのとは対照的に、タイの国軍の一部は支援を継続した。しかし、反政府武装勢力としてのポル・ポト派は、96年以降の最高幹部の投降や死去、拘束などにより、90年代末までに壊滅するに至った。

第四は、復興・開発のための諸外国からの開発援助と民間投資の獲得である。とりわけ開発援助は、民間投資を呼び込む上で前提となるハードとソフト両面のインフラ整備を進めるために不可欠であった。１９９５年から２０００年にかけての二国間援助供与国上位5カ国は、日本、フランス、米国、オーストラリア、ドイツ、多国間援助供与上位5機関は、欧州委員会、世界銀行、アジア開発銀行、国連開発計画、世界食糧計画の順であった。

以上のように、１９９０年代のカンボジアは多国間主義と地域統合によって主権と領土保全を維持しながら、西側諸国から多額の開発援助を得ることで経済的繁栄を追求していたのである。ところが２０００年代に入ると、カンボジアは次第に中国への傾斜を強めるようになっていく。次節では対中傾斜の経緯と現状を検討する。

2　対中傾斜の経緯と現状

●人民党と中国の和解

１９９３年にカンボジアが新体制への移行を遂げると、中国は再即位したシハヌークを通じて再びカンボジアとの関係構築に乗り出した。中国とカンボジアは、1955年のバンドン会議以来の周恩来とシハヌークの相互信頼関係を軸に友好関係を築き上げ、58年に外交関係を樹立した。その後、中国は前述のとおり、70年のロン・ノル・クーデタで国家元首を解任されたシハヌークとの緊密な関係を維持しながら、70年代後半にはポル・ポト政権、80年代の内戦期にはポル・ポト派を含む民主カンプチア連合政府を支援した。しかし、中国は91年のパリ和平協定への調印を境にポル・ポト派への援助を断ち切り、93年に発足したフンシンペック党と人民党を中核とする新政府を支援する姿勢を鮮明にした。

一方、人民党は中国の姿勢に対して懐疑的であった。なぜならば、中国は過去にポル・ポト派という人民党にとって最大の敵を支援していただけでなく、93年以降もシハヌークや人民党の政敵であるフンシンペック党といった王党派と密接な関係にあったからである。

これに対して中国は人民党との和解を模索した。その理由は、フンシンペック党を率いるラナリット第一首相が輸出先や援助供与国として米国を重視するとともに、投資意欲が旺盛な台湾との関係強化を図ろうとしたためである。1996年7月、中国はフン・セン第二首相を北京に招待して江沢民国家主席と李鵬首相との会談を開いたほか、カンボジアとの投資促進・保護協定に調印した。また、中国共産党と人民党は党間関係の構築に合意した。中国はカンボジアにおけるパートナーとして、フンシンペック党よりも人民党を重視したと言える。

人民党と中国の接近と和解を決定づけることとなったのは、1997年7月に勃発した人民党とフンシンペック党の武力衝突（以下、「7月政変」）である。フン・セン第二首相が武力行使によってラナリット第一首相とその側近を排除したことに対して、日本を含む主要援助供与国は援助を凍結し、ＡＳＥＡＮは同年7月に予定されていたカンボジアの加盟延期を決定するなど、カンボジアは再び国際的孤立に陥った。

ここでカンボジアを全面的に支えたのが中国であった。中国は、フン・センが主導権を握ったカンボジア政府を最初に承認しただけでなく、カンボジアに対する国際的な制裁に反対し、欧米諸国にカンボジアの内政に干渉しないよう求めた。さらに同年12月に約２８０万ドル相当の軍事援助を、１９９９年2月には総額約2億１８３０万ドルもの開発援助を供与した[13]。

一方、フン・センは台湾が秘密裏にフンシンペック党の部隊を支援していたと主張し、「7月政変」後にプノンペンの台北経済文化代表処（台湾代表部）の閉鎖を命じるとともに、「一つの中国」原則への確固たる支持を表明した。翌１９９８年7月の総選挙における人民党の勝利とフン・センの単独首相就任は、人民党と中国の関係のみならず、国家間レベルでの関係強化を意味した。

２０００年代に入ると、カンボジアと中国の関係は段階的に強化されていくこととなる。まず、両国は06年に政治・経済・貿易・安全保障・文化などの分野で多方面の協力を目指す「包括的協力パートナーシップ」を締結し、10年には「包括的・戦略的協力パートナーシップ」へと格上げした。さらに19年4月、両国は中国・カンボジア運命共同体構築行動計画（２０１９－23年）に合意・署名し、「一帯一路」共同建設における協力を深化させ、経済特区や空港、道路などの重点プロジェクトを実行することや、貿易や投資などの分野での実務協力を推進することを確認した。以下、２０００年代以降の二国間関係の発展を、経済、軍事、外交の３分野に絞って概観する。

●経済分野

二国間関係で特筆すべきは、貿易・投資・援助の「三位一体」型による中国の経済進出である。第1に、貿易面では中国（香港とマカオを除く）は２０００年時点でカンボジアにとって第5位の輸出相手国であったが、20年に米国に次ぐ第2位となった[14]。図表７－１に示したとおり、中国への輸出額は、２０００年の２３８０万米ドルから、10年に６５００万米ドル、20年には11億３４５０万米ドルを記録し、20年間で約48倍の増加となった。

一方、中国（香港とマカオを除く）は03年以来[15]、カンボジアにとって最大の輸入相手国となっている。図表７－２に示したとおり、中国からの輸入額は、２０００年の１億１２９０万米ドルから、10年に11億８４７０万米ドル、20年には83億５９９０万米ドルへと急増した。20年間で約74倍の増加である。２０２０年10月に両国が自由貿易協定（ＦＴＡ）を締結したことで、二国間貿易は今後もさらなる拡大が見込まれる。カンボジアにとって、中国とのＦＴＡは二国間で結ぶ初のＦＴＡである。両国間の交渉は20年1月に始まり、同年7月には合意に至るという異例の速さで進展した。

第2に、カンボジアに対する海外直接投資（ＦＤＩ）においても中国は突出している。カンボジアの投資法が制定された１９９４年から２０１９年までに認可されたＦＤＩのうち、最大のシェアを占

（百万ドル）

2015年	2016年	2017年	2018年	2019年	2020年
2,136.8	2,147.1	2,408.3	3,044.3	4,414.3	5,388.5
405.5	609.3	753.5	858.7	1,012.2	1,134.5
748.4	903.9	1,005.3	1,098.3	1,081.8	885.6
571.6	827.2	850.2	1,076.3	1,140.0	874.6
869.0	953.2	1,014.1	1,015.8	979.9	849.3
8,577.8	10,100.1	11,313.4	12,739.3	14,866.3	14,590.4

（百万ドル）

2015年	2016年	2017年	2018年	2019年	2020年
3,926.2	4,551.0	5,286.8	6,139.6	7,585.8	8,359.9
1,561.5	1,910.0	2,354.2	3,222.1	3,234.4	2,737.9
927.0	1,416.0	1,682.3	2,221.0	2,724.9	2,687.2
503.3	564.7	609.9	573.4	605.9	830.1
423.0	528.3	583.8	736.4	887.7	810.0
11,215.1	12,900.2	14,800.9	18,130.6	21,058.4	20,858.9

めるのは中国（21・８％）で、第２位以下は、韓国（６・２％）、英国（５・０％）、マレーシア（３・６％）、日本（３・１％）が続く。[16] 中国の投資が集中しているのは、農業、インフラ、水力発電プロジェクト、縫製業、鉱業、観光業などの分野である。

中国からの投資は２０１０年に８億６２００万米ドル、15年に８億５７００万米ドル、19年には一気に37億１８００万米ドルに達し、12年から首位を維持している。19年の投資上位５カ国とその額は、中国の37億１８００万米ドル（78・２％）、英領バージン諸島の４億６３００

図表7−1　国別輸出額（2020年の上位5カ国）

国名	1990年	1995年	2000年	2005年	2010年
米国	—	5.1 e	739.0	1,597.4	1,903.4
中国	0.2 e	5.2 e	23.8	14.3	65.0
ドイツ	0.8 e	17.6 e	66.0	225.4	112.3
日本	3.2 e	6.7 e	10.7	62.9	89.5
英国	0.1 e	10.8 e	81.6	124.2	235.2
総計	41.7	357.1	1,368.4	3,020.2	5,584.5

出所：IMF, Direction of Trade Statistics.

図表7−2　国別輸入額（2020年の上位5カ国）

国名	1990年	1995年	2000年	2005年	2010年
中国	3.3 e	56.8 e	112.9	423.5	1,184.7
タイ	0.9 e	367.5 e	221.8	290.6	689.1
ベトナム	10.0 e	104.1 e	91.5	181.6	486.5
シンガポール	—	550.2 e	106.0	136.2	155.4
日本	5.0 e	84.4 e	58.4	100.2	156.4
総計	56.0	1,573.5	1,412.5	2,546.4	4,890.0

出所：IMF, Direction of Trade Statistics.

万米ドル（９・８％）、日本の２億９９００万米ドル（６・３％）、タイの７３００万米ドル（１・５％）、ベトナムの６６００万米ドル（１・４％）であった。英領バージン諸島からの投資は中国企業によるタックス・ヘイブン（租税回避地）を利用した迂回投資とされるため、中国からの投資は実質的に全体の88％を占め、他国に圧倒的な差をつけている[17]。

第三に、援助面において中国は、贈与では２００７年に[18]、借款でも10年に[19]、日本を抜いてカンボジアに対する最大の二国間援助供与国となった。中国からの援助は、２０００年の２６１万米ドルから、10年には１億５４１０万米ドル、20年には４億２０５６万米ドルに増加した。[20] 20年間で約１６１・１倍という驚異的な増加である。これに対して、かつて最大の二国間援助供与国であった日本の政府開発援助（ＯＤＡ）の支出総額は、２０００年に９９９１万米ドル、10年に１億４７４６万米ドル、19年に１億７６４３万米ドルであり、19年間で約１・８倍の増加にとどまっている。[21]

●軍事分野

軍事面においては、２０１０年代後半以降、中国への傾斜が顕著となった。カンボジアは10年から毎年、アンコール・センティネルと称する米国との合同軍事演習を実施してきた。しかし17年１月、人民党政権は同年６月の地方選挙の準備を理由に合同軍事演習の中止を決定した。実は、カンボジアは南シナ海における中国の活動に対する各国の懸念が高まるなか、16年２月に初めて中国と海軍軍事演習を行い、同年12月にはゴールデン・ドラゴンという合同軍事演習を実施していたのである。以後、米国との合同軍事演習を中止する一方で、18年以降は毎年、ゴールデン・ドラゴンを実施している。[22]

カンボジア軍の将校の約30％は、さまざまなプログラムを通じて中国で訓練を受けている。また、ミサイルを含むすべての高性能兵器システム、通信・無線システム、軍事教育・訓練学校のほか、情報共有や軍事施設開発の分野においても中国の援助が入っている。[23]

また、人民党政権は否定しているものの、プレア・シハヌーク州のリアム海軍基地を中国海軍が30

年にわたり排他的に使用できる秘密合意が存在するという。[24] タイ湾に面するリアム海軍基地は、南シナ海へ容易にアクセスできる重要な戦略拠点となり得る場所に位置している。この秘密合意が事実であれば、中国は東南アジアに初めて専用の海軍中継基地を手に入れることになる。実際に人民党政権は2020年後半、リアム海軍基地内に米国の援助で建設された軍事施設2棟を米国への通知や説明なしに取り壊した。

さらに、コッコン州で中国企業が建設中のダラー・サコー国際空港も軍事利用が目的ではないかとの懸念が出ている。[25] 同空港の建設は、中国企業が99年間の契約で借用した450平方キロメートルの広大な土地に、大型リゾート施設や深海港、発電所、工業団地などを建設する大規模開発プロジェクトの一環として進められている。プノンペン国際空港よりも長い3400メートルの滑走路を有し、軍用機の駐機も可能となる。

●外交分野

1997年の「7月政変」後に「一つの中国」原則を支持するようになって以降、人民党政権は外交面においても度々、中国寄りの動きを見せてきた。たとえば、人民党政権は2009年12月、中国南部からベトナム経由でカンボジアに入国して難民申請中のウイグル人20人を中国へ強制送還した。その2日後に来訪した習近平国家副主席は、贈与と借款からなる総額12億米ドルの援助を供与した。[26]

また、2012年のASEAN外相会議では、南シナ海の領有権問題において中国の立場を代弁する議長国カンボジアの反対によって、ＡＳＥＡＮ史上初めて共同声明が発表されないという事態に陥った。カンボジアは２０１６年のＡＳＥＡＮ外相会議においても、南シナ海における中国の権利主張を否定した常設仲裁裁判所の判決について、共同声明で言及することに強く反対した。

さらに、詐欺容疑などでカンボジア国内において中国人とともに逮捕された台湾人の扱いにも変化が生じた。人民党政権は２０１６年以降、従来は台湾へ移送していた台湾人容疑者を中国へ移送するようになった。

以上のように、経済面で中国への依存が強まるなか、人民党政権は軍事面や外交面において中国の意向を汲んだ対応をとるようになったのである。こうした過度な対中傾斜の背景には、長期支配を続ける人民党の体制維持が深く関係している。次節では人民党政権が極端な対中傾斜を強める理由を、国内政治の動向および隣国と欧米諸国との関係の変化に着目して検討する。

3　内政動向から見た対中傾斜の要因

●内政動向と対外関係の変化

２０００年代以降のカンボジアの内政動向として最も重要なのは、人民党による一党支配体制が確立した点である。１９９７年の「7月政変」で連立内閣の主導権を握った人民党は、98年総選挙に続いて２００３年総選挙でも勝利した。こうした状況のなか、人民党は２００６年3月、内閣信任に必要な議員数を総議員数の3分の2から過半数に削減する憲法改正を決行した。これにより人民党による単独内閣の樹立が可能となった。２００８年総選挙（定数１２３議席）で過去最多となる90議席を得て圧勝した人民党は、2議席と惨敗したフンシンペック党と形式上は連立を維持したが、大臣ポストと州知事・市長ポストを初めて独占した。

この間、タイとの関係は二度にわたって悪化した。まず２００３年1月、タイ人女優がテレビ番組で「アンコール・ワットはタイのものだった」との趣旨の発言をしたという報道をきっかけに、首都プノンペンで抗議集会を行った参加者たちが暴徒化し、タイ大使館やタイ資本のホテルや企業を襲撃した。さらに２００８年から２０１１年には、世界遺産プレア・ヴィヒア寺院周辺の領有権をめぐる対立が激化し、双方の軍による断続的な銃撃戦で数十人の死傷者を出す国境紛争に発展した。

ここで重要な点は、タイとの国境紛争を機に人民党政権はＡＳＥＡＮに対する信頼を低下させ、地域外の大国である中国との連携に傾いたことである[27]。タイがカンボジアとの二国間交渉による解決を主張したのに対して、人民党政権は国連やＡＳＥＡＮ地域フォーラム（ＡＲＦ）閣僚会議、米国など、第三者の仲介による解決を模索した[28]。人民党政権から見れば、ＡＳＥＡＮは国境紛争の解決に無力であった。ＡＳＥＡＮがカンボジアの主権と領土保全を守るための重要な地域プラットフォームになるという人民党政権の期待は裏切られる形となった。

一方、ベトナムとの関係も国内政治の影響を受けて変化しつつある。２０１３年総選挙（定数

１２３議席）では野党勢力が結集した救国党が55議席を得て躍進し、人民党は前回の90議席から68議席へと大きく後退した。[29]ベトナムによる領土侵食やベトナム人不法移民を問題視する救国党は、ベトナムの全面的な支援によって１９７９年に政権の座に就いた人民党をベトナムの傀儡として批判した。救国党の躍進が国民の間に根強い反ベトナム感情を刺激するなか、人民党はベトナムとの国境問題や在カンボジアのベトナム人に対する姿勢を厳しくせざるを得なくなった。人民党政権は、ベトナムによる領土侵食に対してベトナム政府に繰り返し抗議したり、ベトナム人不法労働者に対する取り締まりを強化したりした。２０１４年から16年にかけてカンボジアが強制送還した不法移民１万１６６１人のうち、84％がベトナム人であった。[30]また、２０１６年のＡＳＥＡＮ外相会議で人民党政権は先述のとおり、南シナ海の領有権問題でベトナムと対立する中国の立場を代弁する姿勢を示した。

　ベトナムはこうした人民党政権の対応に不満を抱いているが、反ベトナム的姿勢が強い野党が政権を獲得することは望んでおらず、人民党政権との友好関係を重視している。２０１６年以降も平和的関係の相互確認や、党や政府間のハイレベル相互訪問が繰り返されており、両国の政治的関係は現在に至るまで維持されている。

　また、欧米諸国とは人権や民主主義の問題をめぐって１９９０年代から幾度となく対立を繰り返してきたが、とりわけ２０１７年以降の人民党政権の強権化によって関係は悪化した。２０１３年総選挙に続いて２０１７年６月の地方選挙でも救国党が躍進すると、[31]人民党政権は同年９月、米国との通謀による国家反逆の容疑で救国党のクム・ソカー党首を逮捕し、同年11月には司法府を利用して同党を解党した。また、救国党党首の逮捕に先だって、米国のＮＧＯ「全米民主研究所（ＮＤＩ）」や、米国系の「ラジオ・フリー・アジア」と「ボイス・オブ・アメリカ」を放送する複数のラジオ局の閉鎖を命じたほか、英字紙『カンボジア・デイリー』を廃刊に追い込むなど市民社会組織を弾圧していた。

　これに対して米国とＥＵはカンボジアに対する援助の一部を停止したり、経済制裁を科したりした。米国とＥＵが国家選挙委員会への資金援助を停止するなか、人民党が２０１８年総選挙で全議席を独占して独裁へ回帰すると、ＥＵは２０２０年８月からカンボジアに対する関税優遇措置の一部を停止した。しかし、こうした対応はカンボジアと中国をさらに接近させることとなった。先述した中国とのＦＴＡの締結や合同軍事演習の定例化は、その一例と言える。

　こうした人民党政権の極端な中国への傾斜の背景には、隣国や欧米諸国との不安定な関係に加えて、長期支配を続ける人民党による体制維持の問題がある。１９９０年代末のポル・ポト派の壊滅によって武力紛争が完全に終結したことにより、人民党は２０００年代に入ると支配の正当性の源泉として、「ポル・ポト派の復権阻止」や「内戦の終結と平和の実現」に代わるものを国民に提示する必要に迫られた。それが「開発」であった。人民党は選挙で勝利するために経済発展の成果を国民に分配し、ときに野党や市民社会組織を弾圧しながら体制維持を図ってきた。人権や民主主義は内政問題であるとして不干渉の立場を貫き、多額の援助や投資を行う中国は、人民党政権の正当性と生き残りにとって不可欠な存在となっているのである。

●人民党政権から見た西太平洋連合

人民党政権は日本が中国も米国も含まない「西太平洋連合」構想を提唱した場合、どのような反応を示すのだろうか。以下、カンボジアと日本の関係を概観した上で、人民党政権から見た「西太平洋連合」構想の可能性を検討することをもって本章の結びとする。

カンボジアは日本にとって古くからの友好国である。第二次世界大戦末期に日本の直接統治下に置かれたカンボジアは、独立後まもない１９５４年に対日賠償請求権を放棄し、55年の新潟大火への見舞金をいち早く送るなど友好的な姿勢を示した。55年12月に調印された日本・カンボジア友好条約は、カンボジアが独立後に外国と締結した最初の友好条約であった。[32]

一方、日本も、国際化したカンボジア内戦の終結およびその後の復興・開発や民主的な国づくりに、官民を挙げて協力してきた。その一例として、１９８０年代のインドシナ難民の受け入れや、80年代後半から90年代初頭にかけての和平交渉への積極的関与と国連平和維持活動（ＰＫＯ）への自衛隊の初派遣、さらに多額のＯＤＡの供与やＮＧＯによる援助活動などが挙げられる。とりわけ、日本は２０００年代に中国に抜かれるまでカンボジアにとって最大の二国間援助供与国であった。日本とカンボジアの関係は、２００７年以来の「新たなパートナーシップ」から、２０１３年に「戦略的パートナーシップ」に格上げされた。

このことが示すように、人民党政権は対中傾斜を強める一方で日本も重視している。なぜならば、人民党政権はカンボジアが中国に過度に依存することによるリスクを強く認識しているからである。[33]

その一方で、人民党政権は日本が平和主義を規定する憲法を持ち、国連安全保障理事会の常任理事国ではないことから、日本の軍事的・戦略的役割には限界があると認識しており、日本との連携には制約がある。[34]

中国を含めない西太平洋連合に人民党政権が参加するのは一見、難しいように思われるが、上記のような状況を考慮すると、可能性がまったくないとは言い切れない。そこで、本書「はじめに」で示された西太平洋連合について考えられる３つの懸念について、人民党政権の立場から検討したい。

１つめは、西太平洋連合は大東亜共栄圏の再来ではないかという懸念である。カンボジアは第二次世界大戦末期に日本の直接統治下に置かれたが、そのことに対する負の記憶や抵抗は少ない。第二次世界大戦後の両国の良好な関係を考えても、１つめの点については大きな問題とはならないであろう。

２つめは、西太平洋連合は米中対立の間における中立主義、日和見主義に過ぎないのではないかという懸念である。人民党政権は、ＡＳＥＡＮだけではカンボジアの安全保障と経済発展を実現できないと考えるとともに、中国への過度な依存のリスクも認識している。そこで可能な限り他の地域および世界の大国との関係強化を進めようとしており、日本が提唱した「自由で開かれたインド太平洋（ＦＯＩＰ）」構想に対して東南アジア諸国のなかで最初に支持を表明した。[35] とはいえ、人民党政権の存続にとって現在は中国が最も重要なパートナーであるため、西太平洋連合が中国との衝突をいかに回避できるかが課題となる。

３つめは、西太平洋連合は日本が提唱するものの、結局は米国の傀儡ではないかという懸念である。

たしかに米国に対する人民党政権の警戒心は強い。なぜならば、米国は過去にカンボジアの内戦に深く関与したことに加えて、現在は野党や市民社会組織を積極的に支援し、人権や民主主義の問題で繰り返し人民党政権を批判しているからである。とはいえ、日本の対カンボジア政策は米国のそれとは一線を画しており、人民党政権もそのことを十分に認識している。米国とＥＵが選挙支援を停止するなか、日本が２０１７年以降もカンボジアへの選挙支援を継続したことはその一例である。したがって、西太平洋連合が米国寄りであるとの印象を与えなければ、人民党政権の理解は得られるのではないだろうか。

以上のように、中国への過度な依存が進んだ結果、人民党政権は経済開発のさらなる推進と体制維持のために中国との関係を深めながらも、日本をはじめとする大国との連携による、より柔軟でバランスのとれた外交政策を模索し始めている。西太平洋連合が中国と全面的な対立状態に陥ることがなければ、人民党政権にはこうした多国間連携に積極的に反対する理由はないと考えられる。

１９７９年から長期支配を続ける人民党にとって、最優先事項は体制維持である。本章で論じてきたように、人民党は91年のパリ和平協定の締結に伴う複数政党制の導入に際して、生き残りのために党の指導原理であるマルクス・レーニン主義を放棄し、97年の「7月政変」後に国際的孤立に直面した際には、かつて「諸悪の根源」と呼んだ中国との関係を改善して援助を引き出した。柔軟性と適応力を有するきわめてプラグマティックな政党である。中国が人民党政権の正当性と生き残りにとって不可欠な存在となっていることは事実であるが、それは現時点で両者の利害関係が一致しているからに過ぎない。

支配の長期化に伴い古参幹部らの高齢化が進むなか、人民党指導部内では近年、カンボジア版「太子党」とも言える、党高級幹部の子弟を中心とする次世代への権力継承が始まっている[36]。現在40歳代前半以下である彼ら・彼女らの多くは、ベトナムで政治・軍事訓練を受けた父親たちとは異なり、欧米諸国で学位を取得して帰国したエリートである。留学を通じて欧米の価値観に触れ、幅広い人脈を築いてきた次世代へ権力が継承されれば、統治のあり方や欧米諸国との関係にも変化が生じる可能性もある。

また、現在は人民党が国民議会の全議席を独占し、野党勢力は分断状態にあるが、複数政党制による5年ごとの総選挙という民主的な政治制度自体は維持されている。人民党政権の対ベトナム政策とは対照的に、これまで対中政策が国政選挙における争点になったことはない。しかし今後の内政の動向次第では、２０１３年総選挙後に人民党政権が対ベトナム政策の見直しを迫られたように、対中政策が変化する可能性も否定できない。今後のカンボジアの対中政策と西太平洋連合の可能性を考えるには、これまで以上に国内政治要因に着目した分析が重要となるであろう。

注

（１）中国に過度に依存しているとの批判に対するフン・セン首相の発言（２０２１年５月20日、第26回国際交流会議「アジアの未来」）。『日本経済新聞』朝刊、２０２１年６月15日、31頁。

（２）Kishore Mahbubani, “Is China Losing the Diplomatic Plot?” *Project Syndicate,* July 26, 2012. (https://www.project-syndicate.org/commentary/is-china-losing-the-diplomatic-plot); John Ciorciari, “China and Cambodia: Patron and Client?” IPC Working Paper No. 121, 2013.

（３）１９７９年１月の政権掌握時の党名はカンプチア共産党であった。81年５月の第４回党大会でカンプチア人民革命党に改称し、さらに91年10月の臨時党大会でマルクス・レーニン主義を放棄してカンボジア人民党に改称した。

（４）Paul Marks, “China’s Cambodia Strategy,” *Parameters,* US Army War College Quarterly, Vol. 30, No. 3 (Autumn 2000).

（５）James Kynge, Leila Haddou, and Michael Peel, “FT Investigation: How China Bought its Way into Cambodia,” *Financial Times,* September 9, 2016. (https://www.ft.com/content/23968248-43a0-11e6-b22f-79eb4891c97d)

（６）Kenneth T. So, *The Khmer Kings and the History of Cambodia: BOOK II–1595 to the Contemporary Period,* Florida: DatASIA Press, 2017.

（７）天川直子「カンボジアの紛争：「ポル・ポト問題」の一般化に向けての試論」武内進一編『アジア・アフリカの武力紛争：共同研究会中間成果報告』アジア経済研究所、２００２年、１４７頁。

（８）秋山民雄「シアヌークの中立主義」木村哲三郎編『インドシナ三国の国家建設の構図』アジア経済研究所、１９８４年、43頁。

（９）シハヌークが１９５５年に諸政党を糾合して結成した翼賛政治運動組織。正式名称は「サンクム・リアハ・ニヨム」（「人民社会主義共同体」の意）。サンクムはシハヌーク政権下で実施された全４回の総選挙（１９５５年、１９５８年、１９６２年、１９６６年）すべてにおいて全議席を独占した。

（10）Ben Kiernan, *The Pol Pot Regime: Race, Power, and Genocide in Cambodia under the Khmer Rouge, 1975–79,* 3rd edition, New Haven and London: Yale University Press, 2008.

（11）１９９２年３月の政党への再編を機にシハヌークの息子ノロドム・ラナリットが党首に就任した。

（12）今川幸雄「政治と経済」綾部恒雄・石井米雄編『もっと知りたいカンボジア』弘文堂、１９９６年、２３６－２３７頁。

（13）Marks［2000］.

(14) 香港とマカオを含めた場合、中国が米国に次ぐ第2位の輸出相手国となったのは２０００年である。中国本土への輸出額が香港へのそれを逆転したのは２０１４年である。
(15) 香港とマカオを含めた場合、中国は１９９８年にタイを抜いて最大の輸入相手国となった。中国本土からの輸入額が香港からのそれを逆転したのは２００８年である。
(16) カンボジア開発評議会（ＣＤＣ）ウェブサイト（http://www.cambodiainvestment.gov.kh/）２０２１年5月25日閲覧。
(17) 友田大介「中国企業、カンボジアで圧倒的な存在感」２０２１年3月25日、日本貿易振興機構（ジェトロ）ウェブサイト（https://www.jetro.go.jp/biz/areareports/special/2021/0301/656329a08dbdabb9.html）２０２１年5月25日閲覧。
(18) Lak Chansok, "A Comparative Studies on Soft Power of Japan and China on Cambodia's Foreign Policy," Ritsumeikan Asia Pacific University, 2019.
(19) National Bank of Cambodia, *Annual Report 2016*, Phnom Penh: National Bank of Cambodia, 2007.
(20) Luo Jing Jing and Kheang Un, "Japan Passes China in the Sprint to Win Cambodian Hearts and Minds," *Perspective*, Issue: 2021, No. 59, 30 April 2021.
(21) 外務省ウェブサイト（https://www.mofa.go.jp/mofaj/gaiko/oda/shiryo/hakusyo.html）２０２１年6月10日閲覧。
(22) ２０２１年は新型コロナウイルス感染症対策を理由に中止となった。
(23) Alvin Cheng-Hin Lim, "Sino-Cambodian Relations: Recent Economic and Military Cooperation—Analysis," *Eurasia Review*, June 30, 2015.（https://www.eurasiareview.com/30062015-sino-cambodian-relations-recent-economic-and-military-cooperation-analysis/）
(24) Jeremy Page, Gordon Lubold, and Rob Taylor, "Deal for Naval Outpost in Cambodia Furthers China's Quest for Military Network," *The Wall Street Journal*, July 22, 2019.（https://www.wsj.com/articles/secret-deal-for-chinese-naval-outpost-in-cambodia-raises-u-s-fears-of-beijings-ambitions-11563732482）
(25) Drake Long, "Cambodia, China and the Dara Sakor Problem," *The Diplomat*, October 21, 2000.（https://thediplomat.com/2020/10/cambodia-china-and-the-dara-sakor-problem/）
(26) Seth Mydans, "After Expelling Uighurs, Cambodia Approves Chinese Investments," *The New York Times*, December 21, 2009.（https://www.nytimes.com/2009/12/22/world/asia/22cambodia.html）
(27) Cheunboran Chanborey, "Cambodia-China Relations: What Do Cambodia's Past Strategic Directions Tell Us?" Deth Sok Udom, Sun Suon, and Serkan Bulut eds., *Cambodia's Foreign Relations in Regional and Global Contexts*, Phnom Penh: Konrad-

Adenauer-Stiftung, 2017.
(28) 山下明博「世界遺産をめぐる国境紛争：プレアビヒア寺院遺跡」『安田女子大学紀要』２０１１年、第39号：２５３。
(29) 得票率は人民党が48・83%、救国党が44・46%であった。
(30) Kry Suyheang and Chy Terith, “Cambodia’s Relations with Vietnam Prospects and Challenges,” Deth Sok Udom, Sun Suon, and Serkan Bulut eds., *Cambodia’s Foreign Relations in Regional and Global Contexts*, Phnom Penh: Konrad-Adenauer-Stiftung.
(31) 得票率は人民党が50・76%、救国党が43・83%であった。
(32) 今川幸雄『カンボジアと日本』連合出版、２０００年、35－36頁。
(33) Cheunboran［2017］.
(34) Cheunboran［2017］.
(35) Chheang Vannarith, “Cambodia supports Japan’s Indo-Pacific Strategy,” *Khmer Times*, May 17, 2009.（https://www.khmertimeskh.com/605150/cambodia-supports-japans-indo-pacific-strategy/）
(36) 山田裕史「人民党長期支配下で台頭するカンボジア版『太子党』」ＩＤＥスクエア　世界を見る眼、２０２１年１月。（https://www.ide.go.jp/Japanese/IDEsquare/Eyes/2021/ISQ202120_002.html）

第8章

脱内陸国の地政学
——ラオスの西太平洋連合構想

相澤 伸広／ケオラ・スックニラン

内陸性と緩衝性はしばしば経済開発ひいては国家建設の制約として論じられている。[1] 国家建設の成否を左右する要素としては教育、科学技術、法律制度などほかにも重要なものはたくさんある。これらの多くが、論理的には自己努力によって変えることができる要素である一方、内陸性は基本的に固定された地理的条件であり、緩衝性は周辺または世界的な地政学環境の変化という外部要因に規定される条件である。

ラオスは東南アジアの中でも「小さい」国である。しかし、それ以上にラオスの対外関係を困難にしているのは、こうした内陸性と緩衝性である。ラオスは東南アジア唯一の内陸国である。そして、ベトナム戦争時のように大国間の勢力圏争いの結果、緩衝国として多大なる戦禍に見舞われた過去を持つ。大国間で「冷戦」と呼んだ時代はラオスにとって、熱戦に他ならなかった。

「冷戦」終結とともに、ラオスは緩衝国としての役割を名目的に終えたが、数世紀にわたる地政学的な負の影響から立ち直ることは簡単ではない。1997年にASEAN、2013年にWTOに加盟し、政府間の対外関係は目覚ましい拡大を遂げたものの、国際的な経済関係の深化や民間の交流の立ち遅れはいまだ著しい。

本書で提唱される「西太平洋連合（以下ＷＰＵ）」構想が、そうしたラオスの苦境を打破するためにどのような役割を持ち得るか、また「ＷＰＵ」がどのような枠組み、制度、機能を備えることでラオスにとって魅力的、もしくは懸念すべき対象となるのか、その点を考察することが本章の目的である。

1 ラオスにおける対外関係の制約と課題

ラオスの対外戦略上、ＷＰＵという枠組みが新たな地平を開き得るかについて検討するためには、まずこれまでラオスが直面してきた様々な制約について正視する必要がある。近代ラオスの領土はそもそも大国間競争の緩衝国として位置づけられた。言い換えるならば、隣国からの政治的影響力を意図的に最小化するべく、ヒト、モノの双方について接続性が低くなるよう自然環境をベースにデザインされてきた。ただ、時代が変わり緩衝国としての役割を終え、隣国との政治的な断絶を保つ必要性がなくなり、現代においてはむしろ経済的連結性が求められるようになった。そのとき、かつて政治的利点として働いた地形、地理的な制約は、かえって経済開発、国家建設の障壁としてたちはだかるようになった。

　こうした状況を打開するためにとった方法は１９９０年代に進んだタイとの経済的連結性強化であった。タイとの国境線の大半はメコン河であり、数百㎞にわたり山岳部であるベトナム、または中国との国境に比べ、地理的制約は相対的に低かった。ここで見過ごせないのは、地理的制約の克服に際し、ラオスは域外国の協力を得て解決してきたという点である。たとえば、１９９４年に完成した第一ラオス・タイ友好橋はオーストラリア政府の無償援助によって建設され、２０００年にパクセー市において建設された最初の国内のメコン橋は日本の無償援助を得て実現した。ラオスが最初にメコン友好橋に負担をしはじめたのは、２００６年に完成した第二メコン友好橋でありこのときも日本の円借款が大きな役割を果たした。地理的条件の克服と隣国関係との強化のため、ラオスが二国間関係に頼らず、多国間の枠組みに活路を見出すという外交戦略はこれまで十分な成果を上げてきた。

　したがって、ＷＰＵがラオスにとって魅力的な枠組みとなるには、ラオスの内陸国としての悪条件からくる越境流通コストをＷＰＵがデザインする地域全体の取り組みによって低減し、近隣国、域外国にもラオスとの接続性強化の利益を説得するプラットフォームとして機能し得るかが鍵となる[2]。その可能性を検討するためにも、本節ではまず、ラオスの外交戦略上理解すべき地理、歴史、政治、文化、経済、そして、内外の地政学から生じる制約と課題を検討する。

●地理的制約

ラオスは東にベトナム（２０６９㎞）、南にカンボジア（４３５㎞）、西にタイ（１８３５㎞）、北西にミャンマー（２３６㎞）、そして、北に中国（５０５㎞）に囲まれた内陸国である。[3] ラオスが直面している地理的制約はそれだけではない。海に面する隣国のほとんどと容易に行き来できないことが問題の本質である。例として、直線距離ではベトナムを通じて南シナ海が一番近い海になるが、首都以北のラオス北部全体が山間部である一方、首都以南のラオスの中南部とベトナムの間には、約１０００㎞にわたり、アンナン（安南）山脈が位置し、自然の城壁となっている。[4] １８９３年から１９５３の仏印（アンナン、カンボジア、コーチシナ、トンキン、ラオス）、その後の内戦期、１９７５年から現在に至るまで、東方のベトナムとは政治的、軍事的な結びが強いにもかかわらず、その他の分野では交流が限定的なのはこの地理的制約によるところが大きい。南方のカンボジアに入る直前のメコン河にあるコーンの滝によって、カンボジアとはもちろん、ベトナムの南部や海への水路も塞がれている。南方の陸路では主たる障害がないため、カンボジアとの対外関係はラオスの前身であるラーンサーン王国建国時期から文化、社会、安全保障まで幅広く、かつ伝統的に親密だった。[5] しかしながら首都同士の距離が遠く、安定した経済関係には発展していない。

西方にあるタイとは、その東北部とラオスの３つの平野のすべてがつながっている。[6] メコン河がラオスとタイの国境を形成している区間はあるが、川を渡るコストは、山を越える移動・輸送コストに比べはるかに小さい。もっと言えば、ラオスの主要な都市部のほとんどはメコン河に面しているため、川を越えればタイの地方都市、さらには比較的よい道路インフラを通じてタイの主要都市にアクセスすることができる。したがって、世界からラオスの主要都市への最も効率のよいアクセスはタイの東北部平野経由のルートとなる。[7] これまでラオスがタイと政治的に対立関係にあったとしても、経済関係の緊密性に大きな変化がないのはこのためである。例として図表８－１ではラオスの国別輸出入額推移が示されているが、タイとの貿易額が今日に至るまで、ほかの隣国を圧倒している様子が窺える。２０１０年ごろから中国への輸出が急伸し、近年ではタイ向けとほとんど同じ規模となっているが、輸入の差が依然として大きい。さらに、タイ、中国、ベトナムの隣国以外の国との貿易は輸出入ともに１９９０年代から停滞している。空輸を除けば、域外の国との貿易も隣国を通過しなければならない。ラオスが貿易、投資を通じて繁栄をするには隣国との連結性を高める以外、選択肢がないことはここからも明らかである。

　ミャンマーとの国境線は短く、その全区間がメコン河である。対岸のシャーン州にはラオスの北部のルー族と同じ民族が多く住んでおり、メコン河を通した小規模の貿易や行き来は常に存在する。２０１５年にラオス・ミャンマーの最初のメコン友好橋が完成して、本格的な貿易の拡大が期待されたが、ミャンマーの複雑な国内情勢やラオス側の開発の遅れにより、ミャンマーの農産物の中国向けの迂回輸出に一部利用されているのにとどまっている。[8]

　中国国境の地理的条件は、ベトナムとならび山岳条件に阻まれ難しいものとなっていた。しかし、２０００年代の中国の台頭から、これらの地理的な障壁が交通インフラの整備により、急速に解消さ

図表8-1　ラオスの国別貿易額

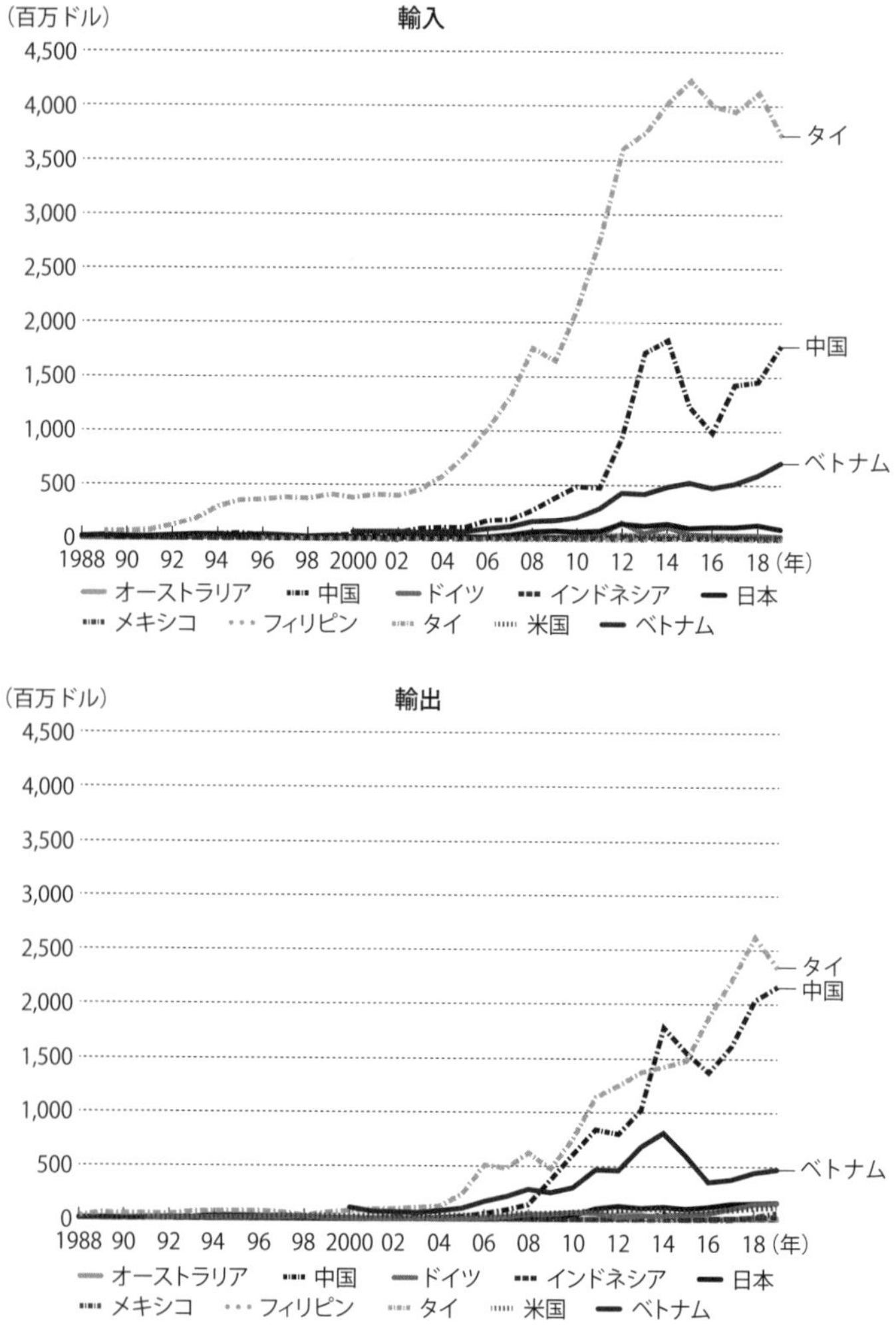

注：ベトナムより少ない国は以下。日本、米国、ドイツ、メキシコ、インドネシア、フィリピン、オーストラリアを図示した。
出所：COMTRADE（国際連合）に基づき筆者作成。

れつつある。[9] ２０１６年に建設が始まった高速（中速）鉄道は２０２１年12月に開通予定であり、高速鉄道では首都ヴィエンチャンから中国国境まで移動時間が数日から数時間に大幅に短縮される見込みである。これと並行して２０１８年から建設が始まった中国ラオス高速道路は首都から中部のバンビエンまで約１０９kmの第一セクションが２０２０年12月に開通した。[10] 次の工区となる旧都ルアンパバーンまでの約１３７kmは同12月に承認され、これが完成すると中国国境までは残り約２００kmとなる。中国の西部開発の進展を考慮すれば、今後、中国の開発意欲に乗じる形でラオス北方の地理的な閉鎖条件が実質解消されることはほぼ確実である。

●歴史、政治、文化、経済的制約

国家の対外関係を妨げるのは地理以外にも多くの社会的な条件が影響し、経済関係が深いタイとの関係が戦略的に安定しない理由となっている。第１に歴史である。今日のラオス（ラオス人民民主共和国）の前身にあたるラーンサーン王国は、後継者問題をめぐる内紛により、17世紀に国土の大半が当時のシャム（現タイ）の属国になった。その後、フランスのインドシナ進出により、メコン河東部と、西部の数十県のうちの2県が仏印に編入され、それが現代の領土の基礎になっている。ラオスにとっては、フランスの介入、その後の内戦を経て民族の独立を回復できたが、領土の大半を失うことにもなった。[11] ラオス人民民主共和国が成立した１９７５年後は、タイが度々に国境を封鎖し、これによりタイまたはタイ経由の輸入に頼っていたラオスの都市部に深刻な物資不足の状態が発生した。

１９８０年になると双方の陸、空軍を動員した本格的な国境紛争が繰り返された。

ラオスとタイの難しい関係は、国境紛争以外でも確認できる。言葉が読み書きともに似ているため、ラオスではタイのテレビ、ラジオ、新聞などの大衆メディアを日常的に消費している。そのため、１９９０年代以降、タイのメディアでラオスを蔑視する発言が報じられるたびに、ラオス政府が公式に抗議をし、通常デモのないラオスの都市部ですら抗議デモが発生した。タイが実施した意識調査でもラオスにおけるタイへの不信感が浮き彫りになっている。[12] ２０２０年にはラオスの新型コロナ対応を批評したタイの著名なニュースキャスターに対して政府などから抗議が相次ぎ、本人が在バンコクのラオス大使館などで謝罪し、和解を求めたように、過剰反応とも捉えられる事件が起きている。[13] このように、タイとラオスの間には文化的、経済的な近さにもかかわらず、真の同盟を構築しにくい関係がある。

第二は政治体制である。現在のラオスは一党支配の政治体制を採用している。ラオスの外交は政府に加え、党によって行われている。外務省と党の対外委員会はトップレベルの人事交流が常に行われ、とりわけ政治的な結びつきがベトナム、中国とは親密な関係にある。一方、タイとは地理的にもそして経済的にも関係が深いにもかかわらず、政治的関係に深化しない理由の１つが、この政治体制の違いにある。

第三に、そうは言っても、文化または民族的条件としては、ラオスの主要民族であるラオ族はタイ系諸族の１つであり近接するタイの東北部の主要民族はそもそもラオ族であることから両者に親和性があるのは間違いない。そのことが、これまでの歴史でラオスとタイが、イギリス・フランス、米ソのように、対立する勢力と結びついたとしても、ラオスとタイ、特に東北タイとの社会、経済的な結びつきが最も緊密であることに変わりはなかった。こうした複雑な状況が近い将来大きく変化する可能性は低い。つまりタイとの関係については劇的に深化することも悪化することも考えにくい。

●地政学的制約：大国間競争の緩衝国として

これまでラオスは世界的な大国間対立の結果、周辺諸国の安全保障上重要な場所に立地しているとの理由で、ラオスは不本意ながら大国に緩衝国（Buffer State）として位置づけられ、大国の軍事作戦の犠牲になった。米国の対ソ、対中共産党の戦略上、アイゼンハワー大統領がラオスを「中立」と見なす意見を却下してあらゆる手を用いてラオスが共産主義勢力の手に落ちないよう、介入を決めていた。１９６１年の政権交代時には後任のケネディ大統領に何よりもまずラオス政策の重要性を念を押したことに象徴的に表れている。[14] その帰結の１つが、「世界で１人あたり最も爆弾を投下された国」と言われるほどに苛烈を極めた１９６４－73年の米国の爆弾攻撃であった。当時投下されたクラスター弾の30％が依然として不発弾としてラオス国内に残っており、そのことが現在に至るまで開発を妨げている。

大国間競争の中で、緩衝国となった内陸国はアジア、ヨーロッパ、アフリカに点在する。しかし、ラオスのように、緩衝する対象の対立勢力が目まぐるしく変化する一方、何世紀にもわたりこの役割を強いられ、さらには、度々本格的な戦場となった事例は多くない。近代以前のラオスはタイとベトナムの緩衝国であった。18世紀末になると、緩衝の対立勢力はタイ、厳密にはその後ろ盾であるイギリスとフランスに変化する。[15] 20世紀半ばからはアメリカとベトナム・旧ソ連が支援勢力間の内戦の時期に突入する。[16] １９７５年に内戦が終結してからも、米ソの冷戦が１９８０年代の終わりまで続いた。名目的にとは言え、ラオスが数世紀ぶりに緩衝国を脱したのは１９９０年に入ってからである。そうした中で、現在再び米中対立の影がラオスにも忍び寄ってきている。カンボジアが示しているように、ラオスの外交政策もまた、周辺諸国の安全保障関係を無視して行動することは難しい。

●小括

ラオスの対外関係で注意が求められるのは、地理、歴史、政治、文化と地政学の条件、また制約が相手と分野によって一致しないことにある。具体的には歴史、政治的条件を重視すれば、ベトナム、中国との対外関係の構築がしやすいが、地理社会、および経済的な条件を考慮すると、タイとの関係が合理的である。中国との経済関係の構築は、中国の経済成長ゆえにこの20年で飛躍的に進展した。度々対立するタイ以外の出口を確保することはラオスの悲願であったため、中国という世界第2位の経済大国との連結性が強化されるというのは歓迎すべきことである。ただ、大きな非対称性によるリスクは当然存在する。そうなれば、残りはベトナムとの経済関係の構築、ひいては首都から最も近い海へのアクセスの開拓に努めるしかない。しかし、これは世界的な列強である19－20世紀初頭のフランス、また20世紀の旧ソ連でも為し得なかった難題である。[17] ＷＰＵにラオスとベトナムが共に関与できる場合、これが進展する可能性は十分にある。現在日本の主な生産拠点はタイにあるが、ベトナムにその重心を移していくことは時間の問題である。世界第３の経済大国が主導するＷＰＵに、ベトナムとともに加盟し、日本をはじめとする各国の支援を得て、ラオスが「太平洋の国」となることを志向し、東方との経済関係の構築、ひいては、実質的なもう１つの海への交易ルートを確保する機会となれば、大きな地政学的転換をもたらすことになる。

2 既存の対外関係の効果と限界

本節は、ラオスにとってのＷＰＵの可能性をより浮き彫りにするため、既存の対外関係の効果と限界を、近隣国とそれ以外に分けて考察する。こうした分け方をするのは次の理由がある。内陸にある小国にとって、より大きな隣国との関係を安定させるためには、レバレッジとして大国を関与させることを求めるのは必要不可欠である。ただその大国が遠方にある場合、その関与は必ずしも安定的ではない。ラオスの場合はまさに、これまでアメリカ、旧ソ連といった大国との関係が政治的安定の礎となってきたが、その関与は繰り返し、それぞれの国内事情により、一方的に終了した歴史がある。

したがって遠方にある大国と対外関係の重要性も、不安定性も自明であるが故に、ラオスとして必要なことはその時々の国際情勢に応じて、いかにして遠方の大国がラオスに関与し続ける秩序や、地域的アーキテクチャーを構築するかにかかっている。逆説的な見方ではあるが、地理的に弱い立場にある内陸国であるからこそ、ある程度の内政干渉を受けたとしても、域外国との関与を維持することが戦略的利益となる。したがって、ここではまず近隣国との関係の重要性および課題について指摘した上で、域外大国との関係とその課題について述べたい。

●近隣国・地域

・ベトナム

ベトナムはラオス、特に現体制にとって、政治と安全保障にとって最も重要な隣国である。１９７５年以来ベトナムとの関係は党や政府にとって「特別な関係」と定義されている。党と党の関係はインドシナ共産党が設立された１９２９年にまでさかのぼり、今後これが続く可能性も非常に高い。ベトナムとの関係で最も大きな課題は経済関係の構築である。経済関係とは狭義では、貿易と投資である。具体的にはヒト、モノ、カネの越境する流量である。これが増える条件は人口密集地である都市部間の輸送、移動の時間が短縮されコストが低下し、容量が増大することが非常に重要である。ラオスのどの主要都市からもタイのバンコクまでは道路距離が約６００㎞強の平野道であるのに対し、ベトナムのハノイまでは約７５０㎞から１０００㎞の山道である。山道を通した経済関係の構築がどれほど難しいかは、仏印期のフランスや冷戦中の旧ソ連の失敗を振り返れば明らかである。当時のフランスや旧ソ連は軍事大国であったが、経済大国ではなかった。昨今のラオスと中国との経済関係の拡大からも明らかなように、ラオスの山間部を越えた経済関係の構築には、そのコストを支え得る経済大国および経済連合の関与なしに進展は望めない。もちろん、ベトナムが単独で昨今の中国のように経済的に台頭するなら話は別である。各国企業のベトナムへの生産拠点の移転は今後も続くことに疑いの余地はないが、これまで中国で起きたような規模での成長が起こる可能性は高くないのが現実である。

・タイ

タイは常にラオスの最大の貿易相手国であった。ラオスの主要輸出産品である電力の輸入元もそのほぼ１００％がタイである。人の流れについてもタイがほかの隣国を圧倒している。タイ人の入国者数が近年平均約２００万人に推移している。人口規模がより多いベトナム、またははるかに多い中国はその半分以下に過ぎない。ラオス人の出国先としての違いはもっと顕著である。年間２００万人以上のラオス人がタイに渡っているが、ベトナムや中国には数万人にとどまる。観光客のほか、年間数十万人のラオス人が合法、非合法的にタイで出稼ぎをしている。ラオス経済にとってタイは今後も重要な存在であり続けることは間違いないのである。しかし、内陸国が貿易または経済的に１つの国に強く依存するのはリスクが大きい。図表８－２に示されているように１９９０年以降のラオスにおける１００％前後の物価上昇は一度しか起きていない。それはタイ発アジア通貨危機が起きた１９９７

図表8-2　ラオスのインフレ率の推移

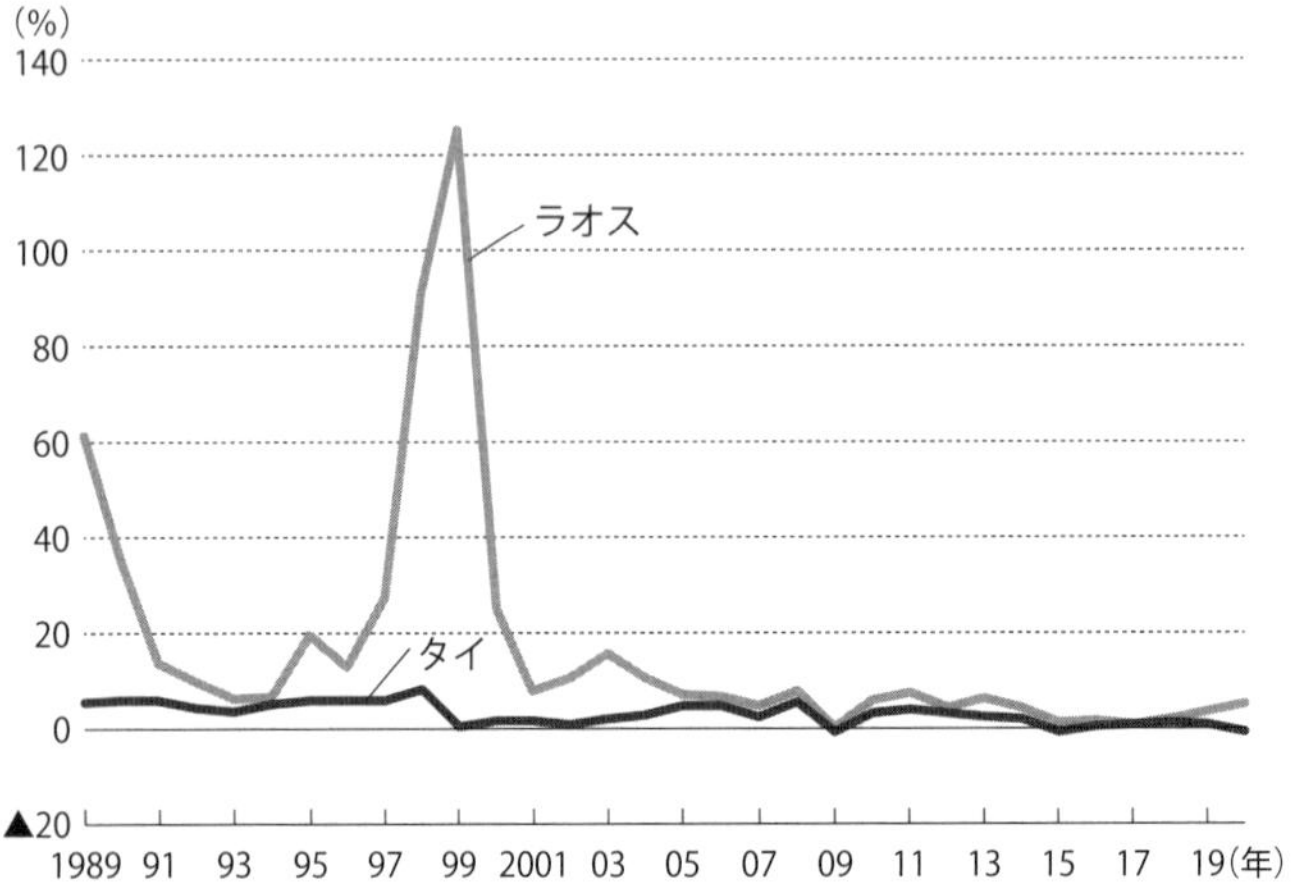

出所：WDI（世界銀行）。

年直後である98年（97%）と99年（１２５％）だけである。２００８年のリーマンショックの際には、好調だった中国経済との結びつきが強くなったためか物価は反対に下がった。現行のＣＯＶＩＤ－19の下でも通常より高いインフレは起きていない。タイ・バーツによるタイからの輸入に依存したラオスはタイ経済の混乱に構造的に非常に貧弱であることを示している。

加えて、タイとの経済関係の拡大のペースが著しく鈍化している。ゆえに、戦略的判断としてタイとのさらなる関係強化はとれないのである。今後著しい拡大が期待できない理由の１つ目は、タイ経済の成長が停滞していることにある。

１９９６年に中国の４倍以上あったタイの１人あたりＧＤＰは２０１１年に中国に追い越され、そして、その差が年々開いている。中所得国の罠として、１人あたりＧＤＰが約３０００から１万ドルとの基準があるが、タイは2020年現在で8000ドルに達していない。タイ経済がすでに中所得の罠に陥っている可能性は高い[18]。停滞しているのは成長だけではない。経済の高度化にも成功していない[19]。経済学者クルーグマンが"The Myth of Asia's Miracle"で指摘したような、生産性の向上ではなく、投入の拡大による成長路線から脱却できていないのは、投資委員会が打ち出した越境外国人労働者を当て込んだ国境経済特別構想からも明らかである。さらに言えば当計画は外資系に賛同がほとんど得られなかったため、2018年に事実上中止されている[20]。タイ経済には外資を中心とした高付加価値の工業、サービス部門と付加価値の高くない農林業が並存している。その結果、タイ経済は発展の初期段階にあるカンボジア、ラオスやミャンマーとも競合関係にある。図表8－1からわかるように、連結性がはるかによいにもかかわらず、ラオスからの輸入は中国と同じ規模である。高所得国に経済構造を構築し、より遅れている国から輸入を増やす経済に転換できていないタイは、ラオスへの輸出に比べ、輸入の伸びが著しく遅い。結果、対タイ貿易では、慢性的な貿易赤字が深刻化し、輸出拡大のため新たな輸出先の開拓が経済政策の重要課題となった。タイ経済に今後もラオスと競合する分野が存在し、電力以外では補完関係が少なく、経済関係が今後大きく拡大しにくいのが2つ目である。

　最も深刻なのは3つ目である。タイとの経済関係で限界と捉えられるのがタイに隣接している地域以外の開発の難しさである。図表8－3は近年マクロ経済データの整備が遅れている開発途上国の経済活動の代理変数として利用されている人工衛星によって観測された夜間光を示している[21]。1990

図表8-3　上空から見たラオスの夜間光の変化

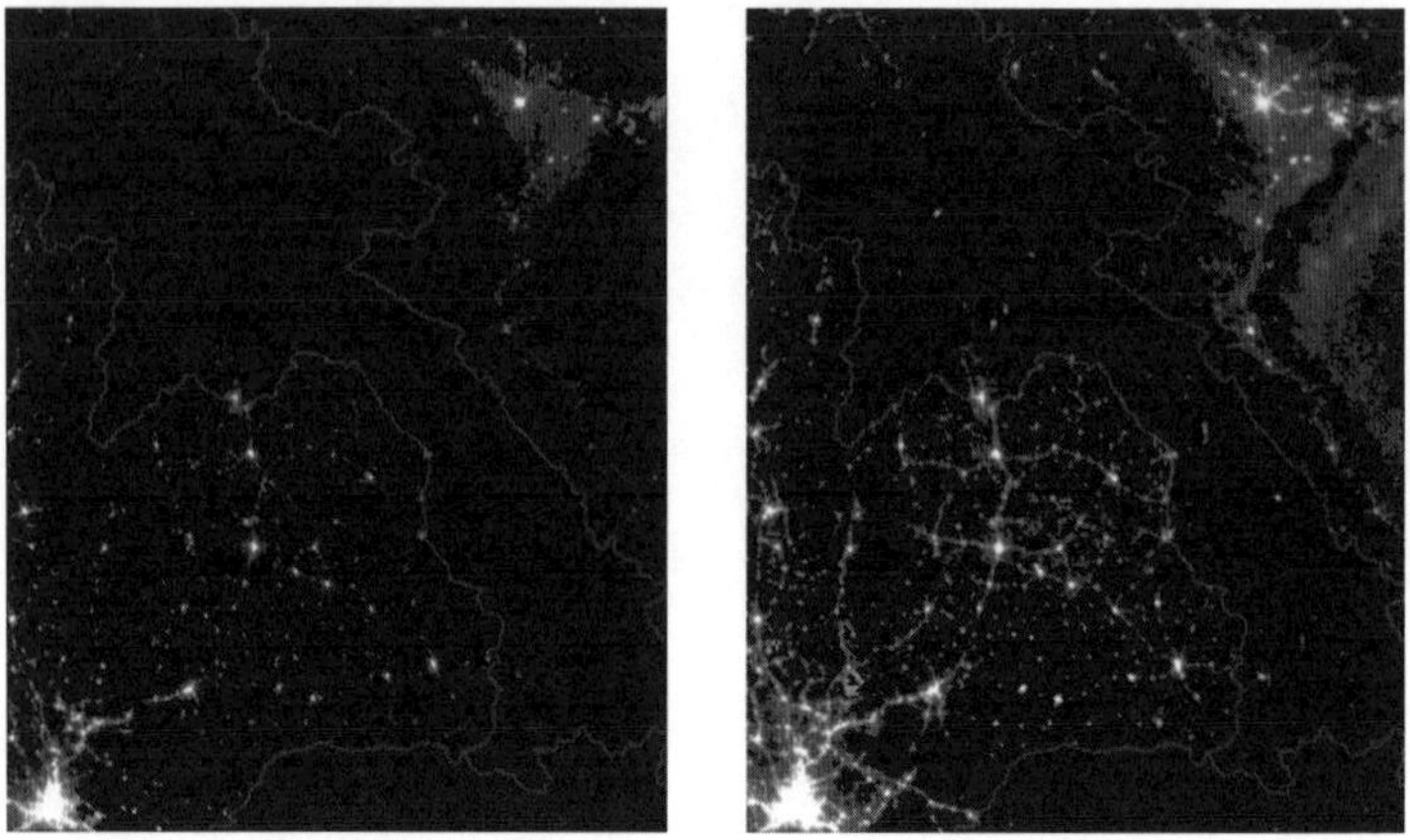

1992年　　2007年

出所：アメリカ軍の気象衛星（DMSP-OLS）。

年代の市場経済化によって、成長したラオス経済はタイとの国境地域に集中している様子が見て取れる。首都を含め、多くの主要都市にとってタイの各都市との越境輸送コストが、国内の都市間のコストに比べてはるかに低いため、経済的には事実上バンコク大都市圏の衛星地域のようになっている。このような状況では、タイ国境周辺以外の地域開発が非常に難しい。タイとの親密な経済関係は今後も続くのは間違いないが、輸出拡大や地域開発の必要性から、構造的にラオス経済とより補完的な経済との関係構築の必要性に迫られている。

・中国

中国との政治、経済の関係は急速に拡大している。中国は政治的にベトナムと特別な関係にあるラオスとも悪化した時期はあった。しかし現在は党の対外関係ではベトナムに次ぐ位置を占めている。党の文書ではラオ中関係を「宿命の関係」と表現している。内陸国がゆえに、従来は日米欧などこれまでの世界の主要市場へのアクセスがよくないことから、経済的に不利とされてきた。しかし、隣国が世界第2の経済大国であるならば、内陸国がゆえに不利だという地理的悪条件は、必ずしも当てはまらなくなる。その意味で、ラオスにこのような経済的な好機が訪れたことはない。大きな経済の力によりラオス北部の地理的制約の解消が急速に進展していることは既述のとおりである。バナナなど農産物の輸出はほぼゼロから数年で数億ドルに拡大している。輸出先としてはほぼ数年足らずでタイと同じ規模に拡大している。ただ、中国との対外関係の課題は2つある。１つは力関係の明白な非対称性である。このような状況でラオスが国益を守って行くことは簡単ではない。たとえば、高速鉄道の建設事業は完成すればラオスのサービス業に大きな効果が期待できるが、力関係の非対称性により、建設そのものによるラオスの地場企業への経済効果が極めて限定的なのである。[22] もう１つはベトナムとタイのような中規模の隣国への影響である。名目的にラオスはもう緩衝国ではないが、いくつかの隣国は、ラオスに与える中国の影響力拡大を懸念している。

・大メコン流域圏

カンボジア、ラオス、ミャンマー、タイ、ベトナム、そして、中国の広西と雲南省から構成される大メコン流域圏（The Great Mekong Subregion：ＧＭＳ）はアジア開発銀行が１９９０年代はじめに主導した越境協力に重点をおいた開発の枠組みである。東西、南北、南部の経済回廊などを指定し、道路、橋などの輸送インフラを整備した。東西回廊ではラオスの中南部の都市であるサワンナケートに日系企業を中心とした小規模の産業集積に発展した。南北経済回廊では中国の沿岸部向け農産物の生産拠点が形成された。これらはラオスにおける地方開発に大きく貢献した。ラオスにとっての大メコン圏の限界は3つある。第一は、ラオスの主要産業である農業が参加国・省のすべてにおける主要産業であり、域内の枠組みだけでは規模が一番小さいラオスが農業開発を進めることが極めて難しいことである。中国向け農産物の輸出先は同じように農業が盛んな雲南や広西ではなく、本来中国の沿岸部に届けることが肝となるが、この枠組みではそれはかなわない状況である。第二は、非農業部門の牽引役が日本企業をはじめ、メコン域外のアクターにあることである。ラオスのサワンナケートはもちろんのこと、カンボジア、ミャンマー、さらには比較的進んだタイ、ベトナムの非農業部門の開発にも、域外の牽引役に頼らざるを得ないのが現状である。非農業部門の開発においては、大メコン流域圏の参加国・省（中国の広西と雲南）とも、主導的な役割を果たすキャパシティーはなく、日系を含む多国籍企業や、中国沿岸部の企業の関与なしで、進展がほとんど望めないのが現状である。第三は、ラオスを含めて、一部の参加国にとっての首都圏との連結性の弱さである。例として、大メコン圏が指定する経済回廊には、タイの首都、ミャンマーの経済の首都であるヤンゴンやマンダレーが含まれていない。経済後進地域の経済開発に重点を置き、首都圏と連結性が弱い枠組みは、規模の経済で競争力が元から乏しいラオスにとって、限界があるのである。

・ＡＳＥＡＮ

ラオスは１９９７年にＡＳＥＡＮに加盟した。旧ソ連の崩壊と冷戦終結がその決定に影響したことは間違いないが、ラオスにとって政治体制を超えた協力関係の拡大に舵を切った大きな方向転換であった。しかし、ラオスの規模の小ささからか、隣国以外のＡＳＥＡＮ加盟国との経済関係の拡大は限定的である。東南アジアは地理的にメコン地域を中心とした大陸部と島嶼部に分けられる。大陸部の東南アジア諸国の所得水準は相対的に低く、人口もより少ない。島嶼部は人口がより多く、所得もより高いが地理的に広がっている。したがって実際には地理的に統一した市場を形成することがそもそも難しく、全体を牽引できる大きな都市部が存在していない。ラオスがその国家戦略として、経済成長のためには1国だけではなく、複数国の連合を組むことで、市場を形成し、投資を呼び込むことが必要であることは、間違いがない。しかしながら、ＡＳＥＡＮという枠組みが作る経済圏が、ラオスにとってどれほどの利益を生むかというと現状では大きくない。そうしたことからも、ラオスが、ＡＳＥＡＮを通じた対外経済関係の拡大に期待するには限界があり、別の連合体が求められるのである。

●域外大国

・日本

ラオスにとって、日本は抗仏戦争以来の重要なパートナーである。第二次世界大戦中の日本の進出はインドシナにおけるフランスの弱体化、ひいては完全な撤退につながった。ラオス国内で大きな戦闘行為がなかったことや通過を目的とした進出が主だったことから、ラオスでは戦争で日本から被害を受けたとの認識は一般的ではない。第二次世界大戦後のフランスの再進出に際しては、ラオスとともに戦った旧日本軍の兵士が存在したのは周知の事実である。そのうえ１９６０年代には賠償請求権の放棄に対し、いまだに現役で稼働している水力発電所が日本のＯＤＡで建設された。１９９０年代には日本は最大の援助国になり、２０００年代に度々日本の機関の仕事で現地調査をした筆者に、日本はなぜラオスに対して、無償援助をしたのかと度々質問された。ラオスにとって、日本との協力関係の最大の課題は安定した経済関係の構築である。これまでうまくいかなかったのは、双方の対外経済関係のモデルのミスマッチによるところが大きい。日本の対外経済関係の中心アジェンダは市場、労働力、そして、資源である。これに対し、ラオスは小規模の人口が比較的広範囲に分散している。現地に多くの日系企業が進出できる環境ではない。資源、ひいてはエネルギー分野の開発も、市場の確保やリスク管理の難しさから進出が容易な状況ではない。これまでラオスに進出した日系企業はタイで活動している企業がほとんどである。

・アメリカ

１９５４年にインドシナから撤退したフランスに代わって、進出したのがアメリカである。１９６０年代のラオスの都市部（王政支配地域）の経済を支えたのはアメリカの援助と言っても過言ではない。この時期にアメリカがラオスに投下した１人あたりの爆弾が世界的な記録と言われているが、１人あたりの援助額についても同じことが言える。[23] ラオスが戦略的に重要な時期では、アメリカの積極的関与は強かった。しかし、そういう状況が今後起きるとは考えにくく、長期的にアメリカの継続的な関与が担保されるかどうかについては懐疑的にならざるを得ない。実際、アメリカの経済力を理解し、１９７５年の撤退以降もラオスはＵＳＡＩＤの継続を望んだが、経済関係の構築に必要最低限のＭＦＮがラオスに与えられたのは２００５年になってからである。両国の対外関係における互いの戦略的重要性が現在極めて非対称的なことの表れであろう。

・ロシア

ラオスとロシア、特に現体制との安全保障分野での協力関係は１９６０年代までさかのぼる。１９８０年まで多くの旧ソ連の専門家がラオスに駐在し、経済分野に対しても協力関係が存在した。しかし、旧ソ連の経済が比較的良好なときでも経済関係が深化した時期はほとんどなかった。冷戦終結とともに多くの駐在員は引き揚げた。とはいえ、冷戦終結後ラオスとロシアの関係は近年、拡大傾向にある。国防や原発などロシアが優位性を持つ分野での協力が模索されている。さらに言えば、べトナムと中国の関係が緊張感を高める中、その間で緩衝国として板挟みにならないよう、長年の戦略的パートナーであるロシアへの期待も出てきている。そのため、ラオスとロシアの関係が安全保障分野を中心に今後拡大する可能性は十分にあるが、その地理的遠さゆえにあくまでも非経済分野に限定される可能性が大きい。

3 ラオスにとっての「西太平洋連合」の可能性

本節では、ラオスにとってWPUが持つ可能性についてより具体的に考察する。現在のラオスの安全保障の対外関係がベトナム、中国、タイなどの隣国との関係のバランスを中心に構築されていることは、これまでに述べたとおりである。海を持たないラオスにとって、海洋安全保障の分野で日本との関係を強化する直接的な合理性は見当たらない。そうなると、ラオスにとってWPUのメリットの主たる部分は経済分野が中心となる。とりわけラオスにとっての長期的な戦略目標は、冒頭で述べた内陸国、緩衝国という負の地理的条件をプラスに転換することにある。その具体的な方法としてここで議論したいのはバッテリー構想と、ランドリンク構想である。後者はラオスが戦場でも、緩衝国でもなく、いわば地域の交差点・結節点となることを目指すものである。

現状では、これまで連結性の改善はタイとの間に限られていたものが、中国の台頭によって、中国との間で急速に進展しつつある。２０２１年中に首都ヴィエンチャンと中国を結ぶ高速鉄道が完成するほか、高速道路の建設も着実に進展し、中国とタイの間の交差点、結節点としての地理的条件を備えつつある。

こうした大陸東南アジアにおける交差点としての地理的戦略性を高めるためには、さらに東西につながる連結性強化が求められる。将来的には、ミャンマーそしてその先にある成長が期待されるインドとの間で経済交流強化することが、ラオスの新たな可能性を開く。しかし何よりも優先させなければならないのは、まずベトナムとの関係を強化し、ラオスと太平洋とをつなげることにある。このＷＰＵ構想はいわばラオスを「太平洋国家」にするために、ベトナムとの関係を強化し、さらに、ベトナムをゲートウェイとしてラオスがより広域のアジアとつながる地域戦略となるのである。タイをゲートウェイとして、もしくは中国をゲートウェイとして描くラオスの将来像に限界がある以上、ラオスにとっての大きな可能性が太平洋に開かれているといえよう。

見落とせないポイントとして、ラオスから捉えたＷＰＵ構想が持つ戦略的な意義は実は日本にとっても有効だということである。日本としてもラオスに太平洋からアクセスできることによって、ラオスは日本企業にとってもタイとベトナム、中国の貿易中継地として、日系企業のサプライチェーンを支え、強化することが可能となるのである。

以下、ラオスにとってのＷＰＵがベトナムとその先の日本との関係強化にあることを示した上で、この連合体で求めて行きたい戦略項目について、農業、電力、人材育成の３点について述べたい。

●ラオス―ベトナム―日本の経済連携

ラオスにとって西太平洋へのアクセスはベトナムを通じて行う以上、WPUはこれまで山地で隔絶されてきた両国の関係を深化させる触媒、加えてラオスがベトナムと一体となって日本へのアクセスを深めるチャネルになることに、最大の戦略的意義が生まれる。

ポイントはなぜラオス―ベトナム―日本三国連携が機能し得るかである。第一に、ラオスから日本へのアクセスを考えたとき、ベトナムをテコに用いるのが望ましいという観点である。その前提として日本とベトナムの経済関係が急速に拡大、深化しているという文脈がある。ベトナムは日本と同様TPPの創設メンバーであり、ラオスの隣国の中で唯一TPPに参加している国である。これまでのラオスは、タイとの経済関係を発展させ、その延長上に西欧やアメリカとの関係拡大を企図してきた。同様に現在のベトナムの経済成長を考えると、ラオス―タイ関係と同様の経済連携がラオスとベトナムの間で起きる可能性は構造的に十分ある。加えて米中対立が深刻化し安全保障上のリスクが高まる中で、ベトナムがラオスにとって安全保障上の同盟国であるという基底要因はラオスがベトナムと経済関係を深化させる上で極めて好条件となる。

唯一の大きな問題は、先にも述べたとおり、山間部を越えなければならないという地理的な条件であり、その障壁を越えるには、資金力とその資金を投入するだけの戦略的な意義づけが求められる。とりわけ複数の大国や国際機関の関与、なかでも最大の援助国の日本が関わることが鍵となる以上、ラオス、ベトナム以外の国々にとっての戦略的利益を主張することが必要である。そのとき、WPUという連合の発足を通じて、これまで太平洋国家ではなかったラオスを、ベトナムとの連携を通じて太平洋国家として引き入れるプロジェクトとなるのであれば、そうした国際協力の説得力を高め、理想的である。

これまでにも日本とベトナム、ラオスの3カ国が参加するフレームワークは存在していた。それは日ASEANであり、日メコンの枠組みであった。2009年より過去12年にわたって毎年日メコン首脳会談が開催されてきた。日本政府の関わりとして、東南アジア域内格差の是正の必要性に注目し、メコン側下流域への開発支援を実施してきたことは政治的にも大きなコミットメントであり、地域のインフラ開発、そして、貧困対策として一定の成果を上げてきた。しかし、ラオスの視点から見れば、この枠組みは、あくまでもメコン下流域地域における諸問題の解決に特化した取り組みであり、ラオスを西太平洋、そしてより具体的に日本への進出を助長する地政学的な戦略ではなかった。

WPUの枠組みはこれまでの日メコン協力にはない、ラオスをより世界に開いていく上で、ベトナムを通じてラオスを太平洋国家へと転換させ日本やオーストラリアにまでつなげていくという枠組みにするところに意義がある。ではさらに踏み込んで、ラオスの接続性を向上させていく上で、インフラを整備した上で具体的にそれはどのような分野で展開されるべきか、以下に指摘しておきたい。

●農業

ＷＰＵという枠組みの中で、ラオスはどのような新しい経済価値の構築を模索できるだろうか。その中心となる第一の答えは農業である。中国の昨今の農業分野における積極投資に見られるように、農業はラオスが山岳部の地理的条件を活かして生産上の優位性を獲得できる分野の１つである。現時点では中国との共同事業を通じてラオスに入る収入は土地代と賃金に限られている。しかし、これからは農業分野における付加価値を高めるためにも、巨大消費市場である中国に隣接するメリットを十分に活かす必要がある。ラオスのアグリビジネスの経営者が唱えるように、「中国市場を日本品質の野菜で狙う」ことがＷＰＵの枠組みを用いて可能になれば、大きな付加価値の創出となる[24]。

ここで注目すべきは、来日しているラオス人の実習生である。絶対数としては依然として少ないものの、その実習分野が農業に集中している。その背景には、もともと実習生の多くはラオスにて農作業に従事した経験がある人が多く、馴染みやすい作業であり、だからこそ日本での実習の意味がある。実際、帰国後に営農を始めた元実習生もいる。ラオスでは小規模ながらも高付加価値の農産物を栽培する農家が増えつつあり日系企業が生産物を輸入するようになってきており、将来、これらの実習生が日本向けの農産物の輸出の拡大への貢献が期待できる。２０１５年センサスによれば、人口の72％が農林業に従事していることにも見られるように、農業人材は豊富であり、かつ労働生産性の向上が急務となっていることからも人材育成において農業に焦点を当てる意義は大きい。

農業分野の日ラオ協力はラオスにおける農業技術の向上のみならず、日本国内の農業生産にも大きなメリットがある。高齢化に伴う担い手不足は日本の農業が抱える最大の問題である。国際秩序が不安定に推移する中、食糧安全保障の観点からも、日本の食料供給をサステイナブルにするためにも、国外の安定的な供給源の多角化と、国内の生産水準の維持が必要となり、そのためにはデジタル・トランスフォーメーションだけではなく、農業分野の外国人の受け入れが必要不可欠なのは２０１９年入管法改正の主たる論拠であった。

受け入れ外国人については、労働力の質だけでなく、今後ますます安全保障や政治上の理由を無視することはできない。

日本の製造業がタイに生産拠点を整備して近隣国への市場に輸出をしてきたのと同様に、日本の農業についてはラオスに生産拠点を整備して中国やベトナム、タイといった近隣市場へと輸出する進出に舵を切るならば、これはラオスが今求めている長期的な成長を実現する国家開発戦略と同期するものとなる。[25]

今一度、ラオスの観点に立ち返るならば、このＷＰＵの枠組みの中で、日本における人材育成をさらにレベルアップさせ、農業従事者の高技能化を通じて、日本向けまたは日本の農業分野との関係を拡大するとともに、隣接する中国の大きな需要に応えることで、市場開拓を実施することができれば、ラオスが農業ベースに豊かな社会づくりを実現する可能性も夢ではない。

●電力

ＷＰＵに期待される具体的な経済価値の第二のポイントは電力である。電力は経済活動、特に大規模工業生産に必要不可欠な投入要素であり、それに加えて、不可逆的に進む経済、社会のデジタル化における主たる制約要因である。アジアの経済成長の鍵を握るデジタル・トランスフォーメーションの必要条件が電力供給である以上、ラオスにはその地理的特性を活かし、経済成長を続ける東南アジア大陸部全体の電力供給の中心地として自身の戦略的位置を再定義することが求められており、そのためにＷＰＵがどのような形で用いるのが有効かについて検討したい。

まず隣国のタイはすでに世界的な工業生産拠点であり、近い将来ベトナムもまた工業生産力の大幅な向上が確実視されている。世界的な製造拠点でもある日本は年間１人あたり電力消費が約７０００Ｋｗｈであるのに対し、ベトナムとタイは２２００から２６００Ｋｗｈに過ぎない（ＥＩＡ、２０１９年現在）。現在の世界の工場と言われる中国は約４６００Ｋｗｈである。タイとベトナムが世界的な生産拠点となる過程で電力の需要が現在よりも単純に2倍に増えるのは確実である。そうした中、両国とも原発の導入予定は進展しておらず、タイ電力は今後もラオスの水力発電に依存した供給戦略をとっている。

一方、ベトナムについては南部のデルタ地帯への影響、送電設備、また距離が比較的遠いことから、これまでラオスから電力を購入していない。加えて、メコン河の水量の減少が２０１９年から顕著となり、これ以上メコン河本流へのダムの建設に反対をしている。その一方で、ペトロベトナムがラオスにおけるメコン河本流のダム開発に参加を表明しているのは、今後大きくなる電力需要への対応が避けられないことの証左である[26]。

また、ラオスにとってエネルギーとは水力発電だけではない。太陽光や風力などの再生可能エネルギーの可能性も大きい。製造業ではマイナスとして作用する小規模な人口と比較的広い国土は、再生可能エネルギーでは反対にプラスとなる。こうしたエネルギー供給を契機として、たとえば日本企業がタイやベトナムの生産拠点を国境をまたいで隣接するラオス側に置くことは理にかなっている。人口密度のより低い地域で発電をし、生産拠点に供給するのは日本国内でもよくあるエネルギーの地域間の協力である。ヨーロッパのように、人口密度が低い北欧のノルウェーやスウェーデンで発電された電力が大陸の生産、消費地に供給されるモデルがラオス中心に設計される、すなわちラオスの「ＡＳＥＡＮのバッテリー構想」を目指すためにも、ＷＰＵ各国における電力供給の安定をソフト、ハード双方から実現していくこと、そしてその整備に伴って日本企業もより多く東南アジアを主要な生産拠点として協力するのは、合理的な判断の1つと考える。お互いに60日間のビザなし渡航を認める、という思い切った政策を提示することが、この連合のインパクトと比較優位をもたらすだろう。

本章ではＷＰＵがどのようなものであれば、魅力的な枠組みになるのか、ラオスの観点から考察を試みた。小国がとり得る外交線略の第一は大国との連携であり、そのことが、近隣の中規模国との関係上、安全保障上も開発戦略上も極めて重要となる。その意味で、ＷＰＵのような大国を排した戦略的な枠組みに参加する利益は本来小さい。中国との関係をマネージするのであれば、ＡＳＥＡＮ―中国の枠組みや、ＲＣＥＰのように、中国とラオスの双方を含む枠組みで共通のテーブルにつくことが一番直接的な方法となろう。

ただ本論でも述べたとおり、ＡＳＥＡＮを枠組みとする地域戦略は、ラオスにとってこれまで期待に応えるものとはなってこなかった。ＡＳＥＡＮ内の経済的統合は、現時点でよりインフラが整い、経済規模のより大きな域内国を利する一方で、ラオスのような後発国、かつ内陸国という条件を考慮すると、現在の条件下では、ＡＳＥＡＮ域内の競争上、不利な状況に留め置かれることになり、特に開発戦略上の合理性が十分に得られなかった。これは多国籍企業の行動を見てもわかるとおり、ラオスの地政学的悪条件を加味すると、ＡＳＥＡＮ加盟国の中でも常に投資先としても比較劣位に置かれるからである。域外国の投資はよりアクセスのよいベトナムやタイに集中するのは自然なことであった。その結果、ラオスとしては大国かつ隣国である中国への依存度を高めるほか選択肢がなかったのである。ＷＰＵがインパクトを持つには、その地政学的な悪条件を転換すること、ラオスの持つ比較劣位を比較優位に転換する契機になり得るか否かにかかっている。そのためにも地政学的転換という一大プロジェクトへの参加、協力を呼びかける上で、ＷＰＵという枠組みを通じて小国ラオスの戦略的利益を隣国や域外国の戦略的利益と同期させることが必要になるのである。

繰り返しになるが、具体的な政策としては、ベトナムとの連携強化を通じて、ラオスの太平洋へのアクセスを可能とする地域的な合意形成とそのためのコンセプト作り、ハード・ソフト双方の支援であり、そのためにもＷＰＵの中でベトナムがよりラオスとの連携を重視し、その戦略的利益を見出せるよう説得するのが日本に期待される役割となろう。

そのためにも日本がベトナムとラオスを一体とする経済戦略的構想を掲げ、まずは従来型のタイプラス１戦略に、ベトナムプラス１へのアプローチを加え、さらにはその先にはラオスをプラットフォームとして、ラオスプラス１という形で北部、東北部タイ、中西部中国へのアクセスを整備するというものである。電力、農業セクターを柱としていわばラオスを大陸部アジアのマルチアクセスポイントに位置づけるという構想である。

以上の構想はラオスのような小国の開発戦略と、ベトナムや日本のような地域大国の経済安全保障戦略をつなげるものでもある。これは米中超大国との関係を小国が管理する上でも、戦略的に寄与するものでもある。ラオスを皮切りに行うこうした試みは、ラオスに限らず米中対立が高まる中で生存と成長を求めるアジアの多くの中小国に歓迎されるものであり、そこに日本、そしてＷＰＵの持つ戦略的価値が存在するものと言えるだろう。

注

（1） Michael L. Faye, John W. McArthur, Jeffrey D. Sachs, and Thomas Snow, “The Challenges Facing Landlocked Developing

Countries," 2004, *Journal of Human Development 5*, No. 1: 31–68; Paul Collier, *The Bottom Billion: Why the Poorest Countries Are Failing and What Can Be Done About It.* Oxford: Oxford University Press, 2007.

（2）Martin Stuart-Fox, "Lao Foreign Policy," In David Wurfel and Bruce Burton eds., *The Political Economy of Foreign Policy in Southeast Asia*, London, Palgrave Macmillan, 1990. pp. 273–287.

（3）ラオス国家統計センター。

（4）https://openrouteservice.org/

（5）Sanda Simms, *The Kingdoms of Laos*, London: Routledge, 2013.

（6）https://www.unitar.org/maps/map/842

（7）Martin Stuart-Fox, "The French in Laos, 1887–1945," 1995, *Modern Asian Studies* Vol. 29, No. 1: 111–139.

（8）https://www.eria.org/publications/the-india-myanmar-thailand-trilateral-highway-and-its-possible-eastward-extension-to-lao-pdr-cambodia-and-vietnam-challenges-and-opportunities/. および筆者による聞き取り（２０２０年１月）。

（9）ケオラ・スックニラン「ラオス人民革命党第11回大会：第９次５か年計画の方向性」ＩＤＥスクエア、２０２１年。

（10）Souknilanh Keola, "What Next for Laos' Growth Strategy" East Asia Forum, 2021.

（11）Martin Stuart-Fox, *A History of Laos*, Cambridge: Cambridge University Press, 1997.

（12）Khien Theeravit, and Soravis Jayanama, *Thai–Lao Relations in Laotian Perspective*. Bangkok: The Institute of Asian Studies, Chulalongkorn University, 2002.

（13）https://laotiantimes.com/2020/03/20/thai-news-anchor-apologizes-to-lao-people-for-deep-offense/?fbclid=IwAR0o3LPSvr7ZOCBh78e7F3KwTnAWRuHhndBO5snzzCGuyirVmoLY02z6VZo

（14）Joshua Kurlantzick, *A Great Place to Have War: America in Laos and the Birth of a Military CIA*, NY: Simon&Schuster, 2018.

（15）Søren Ivarsson, *Creating Laos: The Making of a Lao Space Between Indochina and Siam, 1860–1945*, Nordic Institute of Asian Studies monograph series, p. 112, Copenhagen: NIAS press, 2008.

（16）C. H. M. Toye, "Laos as a Buffer State: The Sources of the Problem and Its Development, 1940–62," PhD diss., Oxford: University of Oxford, 1966.; Joseph J. Zasloff, "Laos: Buffer State or Battleground," 1968, The Journal of Asian Studies, 28, No. 4: 907–909.

（17）Martin Stuart-Fox. "The French in Laos, 1887–1945." 1995, *Modern Asian Studies* 29, No. 1: 111–139.

（18）Somchai Jitsuchon. "Thailand in a Middle-Income Trap," 2012 *TDRI Quarterly Review* 27, No. 2: 13–20.; Jonathan Rigg,

(19) Buapun Promphaking, and Ann Le Mare, "Personalizing the Middle-Income Trap: An Inter-Generational Migrant View from Rural Thailand," 2014, *World Development* 59: 184–198.
Chutinon Putthiwanit, "The Rise and Fall of Tanin: Another Survival of the Fittest?," 2014, *NIDA Case Research Journal*, 6, No. 1: 121–136.

(20) https://asia.nikkei.com/Economy/Thailand-scraps-new-economic-zones-and-plans-regional-linkups

(21) Souknilanh Keola, Magnus Andersson, and Ola Hall. "Monitoring Economic Development from Space: Using Nighttime Light and Land Cover Data to Measure Economic Growth," *World Development* 66 (2015): 322–334.

(22) 山田紀彦「ラオス・中国高速鉄道プロジェクト：これまでの経緯、進捗状況、問題点」『海外研究員レポート』２０１８年。

(23) Viliam Phraxayavong. *History of Aid to Laos : Motivations and Impacts*. Chiang Mai: Mekong Press, 2009.

(24) ＪＥＴＲＯ『ＬＡＯＳ１００ラオスの有力ビジネスパーソン　農業編』ＪＥＴＲＯ、２０１９年10月。(https://www.jetro.go.jp/ext_images/_Reports/02/2019/d8fdc5f9c0aefd4a/agri2019.pdf)

(25) ケオラ・スックニラン「ラオス人民革命党第11回大会——第９次５か年計画の方向性」『ＩＤＥスクエア』２０２１年。

(26) ラオスの水力発電の実現可能な水力発電のポテンシャルは約23ＧＷ（35％がメコン河本流）と推計されている。２０２０年現在で実現済みは約10ＧＷである。メコン河本流では最大の輸入元であるタイでも反発が大きく、水力発電所開発が減速することは確実だが、すぐに止まるものではない。幸運なことにこれまで、日本が間接的にも関わった事業が少ない。この分野における日系企業進出の余地があるのが現状である。

第9章 シンガポールの外交戦略
——「脆弱性」と「実用主義」

古賀 慶

シンガポールは東南アジア地域の小国である。人口は約５９０万人、そしてその国土面積は約７２５㎢しかない。東京都23区の人口が約９７０万人、土地面積が６２７㎢であるから、その規模の小ささは世界でも群を抜いていることがわかる。このような小国だが、太平洋とインド洋をつなぐ東南アジア地域の要衝、マラッカ海峡のチョークポイントに位置しており、常にその地域を支配しようとする大国の介入を受けやすくなっている。事実、歴史的にインド、中国、イギリス、そしてヨーロッパの大国が戦略的関心を示し、シンガポールに対する影響力を持ってきた。さらに、隣国には地域大国であるインドネシアとマレーシアが存在しており、シンガポールは地理的に政治的独立を容易に享受できるとは言い難い環境に置かれている。

このような戦略環境においてシンガポールが独立国家として生き抜くためには、できる限りの軍事力・経済力といった物理的な能力を保持し、大国や隣国の介入を抑止していくことが必要となってくる。実際に、シンガポールは独立以来、経済成長に力を注ぎ、東南アジアにおいて経済・軍事ともに屈指の力を持つまでになった。その経済力は２０１９年にＧＤＰ約３７２０億ドル（約40兆7億円）に達し、１人当たりＧＤＰでは約６万５０００ドルとなり、東南アジア第２位の地位にあるブルネイの約３万１０００ドル、第３位マレーシアの約１万１０００ドルを大きく引き離している。軍事費はＧＤＰの３・２％にあたる１１２億ドル（約１兆２２５０億円）を費やしており、地域大国であるインドネシア（約74億ドル）およびマレーシア（約38億ドル）のそれを大きく上回っている[1]。しかし、この経済力と軍事力をもってしても、人口、天然資源、国土といったパワーリソースが圧倒的に足りていないため、よほどの技術革新がない限り、域内大国に匹敵するほどの国力を保持することはほぼ不可能である。また、経済立国として世界から認められている一方で、貿易依存度は２１０％を超えており、経済基盤も盤石とは言えない[2]。そのためシンガポールは、自力で国家の独立を確保するという方針をとらず、「国家間の連携」を国家戦略の１つの柱としているのである。

　このようなシンガポールの国際関係の特徴を背景に、本章では「西太平洋連合（以下ＷＰＵ）」構想を同国がどのような戦略的思考で捉えるかについて分析することにする。ＷＰＵ構想は、アメリカ、中国、インドといった大国を含まず、域内の中小国同士で緩やかな政治的・外交的な連携を構築していくという考え方である。シンガポールにとってこのような多国間枠組みは国家の自立を確保するのに役立ち、自国の発言が尊重される可能性が高いため、反対する理由はない。しかし賛成するにはいくつかの条件が存在するのも事実である。例えば、シンガポールがＷＰＵに前向きな姿勢を示したとしても、戦略的な「中立性」のイメージを確保する「等距離外交」を維持できるか、ＡＳＥＡＮとも共存できるか、といった論点が残る。また、日本はアメリカにとってアジア地域で最も重要な同盟国と認識されており、日本が提唱する国際的な枠組みは、実態がどうであれアメリカ寄りの制度と見なされてしまう可能性が高い。つまり、ＷＰＵが中立的なイメージをいかに構築することができるかが、シンガポールの賛同を得るための課題となる。

以下ではまず、独立後のシンガポールがいかに「脆弱性」と「実用主義」といった自己認識と外交原則を基盤として外交・安全保障政策を講じてきたかを論じる。そして冷戦後の地域構想に対するシンガポールの姿勢を、「東アジア共同体」構想および「自由で開かれたインド太平洋」構想の事例を用いて検証する。その後、日本が提唱するＷＰＵ構想に対して考え得るシンガポールの反応について考察する。当然ながら、戦略環境の変化によってシンガポールの対応は変化していくが、ここでは米中対立が激化するトレンドが今後も続くと仮定する。その上で最後に、シンガポールが同構想に同意・参加するための主要な条件を提示したい。

1　シンガポールの外交・安全保障政策の変遷

シンガポールは１９６５年に国家として独立し、マラッカ海峡のチョークポイントに誕生した。しかしその独立は他の旧植民地諸国と異なり、自ら望んだものではなかった。なぜなら、１９６０年代は冷戦の熾烈さが増すと同時に、東南アジア域内における国家間の緊張も高まっており、小さな島国が生き残るためには極めて過酷な戦略環境であったからである。リー・クアンユーはこのため、独立という決定が「苦悩（anguish）」であったと語っている。[3] 事実、シンガポールの独立はマレーシアから突き付けられたものであった。戦前、マレー半島はイギリスの植民地とされていたが、第二次世界大戦後、脱植民地化の機運からシンガポールは１９６３年にマラヤ連邦とともにマレーシアを建国し独立した。しかし同時に、マレーシアは国内外において大きな問題を抱えることになる。国外ではインドネシアのスカルノ政権がマレーシアをイギリスの傀儡国家と見なし「対決政策（Konfrontasi）」を進め敵対関係となり、国内では中華系・マレー系の人種間衝突が起こる事態となったのである。これらを背景に、マレーシアは国内の混乱を収めることを理由に、中華系が大多数を占めるシンガポールを１９６５年に一方的に切り離したのであった。

　望まない独立を手にしたシンガポールは、マレーシアとの再統合という可能性は捨てていなかったものの、自国の安全保障を確保するためにまずは防衛力の強化に努め、国家主権と国民の安全を確保しようとした。[4] 当然ながら、シンガポールはその限られた能力とリソースのみで、外からの脅威に独力で対処することが極めて困難であることを当初から認識していた。実際、１９６５年にゴー・ケンスイ防衛相は「イギリス軍がいなければ、そして１６００㎞圏内の隣国が本気になれば、シンガポールは数時間もたたないうちに占領されてしまうだろう」と述べている。[5] しかし、イギリス軍に継続して過度に依存することも自らの安全を本当の意味で確保することにはならないため、自国の軍隊を確立しながら、イギリス軍に一定程度依存していくという方針を決めた。その結果、リー・クアンユー首相やラジャラトナム外相は駐留軍の存在の目的を「あくまでシンガポールの防衛であり、シンガポール人を守ること」であるとし、「既存の外国軍基地は、シンガポールの安全保障に資するものであるべきで、外国軍の戦力投射能力の拡大といった戦略的目的のものではない」と述べていた[6]。ただしこれは表向きの表明であり、シンガポールが関知するところに限るものであったと考えられる。

危機はさらに続く。１９６０年代のイギリスはポンド危機からくる経済問題によって海外軍事展開の大幅削減を迫られ、１９６８年以降、「スエズ以東から撤退」することとなった。このイギリス軍の撤退によって、独立直後のシンガポールは防衛政策の大きな転換を余儀なくされることになり、代替案を模索することになった[7]。この時点でアメリカはイギリスに代わる地域大国であり、その代替国としても考えられた。しかし、リチャード・ニクソンが１９６７年にフォーリン・アフェアーズ誌への論考“Asia After Viet Nam”において、そして１９６９年の「グアム・ドクトリン」においてそれぞれ明示したとおり、同時期にアメリカのベトナム撤退がほぼ確定したため、アメリカを代替国とする選択肢は現実的ではなくなった[8]。そのため、シンガポールは外交・安全保障の面において新たな戦略――二面戦略――をとることとなる[9]。

この二面戦略の１つは、東南アジア諸国連合（Association of Southeast Asian Nations：ＡＳＥＡＮ）の設立と維持であった。当時、東南アジア諸国間の関係はインドネシアの「対決政策」、フィリピン・マレーシア間のサバ州の領土問題等に見られるとおり、常に緊張状態にあった。そのため、シンガポールはＡＳＥＡＮを設立することによって域内の外交関係の強化および緊張緩和をとおして域内の懸念事項を減らそうと考えていた。[10] １９６７年のＡＳＥＡＮ宣言で謳われていたように、表面上は社会・経済的な地域協力に焦点が当てられたが、現実には外交的な緊張を緩和させることが目的の１つとなっていた。[11] ただ、インドネシアのスハルトによってＡＳＥＡＮの安全保障制度化までも提案されたが、これは誤った軍事的シグナルを域内外に送る可能性があることから、シンガポールを含む他の加盟国によって拒否されている。[12] とはいえ、欧米諸国および日本による地域介入が絶えなかった歴史的背景もあり、ＡＳＥＡＮは域外諸国の政治的・経済的な影響に対する地域の自治を主張するための外交ツールにもなっていった。[13] つまり、シンガポールは、ＡＳＥＡＮの軍事的な有用性が皆無であることを認識しつつも、政治的・外交的な利点を見出していたのである。

もう１つは、西側先進諸国からの軍事的な支援の可能性をつなぐ「５カ国防衛取極」（Five Power Defence Arrangements：ＦＰＤＡ）の設立・維持であった。１９５７年、イギリスがマラヤ連邦の防衛を支援するためにアングロ・マラヤン防衛協定（ＡＭＤＡ：１９６３年にマレーシア建国に伴いアングロ・マレーシア防衛協定に名称を変更）を締結したが、１９６０年代後半のイギリス駐留軍の撤退を機に新たな交渉が始まり、１９７１年にＦＰＤＡが締結された。ＦＰＤＡは相互防衛協力といった軍事的な取り決めではないため、紛争時の軍事援助といった法律的なコミットメントを示すものではない。当然、そのような軍事協定への発展といった将来の可能性は否定していないものの、機能としては安全保障上の危機に面した際、メンバー国間で協議することができるというソフトな枠組みになっている。

イギリス軍の撤退は東南アジア地域において明確に力の空白を示すことになりかねず、地域の不安定化を招く可能性があったことから、マレーシアとともにオーストラリア、ニュージーランド、イギリスをメンバーとしてＦＰＤＡを設立した。これは、イギリスなどの大国の再コミットメントの可能性をつなぐためのものであったと同時に、短期的には「政治的・心理的な抑止（力）」として機能させ、冷戦期には地域の安定に一定の貢献をした。[14]

このように１９６０－70年代は国家として独立、東南アジア戦略環境の不安定化、防衛面におけるイギリス依存の終焉など安全保障上の大きな変化が重なり、シンガポールの安全保障政策の指針を決める大きな転換期となったのである。同時にこれらの変化の中で、シンガポールは「実用主義」と「脆弱性」という独自の外交原則と自己認識を固めるようになり、「等距離外交」を推し進めるようにもなったのであった。[15]

シンガポールにとっての「実用主義」とは、国益や国家存続という至上命令にブレを生じさせないということを意味する。１９６５年のラジャラトナム外相の国会演説では、国家間の関係において言辞と行動は理想的には統一されるべきであるが、現実社会においてはそうではないために慎重になる必要があり、いかなる国家も永遠の友人でもあり得なければ敵でもない、ということが述べられている。[16] 独立から40年以上を経た２００９年の時点でリー・クアンユーがこの点に同意していたことからもわかるとおり、国家間関係は感情に左右されるべきではなく、国益ベースの関係を構築していく必要がある、という原則が重視されている。[17] 逆に言えば、他国がシンガポールを評価する際には自国の利益と照らし合わせるため、シンガポールは常に他国の関心を引き出すようなパフォーマンスをするように心掛けなければならないということでもあった。[18]

他方、「脆弱性」とは、いかなるパフォーマンスを成し遂げたところでシンガポールは小国であり、自国の限界を見誤ってはいけないということを意味する。リー・クアンユーは2011年に「シンガポールは湿地帯に立つ80階のビル」のようなものであると揶揄したことからも、その自己認識に揺らぎがないことがわかる。[19] つまり、脆弱であるがゆえに、いくら物理的な発展を遂げたとしても、自らの力を過大評価せず、戦略的に常に柔軟な立ち位置を確保することが必要であるということである。実際、1965年以降、シンガポールはこのような立ち位置を確保してきた。たとえば独立直後、ラジャラトナムは「シンガポールは非同盟諸国の道を選んだ」と述べ、冷戦期に二極化した国際政治のいずれかに加担することはしないと述べており、1996年にはリー・クアンユーが「競合勢力から立場を選ばれるように迫られれば、シンガポールは非同盟を選ぶ」と主張している。[20]

これらのことから、シンガポールは一貫して中立的立場を保つ外交努力を行っており、どの勢力に対しても加担をしない「等距離外交」をとってきたと言える。2017年にヴィヴィアン・バラクリシュナンが「すべての国と友好状態を作り、敵対状態を避ける」ことを外交目標とすると述べていることからも、その外交姿勢は継続されている。[21] ただ、ここで言う「等距離外交」とは、あくまで中立的な外交イメージであって、経済・安全保障等を含めたすべての面において純粋に「等距離」を保つものではない。[22] 簡単な例で言えば、安全保障に関してシンガポールはアメリカとの防衛協力が他国に比べ圧倒的に強い。実際、シンガポールは冷戦後に米軍のプレゼンスを保つため、空母の寄港が可能なチャンギ海軍基地を建設し、１９９０年には米軍による軍事関連施設使用に関する覚書（ＭＯＵ）に署名し、その後もアメリカとの密接な関係を築き上げてきている。これはアジア太平洋地域における勢力均衡を保つためには米軍の力が必要であるという認識を表している。[23] しかしながら、そこには大国間政治に巻き込まれることを拒否する外交姿勢も見え隠れする。たとえば、極力自国の軍事的コミットメントを避ける姿勢は崩しておらず、米軍の施設アクセスは認めるが相互防衛といったような同盟関係は結んでいない。最も象徴的なのは、２００５年にアメリカより「非ＮＡＴＯ主要同盟国」（Major Non–NATO Ally：ＭＮＮＡ）への格上げが提案された際、シンガポールがそれをはっきりと断ったことであろう。[24] さらに、２００５年にアメリカと戦略枠組み合意（Strategic Framework Agreement）を結んだ際も、米軍のプレゼンスを警戒する中国への外交的配慮は忘れず、２００８年には中国との間で防衛交流・安全保障協力協定（Agreement on Defense Exchanges and Security Cooperation：ＡＤＥＳＣ）を結んでいる。ただし、ＡＤＥＳＣにおける防衛協力合意は漠然としており、実質的にはアメリカのそれとは異なっている。

2 多国間制度構想に対するシンガポール外交

それでは、「等距離外交」を掲げるシンガポールは、近年の地域協力構想にいかなる反応を示してきたのであろうか。ここでは戦略環境が変化した冷戦後に焦点を当て、「東アジア共同体」構想（２０００－05年）、「自由で開かれたインド太平洋」構想（２０１６－20年）の２つの事例を分析する。

１つ目は、２０００－05年の「東アジア共同体」構想である。１９９７年のアジア金融危機の際、アメリカはアジア諸国に対し経済救済よりも構造改革を迫ることを選択し、危機の拡大を招いた。対米輸出を中心とし、アメリカへの経済依存が深まっていた東アジアには、地域経済の自浄メカニズムが存在しておらず、インドネシアやタイといった地域諸国では経済危機が飛び火して政治危機にも陥った。結果として、金融危機以降、東アジア地域独自の経済危機管理協力の機運が高まり、ＡＳＥＡＮ＋３（日中韓）の枠組みが構築され、１９９９年には初の公式サミットおよび経済以外の協力関係に言及した「東アジア協力における共同声明」が出されることになった。[25] この域内協力の広がりをさらに促進したのが、トラック２で構成された「東アジア・ビジョン・グループ」の２００１年の提言であり、その中で東アジア諸国間の協力関係の強化を通じた「東アジア共同体」の構築が謳われた。[26] この東アジア共同体構想は、「東アジア・スタディ・グループ」によって具体化され、その中にはＡＳＥＡＮ＋３を「東アジアサミット」へ進化させる長期目標が含まれていたのである。[27] ここで重要なのは、当初の東アジア共同体構想では、ＡＳＥＡＮ主導が必ずしも前提でなかったという点である。つまり、ＡＳＥＡＮ＋３諸国が平等に参加する共同体構築が目指されていたのであった。

しかしこれは、に小・中国家の集まりである東南アジア諸国が外交的に矮小化される可能性もはらんでいた。東アジア共同体はあくまで長期的な目標であったため、構想の時点においては明確な反対意見はでなかったが、２００２年以降、その構想に変化が現れ始める。たとえば２００２年、シンガポールで小泉純一郎首相が演説した際、共同体構築においてオーストラリアやニュージーランドを「中心的メンバー」として含めたいという意向を示し、ＡＳＥＡＮ＋３基盤の枠組みから外れた。[28] また、マレーシアと中国は長期目標であるはずの「東アジアサミット」の設立を急いでいた。[29]

シンガポールはこのような状況下、東南アジアおよび東アジアにおける多国間枠組みの主導権を大国に奪われることを懸念していた。この懸念は、東アジアサミット設立の提案以前、マレーシアがＡＳＥＡＮ＋３事務局の設立を提案した際に、タイ、インドネシアとともにＡＳＥＡＮの矮小化につながることを指摘し、反対していたことからも明確である。[30] より直接的には、シンガポール外務省からＡＳＥＡＮ事務局長となったオン・ケンヨンや第2代首相のゴー・チョクトンが２００３年に東アジアサミット内でのＡＳＥＡＮの存在感が薄れる可能性を恐れ、インドをメンバーに含め、より経済重視の枠組み構築を目指す姿勢を表していたことが挙げられる。[21] いずれにしてもシンガポールは早期に東アジアサミットが設立されることに警戒心を抱いており、長期的な、そして漸進的な発展を望んでいたのである。

しかし、マレーシアと中国の提案によって２００５年にマレーシアでの東アジアサミット開催が決定されると、台頭する中国に地域の多国間枠組みの主導権を握られることを懸念していたシンガポールと日本は、一国による主導権の独占を避けるため、メンバー拡大の立場で意見が一致し協力関係を見せた[32]。２００５年3月にシンガポール外相のジョージ・ヨーは、アメリカが東アジアサミットが内向きになり排他的になる可能性に懸念を示していたことに対し、「そのような事態には反対している」と述べており、同時に、オーストラリア、ニュージーランド、インドの参加を求めた[33]。また、リー・シェンロン首相も繰り返し、東アジアサミットの開放性と3カ国のメンバー加入を希望していることを表明していた[34]。

ＡＳＥＡＮ＋3内部で意見が割れていたため、紆余曲折の末、東アジアサミットはＡＳＥＡＮ中心性を確保しながらメンバー国を拡大し、開放性を保つこととなった。ただ、２０１０年にアメリカとロシアを東アジアサミットのメンバー国として招待するかという議論がＡＳＥＡＮ内部で起こった際、シンガポールはアメリカとロシアの大統領・首相を毎年正式に招く東アジアサミットよりも、「ＡＳＥＡＮ＋8」方式を提案していた。これは、アメリカとロシアを東アジアサミットのメンバー国として認めないというよりもむしろ、アメリカやロシアのコミットメントが不明確であること、ＡＳＥＡＮプラス方式であれば毎回の首脳の出席を求めないこと、より政治的・戦略的な問題に議論の焦点を当てられること等の利点をシンガポールが重視した結果であった[35]。最終的にはＡＳＥＡＮ＋

８方式を採用してしまうとＡＳＥＡＮ＋３の矮小化につながる恐れがあることや、アメリカとロシアを東アジアサミットのメンバー国として迎えることに対してＡＳＥＡＮ＋３のメンバー国ですでにコンセンサスが得られていることからも、東アジアサミットのメンバーとして含めることとなった[36]。ＡＳＥＡＮ＋８の提案は通らなかったが、地域の自立を担保するＡＳＥＡＮ中心性が確保されているため、政治的な妥協は特に必要なく、シンガポールが東アジアサミットのメンバー拡大に対して強く反対する理由はなかったのである。

２つ目は「自由で開かれたインド太平洋」構想である。２０１６年に日本が同構想（当初は「自由で開かれたインド太平洋戦略」）、いわゆるＦＯＩＰ（Free and Open Indo-Pacific）を提唱し、それ以降、「インド太平洋」という地域概念が徐々に国際社会の注目を集めるようになった[37]。これは「東アジア」や「アジア太平洋」を越えた、インド洋と太平洋の２つの海とアジアとアフリカの２つの大陸を結ぶ概念であり、主に経済協力、経済開発、連結性、航行の自由、法の支配といった多岐にわたる既存の国際規範の促進に焦点を当てていた。これらの規範は日本が長く支持してきたものであったため目新しさは特になかったが、インド太平洋という地理的範囲を提示することによって、今までアジア太平洋を中心としていた日本の戦略的視野の広がりの可能性が示された[38]。２０１７年にはアメリカがこの構想のネーミングをそのまま使用することにもなったため国際的な注目を浴び、「インド太平洋」は新たな戦略概念として認知されるようになった。

しかし、この構想には多くの点で曖昧さが残っていた。特に、ＦＯＩＰが中国に対して排他的な戦略構想であるかどうか、という点がシンガポールにとっての最大の懸念事項であった。[39] 当然ながら、ＦＯＩＰにおける経済協力、質の高いインフラ、連結性の構築、そして国際法、海洋安全保障といった各国際規範の遵守は、シンガポールも同調するものであり、実際に２０１８年にリー・シェンロンは東アジア地域包括的経済連携（ＲＣＥＰ）をインド太平洋における反保護主義の要として位置づけていた。[40] 特に経済協力に関しては、ＲＣＥＰや環太平洋パートナーシップに関する包括的および先進的な協定（ＴＰＰ11もしくはＣＰＴＰＰ）を積極的に推し進めてきていたため、これら経済協力の枠組みを促進することはシンガポールの国益にも資すると考えられていた。しかし、それらの規範やルールを促進するために提示されていた日米両国の外交方針、たとえば日本、アメリカ、インド、オーストラリアという民主主義国家間の協力、いわゆるクアッド（ＱＵＡＤ）の連携強化や、アメリカのＦＯＩＰにおける対中強硬姿勢の堅持は、シンガポールの等距離外交という指針にそぐわないものとも考えられていた。つまり、ＦＯＩＰが排他的なグループを促すものであるのならば、シンガポールは支持できない。なぜならそれは、シンガポールが自動的に日米両国の対中政策に同調していると中国から見なされてしまう可能性があるからであった。

シンガポールは特に、日米両国が進めているＱＵＡＤに対して明確な警戒感を示していた。これは、シンガポールの等距離外交に加え、アジア地域主義においてＡＳＥＡＮが中心的な役割を担うという「ＡＳＥＡＮ中心性」やその中心性を維持する上で必要な「ＡＳＥＡＮ統一性」を損なう可能性があったからであった。そのため２０１８年にバラクリシュナン外相は、ＡＳＥＡＮ中心性がなくなればシンガポールの発言権が弱まる可能性があり、そのＡＳＥＡＮ中心性について触れていないアメリカと日本のＦＯＩＰを支持することやＱＵＡＤに参加することはできないと述べていた。[41] さらにリー・シェンロンは、シンガポールやＡＳＥＡＮは、①開放的・共生的な地域アーキテクチャを目指し、②ＡＳＥＡＮ中心性・統一性を維持し、③貿易、投資、連結性を促進し、④国際法に根差したルールに基づいた世界秩序の支持を謳う戦略であれば支持する、と念を押していた。[42]

もちろん、日本のＦＯＩＰはシンガポールが目指す構想に近く、リー・シェンロンもその内容に関してＡＳＥＡＮと日本は「同調（aligned）」していると述べている。[43] しかし、これはＡＳＥＡＮが２０１９年に独自のインド太平洋に関する公式文章、「Asean Outlook on the Indo-Pacific：ＡＯＩＰ」を発表する前の発言であり、それ以降は常にＡＯＩＰを基準としてシンガポールの立場を述べている。もちろん、ＡＯＩＰを策定する際にも、シンガポールはＡＳＥＡＮがインド太平洋に関する主体的な文章を作成することについて、「インド太平洋」という懸念を間接的に支持してしまうことを憂慮し極度な慎重姿勢を見せていた。[44] しかしひとたびコンセンサスが得られると、大国間競争に中立的なＡＯＩＰを基準にシンガポールは自らの立場を表明し、対中戦略を暗示するＦＯＩＰに関するコメントは避け、ＦＯＩＰが包含する個々の国際規範やルールに関して個別に言及してきている。[45]

以上、「東アジア共同体」構想と「自由で開かれたインド太平洋」構想の事例を簡単に検証したが、ここでは、シンガポールの外交姿勢について２つのことが言える。１つは、大国間の競争に巻き込まれないため、つまり等距離外交を確保するため、どのような地域構想でも開放的かつ共生的であることを必要条件としていることである。もう1つは、地域構想においてあくまでASEANが主軸となっていることである。当然、ASEANは万能な地域多国間枠組みではなく、特に軍事に関しては脆弱である。しかし、1967年以来、東南アジアの小中国メンバー間との外交的距離感を築き上げ、1990年代からはASEAN中心性と統一性を掲げて数を武器に大国との関係を管理してきたASEANは、シンガポールにとって重要な外交ツールとなっているのである。

3 「西太平洋連合」構想に対するシンガポールの姿勢

これら外交原則や地域協力に対する過去の外交姿勢を踏まえると、シンガポールはWPU構想にいかなる反応を見せるであろうか。WPU構想の主な特徴としては、①「『海洋の自由、貿易の自由、法の支配など』を目指すFOIPの実現に寄与する国家群」であること、②直接的ではないが、民主主義側の立場から「中国の膨張」への1つの対抗策として機能すること、③アメリカ、中国、インドといった超大国および潜在的な超大国をメンバーに含めないこと、④外交問題に対する共通姿勢を定めて支持し、自国の立場から意見を述べること、の4つが挙げられる(46)。この4つの点を踏まえ、シンガポールの立場を考察する。

まず、「FOIPの実現に寄与する国家群」に関しては、シンガポールの立場は中立であろう。上記のとおり「ＦＯＩＰ」の概念は多岐にわたり、極端なものでは「中国の封じ込め」を想起させる。この点においてシンガポールは常に慎重姿勢を保っており、その表現を使用した場合、拒絶反応を起こす可能性が高い。他方で、ＦＯＩＰで謳われている国際規範、すなわち海洋・貿易の自由、法の支配、連結性の強化といった個別の原則については、シンガポールは以前から支持を表明している。また、それらの原則はＡＯＩＰの中でも強調されているため、この点について反対することはない。ただしここには２つの課題がある。１つはＦＯＩＰとＡＯＩＰにおける共通の原則を強調するのであれば、新しい国家群を作る必要が果たしてあるのかという点であり、もう１つはＦＯＩＰとＡＯＩＰの最終目標がどの程度共有されているかという点である。この点が明確でなければ、シンガポールはその立場を留保する可能性が高いだろう。

２つ目の「中国の膨張」への１つの対抗策という点においては、シンガポールは反対の意見を表明し、ＷＰＵ構想に関しては消極姿勢を見せると考えられる。ここには２つの理由がある。１つ目は、中国・シンガポール間の強力な経済連携という現実である。シンガポールの中国への対外投資は２０１７年には48億ドルにも上っており、最大の貿易パートナーとなっている[47]。一国依存から脱却するためにリスクの分散を進める可能性はあるが、市場規模という観点から中国との連携を損なう政治的な動きをとるとは考えにくい。２つ目は、中国と東南アジア地域の地理的近接性である。中国と東南アジア地域の政治的、経済的、文化的なつながりは、地理的条件に由来しており、歴史的に見て双方の関与が極端に弱まるとは考えにくい。他方、アメリカ、日本、インド、オーストラリアといった域外大国が何らかの理由によって東南アジアへの関与を弱めたとき、最終的に残るのは中国であるため、直接的ではないにせよ「中国への対抗策」という含意がある地域構想をシンガポールは表立って支持できないのである。

　唯一、これらの国家群の形成においてシンガポールが賛同できるのは、その国家群が経済協力に根差した場合であろう。シンガポールは経済連携に関しては、ＡＳＥＡＮという枠組みを超え、大国間の競争に関係なく積極的に支持している。ＲＣＥＰやＣＰＴＰＰはその代表的なものであるが、現在は地理的範囲を拡大してラテン・アメリカの経済・外交協力を謳う「太平洋同盟（Pacific Alliance）」との関係強化も目指している。当然、これらの地域枠組みは政治経済的な意味合いが含まれているが、経済協力を主とした国家群としてその経済合理性が説明できれば、参加する可能性はあるだろう。そのため、ＷＰＵにおいても経済協力の側面が強調されれば、シンガポールが関心を示す可能性は高い。

　3つ目は、インド太平洋地域における超大国および潜在的超大国を含まないという点であるが、この点に関してはシンガポールは中立の立場を示すであろう。当然、大国間競争に巻き込まれたくないシンガポールはこのアイデアに反対する理由はない。しかし同時に、そのような制度設計である場合、同じく超大国を含まないＡＳＥＡＮとの比較優位性や整合性に疑問が生じる。シンガポールのＷＰＵ構想に対する懸念事項としては、ＷＰＵとＡＳＥＡＮの間に制度的な競合が起き、ＡＳＥＡＮ統一性を脅かす可能性があること、仮にＷＰＵがすべてのＡＳＥＡＮメンバー国を取り込んだとしても、やはりＡＳＥＡＮ中心性を脅かす機構になりかねないということが挙げられる。しかし逆に、

ＡＳＥＡＮ中心性を尊重する形でＷＰＵが構成された場合、ＡＳＥＡＮ諸国を議長国としてアジェンダを設定する「ＡＳＥＡＮプラス」の枠組みとの違いが不明確になってしまう。すなわち、ＡＳＥＡＮと競合しない形で西太平洋に新たな国家群を構想する場合、シンガポールの選択肢としてはここでも経済協力を優先したもの以外は支持しにくいという可能性が高い。

さらに、ＷＰＵ構想が日本から提案されたという事実は、いくらアメリカ等の超大国を含まないとしても、欧米諸国寄りの枠組みとして見なされてしまう。これは外交イメージの問題で、日本はアメリカの地域における最重要同盟国という事実からくる。このイメージを払拭するためには、日本とアメリカの間において政策的な相違があることを明示し、その点においてはアメリカとの議論も辞さないという強い姿勢を表す必要がある。しかし、これはシンガポールが参加姿勢を示す必要条件であっても、ＷＰＵへ積極的に参加するという保証にはならない。

４つ目は、外交問題について共通の姿勢を定めながらも、自国の意見を持てるという制度設計であるが、この点に関してシンガポールは賛意を表明しやすいだろう。ただし、賛同するには条件が存在し、一筋縄ではいかない。特に、意思決定ルールが重要となり、ここでもジレンマが生じるためだ。過半数やスーパーマジョリティなどの決定方式であれば、シンガポールの国益に反する可能性があるため、これを許容することは困難となる。他方、ＡＳＥＡＮのようなコンセンサス形式であれば、各加盟国は自動的に拒否権を持つことになり、国家主権は脅かされないが、ＡＳＥＡＮとの相違を明示することが困難となる。

ＷＰＵは、ＡＳＥＡＮとの違いを「柔らかな民主主義の連合体」であることとし、そこで民主主義の価値を強調することができよう[48]。しかしここでの問題は、政治的にどの程度「民主主義」の価値観を推し進めていくかが焦点となる。実際、ＡＳＥＡＮの「政治安全保障共同体へのブループリント２０２５」において、民主主義や法の支配、人権や基本的自由といった価値を推し進めることにＡＳＥＡＮ諸国は賛同している[49]。しかし、ＡＳＥＡＮには内政不干渉の原則も存在しており、それらの価値を確実なものにするのは将来の目標であって、政治的協力の必要条件ではない。ＷＰＵにおいて「ピア・プレッシャー」の確立も一案ではあるが、ＡＳＥＡＮにおいても一定のピア・プレッシャー、そして説得プロセスはすでに存在している[50]。ＷＰＵが違いを見せるならば、これらの価値をより明確に主張していくことが必要になるが、そうなった場合はＡＳＥＡＮと整合性がとれず、シンガポールはＷＰＵ構想に対し消極的になる可能性が高いだろう。

これらの点を総合的に考えると、シンガポールがＷＰＵに積極的に参加する可能性は低いと言わざるを得ない。それは、シンガポールの外交原則と自己認識である「実用主義」と「脆弱性」からくる等距離外交の原則や、さらにはＡＳＥＡＮ中心性と統一性を、ＷＰＵの参加によって自ら崩してしまう可能性があるからである。また、万が一ＷＰＵがシンガポールの求める形に制度変化した場合でも、そこにＡＳＥＡＮとの比較優位性を見出すことができにくい可能性がある。すなわち、現時点ではＷＰＵはシンガポールにとって魅力的な構想には映りにくい。

しかしある条件によっては、シンガポールがＷＰＵ構想を真剣に考える可能性がある。１つは、経済協力を基盤とするＷＰＵである。もちろん、超大国を含まない経済協力枠組みには実質的な経済合理性は限定される。さらには自由貿易等の枠組みはすでに域内でＲＣＥＰやＣＰＴＰＰが存在している。結果としてＷＰＵの強みを活かせるとするならば、米中競争によって派生するデカップリングという政治的プレッシャーに対抗し得る緩やかな政治経済連合体を構築することであろう。米中二者択一を避けることを至上命令にしているシンガポールにとって、この選択肢には興味を示す可能性がある。実際、ＡＩや５Ｇ等のいわゆる「第４次産業革命」関連分野の国際ルール構築は今後の国際秩序形成に大きく関わってくるため、政治経済分野に焦点を置いたＷＰＵを生み出す政治的利益は、シンガポールの関心を引き付けるだろう。この路線で制度化を進める場合、アドホックな協力枠組みから出発し、長期的に協力範囲を広げ民主主義等の価値を徐々に前面に出していく方針が有効であろう。

もう１つは、シンガポールの参加いかんにかかわらず、ＷＰＵを通じて積極的に東南アジア地域の戦略トレンドを形成していくことである。シンガポールの外交原則は、地域戦略環境を自らが形成していくことには限界があるため、環境変化のトレンドを丁寧に読み解き、合理的に対応していくことにある。現在、シンガポールを取り巻く戦略環境では、米中競争の激化とＡＳＥＡＮの戦略的役割の限界という変化が見られており、ＡＳＥＡＮ諸国の中には将来に向けＡＳＥＡＮ以外の異なる枠組みを通した協力関係の構築を模索している国家も存在する。この傾向が強くなれば、ＡＳＥＡＮの統一性は崩れ、その求心力は弱くなる可能性がある。ＡＳＥＡＮを拠り所とするシンガポールは、そのタイミングにおいて新たな選択肢を不本意ながら模索する必要がでてくるため、その代替として、ＷＰＵを支持する可能性がでてくるであろう。特に、バイデン政権下となったアメリカは、２０２１年７月にロイド・オースティン国防長官を、８月にカマラ・ハリス副大統領をシンガポールとベトナムに派遣したことからもわかるとおり、二国間協力をとおして東南アジアを米中対立に巻き込む可能性があり、これを回避するための枠組み構築は重要になってくる。

　シンガポールはＦＯＩＰなどの新たな戦略構想を、東南アジア地域の現状や安定を揺さぶるアイデアと捉えており、外交的に敬遠している。しかし、米中間のパワーシフトによる影響を直接的に受ける東南アジア地域においては、将来に多くの戦略オプションを考えていく必要がある。その上で、ＷＰＵ構想は西太平洋地域およびシンガポールを含める東南アジア地域諸国の自立性を維持するための１つの選択肢として、存在意義があるだろう。

注

（１）なお、軍事費は２０１８年ＵＳドルを基準として計算している。The World Bank “Data: Singapore.” 2021. (https://data.worldbank.org/country/SG); Stockholm International Peace Research Institute (SIPRI), “SIPRI Military Expenditure Database: Data for All Countries 1949-2019,” 2021 (https://www.sipri.org/sites/default/files/SIPRI-Milex-data-1949-2019.xlsx)

（２）Global Note「世界の貿易依存度：国別ランキング・推移」（２０２０）。(https://www.globalnote.jp/post-1614.html)

（３）“Rare. Full Interview: Lee Kuan Yew tears after Separation from Malaysia in 1965 (Moment of Anguish),” February 24, 2021.

(https://www.youtube.com/watch?v=Idd8BK0MamA)

(4) The National Archives of Singapore. "Transcript of the Speech of the Prime Minister, Mr. Lee Kuan Yew, at the Convent of the Holy Infant Jesus, Serangoon Gardens, on Saturday, 11th December, 1965," 1965.（https://www.nas.gov.sg/archivesonline/data/pdfdoc/lky19651211a.pdf）

(5) Singapore Parliament Reports. "Speech by the Minister of Defence（Dr. Goh Keng Swee）, *Singapore Army Bill*, 23 December 1965（Hansard）," 1965.

(6) 古賀慶「シンガポールの『準基地』政策：基地紛争の予防と管理」川名晋史編『基地問題の国際比較』明石書店、２０２１年。

(7) National Archives of Singapore, "Transcript of an Interview by Foreign Correspondents with the-Prime Minister of Singapore, Mr Lee Kuan Yew, 30 August 1965," 1965.（https://www.nas.gov.sg/archivesonline/data/pdfdoc/lky19650830.pdf）; Singapore Parliament Reports, "Speech by the Minister of Foreign Affairs（S. Rajaratnam）, 16 December 1965 and the Yang Di-Pertuan Negara's Speech: Debate on the Address, 17 December 1965（Hansard）," 1965.

(8) Richard Nixon. "Asia After Viet Nam," *Foreign Affairs*, October 1967, 46, No. 1: 111–125.（https://www.foreignaffairs.com/articles/united-states/1967-10-01/asia-after-viet-nam）; Richard Nixon, "Address to the Nation on the War in Vietnam—November 3, 1969," The Richard Nixon Foundation, September 2, 2017.（https://www.nixonfoundation.org/2017/09/address-nation-war-vietnam-november-3-1969/）

(9) 古賀慶［２０２１］。

(10) Michael Leifer, "ASEAN's Search for Regional Order. Faculty of Arts and Social Sciences Lecture 12," National University of Singapore, 1987; Kei Koga, *Reinventing Regional Security Institutions in Asia and Africa*, New York: Routledge, 2017, pp. 34–35.

(11) ASEAN Secretariat, "The Asean Declaration（Bangkok Declaration）, Bangkok, 8 August 1967," 1967.（https://asean.org/the-asean-declaration-bangkok-declaration-bangkok-8-august-1967/）

(12) Alice Ba, *(Re) Negotiating East and Southeast Asia: Region, Regionalism, and the Association of Southeast Asian Nations*, Stanford: Stanford University Press, 2009.

(13) Koga Kei, "Institutional Transformation of ASEAN: ZOPFAN, TAC, and the Bali Concord I in 1968–1976," *The Pacific Review*, 2014, 27 No. 5: 729–753.

(14) Ralf Emmers. "Why the FPDA Still Matters to Singapore," In Barry Desker, B. and Cheng Guan Ang, eds., *Perspectives on the*

Security of Singapore : The First 50 Years, Singapore: World Scientific, 2015, p. 175.

(15) Teo Ang Guan and Kei Koga. “Conceptualizaing Equidistant Diplomacy in International Relations: The Case of Singapore,” *International Relations of the Asia-Pacific*, 2021 [forthcoming].

(16) Parliament. “Official Report First Session of the Legislative Assembly: Part I of First Session (Volume No. 24, Sitting No. 5),” 1965. (https://sprs.parl.gov.sg/search/report?sittingdate=16-12-1965)

(17) Prime Minister Office, “Speech by Mr Lee Kuan Yew, Minister Mentor, at the S. Rajaratnam Lecture, 09 April 2009, 5:30pm at Shangri-La Hotel,” April 9, 2009. (https://www.pmo.gov.sg/Newsroom/speech-mr-lee-kuan-yew-minister-mentor-s-rajaratnam-lecture-09-april-2009-530-pm-shangri)

(18) Prime Minister Office [2009].

(19) Lee Kuan Yew, Han Fook Kwang, Zuraidah Ibrahim et al. *Lee Kuan Yew : Hard Truths to Keep Singapore Going*, Singapore : Straits Times Press, 2011, p. 16.

(20) S. Rajaratnam, “Statement of His Excellency Mr. S. Rajaratnam Foreign Minister of Singapore at the General Assembly on September 21, 1965, on the Occasion of Singapore’s Admission to the United Nations, PressR19650921, Ministry of Culture, Singapore,” 1965. (https://www.nas.gov.sg/archivesonline/speeches/record-details/fd4ccab0-3270-11e4-859c-0050568939ad); Ang Cheng Guan. *Lee Kuan Yew’s Strategic Thought*, Oxon and New York: Routledge, 2013, p.16.

(21) Vivian Balakrishnan, “Full speech: Five Core Principles of Singapore’s Foreign Policy,” *The Straits Times*, July 17, 2017. (https://www.straitstimes.com/singapore/five-core-principles-of-singapores-foreign-policy)

(22) Teo Ang Guan and Kei Koga, “Conceptualizing Equidistant Diplomacy.”

(23) Kei Koga, “Singapore’s Distinctive ‘Quasi-Bases’,: Regional Security Environment, National Discourse, and Path-Dependence” in Shinji Kawana and Minori Takahashi, eds., *Exploring Base Politics*: *How Host Countries Shape the Network of U.S. Overseas Bases*, Oxon and New York: Routledge, 2020.

(24) Euan Graham and Tim Huxley, “The US-Singapore Enhanced Defense Agreement: a Third Upgrade for Bilateral Collaboration,” *The Interpreter*, December 10, 2015. (https://www.lowyinstitute.org/the-interpreter/us-singapore-enhanced-defence-agreement-third-upgrade-bilateral-collaboration)

(25) ASEAN Secretariat, “Joint Statement on East Asia Cooperation, 28 November 1999.” (https://asean.org/?static_post=joint-statement-on-east-asia-cooperation-28-november-1999)

(26) East Asian Vision Group, “Towards an East Asian Community: Region of Peace, Prosperity and Progress,” October 31, 2001. (https://www.asean.org/wp-content/uploads/images/archive/pdf/east_asia_vision.pdf)

(27) The East Asia Study Group, “Final Report of the East Asia Study Group,” November 4, 2002. (https://www.mofa.go.jp/region/asia-paci/asean/pmv0211/report.pdf)

(28) 外務省「小泉総理大臣のＡＳＥＡＮ諸国訪問における政策演説『東アジアの中の日本とＡＳＥＡＮ―率直なパートナーシップを求めて―』２００２年１月14日。(https://www.mofa.go.jp/mofaj/press/enzetsu/14/ekoi_0114.html)

(29) 大庭三枝『重層的地域としてのアジア：対立と共存の構図』有斐閣，２０１４年。

(30) Eileen Ng. “North Korea, Free Trade To Top Talks Among East Asian Leaders,” *Agence France Presse*, November 3, 2002.

(31) Frank Ching, “Coming Together,” *South China Morning Post*, October 24, 2003.

(32) “Regional Perspective: US and the Future of the East Asian Community,” *The Nation*, December 27, 2004; “Singapore Supports East Asia Summit Initiative,” *Jiji Press Ticker Service*, January 24, 2005.

(33) P. Parameswaran, “US Concerned over ‘Exclusive’ Nature of Upcoming East Asia Summit,” *Agence France Presse*, February 26, 2005.

(34) “Opportunities for Singapore Businesses in Cambodia, Laos and Myanmar,” *Channel NewsAsia*, March 31, 2005.

(35) Graeme Dobell, “Scoop: ASEAN Divide on US,” *The Interpreter*, August 16, 2010. (http://archive.lowyinstitute.org/the-interpreter/scoop-asean-divide-us)

(36) Ralf Emmers, Joseph Chinyong Liow, and See Seng Tan, “The East Asia Summit and the Regional Security Architecture,” *Maryland Series in Contemporary Asian Studies*, 2010, 2010 (3): 29–31. (https://digitalcommons.law.umaryland.edu/cgi/viewcontent.cgi?article=1201&context=mscas)

(37) MOFA, “Address by Prime Minister Shinzo Abe at the Opening Session of the Sixth Tokyo International Conference on African Development (TICAD VI),” August 27, 2016. (https://www.mofa.go.jp/afr/af2/page4e_000496.html)

(38) ＦＯＩＰに関しては，たとえば下記を参照。Shinichi Kitaoka, “Vision for a Free and Open Indo-Pacific,” *Asia Pacific Review* 2019, 26: 7–17 ; Yuichi Hosoya, “FOIP 2.0: The Evolution of Japan’s Free and Open Indo-Pacific Strategy,” 2019, *Asia-Pacific Review*, 26: 18–28; Kei Koga, “Japan’s ‘Indo-Pacific’ Question: Countering China or Shaping a New Regional Order?” 2020, *International Affairs* 96, No. 1: 49–73.

(39) “Dialogue with PM Lee Hsien Loong at the ISEAS 50th Anniversary Lecture,” *Singapore Government News*, March 13, 2018.

（40） “Press Conference with His Excellency Mr Lee Hsien Loong, Prime Minister of the Republic of Singapore,” *State News Service*, March 18, 2018.

（41） Charissa Yong, “Singapore Will Not Join Indo-Pacific Bloc for Now: Vivian,” *The Straits Times*, May 15, 2018.（https://www.straitstimes.com/singapore/spore-will-not-join-indo-pacific-bloc-for-now-vivian）

（42） Seow Bei Yi, “Principles of Japan’s Indo-Pacific Strategy Align with Singapore, Asean Priorities: PM Lee,” *The Straits Times*, November 14, 2018.

（43） Seow Bei Yi［2018］.

（44） Dian Septiari. “Singapore ‘Holds Back’ Adoption of ASEAN Indo-Pacific Concept,” *The Jakarta Post*, June 17, 2019.

（45） Tommy Koh. Statement in “Facebook,” April 9, 2021.

（46） 北岡伸一「西太平洋連合を構想する」サントリー文化財団・アステイオン編集委員会編集『アステイオン』94号、２０２１年５月。

（47） “Market Profile: China,” *Enterprise Singapore*, October 13, 2020.（https://www.enterprisesg.gov.sg/overseas-markets/asia-pacific/china/market-profile）

（48） Enterprise Singapore［2020］.

（49） ASEAN Secretariat. “ASEAN Political-Security Community Blue Print 2025,” 2016.（https://www.asean.org/storage/2012/05/ASEAN-APSC-Blueprint-2025.pdf）

（50） たとえば、See Seng Tan, “Herding Cats: The Role of Persuasion in Political Change and Continuity in the Association of Southeast Asian Nations（ASEAN）,” 2013, *International Relations of the Asia-Pacific*, 13, No. 2: 233–265.

コラム

ブルネイ――王制・エネルギー・全方位外交

鈴木 絢女

ブルネイは、「マレー主義、イスラーム、王制（Melayu, Islam, Beraja）」を国是とする人口45万人のマイクロ・ステートである。マレー人（65・８％）、華人（10・２％）、その他（24・２％）からなるこの多民族国家は、豊富な鉱物資源収入を背景に、２万７４６６米ドルという高い１人あたりＧＤＰ（名目）をほこる。

建前では「立憲君主制」とされるブルネイの政治体制は、実際には絶対王制といったほうがしっくりくる。行政権は、首相、外務大臣、国防大臣、財務大臣、警察および軍隊の司令官などの要職を兼任するハサナル・ボルキア国王（１９６７年－）に集中している。立法権を見てみると、１９８４年の独立以来停止されていた立法評議会は２００４年に再開され、２０１１年の憲法改正によって一部評議員の公選制が定められたが、選挙はいまだに実施されておらず、すべての評議員は国王の任命による。政党の設立は認められているものの、民主的議会の設立を求める政党は次々と非合法化され、現在政党として登録されているのは、スルタンに忠誠を誓う国家開発党のみである。２０１３年には、国王の権威強化やイスラーム諸国との経済関係促進などを目的として、厳格な刑罰を含むシャリア刑法の実施が発表され、２０１９年４月には完全施行された。この法制化をめぐっては、女性や性的マイノリティ、人口の２割弱を占める非ムスリムに与える影響の大きさから、懸念や反対が国内外で表明されている。

このような統治が許容される背景には、国営石油会社の収益によって租税負担のない社会福祉が実現しているという事情がある。原油・天然ガス収入は、ブルネイの歳入の7～8割を占め、これによって国民は、無料で教育や医療サービスを受けることができ、年金や住宅補助なども充実している。また、労働者の大多数が雇用される政府セクターでは高賃金が保障されている。つまり、エネルギー収入によって課税も代表もない統治が実現しているのである。

しかし、エネルギー依存の財政には限界も見えている。原油は２０３５年頃には枯渇すると言われている。また、21世紀以降の原油価格の乱高下は財政の安定性を揺るがし、２０１６年には財政赤字が20％を超えた。国民の生活を支える社会支出が先細れば、異議申し立てや政治的な代表を求める声も当然大きくなっていくだろう。

産業構造の観点からも、エネルギー依存からの脱却が必要である。２０２０年第４四半期における原油・天然ガスのＧＤＰに占める割合は44・8％と依然として高い。また、輸出の83・4％が原油や天然ガスなどの鉱物燃料である[1]。このため、ＧＤＰは原油価格に敏感に反応し、近年は成長率が停滞している（図表1）。エネルギーに過度に依存したいびつな経済構造のために、失業率は6・9％、とりわけ15–24歳の若年労働者の失業率は21・7％と[2]、ＡＳＥＡＮ諸国の中でも抜きん出て高く、不満の温床になっているとも言われている。

２００９年、ブルネイ政府は経済の多様化に向けて、石油化学産業をはじめとする、エネルギー

図表1　ブルネイの成長率および1人あたりGDP（名目）

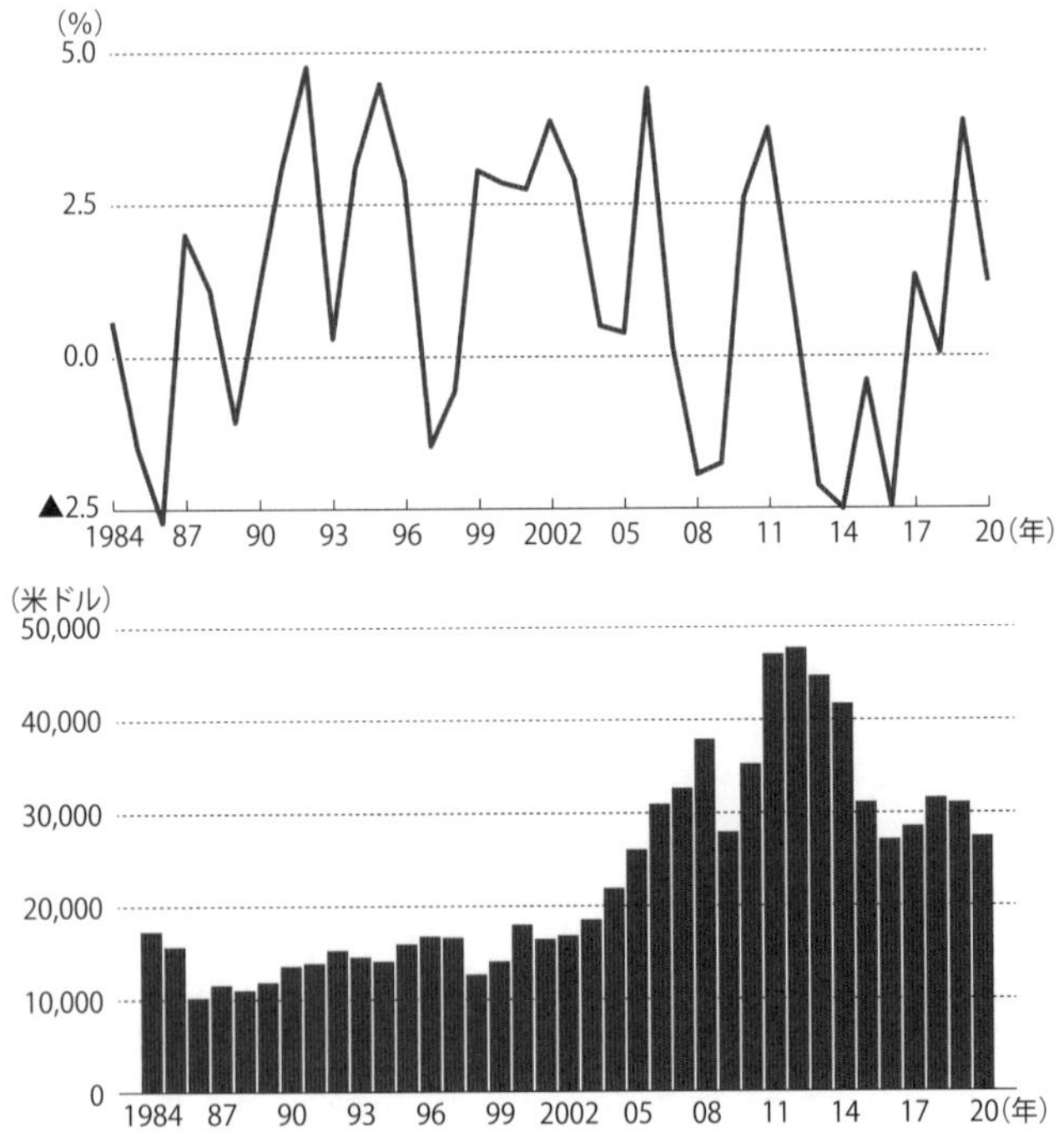

出所：World Development Indicators.

セクターの下流部門、ＩＣＴ、観光業の振興やインフラ開発などを謳う「ブルネイ・ビジョン２０３５」を発表した。２０１６年の５カ年計画でも、下流産業への外国投資奨励や中小企業促進をはじめとした経済改革が掲げられた。こうした試みの中で、ＧＤＰに占めるシェアは５・３％と小さいものの、石油・化学製品が成長しつつある。[3]

経済の多様化において重要な役割を果たしているのが、中国の投資である。中国とブルネイは２０１３年に戦略的協力関係を結び、貿易、投資、エネルギーをはじめとする包括的な二国間関係を展開してきた。中国の恒逸集団とブルネイの政府投資機関の合弁企業による石油化学プラント事業（Hengyi Petrochemical Plant）に象徴されるように、中国は２０１０年代後半からブルネイにとっての最大の投資国となり、ストックで見ると、植民地以降の蓄積のあるイギリスにとって代わって最大の投資国となりつつある（図表2）。

　中国の経済的なプレゼンスによって、ブルネイが南シナ海問題で妥協しつつあると見る向きもあるが、実際にはブルネイは他のＡＳＥＡＮ諸国と同様に全方位外交を展開している。まず、ブルネイはＡＳＥＡＮを外交の基軸としており、とりわけシンガポールとは教育、保健、通信、環境、防衛、通貨など多様な分野での緊密な協力関係を築いている。域外国では、ブルネイに歩兵部隊を駐屯させているイギリスや、訓練やテロ対策で協力するオーストラリアとの安全保障協力が、独立以降続いている。アメリカとは１９９４年に防衛協力覚書が交わされており、２０１８年には初の二国間共同軍事演習が行われ、２０１９年の協力海上即応訓練（ＣＡＲＡＴ）はブルネイで行われた。２０１６年にはインドとの安全保障協力も始まった。日本との関係は主に経済分野に集中しているが、ブルネイにとって初めての経済連携協定（２００８年）相手であり、また最大の輸出市場でもある。

　民主的な統治の行われていないブルネイは、果たしてＷＰＵの一員となるにふさわしいだろうかという疑問もあろう。皇太子アルムタデー・ビラーは首相府上級大臣や警察・軍の要職を兼任して

（百万ブルネイ・ドル）

2020年(1)				2021年(1)
Q1	Q2	Q3	Q4	Q1
682.6	677.9	628.7	772.1	609.5
220.8	214.4	197.3	250.1	169.0
457.2	458.8	426.5	516.7	435.4
4.6	4.7	4.9	5.3	5.0
1,327.8	1,270.4	1,156.4	1,190.8	1,147.5
14.1	13.7	13.0	15.0	14.5
1,298.2	1,240.0	1,126.4	1,141.1	1,112.1
-	-	-	-	-
15.5	16.7	17.0	34.7	21.0
7,845.4	8,036.0	8,346.0	8,169.9	8,147.3
3,812.4	3,745.0	3,797.6	3,482.1	3,488.3
2,830.0	3,234.9	3,490.2	3,533.2	3,383.5
440.2	277.3	328.4	346.3	378.2
3.2	3.4	3.5	4.9	4.9
759.6	775.4	726.3	803.5	892.4
9,855.8	9,984.3	10,131.1	10,132.8	9,904.4

Darussalam.

おり、権力の継承準備も進んでいるように見える。しかし、石油資源の枯渇や経済構造の多様化が進む中で、従来どおりの王政を持続することが難しくなれば、民主化あるいは応答性を持つ体制への移行も起こるかもしれない。また、南シナ海における法の支配や島嶼部東南アジアにおける非伝統的安全保障など、日本をはじめとするアジア太平洋の国々とブルネイが共有する関心事も少なくない。

　マイクロ・ステートの主権や独立が脅かされないような地域安全保障環境の創出は、ブルネイにとって決定的に重要である。また、各国のエネルギー安全保障を実現

図表2　ブルネイの国別対内直接投資額（ストック）

	2016年	2017年	2018年	2019年
ASEAN	557.8	1,134.1	580.2	163.0
マレーシア	182.7	847.9	212.2	(188.5)
シンガポール	369.7	280.0	360.9	343.9
その他	5.4	6.2	7.1	7.6
EU	6,114.7	5,419.1	5,316.4	5,609.2
ドイツ	30.2	35.9	25.8	15.3
オランダ	970.4	875.2	1,294.4	1,436.9
イギリス(2)	5,035.2	4,412.8	3,899.8	4,136.5
その他	78.9	95.2	96.4	20.5
その他の地域	1,855.8	2,216.3	3,198.3	3,847.8
イギリス(2)	-	-	-	-
香港	612.1	1,169.1	2,154.9	2,741.1
日本	521.9	510.0	344.0	214.0
アメリカ	4.4	2.3	2.7	3.2
その他	717.4	534.9	696.6	889.5
Total	8,528.3	8,769.5	9,094.9	9,620.0

注：(1) 暫定値。
　　(2) 2020年2月にEU離脱。
出所：Department of Economic Planning and Statistics, Ministry of Finance and Economy, Brunei

しながらブルネイによるエネルギー依存からの脱却を助けるような経済協力、ブルネイの伝統や文化を尊重しながら国民が決定に参加できるような仕組みの構築に向けた対話など、地域的協力の余地は小さくない。

注

（１）Department of Economic Planning and Statistics, Brunei Darussalam, National Accounts; International Merchandise Trade, 2020.

（２）２０１９年の統計。World Development Indicators.

（３）注１に同じ。

第Ⅱ部

豪州、NZ、太平洋島嶼国

第10章

日豪は、戦略的パートナーたり得るか

濱田 摩耶

2018年11月、安倍総理（当時。以下同じ）は、日本の総理として初めて、豪州の北部準州にある都市、ダーウィンを訪問した。ダーウィンは、第二次世界大戦中、旧日本軍が初めて空爆を行い、多くの犠牲者を出した地であり、第二次世界大戦の辛い記憶を残す街である。その歴史的な地で、安倍総理は、モリソン豪首相とともに戦没者慰霊碑を訪問し、献花・黙祷を行った。そして、日豪の戦後和解の歩みを振り返った上で、日豪は「地域と世界の繁栄と秩序を守り、育てていく、崇高な責任を共有する魂の友人同士」であると述べた。第二次世界大戦を敵として戦い、数々の戦後問題を抱えてスタートした日豪両国は、長い時間をかけて戦後和解の取り組みを着実に積み重ね、近年、様々な分野で急速に関係を強化し、今では、強い絆で結ばれた、かけがえのないパートナーとなった。安倍総理のダーウィン訪問は、そのことを象徴する歴史的な出来事だった。

2014年の日豪首脳会談で、日豪は、「特別な戦略的パートナー」と定義された。実際、「困ったときの友が真の友」というとおり、豪州は、東日本大震災に際し、災害救援隊や空軍輸送機を派遣し、日本は、２０２０年の豪州森林火災に際し、自衛隊の輸送機を派遣し、消火活動等に必要な輸送業務を行った。また、２０２０年11月、コロナ禍で初めて訪日した外国首脳がモリソン豪首相であったこともこの特別な絆を象徴するものだった。

日本が、二国間関係を「戦略的パートナー」と定義する国は、外務省ウェブサイトで確認できるだけでも25カ国以上存在する。しかし、真に「戦略的パートナー」である国はそれほど多くないのではないかと思う。

それでは、「特別な戦略的パートナー」と定義された日本と豪州は、中長期的な将来において、真に戦略的パートナーたり得るのだろうか。また、そのような日豪関係は、西太平洋地域で、どのような役割を果たせるのだろうか。

本稿では、戦略的パートナーを、①国家の最重要な国益（安全・安定の確保）のための目標を共有していること、②経済的に強固な結びつきがあること、③基本的な価値を共有していること、④関係を深化させるために対等に協力し合う意志と能力を有することの４条件で定義したい。

その上で、第１節では、豪州の置かれた戦略環境や外交・安全保障戦略、豪州の経済・社会構造等を分析し、日豪が、上記の①から③を共有することを示したい。続いて、第２節では、戦後の日豪関係を振り返り、現在の日豪関係を概観することで、日豪関係が上記の④の条件を満たすことを示したい。そして、今後、日豪が西太平洋地域において、地域の安定と繁栄に貢献する戦略的パートナーとして、どのような協力を発展させていけるか検討することとしたい。

1　豪州の姿

●豪州の置かれた戦略環境と外交・安全保障戦略

豪州の地政学上の位置づけ、外交・安全保障上の目標

世界地図を眺めればわかるとおり、豪州は他の大陸から遠く離れた南太平洋に浮かぶ大陸であり、歴史的に外敵の脅威を感じることは少なかった。その中でも、豪州が安全保障上の意識を集中させてきたのは、以下３つの地域である。

豪州は、世界第６位の面積（約７７０万㎢）を有するが、中央部の砂漠地帯をはじめ、過疎地域が多く、南西部の都市パースを除けば、人口は、東部・南東部の海岸沿いに集中している（人口の７割が南東部に集中）。ついては、この人口密集地域の安全をいかに守るかということが豪州の安全保障上の第一の関心事である。

また、外界から隔てられた豪州にとって、安全なシーレーンの確保は死活的に重要な課題である。豪州の主なシーレーンは、貿易全体の半分、輸出の３分の２が通過する南シナ海を中心とするアジアとの縦の道、そして、メラネシア地域、ポリネシア地域を通り、最も重要な同盟国である米国に向かう横の道であり、この２つのシーレーンと、シーレーンへの出口である重要な港（北西部のポートヘッ

ドランド、東部・南東部の港）の防衛も豪州にとって重要である。

さらに、豪州から南シナ海への出口である北方アプローチ（インドネシア、パプアニューギニア、東ティモール）は、至近の大陸であるユーラシア大陸に臨む、豪州にとって唯一直接的脅威を感じ得る海域である。この地域の安定確保も豪州にとって重要な関心事である。

豪州は、第二次世界大戦後、上記の安全保障上の関心地域において、大きな脅威を感じておらず、長年、豪州内の人口密集地域（東部・南東部）の安全の確保と北方アプローチの防衛だけに意識を集中させてきた。しかし、近年、これらの地域に様々な脅威が発現していることを受け、豪州の脅威認識が大きく変化している。

まず、中国の影響力の拡大である。「一帯一路」を掲げて、東南アジアの島嶼部はもちろん、太平洋島嶼国まで影響力を拡大している中国は、「第三列島線[1]」までの進出を目指すとの主張もあるとおり、豪州の北方アプローチ、そして2つのシーレーン上での様々な活動を強化し、地域のパワーバランスを大きく変化させている。もちろん、当該地域の安定と繁栄に貢献する活動であれば歓迎すべきことだが、南シナ海における力による一方的な現状変更の試みや軍事化につながるようなインフラ開発、対中過剰債務による影響力拡大等が進んでいることを踏まえれば、当該地域の不安定化につながる恐れは十分にある[2]。

また、東南アジア島嶼部を中心とするテロや海賊、国際組織犯罪などの問題により、2つのシーレーンの近隣海域における脅威が高まっていることも課題である。これらの課題により、島嶼部を中心とする東南アジアや太平洋島嶼国が、特定の国の影響力下に置かれることなく、自立的・安定的に発展をとげ、自由で開かれ、安全な地域であり続けることが、豪州自身の安全保障を確保する上で、不可欠な重要性を有することが認識されるようになってきたのである。

さらに、近年では、国内における中国によるインフルエンスオペレーション（政界・言論界・学術界等への影響力行使）、サイバー攻撃、外国人による重要インフラや土地の取得等、新たな脅威も認識されるようになった[3]。

これらの脅威認識の変化を反映した２０１６年の国防白書では、戦略環境・戦略の記述を大きく変化させ、以下の３つを戦略的国防利益と定義している。

・豪州、北部アプローチ、近隣シーレーン
・東南アジアと南太平洋の海洋
・安定したインド太平洋地域およびルールに基づく国際秩序

東南アジアが国防戦略上の関心地域として新たに位置づけられ、さらに揚陸艦の活動地域としても位置づけられたことは、豪州の脅威認識の変化、国防戦略の変化を明確に示している。

また、インド太平洋地域の安定性の重要性について明記されたことも重要である。バーギーズ元外務貿易省次官が述べているように「伝統的に豪州にとってのアジアはアジア太平洋であった」が、インドの重要性および太平洋とインド洋の一体性の観点から、近年では「インド太平洋という概念が特に重要」と見なされるようになった[4]。２０１７年には、14年ぶりに発行された外交白書において、外交目標の筆頭に「開かれ、包摂的で、繁栄したインド太平洋地域の推進」が掲げられている。さらに、２０１８年の外務貿易省の機構改革において、それまで複数の局に散らばっていたインド太平洋地域の担当課を集めてインド太平洋局が新設されたことにも「インド太平洋地域」を一体的に捉える豪州の姿勢が表れている。

以上を踏まえると、現在の豪州の外交・安全保障上の重要な目標は、以下のとおりだと考えられ、日本とも多くの共通点がある。かつて、日豪は同じ太平洋の国とはいえ、遠く離れた地政学的環境がまったく異なる国であり、安全保障上のパートナーとしての認識は薄いと認識されてきた。しかし、近年の豪州の戦略環境の変化により、日豪は多くの戦略的利益を共有するパートナーへと変わってきたのである。

・日本から東南アジアを経由し、豪州に至る縦の道およびメラネシア・ポリネシアを経由し、米に至る横の道（すなわち西太平洋地域）の安定を確保すること。そして、その地域の諸国が、自立的、開放的で、安定・繁栄していること。

・国内における新たな安全保障上の脅威から、豪州を守ること。

外交・安全保障戦略

豪州は、外交・安全保障上の目標の変化に合わせ、どのような戦略をとっているのだろうか。

・安全保障能力の強化と再配置

もともと安全保障上の脅威が少なかった豪州は、先進諸国に比べて人口が少ないこともあり、軍は総兵力約５８０００人（陸２９５００人、海１万４２００人、空１万４３００人）[5]とコンパクトであり、長い間、これを人口密集地域である東部と南東部に手厚く配備する態勢をとってきた。しかし、近年の新たな戦略環境における脅威認識を踏まえて、２０１６年国防白書以降、急速な戦力の強化と構成・配置の転換を図っている。具体的には、２０１６年から２０２５年までに国防予算を倍増するとの目標を掲げ、それまでの目標を早めて２０２０年までに国防費をＧＤＰの２％に引き上げることを宣言し、それをすでに達成している。さらに、これまでの東部・南東部の陸軍重視の態勢から、潜水艦や航空機等の増力を含め、海空軍に優先的に資源を配分（リソースの約7割を海空軍に割当）し、それを北部に重点的に配置する態勢へと、軍の構成・配備の大転換を進めている。また、戦略地域の変化を反映して、揚陸部隊の強化を含め、島嶼地域への展開力の強化を進めている。豪州の脅威認識の変化を踏まえたこのような戦力の強化・質的転換は今後も継続するであろう。

また、米国の同盟国である豪州は、米軍の海外展開に伴い、これまで多くの紛争に派兵してきた（朝鮮戦争、ベトナム戦争、湾岸戦争、アフガン戦争、イラク戦争、対ＩＳＩＬ有志連合）。結果として、豪軍は、それなりの実戦経験を積み重ねるとともに、米軍との相互運用性の高い軍となっている。

さらに、安全保障能力として言えば、ファイブアイズの一員として、情報分野でも一定の能力を有していることは特筆すべきである。特に、太平洋島嶼国や東南アジア島嶼部の一部においては、豪州の情報収集能力・分析能力は、高いレベルを誇っている。また、１９８１年以降、マレーシアのバターワース空軍基地を拠点に哨戒機による南シナ海の警戒監視活動を行っていることも指摘しておきたい。

・同盟国との関係強化

第二次世界大戦までは、豪州の最も重要な安全保障上のパートナーは、英連邦の盟主英国であり、第一次世界大戦に、ＡＮＺＡＣ軍を派遣する等、献身的な貢献を行ったのは有名である。

しかし、第二次世界大戦を経て、英国がアジアから撤退していくと、もはや英国を頼ることができなくなった豪州にとって、最も重要な安全保障上のパートナーは米国となった。サンフランシスコ講和会議の３日前にあたる１９５１年９月１日、ＮＡＴＯ発足（１９４９年）に引き続いて、米豪ＮＺの３カ国で、太平洋安全保障条約（ＡＮＺＵＳ条約）が結ばれ、米豪は同盟国となった（１９８６年にＮＺはＡＮＺＵＳ条約を事実上停止）。ＡＮＺＵＳ条約の当初の目的は、第二次世界大戦を戦った日本の再興に備えることと、抗共産主義だったが、日本が平和的に発展するにつれ、早い時期に抗共産主義に集中することとなった。その後、時代は下り、冷戦後の現在、豪州が新たな脅威に直面する中、米豪同盟は、両国にとって、新たな意味を有するようになっている。

２０１１年、オバマ米大統領訪豪の際、ギラード豪首相とオバマ大統領は、豪米戦略態勢イニシアティブを発表した。これは、北部準州・ダーウィンの空軍基地への米軍海兵隊のローテーション展開を中心とするものである。ダーウィンは、第二次世界大戦中に日本軍が空爆したことからもわかるとおり、インドネシアからわずか820㎞の戦略的に重要な都市である。ここに、2020年までに米海兵隊を2500名ローテーション展開することが合意された。太平洋地域の最有力な国の2つである米豪が、豪州北部の戦略的な地を拠点に、南シナ海を中心とする太平洋地域の安全保障に協力して取り組むことを決意した象徴的な出来事である。この後、同イニシアティブは、2014年に豪米戦力態勢協定に発展し、2016年国防白書でもこの実現・強化が謳われている。近年では、米軍の宇宙監視望遠鏡やCバンドレーダーの配備等も進み、米豪同盟はさらに強化されている。この流れの集大成として、2018年、ANZUS条約発祥の地であるカリフォルニアで、AUSMIN（米豪「2+2」）が開催され、豪米戦略態勢イニシアティブの実現をはじめ、米豪同盟の強化・発展が確認された。

しかし、中東や欧州をはじめ、世界中に安全保障上の関心地域を抱える米国を、この地域にコミットさせ続けることは、容易ではない。その観点から、豪州にとって、西太平洋地域で米国の次に頼りになる日本は、地域の安定と繁栄を確保するための重要な同志国である。また、共に米国の同盟国であり、米国を西太平洋地域にコミットさせ続けるという戦略的利益を共有する日豪は、そのために協働できるパートナーでもある。

・外交の強化

歴代の豪州外交は、自らを「ミドル・パワー、（中略）大国でも小国でもない中規模の国家として（規定し）、どのような役割と国際的な地位が獲得できるか」[6]を模索してきた。ギンジェル元ＯＮＡ（国家評価局）局長が、「見捨てられる恐怖（Fear of Abandonment）」で述べているとおり、豪州外交は、ミドル・パワーの国として、自国の存立を維持するため、①力のある大国につくこと、②地域の環境をよりよいものに整えること、③法とルールに基づく国際秩序を整えることを外交の基本方針としてきた。[7] このような観点から豪州は、古くは１９５０年のコロンボ・プランの発起人として、１９８９年のＡＰＥＣの提唱者（ホーク首相）として、最近ではＴＰＰやＲＣＥＰの推進者として、地域の枠組み作りに積極的に貢献してきた。この点、軍事大国となることではなく、望ましい国際環境の醸成や法の支配に基づく国際秩序等を追求することで国益を確保してきた日本の外交方針とも重なるところが大きい。

また豪州は近年、外交面でも太平洋島嶼国・東南アジアへの関与を急速に強化している。まず、豪州の裏庭であり、伝統的に近隣外交の最重要地域である太平洋島嶼国地域について、２０１６年、「ステップアップ」政策を掲げ、協力を抜本的に強化している。[8] 続いて、東南アジア地域について、２０１８年３月、シドニーで初の豪州ＡＳＥＡＮ首脳会合を開催し、「ＡＳＥＡＮ・豪州関係の新時代の到来」を宣言。２０２０年11月にはオンラインで開催された豪州ＡＳＥＡＮ首脳会合において、５億５千万豪ドルの対東南アジア追加支援を発表し、メコン地域も含めた東南アジア全体への関与を強化している。

外交政策について、1点興味深い点を指摘したい。太平洋島嶼国の主要国フィジーで、２００６年、軍事クーデターが発生し、豪州は厳しい制裁を発動した。結果、長年にわたり豪フィジー関係は、絶縁状態が続き、その間に内政不干渉を掲げて関与を強化した中国の影響力が急速に拡大した。現在では、２０１９年、モリソン首相が、豪州の首相としては軍事クーデター以降初めて、フィジーを訪問する等、関係は修復されつつあるが、未だぎこちない関係が続いている。民主主義に反する出来事が発生した際、どのような対応をとるべきかにつき、ここで論じるつもりはないが、豪州は、この経験から、民主主義や人権等の普遍的価値を原理主義的に上から押し付ける外交政策のリスクを十分に学んだ。現在では、豪州は太平洋島嶼国を「ホーム」と呼び、家族である太平洋島嶼国と対等な関係を築くことに腐心しており、東南アジア等との関係でも原理主義的に価値を押し付けることをしない。このような点でも、相手と対等な関係を築き、普遍的価値を掲げながらも、相手の立場に立って、その国にあったあり方を共に模索し、勝手な理想像を押し付けることをしない日本外交の伝統との共通点が指摘できる。

かつて、豪州の対外政策は労働党政権と保守連合政権とで大きな違いがあった。しかし現在では、上記の戦略環境の認識は党派を超えて共有されており、それに基づく安全保障戦略に大きな違いはない。ついては、「開かれ、包摂的で、繁栄したインド太平洋地域の推進」「保護主義への対抗」「国際ルールの推進、保護[9]」といった外交の基本方針や太平洋島嶼国・東南アジアへの関与強化についても、政権によって大きく変化することはないと思われる。

●豪州の経済社会構造、国内政治体制

特殊な国、豪州①：経済情勢

人口約２５００万人の国である豪州は、経済規模は世界第13位、アジア太平洋では、米中日印韓に次ぎ6位ではあるが、１人あたりＧＤＰは日本の１・４倍にのぼる。先進国では珍しく、２０１９年まで約30年にわたって連続経済成長をしている（平均３・１％）成長する経済である。

国内市場が小さいこともあり、貿易依存度が高く、ＧＤＰの21・８％を輸出が占めているが、輸出品は、天然資源と農産品であり[10]、工業製品等を輸入するという先進国には珍しい構造となっている。また、最近では、旅行や留学生等での収入も多い。豪州のこのような貿易構造の要因には、鉄鉱石や石炭、天然ガス等の天然資源が豊富であるということももちろんあるが、豪州の歴史的な要因もある。すなわち、豪州は、（先住民を除けば）自然条件の厳しい広大な土地に、英国からの移民が渡ってくることによって興った国である。初めは労働者の数が限られ、広大な農園等を経営するにも、労働力の不足は慢性的な問題だった。その中で、早くから労働者の権利保護が進み、今でも、手厚い保護が与えられている[11]。また、近年では都市化が進み、都市における物価水準が高い。その結果、労働コストが非常に高くなり、労働集約的産業が衰退してしまった。２０１７年、トヨタ自動車がメルボルンにあった自動車工場を閉鎖する等して、豪州における自動車生産が０になったのは象徴的である。現在

豪州では、資源の国際価格に左右されない安定的な経済を実現するため、労働コストが高い中でも生き残れる産業を育てるべく、産業の高付加価値化や生産性の向上、イノベーションの推進をしつつ、産業の多角化を進めることが喫緊の課題となっている。２０１５年、ターンブル首相が発表した「国家イノベーション科学技術アジェンダ」の実現に向け、高い技術力を有する日本に対する視線は熱い。

一方、貿易相手国としては、かつては、英国が主要な地位を占めていたものの、欧州が経済統合を進める中で、英国との強固な関係は崩れ、最近では、中国、日本、ＡＳＥＡＮ諸国等、アジア諸国が中心となっている。[12]この観点からも、豪州はアジア大洋州の国となっている。

貿易依存度が高く、人々の生活を支える基本的な工業製品（自動車等）を輸入に頼る豪州にとって、自由貿易体制の維持、そして、それを支えるシーレーンの確保は国家の生命線である。そのため、豪州はＦＴＡの推進[13]やＴＰＰの推進等、自由貿易体制の維持・強化のため、積極的な役割を果たしている。これは、同じく、資源を持たず、貿易が国家の生命線である日本と同様である。

さらに、豪州の経済面での大きな課題の１つは、電力問題である。豊富で安価な石炭を有する豪州は、これまで電力を黒炭・褐炭による火力発電電力に頼ってきたが、地球温暖化問題により、２０２０年までに再生可能エネルギーを23・５％以上にするという目標を掲げ、取り組みを進めてきた。これにより、再生可能エネルギーの導入は進んだものの、電気料金の高騰や電気の不安定化の問題が発生し、社会・政治問題となっている。現在では、褐炭を用いて発電し、発生したCO_2を地中に埋めるという先進的取り組みが始まったり、水素エネルギーの活用が進んだりと、新たな取り組みが始まっているが、根本的な解決には至っておらず、同じくエネルギー確保の問題を抱える日本とも連携の道が模索されている。

特殊な国、豪州②：社会構造

豪州人の気質を表す言葉として、「フェアゴー精神」と「マイトシップ」がある。いずれも、豪州が（先住民を除けば）自然環境の厳しい土地を切り拓いた移民によって形成された国であることに由来する。過酷な自然条件の中、互いに助け合い、協力し合って幾多の困難を乗り越えていく中で生まれたのが、マイトシップ（仲間意識）であり、「身分、立場などに関係なく互いを尊敬し、助け合う精神」「開拓に携わる人はすべて仲間であり互いを信頼し、助け合うこと[14]」という精神である。もう1つが、キリスト教をベースにした個人主義、平等主義から生まれたフェアゴー精神（平等主義）、すなわち「人は神の加護のもと、等しく生き、機会が提供されなければならない。だからその関係は、階級や地位や経済的背景とは関係のないものである[15]」という考えである。これらの精神は、現在でもしっかり受け継がれており、豪州の同僚達には、出会った初めから仲間意識を感じさせる、親切な人が多い。また、立場や地位を超えて、人間としてフェアに扱ってくれる人が多いと思う。このような気質は、その由来は違っても、どこか日本人と共通するところがあるように思う。

また、豪州は、世界で2番目に婦人参政権が開始された国（1番はＮＺ）であるように、男女共同参画が進んだ国でもある。豪州への移住直後は、土地を切り拓き、生活を成り立たせるために、皆が協力して働く必要があったことの名残とも言われる。

豪州は、建国期だけでなく、現在に至るまで多くの移民を受け入れてきた移民大国[16]である。現在でも、毎年約19万人の移民を受け入れており、総人口に占める移民の割合は約３割にのぼる。一方で、白豪主義や移民・難民に厳しい対応をとってきた歴史を抱える国でもある。しかし、１９７０年代、白豪主義と決別し、「多文化主義」を国是に掲げ、多文化共生を実現するため、「多文化教育・多言語教育、多言語・多文化放送が実施されている。（中略）移民・難民のエスニック・コミュニティーの運営補助や文化・言語維持活動への補助なども行われている」[17]。豪州は、多大な努力を行って、多文化共生社会の維持・強化に努めてきた結果、完璧ではないにしても、多文化共生を実現させてきたと言えると思う。これは、今後、多文化共生による社会のあり方を模索する必要に迫られている日本にとって、学びを与えてくれる経験ではないだろうか。もちろん、現在でもいくつかの課題はある。若年層移民の大量流入により、主に大都市において、失業問題や住宅問題等が発生しており、それが、移民の制限の要求につながっている。それに伴い、選択的移民の制度への転換や移民受入数の制限等が進められており、常に政治的争点となっている。これらの点も、今後、移民問題を避けては通れない日本にとって、重要な教訓となるのではないかと思う。

また、人口構成から見ると、豪州は、若年人口が多い若い国である。人口増加率も高く、３年ごとに１００万人が増えており、自然増も年約15万人程度にのぼる。合計特殊出生率は、１・77%。人口維持に必要な２・１%には及ばないが、男女共同参画が進んでも、一定の出生率を維持している点は、日本にとっても参考になると思う。

●国内政治の歩み

豪州は、英米と同じく、保守連合と労働党による二大政党制の国であり、成熟した民主主義国である。他の国と同様、極右政党であるオーストラリアファースト党（１９９６年結党）が話題になったこともあったが、１９９８年選挙で敗北をし、国民の成熟した価値観を印象づけた。また、同様に、移民排斥等を掲げるワンネーション党も、２０１６年国政に復帰したものの、ほとんど支持を集められていない。

豪州は、３年に一度の総選挙による議院内閣制をとっており、これまでの30年を見ると、概ね１～３代で政権交代が起こっている[18]。１９９６年から10年以上にわたって首相を務めたハワード政権は、メンジーズ政権（１９４９－66）に続く、豪州政治史上２番目の長期政権であった。現在は、２０１３年から続く保守連合政権となっており、前回２０１９年選挙においては、事前の予想を覆して、保守連合が政権を維持した。その際の労働党敗北の原因の１つは、労働党の主張である気候変動対策や社会保障政策において、実現可能な政策を示さなかったことにあったと言われており、国民の冷静な判断力が示されたとも言える。今後、労働党が政権を奪取できるかは、現在の豪州が抱える主要問題（気候変動対策・電力問題、移民問題、労働問題、産業育成、法人税問題、都市問題等）において、実現可能性の高い魅力的な政策を打ち出せるかどうかにかかっていると言える。

以上見てきたとおり、日本と豪州は、①安全保障上の目標を共有し、②経済的には、相互補完関係が存在し、自由貿易体制の維持・強化には共通の利益を有している、③政治体制や社会的基盤も親和性があり、基本的価値を共有するパートナーであるとともに、それぞれが直面する経済・社会的課題にも共通点が見られる。

次節では、日豪関係史を振り返り、両国が連携して、共に歩む意志と能力を有するかどうかを検討することとしたい。

2　日豪関係のこれまでとこれから

●日豪関係の歩み

戦後和解プロセス

現在の良好な日豪関係を前にすると、想像もつかないが、かつて、日豪は第二次世界大戦を戦った敵国だった。豪州本土だけでも、１９４２年２月の旧日本軍による豪州北部の空爆[19]、同年５月の日本海軍の特殊潜航艇のシドニー湾攻撃[20]、同年１月以降の旧日本海軍潜水艦の豪州北部・東部海域への攻撃等、多くの攻撃が行われ、犠牲者を出した。また、多数の犠牲が出たニューギニア島での地上戦では、連合国軍が投入した約２万人のうち７割程度が豪軍人だった。さらに、豪州人約２万２０００人が戦争捕虜として、日本国内外の捕虜収容所に収容され、約８０００人が亡くなったとされる[21]。

悲惨な戦争を戦った直後、豪州国内の反日感情は想像を絶するものがあった。しかし、そのような中、草の根レベルの活動による和解のための努力が始まった。１９５９年にダーウィンで沈没船引き上げ作業を行った日本企業「藤田サルベージ社」の活動[22]、52年に奈良県のカトリック教会に赴任し、合同慰霊祭や文化祭等を行ったグリン神父兄弟、各種慰霊碑の建立や慰霊祭の開催等である。１９７３年、皇太子同妃（当時）両殿下が、かつて日本兵の脱走事件が起こったカウラ捕虜収容所をご訪問されたことも感動を与えた。また、１９９７年以降現在に至るまで、豪州人元戦争捕虜・子孫の日本への招聘も行われており、日豪双方にとって、歴史に学ぶ機会となっている。

戦後、日豪の関係は、経済関係を復活させるところから始まった。１９４７年、日本の毛織産業の振興政策を進めるＧＨＱの要請に基づき、初めて豪州産羊毛が出荷され、日豪貿易が再開した。しかし、当初は、輸入割当制度や高関税等、様々な対日貿易差別を行ったり、日本のＧＡＴＴ加盟に強く反対したりと、対日警戒感が強かった。一方、日本市場の重要性は強く認識されており、貿易関係は徐々に拡大し、１９５５－56年には、日本は、豪州の輸出先として英国に次ぐ第2の市場（18・7％）となった。そして、57年には日豪通商協定が結ばれ、貿易関係が正常化し、60年には鉄鉱石輸出禁止令が解除、63年、日豪経済合同委員会が発足した。61年、主要貿易相手国だった英国がＥＥＣに加盟申請を行い（実際の加盟は73年）、欧州経済圏との結びつきを強化すると、貿易相手としての日本の重要性はさらに増した。60年、豪州の鉄鋼石輸出禁止が解除されると、高度経済成長期にあった日本への輸出は急増し、65年から74年まで、平均年率51・７％で日本の輸入量は増加した[23]。その後、76年に日豪友好協力基本条約が結ばれ、貿易額は１９７０年代から90年代にかけて、急成長を見せた。

このように経済関係が強固になるにつれ、進出日本企業や在留邦人が増え、留学生や旅行者も増えていった。また、政治・外交的な関係も同様に強化されていった。戦後の日豪関係は、前述の戦後和解の歩みと並行して進んだ経済関係の急速な進展にリードされ、発展したのである。

２０１４年7月、安倍総理は、豪州議会で演説し、「皆さんが日本に対して差し伸べた寛容の精神と、友情に、心からなる、感謝の意を表します。私たちは、皆さんの寛容と、過去の歴史を、決して忘れることはありません」と述べ、戦後和解プロセスを総括した。また、２０１５年8月、安倍総理の戦後70年談話を受け、アボット豪首相は、「豪州と日本が強固な関係を築いてきたのは、両国の国民や指導者が過去の影に未来が支配されることを拒んできたからだ」と述べ、戦後問題を乗り越えて、日豪両国が強固なパートナーとなったことを祝した。

近年の日豪関係

戦後、戦後和解の地道な取り組みを進め、経済関係の復活から歩みを進めてきた日豪関係は、21世紀に入った頃から急速に緊密化し、２０１４年7月には、「特別な戦略的パートナーシップ」と定義された。

戦後、日豪の経済関係は着実に深化してきたが、２０１４年に日豪ＥＰＡが署名されると、それはさらに強固になり、互いになくてはならない経済パートナーとなっている。

豪州にとって、日本は第２位、日本にとって、豪州は第５位の貿易相手国である。豪州は、日本の第２のエネルギー供給地であり、第４の食料供給地であることに象徴されるよう、日本は豪州からエネルギー・食料を輸入し、工業製品を輸出する[24]という、相互補完的な貿易関係にある。また、豪州は、日本にとり、亜鉛、鉛、チタン、珪砂、ジルコン、錫等の最大の供給元となっており、先端産業に必要なレアメタルについても、多量の供給を行っている。まさに、日本の産業にとってなくてはならない資源供給国である。一方で、製造業が盛んでない豪州にとって日本は、自動車をはじめとする経済社会活動に不可欠な工業製品を供給する重要なパートナーである。

また、豪州は、技術力の高い日本からの投資を期待しており、対豪直接投資残高は、日本が第２位となっている。豪州で活躍する日系企業は、約７００社に及んでいる。

最近では、豪州の新しい課題である、クリーンエネルギー分野や都市問題の解決等への日本からの投資や日本の技術の活用（共同研究を含む）に対する期待が高い。２０１７年、経済産業省と豪州・産業イノベーション科学省との間で、イノベーションのための日豪協力を進めるべくＭＯＵが結ばれ、「日豪イノベーションフレームワーク」が設置された。これに基づき、革新的技術、再生医療、エネルギー、準天頂衛星、科学計量の５つの優先分野において、水素分野、カーボンリサイクル、周産期医療、準天頂衛星の活用等、様々な具体的な協力が進められている。また、都市開発分野では、スマートシティを掲げる大シドニー構想に対し、日本企業が積極的に関与している。

草の根レベルでの人的交流も盛んに行われている。２０２０年、日本で40周年を迎えたワーキングホリデー制度に関し、その最初の協定締結国は豪州であり、以来、日豪の多くの若者がこの制度を利用してきた。近年では（コロナ禍前）、毎年約１万人もの日本の若者がこの制度を活用し、豪州に渡っている。また、豪州への日本人留学生の数も多い。加えて、豪州で活躍する日本企業も多いことから、豪州には約９・３万人の日本人が生活している。一方、日本を訪問する豪州人も増加を続けており、２０１６年には初めて年間40万人を突破し、２０１７年には約50万人に達した。また、豪州における日本語学習者は35・７万人でこれは世界第4位にあたる。このように、日豪間では、双方向での人的交流が行われていることが特徴である。さらに、日豪間には１００を超える姉妹都市・州が存在する。このような草の根レベルでの日豪の絆が、日豪関係の強固な基盤となっている。

このような、経済的・人的交流を背景に、また第1節で見たとおり、豪州の置かれた安全保障環境が変化し、日豪の戦略的目標が一致してきたこともあり、21世紀に入って以降、安全保障面での関係強化も急速に進んでいる。

日豪の安保分野での協力の始まりは、２００３年の防衛協力・交流覚書と２００７年の日豪安保協力共同宣言である。その後、２０１３年に日豪ＡＣＳＡと情報保護協定が発効し、安保分野での協力の土台が整えられると、２０１４年から日豪「２＋２」が開始され、同年、日豪防衛装備品・技術移転協定が発効した。そして、２０１７年、新日豪ＡＣＳＡが発効した。このような法制度面での整備と並行して、実際の防衛協力や防衛交流は、着実に進化しており、陸海空の各軍種間で、毎年ハイエンドな共同訓練が行われており、人的交流や共同研究等の防衛装備・技術協力も行われている。同盟国である米国以外では比類なきこの緊密な関係は、日本にとって豪州が、同盟国の米国に次ぐ重要性を持つ安全保障上のパートナーであることを示すものである。

近年日豪は、二国間関係のみならず、東南アジアや太平洋島嶼国においても、その安定と繁栄のため、積極的に協力を行うようになった。これは、第1節で見たとおり、日豪両国の安定と繁栄のためには、これらの地域の安定と繁栄が不可欠であるとの認識を共有するためである。この観点から、日豪は、双方の同盟国であり、太平洋地域の主要国である米国をも巻き込みつつ、これらの地域における開発協力や安全保障協力等を連携して進めている。

さらに、自由貿易体制や自由で開かれた国際秩序の重要性を共有する日豪は、ＴＰＰ等の貿易投資に関する制度構築や宇宙・サイバー分野等の新しい分野での国際的なルール作り、テロ対策、気候変動、軍縮・不拡散等の様々なグローバルアジェンダ等、様々な分野で自由で開かれた国際秩序構築のために、協働する同志となっている。

●西太平洋地域における日豪の連携

日豪の友好協力関係は、自明のものではなく、戦後、長い時間をかけて築き上げられてきたものである。先人達の長年の努力と国際環境の変化によって、現在、日本と豪州は、地域の安定と繁栄という共通の目標のために協力する意志と能力を有する、無くてはならない戦略的パートナーとなった。西太平洋地域にとってもまた、国際社会が様々なリスクを抱える中で、今後、地域の安定と繁栄を維持・強化していくため、この日豪の絆は、貴重な財産である。日豪が、地域の国々とも連携しつつ、地域の安定と繁栄のために協働していくことは、歴史の積み重ねの上に今を生きる我々の責任だろう。

それでは、日豪両国は、西太平洋地域においていかなる協力を進めていくべきだろうか。

豪州と東南アジア

西太平洋地域における日豪連携の可能性を考えるためには、その前提として、豪州と東南アジアとの関係性を検討する必要がある。

豪州は、前述のとおり、歴史の流れの中で、英連邦の一員から、アジア太平洋の一員へとアイデンティティを変化させてきた国である。たしかに、豪州は、１９５０年のコロンボ・プランの発起人となったり、１９５４年の東南アジア条約機構（ＳＥＡＴＯ）の一員となったり、１９７１年の５カ国防衛取極（ＦＰＤＡ）[25]を締結し、それに基づく安全保障上の活動を行ったりと、この地域に一定の関与をしてきた。また、コロンボ・プランから１９６０年代末まで東南アジアに対して集中的に支援を行ったのを皮切りに、歴史的に何度か対東南アジア支援を強化したこともある。さらに、カンボジア和平交渉にあたり、独自の提案を行うとともに、積極的なシャトル外交を行い[26]、「ミドル・パワー外交」としての存在感を示し、その後もカンボジアへの開発支援を継続する等[27]、地域が抱える主要課題の解決のために、独自性のある取り組みを行ったこともある。しかし、戦後一貫して、東南アジアとの密接な協力関係を築いてきた日本と比べると、インドネシア等ごく一部の国や安全保障上の一部の取り組みを除けば、豪州と東南アジアとの関係はそれほど密接ではない。他方、米国の同盟国として、ベトナム戦争等に派兵した豪軍に対する複雑な思いを有する国も一部にあるものの、豪とＡＳＥＡＮの関係強化にとって大きな障害となるような負の遺産もまたない。そのような中、２０１０年、ＡＳＥＡＮ豪ＮＺのＦＴＡが発効し、２０１８年に初の豪ＡＳＥＡＮ首脳会議が開催された。この会議は、ますます緊密化する豪ＡＳＥＡＮ関係の新たな時代を示すものとされ、地域が抱える様々な課題に共に取り組んでいくことが謳われている。[28] このように、豪東南アジア協力は今後さらに強化されていくであろう。

そのような中、隣国であるインドネシアとの関係は、注意が必要である。豪州は、１９６９年以来、インドネシアに軽輸送機、哨戒艇、戦闘機、軽海上哨戒機等を供与したり、経済援助を行ったり[29]とインドネシアとの関係強化を進めてきたが、両国は、国境画定、東ティモールや西パプアの独立運動への対応、テロ対策等においてしばしば対立もしてきた。それを象徴するように１９９５年に結ばれた豪インドネシア安保協定は、１９９９年にインドネシアが豪州の東ティモール問題への介入を理由に破棄、２００６年に再度締結された。その後、２００９年には「豪インドネシア防衛協力共同宣言」が署名され、２０１２年には防衛協力取極が締結されたものの、２０１３年にはインドネシアが豪州情報機関がユドヨノ大統領の携帯電話の発着信記録を監視していたとして合同軍事演習等を一時停止、続く２０１７年にはインドネシアが豪軍の不適切な行動を指摘して、軍事協力を一時停止している。しかし、豪州国防白書が「インドネシアとの強力で生産的な関係は、豪州の国家安全保障にとって不可欠である」[30]と述べるとおり、ＡＳＥＡＮで最も人口が多く、経済成長著しいインドネシアは、豪州の隣国としての重要性にとどまらず、今後の対ＡＳＥＡＮ関係、ひいては、インド太平洋地域の安定と繁栄にとって鍵となる存在である。そのため、モリソン首相が就任後に初めて訪問した国がインドネシアであることに象徴されるように、豪州はインドネシアとの関係強化に取り組んでいる。また、インドネシアにとっても、豪州は、テロ対策や海洋安全保障の観点から、重要なパートナーである。それを反映して、２０１８年には豪インドネシア防衛協力覚書が結ばれ、２０１９年にはインドネシア・豪包括的経済連携協定が署名された。豪インドネシア関係は、今後も隣国ならではの問題は発生しつつも、さらなる強化の方向に不可逆的に進んでいくであろう。

西太平洋地域における日豪連携のあり方

西太平洋地域における日豪連携のあり方として、ここでは、西太平洋地域の中心的地域である東南アジアと太平洋島嶼国での日豪連携について検討したい。

東南アジア地域については、前述のとおり、近年豪州が協力関係を強めているが、歴史的な協力関係の蓄積という意味では日本が圧倒的な知見と経験、信頼関係を有している。日本としては、この地域の新たなパートナーである豪州の活力を存分に活かし、地域の安定と開発のために協働していくことが重要だろう。

また、太平洋島嶼国地域については、日本はミクロネシア地域、豪州はメラネシア地域との歴史的関係が深いが、両国とも太平洋島嶼国全体との関係強化を急速に進めている。今後この地域全体で日豪がそれぞれの強みを活かして連携していくことは大きな意義があるだろう。

ここまで見てきたとおり、今や戦略的パートナーである日豪にとって、共に西太平洋地域に関与するための条件は整い、機運は高まっている。そして、ますます不安定化する国際情勢の中で、それを具体的な行動で示していくことの重要性は増している。実際この数年、日豪政府間でも、東南アジアと太平洋島嶼国地域は、日豪連携の重点地域としてしばしば言及され、具体的なプロジェクトも進んでいる。[31] 以下、今後この連携をさらに強化していくためのアイデアを野心的に並べてみたい。

・地域の「質の高い成長」の支援：連結性の強化や産業育成、「中所得国の罠」への対応、格差是正等の包摂性強化、防災等の社会の強靭化、対外債務問題への対処等により、「質の高い成長」を後押しし、将来への希望を与える。特に、ポストコロナの時代にあり得べき経済社会活動様式の変化、サプライチェーン再編や産業の再編等を見据え、人材育成や新たな産業の育成、デジタル化支援、法制度整備支援等により、西太平洋地域の経済圏をさらに強靭化し、域内の人・モノ・金の流れを活発化する。

・ルールに基づく国際秩序のための外交的な連携：日豪両国は共に、ルールに基づく国際秩序の維持発展を戦略的利益とする国である。ＥＡＳやＡＲＦの場も活用し、日豪が連携して、法の支配の重要性を積極的に提唱し、法の支配に基づく紛争解決・外交を進める。

・共通のシーレーンを守る取り組みの強化：日豪双方の強みを活かし、米国とも連携しつつ、この地域の海洋状況監視や能力構築支援等の海洋安全保障の取り組みを強化する。また、日豪で連携して、南シナ海等における共同訓練・共同巡航等を行い、プレゼンスを示す活動を継続する他、戦略的寄港や「質の高い」インフラ整備を進め、シーレーンを支える港湾の安全性を確保する。

・地域（第三国）における防衛協力、相互運用性の強化：共に米国の同盟国であることも踏まえ、相互運用性を高める共同演習や、東南アジアや太平洋島嶼国等への能力構築支援を強化する。

・サイバー、宇宙分野等での連携、経済安全保障での連携：ポストコロナ時代を支えるデジタル分野をはじめとする新たな社会経済基盤を整備する。同時に、普遍的価値を共有する同志国として、新しい分野での自由で開かれた国際秩序・国際ルール作りやサイバー空間の安全性確保をリードする。

3 西太平洋連合の可能性

敵国として戦後の時代をスタートし、少しずつ歩みを進めた日豪両国は、今ではかけがえのない戦略的パートナーとなった。我々は、この良好な日豪関係に慢心することなく、地域にとっての財産でもあるこの日豪の絆を常に磨き続けるとともに、地域の安定と繁栄のために活用していく努力が求められているのだと思う。

新型コロナウイルスの感染拡大は、国際社会の経済・社会のあり方を大きく変えるだろう。そして、それは、西太平洋地域にも様々な地殻変動をもたらすこととなる。この社会の大きな転換点において必要とされるのは、新たな時代に向けたビジョンを示すとともに、安心感を与えつつ、地域をリードし、共に新たな時代を築いていくリーダーの存在である。

そのような時代に、日豪が連携し、東南アジアと太平洋島嶼国地域という2つの戦略的な関心地域の安定と繁栄のために協力していくこと、それこそが、西太平洋連合（ＷＰＵ）の実現に向けた第一歩であろう。その際、日豪の外交の伝統に則り、東南アジア・太平洋島嶼国地域の国々と、新しい時代のあり方につき意見を交わし、相手の声に耳を傾け、対等な関係の中で、誠実に、共に歩みを進めていくことが重要である。そのようなビジョンを共有した地域の取り組みこそが、大きく揺れ動くこれからの時代にまさに求められていることだと思う。

（※）本稿は、筆者の個人的見解であり、所属する組織の見解ではありません。

注

（1）ハワイから太平洋島嶼国（サモア等）を経由してＮＺに至るラインまでへの進出を目指しているという見方。中国が、第二列島線と第三列島線の間に存在する太平洋島嶼国地域への関与を強化していることの背景にあるものとされる。

（２）国防白書２０１６では、中国の南シナ海における活動に対する懸念が明記されており、また、東シナ海における中国の防空識別区の設定が地域の緊張を高めた旨述べられている。さらに、外交白書２０１７では、「中国は自らの都合に合うように影響力を行使するものと思われる」「(南シナ海をめぐる) 中国の活動については、その未曾有のペースと規模につき特に懸念を有している」と述べている。

（３）Australia Government Department of Foreign Affairs and Trade, 2017 Foreign Policy White Paper.

（４）Speech address by Peter Varghese AO, An Australian World View: A Practitioner's Perspective, 20 August 2015. (https://www.lowyinstitute.org/publications/address-peter-varghese-ao-australian-world-view-practitioners-perspective)

（５）Australia Government Department of Defence, Defence Annual Report 2019-2020.

（６）竹田いさみ／森健編『オーストラリア入門』東京大学出版会、１９９８年、１８０頁。

（７）Allan Gyngell. *Fear of Abandonment*. Carlton: La Trobe University Press; 2017, p. 11.

（８）ステップアップ政策：２０１９年７月には、20億豪ドルの「太平洋諸島地域のためのオーストラリア・インフラ融資ファシリティ（ＡＩＦＦＰ）」を設立。また、２０１９年には大洋州担当大臣を補佐大臣から閣外大臣ポストに格上げするとともに、太平洋室（ヘッドは副次官級で、各省からの出向者を集めている）を設置した。

（９）Clive Hamilton, *Silent Invasion: China's Influence in Australia*, Richmond: VIC (AU): Hardie Grant, 2018.

（10）主要輸出品目（２０１８年）：石炭（19・４％）、鉄鉱石（18・３％）、天然ガス（12・５％）、金（５・５％）、アルミニウム（３・３％）。
主要輸入品目（２０１８年）：製油（７・９％）、乗用自動車（７・０％）、通信機器・同部品（４・５％）、原油（４・３％）、貨物自動車（３・４％）。

（11）１８５６年には世界で初めて8時間労働を確立し、１９０７年には最低賃金制度を作り、州の基準労働時間を週38時間と決めた。残業手当なども、州によって法律の内容に差異があるが、早い時期に導入され、現在平日の残業は最初の2時間50％増し、そのあとは2倍、祝日出勤は2・5倍が一般的である。（田中豊裕『豪州解体新書』大学教育出版、２０１７年、１０１頁）。

（12）輸出先（２０１８年）：中国（34・３％）、日本（16％）、韓国（７％）、インド（５％）、米国（４％）、香港（３％）、シンガポール（３％）。
輸入先（２０１８年）：中国（23・６％）、米国（10・５％）、日本（７・２％）、ドイツ（４・７％）、タイ（４・７％）、韓国（４・２％）、マレーシア（３・６％）、シンガポール（３・６％）。

(13) 豪州は、１９８３年の豪NZ FTAを皮切りにFTAの締結を進め、15のFTAが発効済み。
(14) 田中［２０１７］２頁。
(15) 田中［２０１７］３頁。
(16) 豪州が、第二次世界大戦後受け入れた移民の総数は１７００万人を超える。田中［２０１７］１１１頁。
(17) 竹田いさみ／森健編［１９９８］76頁。
(18) １９９１‐96：労働党（キーティング政権）、１９９６‐２００７：保守連合（ハワード政権）、２００７‐13：労働党（ラッド政権、ギラード政権）、２０１３‐現在：保守連合（アボット政権、ターンブル政権、モリソン政権）。
(19) １９４２年２月19日、ダーウィンへの２回の攻撃を行い、２４０人以上が死亡。１９４３年11月12日までの間に、豪州北部各地を通算97回空爆し、２６０人以上が死亡したとされる。
(20) １９４３年５月31日、旧日本海軍の特殊潜航艇３艇がシドニー湾に潜入し、魚雷攻撃。停泊中の豪海軍「クッタバル」が沈没し、21名が死亡。
(21) これらの数については、確たることはわかっておらず、あくまでも推計値である。
(22) ダーウィンでは、旧日本軍の空爆等で沈んだ船が航行を妨げていたことから、日本企業「藤田サルベージ社」が沈潜引き上げ作業を行った。同社の献身的な仕事ぶりは、地元の人々に感動を与えた。
(23) 遠山嘉博「日豪経済関係の発展と近年の変容」２００８年、60頁。（https://www.i-repository.net/contents/outemon/ir/102/102090304.pdf）
(24) 豪州から日本：石炭（37％）、天然ガス（29％）、金属鉱（17％）、牛肉（４％）。日本から豪州：自動車（45％）、石油・石油製品（14％）、特殊取扱品（11％）、一般機械（10％）。
(25) 豪州、マレーシア、NZ、シンガポール、英国の5カ国による防衛取極。英国の「スエズ以東からの撤退」後のマレーシアとシンガポールの防衛を目的に、コモンウェルス諸国間で締結された防衛協力関係。これに基づき、豪軍はマレーシアのバターワース空軍基地を管理（１９５７‐88年）し、ここを拠点に東南アジア地域における安全保障活動を行っていた。現在でも豪州のP‐３対潜哨戒機が駐留し、南シナ海等での活動を行っている。
(26) １９８９年11月、エヴァンス豪外相は豪州上院議会で、カンボジアの総選挙まで4派のうちどの派も国家を統治する立場に置かず、カンボジア各派の暫定政権に代わり国連が直接統治することを提案。その後、同外相はコステロ外務次官を各国に派遣し、シャトル外交を展開。その後、ベーカー米国務長官のイニシアティブで、国連安保理P５の外務次官会議が行われ、エヴァンス提案が議論の出発点となり、その後の流れを作った（田中康友「カンボジア和平と日本外交：独自の和平案策定をめぐって」６頁)。

(27) １９９３年以降、豪州は、カンボジアに対する支援を急増。主な支援分野は、インフラ復旧、教育、保健、農業。次第に前３分野から撤退、農業に焦点を当てることで独自性を追求した（独立行政法人国際協力機構国際協力総合研修所『脆弱国家における中長期的な国づくり：国のリスク対応能力の向上にむけて』２００８年）。

(28) Joint Statement of the ASEAN-Australia Special Summit: The Sydney Declaration（豪ＡＳＥＡＮ首脳会議共同声明）。(https://asean.org/wp-content/uploads/2018/03/Joint-Statement-of-the-ASEAN-Australia-Special-Summit-Sydney-Declaration-FINAL.pdf)

(29) ２０１７年の対インドネシア支援の主要援助国：（１）日本25・５％、（２）米国20・３％、（３）フランス17・０％、（４）ドイツ16・３％、（５）豪州10・２％。

(30) Australia Government Department of Defence. Defence White Paper 2016, p. 125.

(31) たとえば、２０１９年日豪首脳会談の概要と評価「両首脳は、東南アジアや太平洋島嶼国地域の情勢についても議論を行い、海洋安全保障の能力構築支援や連結性強化等の分野で両国間の具体的協力を推進していくことで一致しました」（外務省ウェブサイト）共同声明にも詳細が記されている。

コラム

「小粒でもぴりりと辛い国」ニュージーランド

濱田 摩耶

ニュージーランド（ＮＺ）は、日本から飛行機で約11時間の南太平洋に浮かぶ人口約４７６万人の小さな島国だが、日本における存在感は大きく、絶大なソフトパワーを有する国である。それを反映して、ＮＺは、日本人の英語圏の留学先として根強い人気があり、コロナ禍以前には、年々観光客も増え続けていた。しかし、ＮＺが、多くの特徴を持つ、「変わった」国であることを知る人は意外に少ないのではないかと思う。本稿では、このユニークな国、ＮＺの特徴を、５つに絞って御紹介したい。

安全保障上の脅威に直面していない国、現実的な安全保障政策

ＮＺは、国防白書に「予見できる将来において、ＮＺは直接の軍事的脅威に直面せず[1]」と断言する珍しい国である。世界地図をＮＺを中心に置いてみると、周囲には、南極大陸と豪州、そして太平洋島嶼国しか存在せず、たしかに軍事的脅威が存在しないことに驚く。恵まれた安全保障環境にあるＮＺにとって、最も重要な防衛地域は、ＮＺ、南極、南極海とされ、後は、南太平洋諸国だけが視界に入っている。それを反映し、兵力は９０００人。第二次世界大戦後にＡＮＺＵＳ条約が結ばれたものの、非核化政策により、米軍の核兵器搭載艦艇の寄港を拒否したため、１９８６年に米

国は防衛義務を停止している。これほど極端な安全保障政策がとれるのは、ＮＺの置かれた安全保障環境の賜である。外交政策における戦略目標としても、筆頭に「国際ルールおよび制度」と「経済的収益および強靭性」、次に「アジア太平洋地域の枠組み」「太平洋地域」「環境および気候変動」が来て、その後に「安全保障および国民の安全」が続く[2]。

しかし、近年、南太平洋地域に中国が積極的に進出するようになり、地域のパワーバランスが変化しつつあること、海洋の安全に対する脅威の増加等により、ＮＺの安全保障政策も変化しつつあることは付言したい。

第一次産業中心の経済、高付加価値産業へ

ＮＺは、豊かな自然を活かし、輸出全体の約7割を第一次産品が占める先進国には珍しい貿易形態を有している。かつては、豪州同様に、英国との貿易関係が強固（輸出の過半数が英国）だったが、１９７３年の英国のＥＥＣ加盟後は、新たな市場を必要とし、歴史的に自由貿易体制を重視してきた。ＦＴＡの締結も活発に進めており、先進国で最初に中国とＦＴＡを結んだことでも話題になった。ＴＰＰ締結においても、主導的役割を果たした。現在では、米国を含むアジア太平洋地域との貿易が約75％を占めている。

ＮＺも豪州と同様、歴史的に労働者保護が手厚く、人件費が高い。さらに、近年、移民政策を制限するようになったことから、労働力が不足し、人件費はさらに高騰している。それを受け、最近

では、農業や酪農の高付加価値化を進めたり、イノベーションを進めたり、観光産業や留学生受入を推進したりと、産業改革を進めており、高い技術力を有する日本への視線は熱い。

豊かな自然、温暖な気候、環境への強い意識

ＮＺは、活発な火山帯に存在する、自然豊かな国である。[3] この自然を活かし、地熱や水力のエネルギーが豊富であり、現在でも電力の約８割を自然エネルギーで賄っているが、２０３５年までに１００％にするとの目標を掲げている。この豊富な電力は、アルミニウムの生産等にも活用されている。また、自然を活かした酪農、牧羊、林業、農業等も盛んで、ＮＺの主な輸出品となっている。[4] 南半球にあるＮＺは、日本とは季節が逆であることから、これを活かした農産物の輸出振興が進められている。さらに、美しい自然と街を活かした観光業や留学生の受入も盛んである。最近では、映画産業も盛んであり、『ラスト サムライ』や『ロード・オブ・ザ・リング』が撮影されたことでも話題になった。

このように豊かな自然に恵まれたＮＺは、環境保護に熱心であり、気候変動対策を含め、世界をリードする存在となっている。

非核化政策

ＮＺは、非核化政策を活発に進めてきた国である。１９８５年、南太平洋非核地帯条約（ラロト

ンガ条約）に加盟し、１９８７年には、非核法を成立させ、核兵器の持ち込みや所有、原子力推進艦船の寄港を禁止した。２０１８年には、核兵器禁止条約も批准した。現在に至るまで、原子力発電所も有していない。

　このような政策の背景には、第二次世界大戦後、南太平洋において多数の核実験が行われ、国民の反発が高まったこともあるが、何より、このような極端な政策をとるだけの「特殊性」を兼ね備えていたこともある。すなわち、安全保障上の脅威が存在せず、米国の核による抑止を必要としなかったこと、そして、豊富な自然エネルギーがあり、原子力発電所を必要としなかったことである。いずれも、日本には適用できないことに留意する必要がある。

社会的実験場

　ＮＺは、（先住民の存在を別にすれば）新しい社会を建設する夢を抱いて英国から移民してきた人々により建国された国である。それを反映して、ＮＺは現在に至るまで、新しい社会制度、社会改革に積極的であり、「社会的実験場」とも呼ばれている。社会保障制度の整備も迅速に進み、労働者の権利保護も進んだ。１９８０年代後半から90年代にかけて、行政・経済改革が行われ、世界の注目を浴びた。徹底的な民営化を進め、省庁のトップのポストに公募制を導入し、財政の健全化や業務効率化が図られた。経済改革では、徹底的な規制撤廃が行われ、世界で最も投資環境がよい国の１つとも言われている。（他方、行き過ぎた民営化は問題も生んでおり、現在では揺り戻しも起こっている。）また、豪州と同じく、入植直後は、農業労働力の不足から、女性も労働力として必要とされたことから、女性の社会参画が進み、１８９３年、世界で初めて女性参政権が導入された。現在のアーダーン首相は、30代の若さで就任した女性首相として有名だが、これまでに、総督および三権の長に女性が就任したことがある珍しい国である。

このように、数々の先進的取り組みを試験的に実施できるのは、人口５００万人弱のコンパクトな国であることにも由来するものだろう。人口1億２０００万人と長い歴史を有する日本で、同様の試みを行うのはなかなか難しいが、ＮＺでの先進的な試みの成功と教訓に学ぶことは有意義であろう。

ＮＺは、ほかになかなか類を見ない、ユニークな国である。だからこそ、その国の大きさに比して、国際社会における存在感は大きく、発言力も大きい。そして、それを活かして、国際場裏におけるルールメーカーとして、アジェンダセッティングを行う国として、国際世論を動かすインフルエンサーとして、活躍している。国際社会のパートナーと連携して、自由で開かれた国際社会を作っていくことを目指す日本にとって、この「小粒でもぴりりと辛い」国は、重要なパートナーであろう。

（※）本稿は、筆者の個人的見解であり、所属する組織の見解ではありません。

注

（1）New Zealand Government, Defence White Paper 2016.

（2）New Zealand Ministry of Foreign Affairs and Trade, Strategic Intentions.

（3）北島の約5分の1、南島の約3分の2が山岳地帯である。

（4）乳製品（25％）、肉製品（13％）、木材（9％）、小麦粉・デンプン（3％）、ワイン（3％）。

第11章 太平洋島嶼国

黒崎 岳大

１９８０年代以降、国際社会の将来を示すものとしてよく耳にしたのが、「21世紀は太平洋の時代だ」という言葉である。これは、１９７８年に大平正芳首相（当時）が提唱した「環太平洋連帯構想」の呼びかけに始まり、太平洋経済協力会議を経て、１９８９年に実現された「アジア太平洋経済協力（ＡＰＥＣ）」へとつながる中で、何度も指摘されてきた言葉である。しかし、ここで語られる「太平洋」という言葉の意味するところは、いわゆる「環太平洋」であり、日本、米国、カナダ、オーストラリア（豪州）、ニュージーランド（ＮＺ）、韓国、ＡＳＥＡＮという、太平洋を取り囲む国々を指している。その一方で、環太平洋の内側はというと、あたかもそこは何もないかのような空間と見なされ、話題として顧みられることはなかった。しかし実際には、そこには広大な海洋が広がり、多数の島々が存在し、国家を形成していた。もっとも１９８０年代は東西冷戦の真っただ中であり、太平洋は米国・豪州・ＮＺが安全保障上協力して監督下に置いた「ＡＮＺＵＳの湖」の中にあったわけで、その庇護に置かれていた小さな島々は国際政治上取るに足らない存在であったのだろう。

ところが21世紀に入ると、その状況に大きな変化が見られるようになった。東西冷戦が終結して以降、新たな国際社会における課題として、気候変動をはじめとしたグローバリゼーションに伴う問題が注目されるようになってきた。それまで周縁に位置づけられ注目されてこなかった島国に対しても、こうした問題の最前線としてマスメディアを通じ何度も報道され、欧米諸国の人々にとっても同じ地球に住むものとして無視できない共通の課題であると認識するようになっていく。また国際社会における一国一票の原則も影響し、極めて小さな国といえども、束になれば国連加盟国の一割程度にまでなり、先進国にとって島嶼国の動向は決して無視できない状況となってきている。さらには、近年はかつてのソビエト連邦にとって代わる形で、海洋進出に関心を高めている中国の動きが活発化しており、その動きに備える形で、ＡＮＺＵＳの国々も太平洋島嶼国に対する関心を見直し始めている[1]。

　こうした太平洋島嶼国をめぐる国際秩序の変化が見られる中で、太平洋島嶼国の国々も自らの存在感の高まりを認識し、自らに働きかけてくる様々なアクターたちとの間で駆け引きを始めつつある。数の上での存在感をアピールするため、多くの島国が団結し、１つの地域協力機構を設立してきた。その一方で、太平洋島嶼地域全体ではあまりにも内部に多様な価値観が存在しすぎるという観点から、地理的・文化的に共通する国々同士で下部組織を結成し、そのグループ内で議論していく動きもでてきている。具体的には、前者は太平洋諸島フォーラム（ＰＩＦ）を基軸とした地域統合および地域共同体構想に向けた動きであり、後者はメラネシア、ポリネシア、ミクロネシア地域で誕生しているサブリージョナルグループの動向である。このように太平洋島嶼国をめぐる統合と細分化という２つのベクトルが同時に起きている中で、日本はこの地域に対してどのような外交姿勢で取り組んでいくべきであろうか。

本章では、太平洋島嶼国における国際秩序の動向に着目し、ＰＩＦという枠組みの下での統合の動きと3つのサブリージョナルグループを中心にした新たな下位組織の台頭の動きを示し、これらの動きを踏まえながら日本が太平洋島嶼国と連携を進めていく上で重視すべき視点について述べていきたい。具体的には、まず太平洋島嶼国を構成している3つの地域であるミクロネシア・メラネシア・ポリネシアの特徴を示し、それぞれの地域内の国々に見られる課題について明示していく。次に太平洋島嶼国の中心的な地域協力機構であるＰＩＦの設立から今日に至る変容の過程を示し、その中でＰＩＦの加盟国でもあり、地域統合を推進する上で大きな役割を果たしている豪州やＮＺの動向と、それに対する島嶼国側の反応を比較しながら明らかにしていく。一方、ＰＩＦを中心とした地域統合に対して、近年メラネシア・ポリネシア・ミクロネシアという下部組織内で結成・再組織化されたサブリージョナルグループの動向に着目し、地域統合に対する各グループの立ち位置とそれに影響を与える周辺諸国の動向を示していく。最後にこうした統合と細分化のダイナミズム中にある太平洋島嶼国に対して、日本は西太平洋連合（ＷＰＵ）構想を念頭に置きながらどのように対応していくべきかについて提言していきたい。

1 ミクロネシア：近くて近い小さな島国

日本から見たとき、距離的に最も近くに位置しているのがミクロネシアである。ミクロネシアはおおよそ赤道のほぼ北側、東西経１８０度に沿う形で南北に引かれている日付変更線の西側に位置した海洋地域を指す。

一般に太平洋島嶼国に対し、経済開発が困難であることを示すときに、国土における4つの特徴、「拡散性」、「狭隘性」、「遠隔性」、「脆弱性」が指摘されている。すなわち、広大な海洋の中に国土が散在しており、その島も国土面積が限られ、人口も少ない。また欧米諸国などの世界の中心市場から遠く離れ、自然災害の影響を受けやすく、一旦受けると復興までに時間を要してしまう。ミクロネシアの国々はとりわけこの特徴を強く示していることから、国家として経済的に自立していくのが極めて困難な国々と見なされてきた[2]。

一方、ミクロネシアの国々は国家財政の面で見たとき、旧宗主国などからの多額の財政支援に依存しているという特徴が見られる、旧南洋群島の一部であったミクロネシア連邦（ＦＳＭ）やパラオ、マーシャル諸島は米国との間で自由連合協定を締結しており、ナウルとキリバスは豪州からの財政支援を受けている。それぞれ通貨も米ドルと豪ドルが流通している。このような点からも、ミクロネシアとの関係を考える上では、両国との協調関係を重視する必要があるだろう。さらに、ミクロネシアの外交関係を見る上で注目すべき点としては、これらの国々が中国と中華民国（台湾）との間で外交関係を頻繁に交代させているというところである。現在中国と国交を締結している国がミクロネシア連邦とキリバスの2カ国、台湾を承認している国がパラオ、マーシャル諸島、ナウルの3カ国である。これは時代により変化しており、１９９０年代後半には一時パラオ以外はすべて中国承認国であったのに対して、２０００年代後半にはミクロネシア連邦以外はすべて台湾承認国となった時期もある。このように頻繁に国交を変更する理由としては米中関係が大きく関わっている。そのことから今後も各国の動向を注視する必要があるだろう。[3]

日本のほぼ真南に位置し、ミクロネシアでキリバスに次ぐ人口を占める国が、ミクロネシア連邦である。同国は、言語、週間、文化が異なる4つの州（チューク州、ヤップ州、ポンペイ州、コスラエ州）から構成されている。パラオやマーシャル諸島、またサイパンを含む北マリアナ諸島と同様、同国は第一次世界大戦から第二次世界大戦の間、南洋群島と呼ばれる国際連盟委任統治領として日本の施政下に置かれていた。第二次世界大戦時にはトラック諸島（現在のチューク州）には連合艦隊基地が置かれ、日米の激戦地となった。大戦後は、国連信託統治領となり、米国の施政下に置かれた。一時は旧南洋群島全体で「ミクロネシア連邦」として独立する動きも見せたが、パラオやマーシャル諸島が分離独立し、北マリアナ諸島が米国に残る選択を示した。１９８６年の独立の際、ミクロネシア連邦は米国との間で自由連合協定（コンパクト）を締結し、防衛権および安全保障に係る外交権を米国に委ねる代わりに、米国から国家財政の40%以上に及ぶ財政支援を得ることとなった。[4] 現在のミクロネシア連邦は、入漁料などの漁業関係以外に自前の産業は乏しいこともあり、この米国からの経済支援に依存した国家財政となっている。２０２３年には現行のコンパクトに伴う経済支援が終了することが予想されることから、現在同国は、この経済支援の継続につながるようなコンパクトの改訂やこれに代わる他国からの支援の可能性を追求することが関心事となっている。

パラオは、１９９４年に信託統治領から独立した太平洋島嶼国で最も若い国である。ミクロネシアの最西部に位置し、すぐ西側にはフィリピンが位置するなど、アジアとの関係が極めて強い。日本の委任統治領時代は、日本の南進の前線基地として位置づけられ、南洋群島の首府がコロールに置かれた。日本からの移住も積極的に進められ、最盛期にはパラオ住民の10倍の移住者が移り住んだ。その影響もあり、現地には日本語や日本文化が色濃く反映し、今日においてもパラオ語やパラオの風習の中に日本の影響が残されている。また他の旧南洋群島の地域同様、日本人移民と現地住民との間に生まれた日系人が、第二次世界大戦後、独立の過程で現地の政治・経済の面でリーダーとして活躍している。パラオが独立したときの初代大統領のクニヲ・ナカムラはその代表的人物である。

パラオもコンパクトに伴う米国からの財政支援に依存する国家財政度はあるものの、アジアに開けた地理的環境を利用して観光業の開発にいち早く乗り出した。独立前の１９８０年代より日本市場をターゲットとし、ダイビングツアーに特化した観光開発を進め、日本国内の航空会社と提携して直行チャーター便を就航するなどマリンスポーツの聖地としてのイメージ戦略を進めていった。その結果、

２０００年代には日本から4万人以上の観光客を迎え、台湾と韓国を含めて10万人以上の観光客が訪れるまでに至った。[5] その一方で、急激な観光客の増加を受けて環境への負荷が高まり、パラオの自然を悪化させることが懸念されるようになる。これを受けて、同国は観光を含めた産業と環境を両立させていく政策にシフトさせていく。環境保全のために２０２０年からは同国経済水域を海洋保護区として商業漁業を禁止する「海洋聖域法」を成立させるなど、先進的な取り組みも行っている。

マーシャル諸島は、南洋群島の東端に位置し、委任統治領時代からコプラ（ココナッツ）産業が発展してきた。第二次世界大戦後は、北西部に位置するビキニ環礁およびエヌエタック環礁で米国による核実験が実施された。とりわけ１９５４年3月に実施されたブラボー水爆核実験では日本のマグロ漁船・第五福竜丸が被曝し、そのことが日本国内での原水爆禁止運動につながった。一方で、同国中央部に位置したクワジェリン環礁には米軍基地が建設され、大陸間弾道ミサイルへの迎撃実験などが実施された。この結果、同環礁住民が基地建設に伴い強制移住を余儀なくされた。ミクロネシア連邦と同時に、米国との間でコンパクトを締結したが、その際、核実験をめぐる補償やクワジェリン米軍基地の使用権などについても協議された。前者に関しては米国本土の核実験場の事例との間の補償金の格差などで対立が続き、後者に関しては住民が早期の返還を求めているのに対して、米軍とマーシャル諸島政府との取り決めで最短でも２０６６年までの基地使用が続くこととなっている。[6]

以上のミクロネシア連邦、パラオ、マーシャル諸島は、旧南洋群島時代に日本語や日本文化の影響を受けた記憶や米国信託統治領時代の生活の近代化、そしてコンパクトに基づく独立と財政支援依存体質という点で共通した歴史を持っている。２０２３年前後にコンパクトに伴う経済援助が終了することから、２０２１年以降米国との協議が急速に進展するものと思われる。日本に対しては、委任統治領であった歴史的な経緯を踏まえて、これら3国から関与を求める期待も大きいだけに、日本政府から経済支援策を含めた中長期的な対応策が打ち出されることが求められている。

豪州の影響力の大きい2つの国の中でも、現在その動向が注目されるのがキリバスである。同国は赤道付近の中部太平洋上にあるギルバート諸島、フェニックス諸島、ライン諸島を国土とし、約32万平方キロメートルに及ぶ世界第3位の排他的経済水域を有している。キリバスは経済的自立を果たすために必要な自前の産業もなく、経済支援も十分ではない。そのためキリバス政府は自国の若者が外国船の船員として働き、彼らがもたらす送金を増加させるべく人材育成に力を入れる政策をとってきた。とりわけ、日本のカツオ・マグロ漁船への船員に育成するため、首都タラワにカツオの一本釣りの技術を学ぶ訓練施設を作り、若者を育成した結果、現在も３００人以上の若者が日本の漁船で働いている。[7] ２００３年以降、長期政権を担ったアノテ・トン前大統領は気候変動の影響を強く訴え、キリバス国民が海外で働く道を拡大する政策をとってきた。それに対して、２０１６年に誕生したターネス・マーマウ大統領は前政権の政策では有能な国民が海外流出してしまうと批判し、国内への海外からの投資を呼び込む政策に変換した。その一環として、２０１９年には前政権時に中国から台湾に外交関係を変更した政策を再度変更し、中国との間で外交関係を再締結している。中国は、２０００年代初めにキリバスに計画し、国交断絶で停止されていた宇宙監視基地の建設を再開する動きを見せており、米国や豪州は中国のキリバスへの関与の拡大を懸念している。

ナウル共和国は、イギリス植民地時代から良質のリン鉱石の産地として知られており、独立後も国営企業として経営し、世界でも有数の豊かな国となり、１９８０年代後半には１人あたりのＧＤＰは日本を上回っていた。しかし１９９０年代に入り、リン鉱石の枯渇が懸念される中、それまで入手した資金をもとにした不動産投資などで失敗し、２０００年代には国家財政が破綻状態になった。その後、豪州からの財政支援やリン鉱石の採掘に新たな技術が導入されたことで生産量が向上したこともあり国家財政は持ち直したものの、国内の経済・社会インフラの整備は不可欠な状況である。現在豪州は、「パシフィック・ソリューション」と呼ぶ、自国に来た難民をナウルのキャンプに一時収容させ、そこで職業訓練を施したのちに第三国に送るという政策をとっているが、こうした政策は非人道的ではないかという批判も出されている[8]。

2 メラネシア：未開拓の豊富な資源を誇る最後のフロンティア

メラネシア地域は、赤道の南、日付変更線の西に広がる地域に広がる地域である。地図上でも比較的大きな島々が目立ち、太平洋島嶼国全体に占める面積および人口の割合は、他のポリネシア・ミクロネシア地域と比べて圧倒的に大きい。また手つかずの熱帯雨林が広がり、木材資源のみならず鉱物エネルギー資源も未開発のまま存在している。また海洋部分についても豊富な水産資源に加え、海底鉱物資源も存在していることから、最後の資源フロンティアとして、近年周辺諸国から関心が向けられている。

メラネシアは、フランス海外領土であるニューカレドニアを除き、旧宗主国のイギリスや同じ英連邦の先進国である豪州との関係が深く、とりわけ豪州へは政治・経済・社会などあらゆる面において依存している。一方で、豪州による上から目線での外交姿勢には必ずしも好意的ではなく、過度な関与に対しては各国首脳からしばしば否定的な意見も示されている。とりわけ近年、資源開発が進むメラネシア諸国の中には、豪州やＮＺを含んだ「オセアニア」という枠組みではなく、メラネシア地域内での協力関係を強めていこうという考えも強まっている。

パプアニューギニア（ＰＮＧ）は、国土面積、人口ともに太平洋島嶼国の中では、最大の国家である。１０００を超える民族を抱える同国では、議会においても大政党が形成されず、選挙後も少数政党内で多数派工作がなされ、連立政権を設立する状況が続いてきた。建国の父と呼ばれるマイケル・ソマレに代表されるような「ビッグマン」と呼ばれる伝統的リーダーが首相に就任し、国内政治をまとめ上げてきた。首相としてのリーダーシップは、国内のみならず、他のメラネシア地域にも影響力が及び、ソロモン諸島やバヌアツなどに対しても経済支援を行うなどメラネシアの指導者的な役割を担っている。経済的にも木材・天然ガス・銅などの豊富な資源を有しており、特に天然ガスは２０１４年以降、日本や中国に輸出を介するなど資源国としての存在感を高めている。[9]

独立後40年を過ぎた今日も、ＰＮＧは最大の経済支援ならびに貿易相手国である豪州との関係を重視しながら、太平洋島嶼国の大国として、ＰＩＦにおいて強い発言力を高めるなど太平洋地域のリーダーとしての存在を高めている。２０１８年には太平洋島嶼国では初めてＡＰＥＣのホスト国として、ポートモレスビーで年次会合が開催された。その一方で、国境を接しているインドネシアとの友好関係を維持し、ＡＳＥＡＮに対してもオブザーバーとして参加している。また近年では中国との間の経済・軍事面での協力が目立つなど、アジアとの関係強化に力を入れている。ＰＮＧはアジア太平洋地域の結節点として重要な役割を果たすことが期待される。

フィジーは、パプアニューギニアとならぶ太平洋島嶼国のリーダーとして位置づけられている。独立以降、先住民であるフィジー系と、英国植民地時代にプランテーションでの労働力としてやってきたインド系との政治的な対立がしばしば取り上げられ、インド系住民が議会で多数派をとると、フィジー系で構成される軍がクーデターを起こし政権を奪い返す、「クーデター文化」が作り上げられてきた。こうした文化を変えようと２００６年末にフランク・バイニマラマ軍司令官がクーデターを決行、自ら首相となりフィジー系とインド系の区別されない「フィジー人」の国家を作るため憲法改正に着手した。[10]２０１３年に憲法改正を実現すると、翌14年には民主的な手続きに基づく選挙が実施され、同首相が率いるフィジー・ファースト党が政権を獲得した。

フィジーはまた太平洋島嶼国の多国間外交においても重要なポジションにある。同国はその地理的な位置から「南太平洋の十字路」とも呼ばれ、メラネシアとポリネシアの両地域に対して大きな影響を与えてきた。そのため太平諸島のみならず国際場裏における地域の要と位置づけられ、首都スバには、ＰＩＦ事務局や南太平洋大学（ＵＳＰ）など地域協力機構やＷＨＯやＵＮＥＳＣＯなどの国際機関の地域オフィスが設置されている。また２０１７年にはＣＯＰ23のホスト国として気候変動問題におけるリーダーシップを発揮している。このようなポジションにあるフィジーに対して、周辺諸国も極めて強い関心を向けている。旧イギリスの植民地として従来豪州やＮＺとは政治・経済・社会の面で深い関係を有してきた。しかし、２００６年のクーデターで、両国はフィジーに対して経済制裁を敢行、他の島嶼国と協力してフィジーのＰＩＦにおける資格停止を行った。これは２０１３年まで続いたが、その間フィジーに対して急激に関係を深めていったのが中国である。２００７年以降、経済支援や貿易額を急激に増加させ、バイニマラマ政権の民主化政策を支えることとなった。中国のフィジーへの関係強化に危機感を覚えた豪州は、２０１５年以降再びフィジーとの貿易や観光面での関係強化を進めるなど、中国の影響力強化に対して牽制の姿勢を示している。

ソロモン諸島は、イギリス植民地から独立後も国内に存在する民族間の対立は大きく、とりわけ首都ホニアラを抱えるガダルカナル島住民と最大の人口を抱えるマライタ島住民の間では根深い対立が存在してきた。１９９０年代後半以降、ホニアラにおいて両民族間の対立が激しくなり、２００３年にはソロモン諸島政府の要請で、ＰＩＦは豪州を中心とした多国籍軍・ソロモン諸島地域支援ミッション（ＲＡＭＳＩ）を派遣する。ＲＡＭＳＩの下、国内の治安維持が図られ、この体制は２０１７年まで続いた。このようにソロモン諸島も、他のメラネシアと同様、豪州との関係が極めて強い。また隣国ＰＮＧから経済支援を受けるなど関係も深い。従来は中華民国（台湾）と外交関係を締結していたが、２０１９年9月同関係を断交、中華人民共和国との間で国交を締結した。こうした動きの背景には、ソロモン諸島が抱える豊富な森林資源やニッケルをはじめとした未開発のレアメタルなどの鉱物資源があると言われている。

　バヌアツは植民地時代にイギリスとフランスによる共同統治が行われたという世界的にも極めて珍しい地域であり、同じ島内でも隣村同士でフランス語圏と英語圏が入り組んで存在している。そのため、独立後も英語系住民とフランス語系住民の間で対立が続き、今日でも議会において両言語圏を基盤とした党派間で対立が起き、政局となる場合が多い。バヌアツも、豪州との間で経済的な結びつきが強く、クルーズ船を利用した多数の観光客が訪問するリゾート地として位置づけられている。また太平洋島嶼国では現在唯一のフランス植民地を経験した国であり、国内の経済インフラなどの面ではフランス系企業が従事するなど、フランスとの関係も維持している。

　こうした独立国に加え、もう１つ注目すべき地域として、ニューカレドニアがある。フランスの海外領土であるニューカレドニアはニッケルに代表される鉱物資源を抱え、観光地としても広く知られている。１９６０年代以降、メラネシア系のカナカ住民を中心にフランスからの独立運動が高まり、しばしば独立推進派による流血テロ事件が多発した。１９９０年代以降フランスとの間で自治権拡大を認める合意がなされた[11]。２０１８年および20年の二度独立の是非を問う住民投票が実施され、いずれも否決されている。しかし、その票差は縮まっていることから、フランス政府としては残留派を支援する動きを強めている。

3　ポリネシア：移民が結びつける堅い絆のネットワーク

ポリネシアは、北はハワイから南はＮＺ、東はイースター島（ラパ・ヌイ）で囲まれる「ポリネシア・トライアングル」と呼ばれる広大な海洋地域に広がる島嶼地域からなる。ポリネシアはその範囲が広大な海洋にまたがり、そこに散在する島々で構成されているものの、言語集団的に見た場合には極めて近く、主要単語は共通している部分も多い。そのためポリネシア諸国内での協力関係は比較的強い。また古くからハワイやタヒチ、トンガなどの王国が存在し、他の島々でも伝統的首長が政治を支配していたこともあり、民主化された現代でも、伝統的な貴族層などが政治に深く関与し、長期にわたり君臨している事例も見られる。ポリネシアの島々はイギリスの植民地や豪州の施政下に置かれた国々が多く、第二次世界大戦後は、これらの国々に加え、ＮＺとの関係を強めていった。多くの島々では、高等教育機関への進学や季節性労働力（出稼ぎ）としてＮＺなどに移住し、そのままオークランドなどの都市部にてコミュニティを形成している。その数は本国の人口と同数あるいは数倍にまで拡大している。こうした移民と本国との関わりを知る上で重要なキーワードとして「ＭＩＲＡＢ経済」がある。[12] これは１９８０年代の豪州の経済学者たちによって唱えられた考え方であり、ポリネシアをはじめとした太平洋島嶼国の国々の経済は、「移民（Migration）」「送金（Remitance）」「経済支援（Aid）」「官僚制度（Bureaucracy）」で成り立っていることを意味している。この意味でも、ポリネシア社会は、各島国同士とともに豪州やＮＺおよびハワイを中心とした米国との間にある、移民が結びつけたネットワークが強く機能していることがわかる。

トンガは、１９８５年に憲法を制定し、アジア太平洋地域で初めての立憲君主国となった。１９００年にイギリスの保護国となり外交権を委ねた後、１９７０年に外交権を復活させたため、住民は独立を維持してきたというプライドが高い。国民は王族、貴族、平民に分けられ、通信業などの多くの国内有力企業は王族や貴族が所有している。政治の面でも長く国王の権限が極めて強い絶対君主制であり、議会は平民と貴族で別々の選挙が行われるなど相対的に貴族の力が強く、首相も国王によって任命されてきた。１９９０年代以降の国内における民主化の影響もあり、２０１０年に選挙制度が改正され、平民の議席が拡大され、首相も議会で多数派を占めるグループから選ばれるようになった[13]。外交関係は豪州やＮＺとの関係が強く、ＮＺのオークランドには本国と同規模のトンガ人が移住し、生活している。１９９８年以降、中国と外交関係を結ぶと同国のビジネスに中国人の影響が強まっていく。２００６年に首都ヌクアロファで中心街の80％が焼失する騒擾が起きたが、その後の街の復興のために中国から多額の借款を得た。その返済がトンガ財政に大きな負担となっていることから、政治家の中には中国の影響力が一層高まることを警戒する声も大きい。

サモア独立国はかつて西サモアと呼ばれ、ドイツの植民地であった。第一次世界大戦後、ＮＺの施政下に置かれ、第二次世界大戦後の１９６２年に太平洋島嶼国で初めての独立国となった。サモアの政治は事実上伝統的首長の中から選ばれるリーダー（国家元首）の下、議会から選ばれた首相によって行われている。ただし、被選挙権はマタイと呼ばれる伝統的リーダーの称号を得ている者にしか与えられていないことから、現在でも伝統的な権威の影響が強い。とりわけ、トゥイラエパ・マリエレガオイ前首相は１９９８年から20年以上にわたり議会の多数派を掌握し、政権を運営してきた[14]。その結果、国内政治はもちろん、太平洋島嶼国全体でもベテランリーダーとして存在感を高めている。特にフィジーのバイニマラマ首相との間では、ＰＩＦにおける主導権を争うという面でしばしば対立している。外交の面では、ＮＺとの関係が極めて強く、移民を通じた経済的なつながりに加え、安全保障面でもＮＺの保護下に置かれている。また、同じ民族であるアメリカン・サモアを通じて米国との関係も深く、同地域を経由して、ハワイや米国本国で移民として生活し、本国に送金している人々も多い。近年は、大型イベントなどのインフラ整備のために中国からの借款を受けた結果、多額な返済に苦慮しているという点ではトンガと同様である。

ツバルは１９９０年代以降気候変動問題の最前線として注目されるようになった。海抜平均わずか２メートルという国土が、地球温暖化により将来海面上昇が進んだときに最初に消失するのではないかという懸念と結びつけられ、欧米メディアを通じて報道された。ツバル政府も国連をはじめとした国際場裏において、同じ環礁国であるマーシャル諸島やキリバスとともに、自らが直面している危機を訴え、先進国に具体的な対策を示すことを唱えている。ツバルは漁業以外に目ぼしい産業もなく、国家財政の収入源は入漁料と外国漁船への出稼ぎ船員等による海外送金くらいしかない。またイギリス、豪州、ＮＺが中心に設立した信託基金による運用収益はあるものの財政を進める上では十分ではなく、日本や、ポリネシアでは唯一外交関係を締結している中華民国からの経済支援に負うところも多い。そのため、気候変動問題は国土を消失しかねないという問題であると同時に、この問題を契機として先進国から安定的な財政支援を獲得する手段となっている。

トンガやサモア諸島の東部に位置しているクック諸島やニウエはＮＺとの間で自由連合協定を結んでいる。両国は外交権をＮＺに委ねており、すべての国民がＮＺの市民権を持ち、同国の旅券を保持している。住民は高等教育や労働機会を得るためＮＺに移り住んだ結果、本国の人口の数倍の人々がオークランドに居住している。国家財政もＮＺ政府からの財政支援やＮＺに住む同胞たちからの送金に依存している。

これらの国々に加えて、タヒチなどを含むフランスの海外領土であるフレンチ・ポリネシアがある。観光業や黒真珠の養殖業などがあるものの、財政の多くはフランス本国からの支援に依存している。また同地域のムルロア環礁で実施されたフランスによる核実験の補償問題もあり、ニューカレドニアと比較して独立に向けた動きはそれほど大きくない。ただし、ニューカレドニアでの住民投票の是非次第では、同様の要望が高まっていくことも考えられる。

4 太平洋諸島フォーラムの形成と変容

太平洋島嶼国はいずれも小島嶼国であるため、国際場裏において単独で行動しても大きな影響を与えることはできない。むしろ同じ太平洋島嶼国として共通の課題の下で、協力・連携して国際社会に臨んでいくことが必要であると認識してきた。そのために太平洋島嶼国が設立していった地域協力機構が、太平洋諸島フォーラム（ＰＩＦ）である。[15]

ＰＩＦは、１９６０年代以降独立してきた島嶼国と豪州・ＮＺを中心に、太平洋島嶼国地域の政治経済問題について協議するべく、１９７１年に設立された。これは第二次世界大戦後、太平洋島嶼国の旧宗主国が中心となり設立された南太平洋共同体（ＳＰＣ、現・太平洋共同体）に対抗する目的で作られた組織であった。当初は南太平洋フォーラム（ＳＰＦ）と称し、年１回加盟国の持ち回りで開催される年次会合において、核実験問題やＥＵなどとの経済交渉が話し合われてきた。[16]その際、決定事項は、加盟国内の総意で決められ、会合終了後コミュニケとして発表された。

ＰＩＦ設立当初の１９７０－80年代までは、豪州やＮＺは島嶼各国に対して政治的・経済的自立を求め、ＰＩＦにおいても島嶼国のオーナーシップを重視する姿勢から、自国が前面にでることに消極的であった。しかし、今世紀に入って以降、米国の同時多発テロ（２００１年）やバリ島での爆弾テロ事件（２００２年）を経験する中で、豪州はインドネシアからメラネシア・ポリネシア地域とつながる三日月地帯がテロの温床になることを懸念し、島嶼国に対して経済支援や安全保障分野での積極的な関与を強めていった。とりわけ、２０００年代半ばにはＰＩＦ事務局長に初めて豪州人が就任し、彼を中心にＰＩＦを中心とした地域統合の動きを進めるべく各国首脳に協力を求めるようになっていった（パシフィック・プラン）。さらに、２０１５年にはパシフィック・プランを拡大させる形で、地域共同体を念頭に置いた「パシフィック・リージョナリズム（Pacific Regionalism）」を促進するための具体的な時間軸を踏まえたロードマップづくりを、ＰＩＦ事務局を中心に加盟国内で進めていくことになった。

　ＰＩＦを中心とした地域統合・共同体構想を目指していく動きが活発化している理由として、経済面を中心とした域内での協力関係の強化と、域外地域、とりわけ隣接する東南アジアや東アジア地域との間でのビジネス連携の強化を進める上での窓口の役割強化という面がある。というのも、ＰＩＦ事務局は太平洋諸島の国々の経済成長を促進するためには、東南アジア諸国の経済成長を利用したいと考えているからだ。パプアニューギニアやソロモン諸島などのメラネシア地域では林業や小売業の分野で東南アジアの華僑系企業が積極的に進出している。またフィリピンはミクロネシア地域に積極的に出稼ぎ労働者を輩出するなど、太平洋諸島を経由して、グアムやハワイなどへの労働人材の供給を進めている。

　一方で、太平洋諸島側も東アジア・東南アジアとの間のビジネス交流を活性化させるべき、様々な戦略を見せている。小島嶼国であるため市場としての可能性は限られているが、通信インフラの改善や小規模な政府体制ゆえの柔軟な法制度の改正ができるなどのメリットを活かし、先進国の最先端のテクノロジーを利用した社会実験場となるなどの姿勢を国際社会に対して示している。[17] マーシャル諸島における便宜置籍船制度やミクロネシア連邦で日本の企業をターゲットに進めているキャプティブ・インシュアランスはその成功事例と言えるだろう。またこの地域の重要な資源の１つである水産業においては、それまで各島嶼国は日本などの国々との間で個別に二国間の漁業協定を締結してきた。しかし、２０１０年代以降、広大なＥＥＺを有しているナウル協定加盟８カ国がまき網漁を対象に、漁業国に対してＶＤＳ（隻日法）という入漁料販売システムを導入したことで、入漁料収入の増加となっている。[18] さらには、太平洋諸島地域の主幹産業である観光業においても、中国や日本などの東アジア市場をターゲットにした戦略に力を入れている。このような広大なアジアのビジネス市場を展開する上で、太平洋諸島の窓口としてＰＩＦが経済面で担う役割は大きいと言えるだろう。

　ＰＩＦ事務局を中心に進める地域統合に対して、加盟各国は総論としては異を唱える国はないものの、具体的な手続きに関しては必ずしも同一の歩調を示していたわけではなかった。サモアやトンガなど豪州、ＮＺに多くの移民を送り出している国々では人的交流やビジネスの促進の意味でも、経済統合をいち早く進めることに支持を示した。一方で、米国と自由連合境地を結ぶミクロネシアの旧南洋諸島地域では、地域統合のメリットを認めつつも、ＥＵなどが進めるような通貨統合などまで見据えた地域共同体構想には、そのメリットを見出すことができないため強い関心を向けるには至らなかった。むしろミクロネシア諸国にとっては、気候変動問題や核実験など地域内で共有する問題を年に一度議論する会議体としての認識が強いものである。

　また２００６年末のクーデター以降、ＰＩＦメンバーとしての資格停止状態にあったフィジーは、この間にＰＩＦの中で主導的立場を強めていった豪州・ＮＺに対して、島嶼国のオーナーシップを軽視していると不満を強めていった。２０１４年の総選挙を経て政治の民主化を達成して以降、フィジーはむしろ両国をＰＩＦから排除するか、あるいは米・日・中などの周辺ドナー国を加盟させて、両国の地位を相対化させることを望む意見を示した。このようにＰＩＦのあり方をめぐっては加盟国内でも温度差があり、ＰＩＦを中心とした地域統合や地域共同体を進めていくという考え方について、各国の足並みが揃っているとは到底言えない状況である。

5　サブリージョナルグループの結成とその特徴

　このように太平洋諸島全体としては国際場裏においてＰＩＦの下で協力・連携していくことでは一致しているものの、地域統合や共同体構想に向けての動きでは足並みが揃っていない。メラネシア・ポリネシア・ミクロネシアという３つの下位地域ごとにその違いは明瞭となってきている。ここでは、この３つの下位区分の中で設立されているサブリージョナルグループについて、その結成の目的やメンバー間での主要な議題、また近年強く議論されているテーマを示していく[19]。

●メラネシア：メラネシア・スピアヘッド・グループ（MSG）

太平洋島嶼国で最初に結成されたサブリージョナルグループがＭＳＧである。同グループの本部はバヌアツの首都ポートヴィラにあり、パプアニューギニア、ソロモン諸島、バヌアツ、フィジーの独立国に加え、フランス領ニューカレドニアの政党であるカナク社会主義民族解放戦線（ＦＬＮＫＳ）で構成されている。もともとフィジーを除くメラネシア諸国は、南太平洋フォーラム（South Pacific Forum：ＳＰＦ、現在のＰＩＦ）結成時の１９７０年代に、豪州・ＮＺがＳＰＦに加盟することについて否定的な見解を示していた。１９８３年にはニューカレドニアの脱植民地化をめぐって、ＰＩＦ内で議論されないことにメラネシア各国が不快感を示し、ソロモン諸島がメラネシアのみで構成される「メラネシア同盟」を設立する提案がなされた。この構想をもとにして１９８８年ＭＳＧが結成された。

２０００年代後半以降、ＰＩＦを中心とした地域統合の枠組みに関して議論が進められていき、そのサブリージョナルグループの１つであるＭＳＧへの注目が高まっていった。もともと太平洋島嶼国の中でも面積・人口・資源量などで比較的恵まれていたメラネシア地域では、ＰＩＦという枠組みで距離的には離れ、目ぼしい資源も見られないポリネシア・ミクロネシア地域と同じ経済圏に属することにメリットを感じていない。むしろ、ＭＳＧの枠組みで政治面のみならず、貿易に関する協力関係を促進していく方が現実的かつ市場規模としても有益なものと考えていた。そのためＭＳＧは、定期的に首脳が話し合う場から、メラネシア地域の政治・経済問題を議論するサブリージョナルグループの組織へと位置づけられることになった。ＭＳＧは、東南アジアと接する地理的なメリットや、人口増加と鉱物エネルギー資源の埋蔵量を考えると、太平洋島嶼国地域における経済的な成長が強く期待される。ゆえに、メラネシア諸国は、太平洋島嶼国としての枠組みではなく、ＭＳＧを基軸に独自のグループを発展させていくことも十分考えられるだろう。

●ポリネシア：ポリネシア・リーダーズ・グループ（ＰＬＧ）

ＰＬＧは、ＭＳＧの再活性化の影響を受けて、ポリネシアの島嶼国・地域内で２０１１年に結成された。３つのサブリージョナルグループの中では結成は最も遅れたが、ポリネシア系という言語文化的な近接性を背景に、また各国・地域の住民の多くが豪州やＮＺに移民として移り住み、本国への送金をもとにした経済が成り立っているという政治経済的側面の均質性もあり、結成の際にも「ポリネシア文化を共有する人々の共通の繁栄を目指してともに活動する」ことを謳っている。ポリネシア地域は主導的な立場であったサモアのトゥイラエパ前首相をはじめ、クック諸島のヘンリー・プナ前首相、ニウエのトケ・タランギ前首相など比較的長期政権となっている国が多く、彼らのリーダーシップの強さが同グループの結成に大きく影響したと考えられる。

同グループにおける議論の中心は、サブリージョナルグループで協働すべき問題での協力関係を確認していくことである。具体的には気候変動問題や違法漁船の取り締まりに向けた衛星探査システムの導入などが挙げられる。その中でも中心的な課題として常に挙がる議題は、豪州・ＮＺとの間の政治・経済の面でのより一層の緊密化である。２０１３年にフレンチ・ポリネシアが主催の下、オークランドで開催された定期会合では、豪州やＮＺに対してポリネシア住民が季節労働者として受け入れる枠を増加するよう両国に働きかけることを謳っている。この意味では、ポリネシア特有の問題を話し合う場であるＰＬＧではあるものの、そこでの議論は直後に開催されることになるＰＩＦ年次会合においても主要な議題となり、その際にＰＬＧの首脳たちが協力して働きかけようとする意識は高くなる。ＰＬＧは、メラネシアやミクロネシアと比べてその結成は遅れたものの、長期政権を担うリーダーたちが中心となり、「ポリネシア文化」を共有する住民の利益を確保する目的で組織化され、主要な市場である豪州・ＮＺとの交渉や、上部組織であるＰＩＦにおける存在感を高めるために、その規模を今後も拡大させているという点は注目すべきである。

●ミクロネシア：ミクロネシア大統領サミット（ＭＰＳ）

ミクロネシア地域のグループ化の動きについては、ＭＰＳが設立されるまでに2つのステップを踏まえる必要がある。１つ目は、日本の旧南洋群島時代を経験し、米国の信託統治領を経て、コンパクトの下で独立した3つの国、ＦＳＭ・パラオ・マーシャル諸島で構成されていた時代と、２０１８年以降にキリバスとナウルが参加して以降である。

２００１年に結成されたＭＰＳは、当初ＦＳＭとパラオとマーシャル諸島が持ち回りで開催してきた。この会議は年に一度３カ国の大統領が地理的・歴史的・経済的に共有する三国間にある共通の問題を理解し、国際場裏で協力し合うことを目的とした首脳会議である。ゆえに恒常的な事務局は設置されていない。当初のＭＰＳでは、歴史的な共通性ということで、米国との間のコンパクトの規定に伴う人的移動・労働移動に係る問題点や、米国との郵便事業あるいは高等教育プログラムに関する問題であった。これらの議題を確認することからも、当初のＭＰＳではまずは米国との関係が優先的に議論されてきた。

その後、ＭＳＧの再評価やＰＬＧの結成が行われる中で、２０１７年の会議で、同じミクロネシア地域に属するキリバスとナウルも招待することをコミュニケで発表した。キリバスとナウルは英国や豪州の施政下に置かれた後に独立した経緯から、ミクロネシア３国とは歴史的背景がかなり異なっている。しかしながら、広大な海洋に散在する島嶼国という地理的な共通性に加え、気候変動問題などでの国際場裏での日常的な協力関係もあり、また他の地域のサブリージョナルグループ化が進む中で、キリバス・ナウル両国もサブリージョナルグループに属することの重要性を認識するなどの要因もあって、２０１８年の18回ＭＰＳ年次会合に初めて参加した。

同会合で最初に取り上げられたテーマが、海洋をめぐる問題であった。これは明らかにＰＩＦで議論されるテーマ「Blue Pacific Economy」におけるＰＩＦメンバー間での協力体制を念頭に置いた議論であった。また同様に気候変動問題に対する協力関係や、水産資源をめぐる管理などＰＩＦのコミユニケで議論されるテーマが中心として展開されている。一方で、前年まで中心的な課題であった米国との関係に関する議論については、ＰＩＦと関連が深いものを除いて、ほとんど触れられることはなかった。このことは、米国の自由連合協定国ではないキリバス・ナウル両国の参加をわきまえた対応であったと言えるだろう。すなわち、ＭＰＳはＰＩＦのサブリージョナルな枠組みに基づくグループとして位置づけられＰＩＦのサブリージョナルグループとして、ＰＩＦ年次会合で議論されるテーマを中心に、一年に一度議論する場であると位置づけられた。

6　太平洋島嶼国外交における日本の役割

以上のとおり、太平洋島嶼国をめぐる新たな国際秩序の変遷を見ていくと、全体としてはＰＩＦという枠組みの下、地域統合、地域共同体へと歩みを進めている一方、地域統合のあり方について地域ごとに温度差が見られ、その結果、サブリージョナルグループの存在感が高まってきている。すなわち、地域統合を進める上で、豪州やＮＺの関与を弱めたいという思惑もあり、メラネシア地域での地域統合に関心を示しているＭＳＧ、豪州やＮＺとの経済関係を強化させる上でもＰＩＦを基軸としての統合を推進したいと考えるＰＬＧ、ＰＩＦで議題とされる共通課題を話し合う会議体としての位置づけに終始しているＭＰＳ、である。このように同じ太平洋島嶼国でありながらも、地域の将来をめぐる見方は非常に異なっており、近年では方向性をめぐりＰＩＦの分裂が現実味を帯びてきている。[20]

太平洋島嶼国にとって日本は、ミクロネシアでの委任統治経験など歴史的にも特別な関係があり、戦後各国が独立した際、社会インフラ面の整備を支えた重要なドナー国として評価されている。日本にとっても、島国は水産・鉱物エネルギー資源の生産地であり、重要なシーレーン上に位置している。さらには国際場裏において日本の提案に理解を示す重要な支持者たちであることも忘れてはなるまい。

以上、日・太平洋島嶼国間の互いの重要性を踏まえ、ＷＰＵという枠組み作りを進めていくとするならば、日本は太平洋島嶼国との関係をどのように考えていくべきであろうか。

ＰＩＦ加盟国全体に対してＷＰＵという枠組みを提示した場合、総論としてはどの国も賛成の意思を示すものと思われる。上述のとおり、太平洋諸島の国々も、日本やＡＳＥＡＮに加盟する東南アジア諸国との間で連合を組むことは、経済成長を目指す上で極めて有益であると考えている。もちろん各国・地域の個別の問題を考えると、調整すべき課題も少なくない。米国と自由連合協定を締結しているミクロネシア諸国は、ＷＰＵにおける米国の政治・経済上の位置づけに関心を向けるであろう。また中国・台湾をめぐる外交関係樹立の問題やインドネシアの西パプア独立問題などはＰＩＦやＭＳＧの加盟国内で意見集約をする必要は出てくると思われる。これらの問題を解決し、太平洋諸島各国がＷＰＵに積極的に参加する場合に、豪州とＮＺとともに日本が、ＷＰＵの中核的なリーダーとして存在感を示すことが重要である。

それでは、日本は、どのような姿勢でＷＰＵ構想を含めた太平洋諸島との外交関係を構築していくべきなのであろうか。筆者は、地政学上の重要性や資源安全保障の面を踏まえながら、サブリージョナルグループ単位での関係構築を進めていくべきであると考える。太平洋島嶼国の中でも、ミクロネシアとの関係は極めて重要である。特に旧南洋群島の記憶を有するＦＳＭ、パラオ、マーシャル諸島との関係は歴史的な関係のみならず、中国が海洋進出を強めている中での安全保障上の位置づけにおいても、米国と協力をしてこれらの国々の国家としての自立を支えていくことが必要であろう。２０２３年にコンパクトに伴う経済支援が終了することを見据えて、米国と協議しながら広大な海洋を有するキリバスやナウルも含めて、これらの国々の経済的自立を支援していくことは大いに期待されている[21]。メラネシアは本来その地政学的な位置づけとして、豪州の政治・経済的な影響が極めて大きい。ただし、メラネシアには木材やＬＮＧなどの豊富な資源が未開発のまま存在しており、日本にとって資源の安全保障を考える意味で、この地域の安定的な経済成長は極めて重要である。経済開発の進展に伴う土地所有などの法的な問題や民族問題などの治安対策の面で、豪州やＮＺとの協力は当然のことである。ただし、あくまでメラネシア諸国主体で進めていけるよう日本が仲介者としての立場に立って協力していく姿勢を示せば、メラネシア諸国からはより好ましいものとして評価されるだろう。ポリネシアに関しては、この地域に大きく影響を与えているＮＺとの関係を軸に連携を考えていくべきであろう。日本との関係という面では、ミクロネシアやメラネシアと比べて若干薄くならざるを得ないかもしれない。しかしながら、トンガやサモアとの間では皇室・王室を通じた深い関係が構築されており、また近年ではラグビーを通じた交流も深まっている。こうした歴史的な関係やスポーツなどの人的交流を踏まえた重層的なネットワークへと深化させていくことは可能であろう。
このようにそれぞれの地域的な状況を踏まえながら、関係する周辺国と連携して、「自由で開かれたインド太平洋」構想の下で21世紀の新たな秩序を構築していくことが求められる。その意味では、この地域をＷＰＵの中に組み込んでいくことは、21世紀を真の太平洋の時代として考える上で不可欠の要素であり、日本に課せられた重要な使命として捉えるべきである。

注

(1) 黒崎岳大「日本の対太平洋島嶼国外交戦略の変遷と課題：各ドナー国による外交方針との比較と「太平洋・島サミット」の変容を中心に」『太平洋諸島研究』２０１３年、第1号：35－76頁。
(2) 小林泉『太平洋島嶼諸国論』東信堂、１９９４年。
(3) T. Wesley Smith, and E. A. Porter eds., *China in Oceania: Reshaping the Pacific?*. New York: Berghahn Books, 2010.
(4) 小林泉『アメリカ極秘文書と信託統治の終焉』東信堂、１９９４年。
(5) 黒崎岳大『太平洋島嶼国と日本の貿易・投資・観光』太平洋協会、２０１４年。
(6) 黒崎岳大『マーシャル諸島の政治史：米軍基地・ビキニ環礁核実験・自由連合協定』明石書店、２０１３年。
(7) 塩田光喜編『グローバル化とマネーの太平洋』アジア経済研究所、２０１２年。
(8) リュック・フォリエ『ユートピアの崩壊 ナウル共和国：世界一裕福な島国が最貧国に転落するまで』林昌宏訳、新泉社、２０１１年。
(9) 大野政義「パプアニューギニアの経済開発・財政政策の現状と今後の方向性」『太平洋諸島研究』２０１８年、第6号：37－62頁。
(10) 東裕『太平洋島嶼国の憲法と政治文化：フィジー１９９７年憲法とパシフィック・ウェイ』成文堂、２０１０年。

（11）江戸淳子『ニューカレドニア　カナク・アイデンティティの語り：ネーションの語り・共同体の語り・文化の語り』明石書店、２０１５年。

（12）Geoffrey Bertram, and R.F. Watters, "The MIRAB Economy in South Pacific Microstates," *Pacific Viewpoint* 1985, 26, No. 3: 497–519.

（13）比嘉夏子「トンガ王国２０１０年選挙と『民主化』のゆくえ」日本オセアニア学会『ＮＥＷＳＬＥＴＴＥＲ』２０１１年、第99号：１－10。

（14）２０２１年４月に実施された総選挙では、40年以上にわたり与党として議会を支配してきたトゥイラエパ前首相率いる人権擁護党の候補が次々に落選、それに代わり初代首相の娘・フィアメ前副首相率いる野党ＦＡＳＴ党が過半数を獲得した。当初憲法の規定をめぐり前首相は選挙結果に異議を唱え、政権移譲を拒否したため、二重政府状態が続いた。しかし法廷闘争での敗北が続いたことから、前首相も７月23日に敗北結果を受け入れると発表、フィアメ新首相率いるＦＡＳＴ党への政権交代がなされた。ポリネシアのリーダー的な存在で、ＰＩＦ中心の地域統合における島国側の牽引役であったトゥイラエパ前首相が下野したことは、太平洋諸島の国際秩序に大きな影響を与えるものと予想される。

（15）黒崎岳大・今泉慎也編『太平洋島嶼地域における国際秩序の変容と再構築』ＩＤＥ－ＪＥＴＲＯアジア経済研究所、２０１６年。

（16）１９８０年代以降、北半球のミクロネシア諸国が加盟する中で、２０００年に現在のＰＩＦと名称変更されている。

（17）本田技研工業が２０１５年からマーシャル諸島共和国においてＥＶ充電関連技術の実証実験を実施してきたのもその一例と言える。

（18）従来の二国間協定での各国の入漁料収入は年間４億円程度だったが、入漁料販売システム導入後は、たとえばマーシャルでは40億円、ナウルでは20億円にまで拡大している。

（19）黒崎岳大「太平洋島嶼国におけるサブリージョナリズムと島嶼国外交」『太平洋諸島研究』２０１８年、第６号：17－36。

（20）２０２１年２月に実施されたＰＩＦ事務局長選挙結果をめぐり、ミクロネシア５カ国が共同してＰＩＦから離脱する手続きに入ると宣言した。実際の離脱発効までには一年間の猶予期間があり、他地域の国々はＰＩＦにとどまるよう求めているものの、５カ国の決意は固く、ＰＩＦ分裂は不可避の情勢にある（黒崎岳大「ＰＩＦ事務局長人事をめぐる混乱と周辺諸国の反応」『パシフィック・ウェイ』２０２１年、第１５７号：８－13）。

（21）米国とミクロネシア３国との間で現在締結している自由連合協定では、各国に対して財政支援を実施している。この財政支援は２０２３年で終了する予定となっており、各国とも米国との間で同支援の継続なども含めた協定の改定に向け動き始めている。

コラム

東ティモール――「紛争から繁栄へ」の時代における日本の役割

黒崎 岳大

独立までの道のりとその後

２００２年5月20日、21世紀初の独立国として、東ティモール民主共和国が誕生した。この新しい国は、アジア太平洋地域の境界に位置する地政学的な重要性に加え、石油などのエネルギー資源が埋蔵されていることからも、日本を含めた周辺諸国から大いに注目されてきた。

東ティモールは、16世紀半ばに白檀を求めてやってきたポルトガルがティモール島を占領、オランダとの抗争の結果、１８５９年に東西で分割占領が決定される。１９４２年、日本軍によりティモール島の占領期はあったが、その後再びポルトガルの施政下に戻る。１９７４年に、ポルトガル本国でクーデターが発生し、植民地の維持を強く主張した旧政権の崩壊に伴い、東ティモールで独立の動きが強まる。翌75年、宗主国のポルトガルが植民地の解放を決定、東ティモール独立革命戦線（フレテリン）勢力が反独立派との闘争に勝利し、独立を宣言した。これに対し、フレテリンが社会主義勢力を主流としていたこともあり、インドネシアは、東南アジアの赤化を避けたい米国などの支持を得ながら、１９７５年12月東ティモールを軍事併合する。この後、東ティモールでは殺戮と破壊等の組織的な暴力と人権侵害が続いた。１９９８年にインドネシアでスハルト大統領からハビビ大統領に代わると、東ティモールの独立容認へと方針転換、１９９９年に住民投票後、国連東ティモール暫定行政機構（ＵＮＴＡＥＴ）の設立・統治が行われ、２００２年、グスマン大統領が選出され独立を果たした。再び治安悪化を受けて、２００６年に豪州などから構成された治安維持軍が派遣された。その後も平和維持活動と平和構築に向けた動きの中で、徐々に混乱は収束に向かっているが、他方、議会では独立を成し遂げたエリート層の間で権力抗争が繰り返され、政情は不安定である。

東ティモールの外交

外交関係においては、ポルトガル語諸国共同体の一部であるとともに、東南アジアや豪州・太平洋諸島などの国々との友好関係を進めている。とりわけ、インドネシアと豪州との外交的な関係は極めて重要である。中間層や、行政を担っている人たちの多くは、インドネシアで勉強しており、経済的にもやはりインドネシアとの結びつきが非常に強い。一方、最大のドナー国でもある豪州との間では、２０１８年３月にティモール海における境界線画定条約が締結され、長年の係争に区切りがつき、今後の経済連携や防衛面での協力推進を確認した。優秀な若者は豪州からの潤沢な奨学金を利用して、同国へ留学するものが増えている。また近年は、中国が経済支援やインフラ整備で存在感を高めている。

経済的には零細農業が中心の貧困国であったが、石油・天然ガス開発の下で、近年は高い経済成長率を遂げている。特に豪州との境界線画定で未開発のグレーターサンライズ海底ガス田の権益の多くが東ティモールにもたらされることになったのは、将来の国の発展にとっても極めて大きい。近年ではフェアトレードによるコーヒーの輸出に力を入れるなど、経済の多角化を目指している。

日本との関係

日本は、東ティモールの国づくりに対して、建国当初から積極的に貢献してきた。１９９９年に同国への初めての支援国会議が東京で開催されたこともあり、人道支援、二国間ドナーとしてのＯＤＡに基づく復興・開発支援、多国籍軍への資金支援、国連・世銀管理の信託基金への拠出、自衛隊や文民警察などの派遣に代表される国際平和協力法に基づく国際平和協力業務と、多岐に亘る支援が実施されてきた。援助実績額においても、豪州に次ぐ重要なドナー国である。今後の重点分野として考える面としては、人材面をはじめとした行政組織の能力開発への支援があるだろう。東ティモールは２０１１年の申請以来、ＡＳＥＡＮ加盟を目指しているが、人材および財政面での能力開発が進んでいないということから加盟に至っていない。独立を勝ち取った第一世代を引き継ぐ、第二世代の育成を含め、日本がこれまで培ってきた途上国のノウハウを東ティモールの国づくりにまさに活かすときと言えるだろう。

日本政府は、東ティモールに援助する理由として、「同国の安定は、アジア太平洋地域の平和と安定に資するから」としている。日米豪印戦略対話（クアッド）の下、「自由で開かれたインド太平洋（ＦＯＩＰ）」構想を実現していくことを考えると、東ティモールはその要とも言える位置にあり、法の秩序に基づく同国の国づくりを実現させていくことは、ＦＯＩＰに基づく地域の安定化を成功させたシンボル的な存在となり得るであろう。一方、東ティモール情勢の混乱はインドネシア全域、さらには東南アジアから太平洋諸島へとつながる地帯の不安定化にもつながりかねない。事実、インドネシア東部の西パプア州でも、近年メラネシア系住民が中心となりインドネシアからの分離独立運動を激化させている。この地域の不安定化は、日本にとっても重要なシーレーンの確保という点でも決して無視できない問題であろう。

東ティモールは非常に若い国である。２０１７年に実施された大統領選挙・議会選挙において全有権者の51％が17－35歳であった。現在東ティモールでは、人々の関心は独立運動やインドネシアの軍事介入に対する抵抗運動、独立後の混乱という「紛争」の時代から、石油・天然ガス開発に伴う経済的な「繁栄」の時代へと移ってきている。これまでも国づくりで大きく貢献してきた実績をもつ日本が、東ティモールへの関与を深め、経済支援や投資が拡大することを期待する現地からの声は大きい。ＷＰＵの下、両国が連携を深めていくことは、アジア太平洋地域全体の平和と繁栄につながっていくであろう。

第III部

その他関係国・地域

第12章　西太平洋の国際関係と台湾

川島　真

本章では、西太平洋連合（以下ＷＰＵ）の重要な構成員となることが期待される台湾について、その西太平洋における位置づけ、また重要性について、これまでのその内外政や経済の状況などを踏まえて改めて考察するものである。結論を先取りすれば、台湾のＷＰＵへの参加には多くの困難や課題が想定されるが、参加が望まれるし、それが台湾にとっても国益にかなう選択だと考える。

まず、「台湾」という呼称、またその範囲について確認したい。周知のとおり、台湾という国家は存在しない。中華民国という国家が台北においている政府が、台湾本島と澎湖諸島、また東沙諸島や南沙諸島の太平島、そして中華民国福建省に属する金門県、連江県（馬祖島など）を治めている。「台湾」という場合、①台湾島だけを指すとき、②台湾と澎湖諸島とを指すとき、また③台澎金馬（台湾、澎湖諸島、金門、馬祖）、そして南シナ海の実効支配領域を含める、中華民国政府の統治空間全体を指すときがある。本稿で台湾という語を用いるときには、最後の中華民国の統治空間、またはその空間を統治する政治体を指すこととしたい。[1]

その台湾の政治・経済について見れば、目下、人口は２３５０万、ＧＤＰは６０００億米ドル、１人あたりＧＤＰは２６０００ドルを超えている。台湾はかつて四小龍などと呼ばれて輸出加工型の経済成長を遂げ、最近注目されているＴＳＭＣ（台湾セミコンダクター・マニュファクチャリング）のように、世界レベルの最先端技術を担う存在になり、半導体のサプライチェーンにおける重要な構成員となっている。

他方、その経済成長は中産階級の形成を促し、それが政治的な民主化をもたらし、さらにその民主化が日本統治を体験した「台湾人」達（本省人）を主人公とする社会への変貌、すなわち台湾化（本土化）を導いた。この台湾化は、金門や馬祖などでは必ずしも見られなかったが、人口の圧倒的多数の居住する台湾島と澎湖諸島において、中国大陸とは異なるアイデンティティを持つ社会が明確に形成される素地となった。

政治制度の面では、１９８０年代以来、制度的な民主化が進行し、１９９６年に総統選挙が直接選挙で実施されて李登輝が選出され、２０００年には国民党から民進党への政権交代も成し遂げられた。社会では、ひまわり学生運動（太陽花学運）などに見られるように、市民の有権者意識が次第に強くなり、原子力発電所をめぐる問題や食の安全、そしてＬＧＢＴＨなどでの市民の権利をめぐる運動が多くなされた。特にＬＧＢＴＨの領域ではアジアの中で最も「先進的」だとされる。しかし他方で、外省人と本省人、原住民をめぐる問題、世代間ギャップなど、社会の亀裂、分断が顕著に存在する。とはいえ、その民主主義、社会の多様性とリベラルな思想の広がりに鑑みれば、その台湾がＷＰＵにとって重要な存在であることは自明だとも言える。

外交、軍事面に目を転じれば、中国からの圧力を受けて、国際的には中華民国政府を承認する国が２０２１年６月時点で15しかなく、その外交空間は限られている。だが、それでも独立関税領域などとしてＷＴＯに加わり、また地域（チャイニーズ・タイペイ）としてＡＰＥＣなどの構成員にもなっている。だが、その台湾の外交空間は、中国からの圧力もあるが、中華民国と国交を有する国が中華人民共和国からの経済支援を望むがために、一層小さくなっている。台湾もまた長期にわたり国交のある国々を農業支援、医療支援など多様な面から支援してきている。だが、支援の物量の面で中国と台湾との間に大きな差異があること、また当該国の置かれる地域の国際関係において、当該国が中国と国交を有さないことが不利に働くと考えられることなどから、台湾と断交して中国と国交を結ぼうとする国も少なくない[2]。

そうした中で、台湾はパラオなど西太平洋の島嶼諸国に粘り強く支援を継続し、強固な関係を築いている。台湾による西太平洋地域のガバナンスへの関与は、この地域の秩序形成、特に本書の課題であるＷＰＵにとって、極めて重要なものと考えられる。そこでは台湾の地域ガバナンスや国際秩序への関わりを、いかに増進していくのか、特に他国との関係性をいかに築いていくのか、ということが課題となろう。

軍事安全保障の面では、台湾は、冷戦下で米華相互防衛条約に基づいてアメリカのハブ&スポークス体制の一翼を担ったが、１９７９年の米中国交正常化に際して、在台米軍は撤収した。その後も台湾は、軍事安全保障の面では西側陣営に残り続け、アメリカの国内法である台湾関係法（ＴＲＡ）によってアメリカから武器の売却を受けつつ、建前としての大陸反攻を掲げながら台湾海峡の防衛を続けた。１９９０年代初頭に台湾が正式に大陸反攻を放棄した後、96年の総統選挙に合わせて台湾に向けたミサイル攻撃実験などが中国によって行われるなど、中国の台頭に伴って、台湾が中国の「解放」の対象であり、かつ中国が西太平洋へと進出するに際しての戦略的要地であることが一層注目されるようになり、台湾に対する中国からの圧力が強まっている。西太平洋における台湾の帰趨は、西太平洋の安全保障環境に大きな影響を与える。この点は、ＷＰＵ構想にとっても極めて重要な要素だと言えよう。

以上のように、台湾の政治、経済、社会、そして外交、軍事安全保障などは、それぞれこの地域の秩序形成にとって重要な要素だと考えられる。目下の米中対立でも台湾が焦点となるのは、台湾の軍事安全保障上の重要性だけでなく、その先端的な技術力、また民主・自由といった価値を台湾が体現していることに由来する。つまり米中対立の焦点と言うべき課題が台湾の上で重なっているのである。他方、台湾については、その「国家」としての要件の問題、また中国からの圧力などがあり、十分にその重要性が認知されなかったり、実質的に秩序形成に関与できなかったりしているという課題もある。これらの論点は、いずれもＷＰＵ構想における台湾の重要性にも関連する。この構想においても、台湾をいかに位置づけ、いかに台湾をこの構想に組み込むことができるのか、考察することが必要だろう。

1 台湾にとっての中国要素

１９４５年10月に日本の台湾統治が終了し、中華民国が接収して台湾統治を開始した。１９４７年２月に発生した二・二八事件は、外省人と本省人との対立という、現在も深刻な社会的分裂の根拠となっている。その後、１９４９年10月１日に中華人民共和国人民政府が成立すると、「中国」という国家に、中華民国政府と中華人民共和国人民政府という２つの中央政府が成立することになり、それぞれが中国の正統政府を主張し、諸外国からの政府承認と、華僑を含む中国人社会における支持獲得で競うことになった（「二つの中国」問題）。

１９４９年12月に中華民国政府が遷台、以後、憲法を停止した国民党一党独裁の下で台湾を統治し、日本が50年統治した台湾の中国化を進めながら、動員体制を強化して大陸反攻を目指した。だが、１９５４年に締結された米華相互防衛条約は、アメリカによる台湾海峡防衛をその根幹とし、中華民国の大陸反攻をアメリカは支持しないことを前提としていた。１９５４年、中華民国の統治する浙江省沿岸の島嶼を中華人民共和国が攻撃して、島民が台湾に「撤退」し（第一次台湾海峡危機）、中華人民共和国の統治空間がほぼ現在と同じになり、また１９５８年には中華人民共和国が福建省の廈門などから、対岸に位置する中華民国統治下の金門島を砲撃したが（第二次台湾海峡危機）、台湾側はこれを防衛した。これらの台湾海峡危機を経て、台湾海峡を挟んだ「両岸」対立の「かたち」が形成された。

国際関係を見れば、1950年代には中華民国政府を承認している国が少なくなく、西太平洋に限定しても、日本（1972年中華人民共和国と〔以下略〕正常化）、韓国（1992年正常化）、フィリピン（1980年正常化）、タイ（1975年正常化）、オーストラリア（1972年正常化）、ニュージーランド（1972年正常化）などが、中華民国と外交関係を有し、反共同盟の一翼を担っていた。しかし、1971年には国連の中国代表議席が中華民国政府から中華人民共和国政府に移り、70年代にベトナム戦争でアメリカが敗北するなどして、中華民国の外交空間は急速に狭まった。だが、1960年代半ばから、アメリカに代わり、日本から台湾へのODA供与が開始され、また直接投資も次第に増加し、国民党政府自身の工業化に向けての経済政策もあって、台湾は高度経済成長を遂げて「アジア四小龍」の一角を占めるに至った。このことは、結果的に台湾に当時の中国とは異なる「豊かさ」とともに、民主化という果実をもたらすことになった。台湾の民主化はアメリカの民主化促進政策、台湾の経済成長に伴う中産階級の成長など、様々な側面から説明し得るが、1980年代後半に戒厳令が解除され、また1990年初頭に動員戡乱《どういんかんらん》時期《じき》臨時《りんじ》条款《じょうかん》が廃止されることで、その制度的民主化は政治プロセスとして軌道に乗った。このことは韓国などの西側諸国との国交断絶とともに進んだ面もあるが、それでも中国とはまったく異なる民主主義国としての性格を台湾に付与した。

他方、台湾の場合、民主化は社会のマジョリティである本省人を政治、社会の主人公とする「台湾化」をも意味していた。たしかに国民党による台湾社会の中国化政策は、国語の普及、生活習慣の変化などといった成果をもたらしたが、二・二八事件などによる本省人と外省人との間の社会的分断は根深く、本省人の台頭が台湾の政治社会に台湾化という、まさに「静かな革命」とも言える要素を与えたのであった。このことは、１９９６年の総統直接選挙での本省人である李登輝候補の勝利、そして２０００年の民進党の陳水扁候補の勝利へとつながった。

台湾の民主化は両岸関係に大きな変化をもたらした。すでに、１９９０年代初頭に動員戡乱時期臨時条款の廃止によって、中華民国の国是であったはずの「大陸反攻」は放棄されていた。その結果、金門島などの最前線でも総動員体制が緩和され、両岸の人的交流は活発になり、経済関係は次第に緊密になっていった。他方、こうした経済をはじめとする実質的な関係の緊密化とは裏腹に、政治的な関係は冷戦期とはまったく異なる状況へと進んでいった。90年代初頭の動員戡乱時期臨時条款の廃止に相前後して香港で行われた、北京政府と台北政府との会議で「92年コンセンサス」が形成され、双方で「一つの中国」が確認されてはいた。だが、台湾における台湾化は必至であり、その台湾化によって両政府ともに「一つの中国」を堅持するという、統一の大前提が崩れていくことになっていったのである。その結果、台湾が台湾化し、社会では中国人意識が急速に希薄化していく中で、中国は常に「一つの中国」を台湾に対して確認していかねばならなくなった。だが、李登輝の「二国論」や陳水扁の「一辺一国」などといった言葉に見られるように、台湾側では、中華民国が台湾と同値になって台湾として存在する「中華民国在台湾」の考え方が次第に普及していったと考えられる。むろん、中華民国と台湾とを同値にすることには、中華民国＝中国と考える国民党の一部からの反発、また中華民国≠台湾と考える独立派からの反発もあったが、社会の大勢は「中華民国在台湾」を支持していくようになっていったと思われる。

こうした台湾の変容に対して中国は、たとえば１９９６年3月の最初の総統選挙に際して、基隆沖、高雄沖にミサイル発射実験を行ったように牽制する姿勢を示していたが、今世紀に入り中国が世界第3位、第2位の経済大国へと躍進していくと、中国にとっての国是である台湾統一への期待が高まり、また台湾が実効支配している太平島のある南シナ海の島嶼への中国による実質的な領土化が推進されていくと、台湾への圧力を一層強めた。中国は胡錦濤政権の時期に台湾を「核心的利益」として位置づけ、決して譲歩しない対象としつつ、また当初は平和統一を手段としていた政策を変更し、武力行使をも視野に入れることを明言するようになっていった。

中国共産党の台湾政策の基調は、長い間、台湾の国民党との国共合作を前提としていた。２００８年に成立した馬英九政権に対しても中国はそれを支援し、「外交休兵」と言われるような、中華民国の国交保有国との間の外交関係断絶を行わなくなった。２０１５年11月、シンガポールで習近平―馬英九・両岸首脳会談が実施された。しかし、２０１６年1月、総統選挙で国民党が敗れて民進党の蔡英文が勝利して、5月に総統に就任すると、中国は蔡英文政権が独立への道に進むことを警戒するとともに、台湾社会からの支持が得られない国民党政権に依拠した統一政策を変更し始めた。その変更は、中国が国民党を通じた台湾政策を止め、中国が直接的に台湾社会に働きかける政策を採用するようになったことを意味した。その象徴が、２０１８年2月末に中国の国務院台湾辦公室が発表した「両岸経済文化交流協力の促進に関する若干の措置」（「恵台31項（措置）」などとされるものだ。この政策は、経済や社会における様々な問題に直面する台湾社会にとっては一定の誘引力を有した。少なからぬ台湾人が中国に経済活動、学業などの面での機会を求めたのである。これは総統選において民進党が勝利し、国民党が極めて劣勢になってもなお、中国との関係が良好に保たれ得る可能性を示したものと考えられる。実際、蔡英文政権の失政もあって、２０１８年11月の統一地方選挙では、国民党が息を吹き返したのだった。

しかし、２０１９年1月、習近平が「台湾同胞に告げる書」40周年座談会において、いわゆる習五点を挙げて、台湾の武力統一の可能性に言及すると、それまで下がり続けてきた蔡英文総統への台湾の有権者からの支持率が上昇に転じる。そして習近平政権が香港への引き締めを強化すると、蔡英文支持は一層強まり、中国への姿勢が比較的温和だと見なされた韓国瑜高雄市長や国民党の政治家が急速に支持率を下げていった。これは、中国の台湾などへの政策が台湾の内政に直結することを示している。そして、２０１９年末からの新型コロナウイルスの感染拡大は、チャーター機問題などもあって台湾人の台湾人意識を一層強め、中国人意識は以前に増して低下し、習近平政権への反発はさらに強まったのであった。加えて、中国軍が台湾海峡の中間線を頻繁に脅かすようになり、また南シナ海北部の中華民国の統治する東沙諸島周辺海域に中国空軍が出現するなどし、さらには台湾産パイナップルの輸入を中国が停止するなど圧力を加える中で、台湾社会の中国への反発は一層強まっている。

外交空間に目を転じても、新型コロナウイルス感染拡大の過程で、中国は台湾とＷＨＯとの接触を避けるべく、世界保健総会（ＷＨＡ）へのオブザーバー参加さえも拒否するようにＷＨＯに働きかけた。また、アメリカのトランプ政権は、２０１８年に２０１９年度予算に関わる国防権限法（National Defense Authorization Act）に台湾防衛に関する内容を盛り込み、同年には台湾旅行法（Taiwan Travel Act）を成立させた。それにより、以後米台間の高官の往来が可能となるなど、米台関係は進展した。だがトランプ政権はあくまでも、その一つの中国政策の枠の中で、その台湾政策を積極化させていた。新型コロナ感染拡大の下でもその傾向は続き、２０２０年８月にアザー厚生長官がアメリカの閣僚級としては6年ぶりに、また9月にはクラック国務次官が李登輝元総統の告別式に参列するために台湾を訪問した。むろん、アメリカの政府高官の台湾訪問はこれが初めてというのではなく、オバマ政権のときには環境保護局（ＥＰＡ）のジーナ・マッカーシー長官が、また２０００年にはクリントン政権の運輸長官ロドニー・Ｅ・スレーターが台湾を訪問していた。だが、米中対立が強まっていただけにトランプ政権によるこれらの行為は中国側を刺激した。中国外交部スポークスマンは、「これは一つの中国原則と、米中間の３つの共同コミュニケの規定に明確に違反」しているとし、また内政干渉をやめるようにアメリカ側に訴えたのだった。[3]

以上のような歴史的経緯や現状を踏まえれば、ＷＰＵ構想において台湾の現状をいかにして維持し、同時に台湾がこの連合内の、あるいは少なくとも連合に関連付けた存在にしていくことが、連合にとっても、また恐らく台湾自身にとっても重要であることが理解できるだろう。だが、とはいっても、台湾と中国との経済的な関係が極めて緊密であることもまた忘れてはならない。つまり、ＷＰＵを想定するに際して、その連合の構成国・地域はワシントンの「出先」「先兵」となるというよりも、むしろそれぞれが自らの安全と独立、自立をアメリカとの関係性の中で保ちつつも、中国との間でも主に経済的な関係を維持していくということが重要な点となる。従来、軍事安全保障はアメリカ、そして経済面では中国も含めて全方位的という、いわば政経分離の姿勢を東アジア、西太平洋のアメリカの同盟国は有してきた。しかし、昨今問題となっているのは、軍民両用のテクノロジー問題、また民主や自由の価値の問題であり、これらは経済活動に直結している。つまり、政経分離では対応できない事態が生じている。

米中対立において、台湾が重要となるのは、それが西太平洋、あるいはインド太平洋における軍事安全保障上の焦点であるだけでなく、民主や自由という価値をめぐっても、重要な場となっているからであり、また米中間の技術競争が盛んになる中で、ＴＳＭＣなどが生産する半導体部品が重視され、台湾はテクノロジーの問題でも重視されているからである。だとすれば、中国と密接な経済関係を持つ日本や台湾などが、政経分離を掲げて事態に対処することは極めて困難になる。この問題はＷＰＵ共通の課題だが、台湾において最も顕著に立ち現われると言ってもいいであろう。

2 中国にとっての台湾要素

このような台湾にとっての中国要素に対して、中国にとっての台湾要素という面もあることは言うまでもない。中国共産党にとって、台湾は最後の「解放」の対象であり、また統一という国是を達成する上での対象でもある。だが、台湾海峡を挟んだ対立が、米中間の力の均衡の結果であることなどに鑑みれば、台湾要素はもはや中国としての統一問題や、共産党としての解放の問題としてだけではなく、中国のアメリカとの関係に結びつく。そのため、台湾統一は、「アメリカに追いつくこと」という習近平政権の政策目標、すなわち社会主義現代化強国の達成とともにある政策目標だということになる。

では習近平政権は目下どのように台湾統一を実現しようとしているのか。具体的な軍事圧力や、外交空間への圧力、また経済面では台湾経済の中国依存を高めるなどの施策を中国は講じ、さらにはフェイクニュースや企業買収などの様々なハイブリッド工作を通じて、台湾社会への浸透を図ってきた。だが、新型コロナで中国の台湾に対する軍事圧力は上述のように急速に強まり、アメリカもまた習近平政権による台湾侵攻の可能性を視野に入れ始めているなどともされる。だが、習近平政権の台湾政策は武力統一の可能性を含めた強硬策だけで説明できるわけではない。２０２０年1月19日、中共全国対台湾工作会議では、「平和統一、一国二制度」方針の貫徹が、武力行使の可能性に言及した「習五点」の学習と実現の確認とともに提唱された。そこでは、胡錦濤時代の「三中（中小企業、中低階層、中南部）」から、「一代一線（青年一代、基層一線）」への転換が提唱された。これは台湾への政策について国民党を通じた統一政策ではなく、青年層や社会の基層を対象とした工作に重点をおいていくということを意味している。このような政策は、２０１８年2月の恵台31条や２０１９年11月の恵台26条においてすでに実施されていたものであり、相応の効果を上げていた。しかし、前述のように２０１９年1月の習近平演説で台湾の対中認識は大きく悪化していたし、コロナ以後も台湾の中国感情は悪化、また蔡英文政権の支持率は上昇し、一時的ではあったが、6割程度で高止まったものの、中国の台湾政策には恵台31条に連なるような社会浸透政策も継続していたのである。

２０２０年10月、中国共産党第十九期中央委員会第五回全体会議が開催され、「第十四期五カ年計画および２０３５年への長期目標」の草案が採択された。これは２０２１年3月の全国人民代表大会で採択されることになるのだが、ここでは台湾「統一」への目標が提示されるとともに、具体的な方策として福建省と台湾との「融合発展」の方策が示され、前述の習五点の継承が述べられた。これにより、２０１９年1月の政策は一層明確に公式的な決定へと位置づけられていったのである。

２０２１年1月5日、２０１５年にすでに試行されていた中国共産党「統一戦線工作条例」が正式に採択された。これにより、台湾に対する統一戦線工作の対象が明確に変化し、「台湾の愛国統一力量」がその対象となった。すなわち、国民党を通じた国共合作を基礎とした統一ではなく、台湾の人々が中国との統一を支持するよう仕向ける方向へと転換したことを意味したのであった。この方向性は、２０２１年1月に開催された２０２１年対台湾工作会議でも継承され、そこで演説した汪洋も、台湾の企業や個人を対象とする高度な取り込みを図るとするとともに、福建省沿岸と台湾との融合を図ることを提唱した。

２０２１年3月、習近平は福建省を訪問した。このとき、習近平は決して台湾統一について強い意欲を見せたり、軍事的な刺激を与えるような行動はとらなかった。そして、この訪問の前後に福建省から台湾に新たな「融合」政策が示され、まさに福建省と台湾との融合発展に関する問題提起がなされたのであった。

このように、習近平政権は、国民党とパートナーとした統一政策ではなく、台湾社会（基層社会、企業）を対象とした統一へと政策を転換してきている。軍事的優位を確立しつつ、局地戦などで、軍事安全保障面での優位性を可視化し続け、台湾社会の方が中国の方に靡くことを想定しているものだろう。これは長期的な戦略であり、２０３５年、２０４９年という習近平政権の設定した将来的な目標達成時期に何かしらの成果を得ていこうとする方向性とも合致する。むろん、限定的なものとして始めた局地戦が拡大したり、突発的事故が連鎖したりした場合には事態がエスカレートする可能性も否めない。なお、中国が想定している台湾の基層社会、企業、青年層への浸透にはシャープパワーに基づく言論操作や、アメリカ寄りになる企業へのサイバー攻撃など、ハイブリッドで多様な形態が含まれることは言うまでもない。

3 東南アジアと台湾

台湾が地政学的に重要な位置を占めていることや、自由や民主主義などの価値、また先端産業のサプライチェーンにおいても重要な位置を占めることは前述のとおりである。では、ＷＰＵ構想において重要な位置を占めるとされる東南アジアと、台湾とはどのような関わりを目下有しているのだろうか。

歴史的に華人コミュニティが各地に見られる東南アジアにおいて、その華人社会と国民党との関係、また日本統治時代から東南アジアと台湾とを結びつけてきた台湾商人との関係は台湾と東南アジア社会を考える上で極めて重要だとされてきた。また台湾で外省人とされる人の中には福建省や広東省籍の人が少なくなく、彼らの中には東南アジアに多くの親類縁者を有している者もいる。これは、中華民国の統治領域に入った金門島にも当てはまることである。冷戦期には、しばしば東南アジア華僑の現地経済において果たす役割が強調され、日本などでも国民党を通じた華僑工作、たとえば反日運動の抑制工作などが期待されたこともあったが、１９８０年代以降、中国からの新華僑の東南アジアでの拡大などもあって、従来の華僑を取り巻く構造は大きく変容した。台湾政府も、東南アジア諸国との関係性を築くに際して、現地の華僑や台商を通じた関係よりも、より直接的な、ビジネスライクな

図表12–1　東南アジア諸国と中華人民共和国・中華民国との外交関係

	中華人民共和国	中華民国
ベトナム	1950–	
ラオス	1961–	
カンボジア	1958–	
タイ	1975–	1946–75
ミャンマー（ビルマ）	1950–	1947–49
マレーシア	1974–	1964–74
シンガポール	1990–	
インドネシア	1950–67, 1989–	
ブルネイ	1991–	
フィリピン	1975–	1947–75

出所：筆者作成。

関係を持つように変容してきていると言えるだろう。これは中国も同様だ。

図表12－1にあるように、外交関係を見ると、台湾と東南アジアとの関係は１９７０年代に一度、また１９９０年代初頭に転機を迎えたと言える。中華人民共和国、中華民国それぞれの東南アジア諸国との外交関係を見れば、タイ、マレーシア、フィリピンが日本などと同様に１９７０年代に中華民国と断交して中華人民共和国と国交を正常化している。また、天安門事件前後に生じた中華人民共和国の周辺諸国との国交正常化、外交関係樹立推進政策の中で、シンガポール、ブルネイと中華人民共和国とが外交関係を樹立し、インドネシアとも外交関係を回復している。つまり、１９９０年代初頭には中華民国は東南アジア10カ国との外交関係のすべてを喪失したということである。これによって中華民国は、ＡＳＥＡＮとの公式な

図表12-2　台湾の対中、ASEAN投資

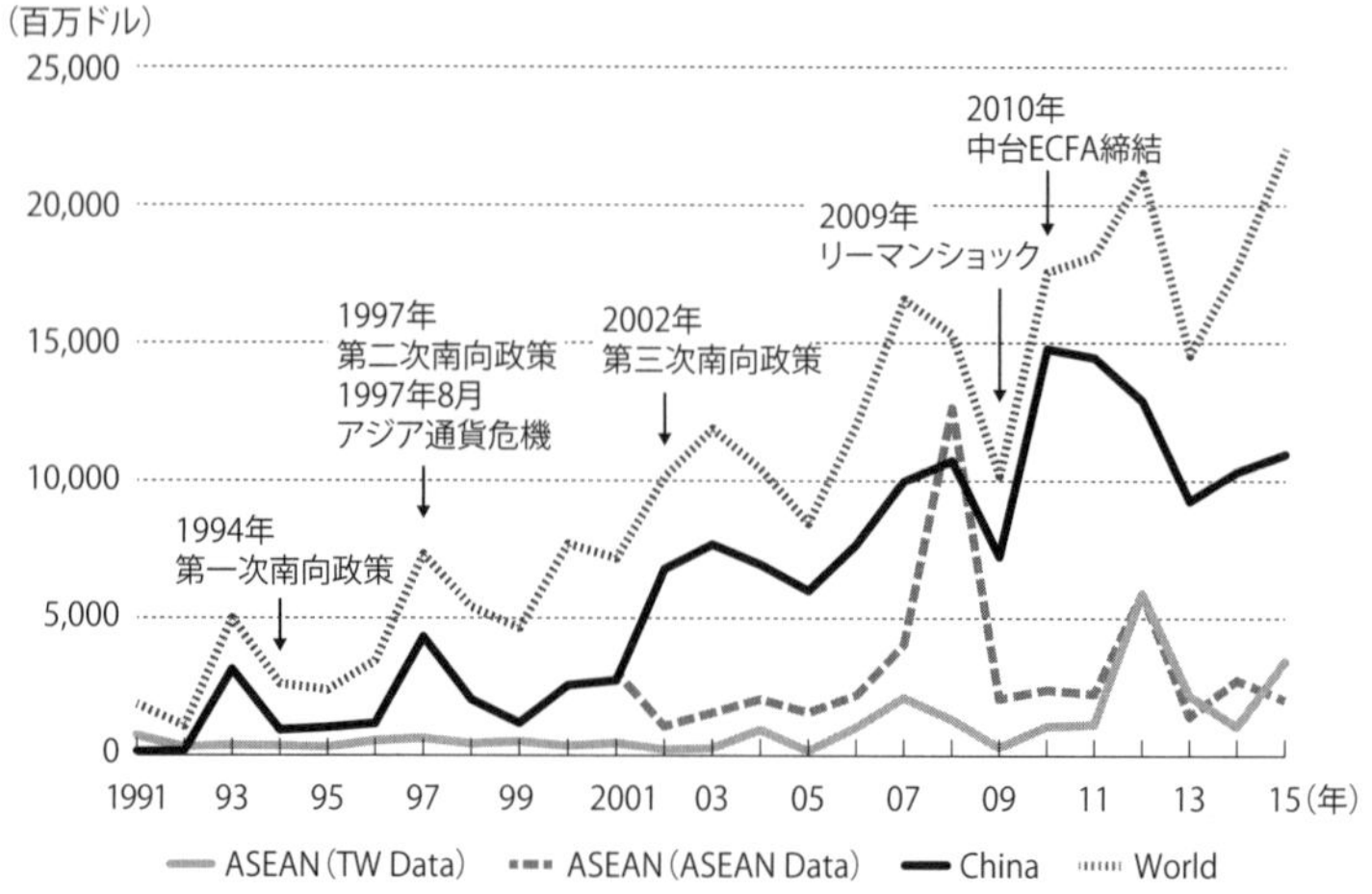

出所：徐遵慈「『新南向政策』的変局与機会」(中国経済研究WTO及RTA中心ウェブサイト、2016年9月1日、https://web.wtocenter.org.tw/Mobile/page.aspx?pid=283456&nid=126)をもとに筆者作成。

関係を築くことができなくなり、このことが１９９０年代半ば以降に特に進められたＡＳＥＡＮを中心とする地域協力枠組みの形成過程に中華民国が加われないという結果を招来することになった。１９９０年代初頭、中華民国はチャイニーズタイペイとしてＡＰＥＣに加盟することができたが、ＡＳＥＡＮを基軸とする地域枠組みに加わる機会を逸したのだった。

しかし、中華民国が東南アジアに対して無策であったというのではない。１９９６年に成立した（民選）李登輝政権は、南向政策を採用したことで知られている。だが、この政策の系譜は１９８０年代後半に経済部が検討していたことまで遡るとされるし、また李登輝は自らの私的グループに対して、対中経済関係が過度に緊密化することを抑

図表12-3　ASEAN諸国の台中日韓への輸出と輸入

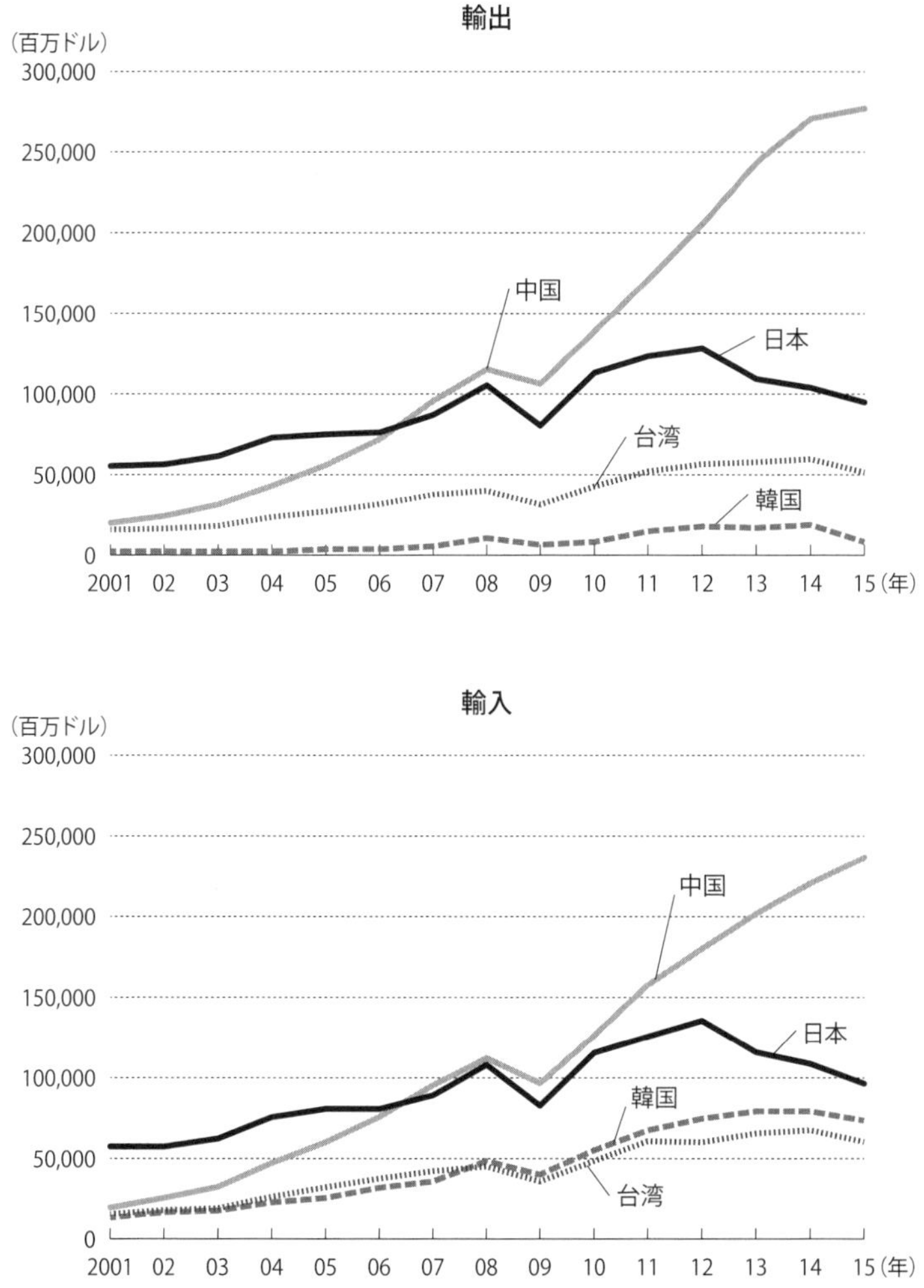

出所：徐遵慈「『新南向政策』的変局与機会」（中国経済研究WTO及RTA中心ウェブサイト、2016年9月1日、https://web.wtocenter.org.tw/Mobile/page.aspx?pid=283456&nid=126）をもとに筆者作成。

制するための対東南アジア投資促進を1992年にも検討していたともされる[4]。その南向政策は1993年11月9日に経済部により公表された「南進投資政策説帖」により具体化された。これは、香港の中国返還、ベトナムのASEAN加入などを視野に入れたものであった。これに基づいて1994年から96年を対象とする「東南アジア地区に対する経済貿易工作を強化する綱領（加強対東南亜地区経貿工作綱領）」が策定され、1997年にはそれを更新した、99年までの対象とした「東南アジアおよびオーストラリア、ニュージーランド地区に対する経済貿易工作を強化する綱領（第2期綱領、「加強対東南亜及澳、紐地区経貿工作綱領」）が策定された。第1期、第2期との間で対象とする空間に相違はあるものの、中国への過度の依存を抑制し、また香港返還を睨んで従来香港が担ってきた役割の一部を東南アジアに移転すること、そしてベトナムなどのASEAN加盟によってASEAN自由貿易区が拡大することなどを視野に入れて策定されたものであった。

　1997年後半にアジア通貨危機が発生し、そのことが東南アジアと東北アジアとの経済的関係の緊密さを明確に示した。台湾でも、アジア通貨危機からの直接的な影響は限定的であったが、そのアジア通貨危機を踏まえて、1998年3月に「東南アジアの経済貿易に対する行動の推進を強化する方案（加強推動対東南亜経貿行動方案）」が策定された。だが、これは東南アジア経済へのコミットメントを増すことよりも、東南アジアにおける台湾のプレゼンスの拡大を目指したものであった。

　2000年に民進党の陳水扁政権が成立すると第3期の綱領を策定した。だがその東南アジア政策は当初積極的とは言い難かった。その後、中国との関係が悪化すると、2002年7月に大渓会議を開いて、日米だけでなくＡＳＥＡＮ諸国ともＦＴＡ締結を目指すという目標が示された。また、同年秋には「東南アジア経済貿易投資についてのマッチング措置の強化と細部の計画について（加強東南亜経貿投資配套措施及細部計画）が策定されるとともに、２００４年には第４期綱領も示された。しかしそれ以降、陳水扁政権期に台湾と東南アジアとの関係性は、決して後退するわけではないものの、政府として積極的な政策を採用したわけではないようだ。２００８年に成立した馬英九政権も陳水扁政権同様に綱領を策定しつづけ、その内容を多元化したものの、必ずしも明確な東南アジア政策を打ち出したわけではない。その一方で、馬英九政権は中国との間でＥＣＦＡを締結し、これにより中台経済関係は一層緊密化することになった。それに対して台湾としては中国一辺倒となることを防ぐために東南アジアとの経済関係の強化が求められる面もあったが、ＡＳＥＡＮとＡＳＥＡＮ＋１のＦＴＡ圏が次第に形成される中で、ＡＳＥＡＮ諸国と国交がなく、かつ中国からの牽制を受けている台湾がその自由貿易枠組みに加わるのには困難があった。

　だが、中国との関係を良好に保った馬英九政権は、東日本大震災後に日本と漁業協定を締結したように、東南アジアなどとの対外関係においてもいくつかの突破があった。中国との関係が良好であった馬政権だからこそできた突破であったと言える。２０１３年11月７日、台湾はシンガポールとＦＴＡ（経済パートナーシップ協定）を締結した（２０１４年４月19日発効）。この協定では、商品貿易での関税撤廃対象について、台湾側では99・48％（コメなど一部農産品を除く）、シンガポール側で１００％となっている。サービス業、投資分野における自由化も約している。このほか、台湾は

２０１３年７月にニュージーランドとのＦＴＡ（経済協力協定）を締結している（２０１３年12月１日発効）。台湾は、ここでもコメを除外している。

２０１６年に成立した民進党の蔡英文政権は、政権成立前から「新南向政策」を政権公約として掲げた。同年５月に政権が発足すると、蔡英文総統は就任演説で次のように述べた[5]。

> 我々は危機に面していますが、それは転機でもあります。台湾の現段階における経済発展は、地域における多くの国々との高度なつながりと相互補完に支えられています。もし今後、経済発展の新たなモデルを確立する努力を、アジア、あるいはアジア太平洋地域の国々との協力を通して行い、共に未来の発展戦略を形作ることができれば、地域の経済イノベーション、構造改革と持続可能な発展への積極的な貢献ができるのみならず、地域内のメンバーとともに緊密な「経済共同体」意識を構築できるのです。
>
> 我々は他の国々と資源、人材、市場を分かち合い、経済のパイを拡大することにより、資源を有効利用しなければなりません。「新南向政策」とはつまり、このような精神に基づくものです。我々は科学技術、文化、経済・貿易など様々な面において地域のメンバーと幅広い交流と協力を進め、特にＡＳＥＡＮやインドとの多元的な関係を深めてまいります。そのためにも、我々は海峡の対岸と地域発展への共同参画といった関連テーマについて心を開いた意見交換を行い、様々な協力と連携の可能性を見出したいと願っております。

ここで述べられているように、新南向政策は経済貿易協力のほかにも人材交流、リソース共有、そして地域のコネクティビティ向上などを視野に入れたものであった。また、このような政策を進めていく背景としては中国への過度な依存を防ぐということも視野に入れられていた。蔡英文は、経済政策に関する部分で以下のように述べた。

> 新政権はこのイノベーション、雇用、分配を核心的価値観とし、持続可能な発展ができる新しい経済モデルを追求してまいります。改革の第一歩は、経済の活力と自主性を強化し、世界および地域とのつながりを深め、環太平洋パートナーシップ協定（ＴＰＰ）、東アジア地域包括的経済連携（ＲＣＥＰ）といった多国間および二国間による経済連携および自由貿易交渉への積極的な参加を図っていきます。また同時に、新南向政策を推進し、対外的な経済の形態および多元性を強化し、従来の単一市場に依存しすぎた現象と決別するようにします。

これは、李登輝政権からの経済部主導の東南アジア政策とは異なる、総統の強いリーダーシップの下での政策として「新南向政策」だと言えよう。その政策を遂行するために総統府に新南向政策辦公室が設けられた。だが、２０１６年度予算が国民党政権によってすでに組まれていたこともあって、この辦公室の可動範囲には限界があり、国家安全会議が「新南向政策綱領」を起草し、行政院国家発展委員会とも調整の上で、新南向政策推動計画を策定した。

これらの政策は台湾とＡＳＥＡＮ諸国、インドなどとの経済関係強化などとして一定の成果をあげ、また観光や文化交流などの人的交流も推進されている。特にベトナムとの間では、経済関係は緊密になった面がある。しかし、台湾から見れば東南アジアをはじめとするこの地域との関係強化は依然道半ばであろう。

本書のモチーフであるＷＰＵと台湾との関係性について考える上で重要なことは、目下、ＡＳＥＡＮとの交流には困難のある蔡英文政権の政策が、自由で開かれたインド太平洋（ＦＯＩＰ）を意識したものであり、また経済貿易面、文化面での方向に関してもそれと符合する経済政策を採用している、という点であろう。

他方、台湾がどれほど東南アジアを重視しようとしても、現実としては台湾経済にとって中国との関係は極めて緊密だ。むろん、中国だけに依存する構造を避けるためにＡＳＥＡＮが重要なものの、台湾にとって中国が輸出入の双方でトップであり、また言語などの面で台湾人ビジネスパーソンにとって中国が重要なビジネスパートナーであることは言を俟たない。この点で、台湾は単純な脱中国にはならない、あるいはそうなることは難しい、ということも重要な点である。この点は図表12-4からも明らかだろう。

図表12-4　台湾の主要国・地域別の輸出入

（百万ドル、%）

国・地域	輸出				輸入			
	2018年	2019年			2018年	2019年		
	金額	金額	構成比	前年比	金額	金額	構成比	前年比
中国	96,498	91,895	27.9	△4.8	53,790	57,381	20.1	6.7
香港	41,401	40,333	12.2	△2.6	1,409	1,062	0.4	△24.6
ASEAN 10カ国	58,126	53,920	16.4	△7.2	34,549	35,035	12.3	1.4
米国	39,490	46,270	14.0	17.2	33,105	34,817	12.2	5.2
欧州	31,278	29,776	9.0	△4.8	34,580	36,539	12.8	5.7
日本	22,801	23,287	7.1	2.1	44,151	44,035	15.4	△0.3
合計（その他を含む）	334,007	329,336	100.0	△1.4	284,792	285,859	100.0	0.4

出所：JETRO中国・北アジア課「台湾、2019年の米国向け輸出は17.2%増で過去最高に（台湾、中国、米国）」（JETROウェブサイト、2020年1月17日、https://www.jetro.go.jp/biznews/2020/01/dc39fef5966eb56d.html）

4　太平洋諸国と台湾

次に太平洋諸国と台湾との関係について考察を加えたい。WPU構想にとって太平洋諸国は極めて重要である。まず、アメリカとオーストラリア、また日本とオーストラリアの中間に位置しているこれらの国々が地政学的な重要性がある。軍事安全保障の面で見ても、かつて太平洋戦争に際して日本軍がアメリカとオーストラリアの分断を狙ってトラック諸島（ミクロネシア連邦のチューク諸島）を拠点としたように、戦略上の要地でもある。また、気候変動による潮位の上昇の影響をもっとも受ける国々であり、今後の地球環境の課題を考える上でも太平洋の島嶼諸国の位置づけは重要だ。

図表12‒5　太平洋諸国と中国との国交正常化

地域	各国・地域名	面積（km²）	独立年	中国との国交正常化の年
メラネシア	パプアニューギニア	46万2000	1975	1976
	フィジー	1万8300	1970	1975
	ソロモン	2万7600	1978	2019
	バヌアツ	1万2200	1980	1982
ポリネシア	サモア	2935	1962	1975
	トンガ	747	1970	1998
	（クック諸島——ニュージーランド）	237	—	—
	ツバル	26	1978	
	（ニウエ——ニュージーランド）	259	—	—
ミクロネシア	ミクロネシア	701	1986	1989
	キリバス	810	1979	1980‒2003, 2019
	マーシャル	181	1986	
	パラオ	488	1994	
	ナウル	21	1968	

注：網かけ部分は中華民国との国交のある国。
出所：筆者作成。

　中華民国は太平洋島嶼国との間で長い間外交関係を保ってきた。だが、図表12－5にあるように、今世紀に入ってから中華人民共和国が多くの太平洋諸国と「国交正常化」を成し遂げ、同時に経済面でも関与を強めている。ではなぜ太平洋島嶼国は中国を選ぶのか。このことはＷＰＵが果たしてこの地域で「魅力」を発揮できるのかということと深く関わっている課題である。

　外交関係をめぐる昨今の具体的な動向を見ると、２０１９年にソロモン諸島とキリバスが中国との国交を正常化している。これらの国々はなぜ台湾（中華民国）と断交するに至ったのか。ソロモン諸島を事例に考えてみたい。

中華民国とソロモン諸島との断交は2019年9月になされた。9月16日、蔡英文総統は次のような声明を発して中国に反発した。

> 私たちは強調しなければなりません。台湾は中国と金銭外交の競争はしませんし、不合理な要求に応じることもありません。こうした手法は我々の外交の手法ではありません。ましてや、中国の金銭外交については、およそそれは空手形に過ぎないのが通常です。台湾がソロモン諸島の人々のためになしてきたこと、特に医療、農業、教育、文化的な協力などは、金銭によって測ることができないものなのです[6]。

この断交によって、ソロモン諸島に派遣されていた技術団、医療団がともに台湾に引き揚げることになった。

では、ソロモン諸島はなぜ中国を、それもこのタイミングで承認したのだろうか。承認変更の政策決定過程においては、すでに中国がソロモン諸島の最大の貿易相手となっていたことなどもあるが、直接的には超党派の内閣タスクフォース（The Cabinet Bi-Partisan Task-force Committee）の提言が重要である[7]。この提言は、賛否両論を併記した上で、以下のように結論づける。「中華人民共和国との外交関係を正常化し、外交関係を確立するための共同声明への署名は、2019年9月中頃までになされるべきだ。これは中華人民共和国の建国七十周年にあたる２０１９年10月1日よりも前に実施されねばならない」。つまり、台湾（中華民国）との断交、中華人民共和国との国交正常化を提言したのである。中国との国交正常化に伴うメリットはいくつか挙げられている。たとえば、「新たなフロンティアを開く（12.5 Opening new Frontiers)」という項目では、「中華人民共和国と外交関係を正常化することによって、ソロモン諸島の独立以来の40年間には経験したことのないような、多くのフロンティアにソロモン諸島は出会うことになるだろう。我々が外交関係を正常化すれば、ソロモン諸島はさらに1つの支援国、それも地域に対して開発のイニシアティブや願望を支えるような支援国を得ることになる。このことは、我々の外交関係の正常化に対して新たな意味を付与している。中国と外交関係を結ぶことによって、我々は外交関係のあるパートナー諸国との関係性において、十分に、かつ建設的にそれをテコとしたり、関与したり、また最大化するような機会が得られるのである」などと記されている。中国からの援助、投資への強い期待、そしてその背景には台湾からの支援への不満が垣間見える。

そして、「世界的な新興大国との『戦略的パートナーシップ』へと関係性を高めること（12.6 Enhance “Strategic Partnership” with the World's Emerging Superpowers)」という部分では、国連安保理の常任理事国としての中国への期待が述べられ、また「国連の一構成国として、中華人民共和国は世界の舞台において極めて重要な役割を占めており、ソロモン諸島の国連での政策の幅を広げてくれるだろう。国連安保理の構成国として中国はソロモン諸島のような開発途上国の利益を高めていくことに対する影響力もある。そうした利益には、気候変動、貿易、そして開発などに関わる事項が含まれている。また、中華人民共和国は、多国間主義を促進する存在でもある。ソロモン諸島のような開発途上国が国際場裏において多国間主義を高め、また促進していく上で、中国とともに歩んでいくことは重要なことである」などというように、グローバル・イシューをめぐる問題で、開発途上国の立場に立つ存在として中国が位置づけられている。そして、ソロモン諸島の経済それ自体については、「ソロモン諸島の長期的な利益と開発に対する支援（12.7 Support for S.I Long-term Strategic Interest and Development)」という部分で、中国との外交関係の正常化がソロモン諸島の長期的な戦略的な利益、開発にとっても助けになる、としている。そして、具体的な支援については、「多様な技術的な領域における我々の開発需要に対する中華人民共和国の潜在的な支援により、我々の国家の利益、安全と安定を高めることもできるであろう」というように、多方面にわたる協力、支援が期待できるとしていた。ソロモン諸島のこのレポートは、周辺国と中国との関わりをも意識していた。そこでは、「(周辺) 5カ国から訪中を受けて、中華人民共和国はこれらの国を多様な領域で支援している。中華人民共和国は、それぞれの国々の社会経済的開発、平和、安定、そして進歩などに対して貢献している」などと記されており、他国が中国から受けている社会経済的な発展に対する支援にも注目していた。

このソロモン諸島政府の政策決定には、国内から賛否両論があった。ソロモン西部州の首長は中国との国交正常化に賛成し、「我々はランドログを中国に長年にわたって輸出しているが、それは我が経済の収入源となっている」などと述べている。[8] こうした賛成論に対してマライタ州の首長は中国との国交正常化への反対を表明した。その１つの理由はソロモン諸島が民主主義国であるからだとされたが、中国からの援助について次のように懸念を述べた。「第三に、中国は、我が隣国のフィジー、バヌアツ、パプアニューギニアに対してそうしたように、二国間の開発援助という方式で、我が国を支援すると申し出てくることは明らかだ。我々は、国際法の下でそのローンの返済をしていくことを義務付けられる。そして、その借款の返済に失敗した場合には、中国が我々に与えたローン相当分を返済するまで、我々からとれるものをとっていくだろう」。ここにあるように、周辺のフィジー、バヌアツ、パプアニューギニアなどと同様に、中国から援助が得られる可能性もあるものの、それは返済しなければならず、返せなければそれが返還されるまでこの国は中国から奪われていくことになる、としている。

10月、マナセ・ソガバレ首相が訪中、包括的な協力と関係強化が約されたが具体的な援助計画などは必ずしも示されなかった[9]。当初、中国との国交正常化に伴って５００億ドルの支援がなされるという話があった。10月29日、台湾がすでにローンを与えて建設することになっていた、２０２３年のパシフィック・ゲームズ（Pacific Games）のためのスタジアム建設を中国が請け負うことが模索されている、とCNNが報じた[10]。これは台湾のようなローンではなく贈与であり、ソロモン諸島に有利だとされた。２０２０年４月、両国が交換公文をかわし、中国がスタジアム建設を担うことになった。そして、２０２１年３月、中国土木工程集団有限公司がその建設を入札したと報じられた[11]。これは商務部経済技術協力として行われるもので、国交正常化後の最初の大型案件として注目されている[12]。

台湾との断交、中国との国交正常化の時期に物議を醸したもう1つの案件は、ソロモン諸島のセントラル州と中国の国有企業である中国森田企業集団（China Sam Group）との間で締結したツラギ島全体の賃貸（租借）契約である。ツラギ島は植民地時代の行政府のあったところで、港湾建設に適しており、バヌアツ同様に中国が港湾を建設整備して軍港として利用するところが危惧されるところであった。これに対して、州政府にはそうした契約を行う権限はないとして中央政府がそれを無効だとする書簡を州政府に発したと報じられるまでになった(13)。

以上のように、ソロモン諸島の例に見られるように、中国との国交正常化はもっぱら中国との経済的な関係への期待の結果でもあった。実際に中国から太平洋諸国への経済支援が、台湾と国交を有する国から見れば羨望の的であっただろう。むろん、ソロモン諸島内部にも台湾を支持する声があり、社会主義国との接近への疑義もあったし、国交正常化以降の中国の援助の手法へも厳しい目が向けられていた。中国からソロモン諸島への援助も、目下スタジアム建設にとどまっており、必ずしもソロモン諸島の期待通りにはなっていないだろう。しかし、それでも中国への期待は続いている。

ＷＰＵを構想するに際して、太平洋諸国に対して、この連合が中国以上の「魅力」を提供できるのかということが問題になる。また台湾がこれらの国々との間に築いていた信頼と関係性を、この構想がいかに支えていくのかということが重要となろう。

5　西太平洋地域の安全保障環境と台湾

最後に軍事安全保障面から見た、台湾の位置づけについて見てみよう。最初に触れねばならないことは、１９５４年に締結され、翌年に発効した米華相互防衛条約の内容である。その前文では、「西太平洋地域における地域的安全保障の一層包括的な制度が発達するまでの間、平和および安全を維持するための集団的防衛についての両国の現在の努力を強化することを希望」するとあり、この条約の範囲が西太平洋に設定されていることがわかる。また、第5条にも「各締約国は、西太平洋地域においていずれか一方の領域に対して行われる武力攻撃が自国の平和および安全を危うくするものであることを認め、自国の憲法上の手続きに従って共通の危険に対処するように行動することを宣言する」と記されている。[14] 米華相互防衛条約は、西太平洋を対象としており、むしろ台湾周辺では金門、馬祖が含まれない。逆に、１９６０年の日米安全保障条約は「極東」を対象としており、西太平洋を対象としてはいない。

だが、アメリカの中華民国、あるいは台湾海峡に対する軍事安全保障的な関与は基本的に現状維持であり、その大陸反攻を支持するものではなかった。１９７９年1月の米華断交によってアメリカは国内法である台湾関係法を定めるが、それも決して大陸反攻を支持するものではない。だが、その台湾関係法の対象範囲も、その第２条Ａ項（１）でも「西太平洋における平和、安全および安定の確保に協力し」とあり、また第２条Ｂ項（１）でも、「合衆国人民と台湾人民との間および中国大陸人民や西太平洋地区の他のあらゆる人民との間の広範かつ緊密で友好的な通商、文化およびその他の諸関係を維持し、促進する」とあり、「西太平洋」という空間を設定していることがわかる。[15]

　１９９１年５月１日に動員戡乱時期臨時條款が廃止されて、台湾の大陸反攻政策が事実上放棄されると、台湾の軍事、国防政策の基本は、名実ともにいかに中国の台湾「解放」に対抗するかという、まさに国防に置かれるようになる。１９９２年の『国防報告書（修訂版）』でも、目下の脅威として、①中国共産党による侵犯、②国土の分裂、③社会動乱、④地域の衝突、の４点が挙げられ、「目下のところ我が国の生存に対する最も直接的で、重大な脅威は、やはり中国の武力侵犯行動」だとしている。[16]その後、李登輝政権は第三次台湾海峡危機などを経て、徹底した防衛を旨とし、２０００年の陳水扁政権が積極的な防衛（offensive defense）政策へと政策を調整し、２００８年の馬英九政権が再び消極的な防衛に再度戻るなどといった変化はあったが、総じて国防を旨とした政策を採用しており、西太平洋、あるいは地域的な安全保障戦略は必ずしも十分に見られない。

　それに対して２０１６年に成立した蔡英文政権は明確に地域安全保障の観点を提起している。その就任演説で蔡英文は、「積極的な経済発展と同時に、アジア太平洋地域の安全保障情勢はますます複雑化しており、両岸関係も地域の平和と集団安全保障の重要な一環となっている。これを確立させる道筋において、台湾は『平和の忠実な守護者』として積極的に参加し、決して欠席することはない。

我々は両岸関係の平和と安定の維持にも力を入れていく」などと述べ、両岸関係をアジア太平洋地域の「重要な一環」としている。[17] また、２０２０年の就任演説では、さらに一歩踏み込んで、第一期の4年については、「過去4年間、我々は国防業務の改革、国際社会への積極的な参与を推進してきたほか、台湾海峡両岸関係の平和と安定の維持にも努めてきた。台湾はインド太平洋地域の平和、安定、繁栄のためにより積極的な役割を果たせるよう希望しているからだ。そして向こう4年間、これらの政策方針は変わらない。我々はより多くの取り組みを行っていく」と述べ、今後の4年については「向こう4年間、我々は引き続き国際組織への参与を目指し、国交を樹立している国々との共栄並びに協力を強めるとともに、米・日・欧など価値を等しくする国々とのパートナーシップを深めていく。我々はまた、地域における協力メカニズムへの参与をより積極的に進め、地域内での関係各国と手を取り合い、インド太平洋地域の平和と安定、繁栄のために具体的な貢献を果たしていく」などと述べた。[18] このように、蔡英文政権は、インド太平洋という枠組みの下に台湾海峡問題を位置づけている。すなわち、軍事安全保障の面ではインド太平洋構想と重なりを持ち得る問題だということになる。

他方、海洋の問題についてはどうだろうか。南シナ海の東沙諸島、南沙諸島の一部（太平島）を実効支配し、また東シナ海では尖閣諸島（釣魚台列嶼）について領有権を主張している台湾だが、それらの問題について蔡英文は２０１６年の就任演説で次のように主張した。

私は中華民国憲法に基づいて総統に当選し、私には中華民国の主権と領土を守る責任があります。東シナ海および南シナ海の問題については、我々は争議の棚上げと共同開発を主張します。

すなわち、「争議の棚上げと共同開発」が基本路線であって、これは国民党とも基本的に合致する中華民国としての基本政策である。この点は、中国と領土問題を抱える日本などとは必ずしもスタンスが同じではないということには留意しなければならない。ただ、東南アジア諸国の南シナ海などにおける領土問題に対するスタンスは台湾の政策と類似しているという面もある。

本章では、WPUの重要な構成員となることが期待される台湾について、その西太平洋における位置づけ、また重要性について、これまでのその内外政や経済の状況などから改めて検討、考察した。WPU構想と台湾との関わりを考察すれば、以下の数点のことが言えるだろう。第一に、台湾の経験してきた歴史、特にその民主や自由の価値についてはWPUの理念に符合する。また、台湾経済の有している高い技術力やサプライチェーンなどもこの地域の経済関係にとって極めて重要なものだと言える。そして、中国の社会経済、あるいは外交に与える影響力の大きさなどについても、むしろこの地域の国々の直面する課題を象徴的に示しているとも言える。

第二に、西太平洋構想において東南アジアが重視されている点に鑑みれば、台湾もまた南向政策、新南向政策などにおいて東南アジア重視の姿勢を示していることに留意が必要だ。そこには、東南アジアから台湾への労働移動も多く見られる。それは中国のみに依存する経済体制を相対化することを企図してのことであり、その政策の成果も一定見られている。むろん、課題も依然少なくないが、台湾にとって東南アジアとの関係強化についてのインセンティブはある。他方、台湾の経済にとってやはり中国市場は重要であり、中国とのサプライチェーンもやはり重要だということは忘れてはならない。ＴＳＭＣの事例もあるが、中国と取引の多い半導体関連企業もあり、デカップリングなどは容易なことではない。

第三に、台湾がこの西太平洋構想において重要となる太平洋諸国と深い関係を有していることに鑑みれば、台湾が太平洋諸国に対して行ってきた経済、人道支援や、また民主や自由などの価値を共有する試みは極めて重要であり、また参考となる。しかし同時に、ソロモン諸島やバヌアツの例に見られるように、昨今では台湾と断交して中国と国交を正常化する国もある。これらの国の例を見れば、太平洋諸国にとってやはり中国の経済が魅力となっているのが実情だ。民主や自由の面で問題があることを承知しながらも中国と関係を結ぶのには、中国の経済力という決定的な要因がある。西太平洋構想が太平洋諸国や東南アジアのなどの開発途上国にとって魅力を有するようになることができるか否かは、これらの太平洋諸国と台湾との関係性が重要な参考事例となろう。

第四に、軍事安全保障の面から見た場合、冷戦下の米華相互防衛条約や台湾関係法がそうであったように、西太平洋が米華間の安全保障関係の対象だった。１９９０年代以降、台湾の国防政策の主軸は名実ともに実効支配空間の防衛、具体的には中国からの武力侵攻をいかに防ぐのかという点に置かれるようになる。そして、蔡英文政権は、その国防という観点を保持しながらも、中国の「解放」政策から自らを守る「国防」を、インド太平洋という場の中に明確に位置づけている。そうした意味では、西太平洋構想と蔡英文政権の国防戦略には重なりが見られ、ここから多くの協力の可能性が考えられる。だが、海洋や領土をめぐる問題では、台湾の基本線は「争議の棚上げと共同開発」である。この点は日本などとは異なる面があるものの、東南アジア諸国とのスタンスとは通じる面がある。

以上のように、西太平洋構想にとって台湾は極めて重要な、その構想にとってまさに象徴的な存在になり得るが、しかしながらその際には、中国との関係も含め、いくつかの台湾独自のスタンスがあることに留意をしなければならないだろう。

注

（1）中華民国政府は中国という国家の代表権を主張している政府である。

（2）西太平洋の事例ではないが、２００８年12月に台湾と断交したマラウイの事例を検討した、拙稿「マラウイの対中国交樹立――なぜ中国を選ぶのか」（『地域研究』９－１、２００９年３月）を参照されたい。

（3）「２０２０年９月21日外交部発言人汪文斌主持例行記者会」中国外交部ウェブサイト。(https://www.fmprc.gov.cn/web/wjdt_674879/fyrbt_674889/default_4.shtml)

（4）黄偉修『李登輝政権の大陸政策決定過程（１９９６～２０００年）：組織的決定と独断の相克』大学教育出版、２０１２年、１２２－１２３頁。

（5）日本語訳は駐日経済文化代表処による「蔡英文・中華民国（台湾）第14代総統就任演説（全文）」、２０１６年５月20日。(https://www.roc-taiwan.org/jp_ja/post/31943.html)

（6）「総統針対與索羅門群島終止邦交発表重要談話」中華民国総統府ウェブサイト、２０１９年９月16日。(https://www.president.

gov.tw/NEWS/24754)

(７) “To switch or not to switch”, *Solomon Star*, September 16, 2019.（https://www.solomonstarnews.com/index.php/news/national/item/21913-to-switch-or-not-to-switch）

(８) “West Welcomes Govt’s Decision,” *Solomon Star*, September 18, 2019.（https://www.solomonstarnews.com/index.php/news/national/item/21939-west-welcomes-govt-s-decision）

(９)「外交部就所羅門群島総理索加瓦雷訪華等答問」外交部ウェブサイト、２０１９年10月８日。（http://www.gov.cn/xinwen/2019-10/08/content_5437235.htm）

(10) “This Pacific Island Province is So Frustrated with China’s Presence that It’s Pushing for Independence,” by Julia Hollingsworth, CNN, September 18, 2020.（https://edition.cnn.com/2020/09/17/asia/solomon-islands-malaita-intl-hnk-dst/index.html）

(11) “Chinese State Company Announced as Winning Bidder to Build New Stadium for 2023 Pacific Games,” By Duncan Mackay, March 29, 2021, *Inside the Games*.（https://www.insidethegames.biz/articles/1105984/2023-pacific-games-stadium-builder）

(12)「首個援所羅門項目視頻啓動，開啓発中所友好合作篇章」新浪財経、２０２０年７月22日。（http://finance.sina.com.cn/stock/relnews/cn/2020-07-22/doc-iivhuipn4492183.shtml）、出所は中国商務部ウェブサイト。

(13) “Sam Group Agreement With Central Province Unlawful: Attorney General”, *Solomon Times*, October 25, 2019.（https://www.solomontimes.com/news/sam-group-agreement-with-central-province-unlawful-attorney-general/9423）

(14)「米華相互防衛条約（アメリカ合衆国と中華民国との間の相互防衛条約）」『日本外交主要文書　年表（１）』６８０－６８３頁。

(15)「台湾関係法」（『日中関係基本資料集』１９７９年４月10日、８８０－８８７頁。（https://worldjpn.grips.ac.jp/documents/texts/JPCH/19790410.O1J.html）

(16) 国防部「国防報告書」編纂小組『国防報告書　修訂版』（国防部、中華民国81年〔１９９２年〕、40－41頁）。

(17)「蔡英文・中華民国（台湾）第14代総統就任演説（全文）」２０１６年５月25日、駐日経済文化代表処ウェブサイト。（https://www.roc-taiwan.org/jp_ja/post/31943.html）

(18)「中華民国第15代総統に就任、蔡英文総統の就任演説全文」２０２０年５月21日、駐日経済文化代表処ウェブサイト。（https://www.roc-taiwan.org/jp_ja/post/71648.html）

コラム

バングラデシュ

——東南アジアと南アジアを連結し、力強く成長するパートナー

平田 仁

最貧国から高い成長を続ける新興国へ

バングラデシュは、かつてキッシンジャー大統領補佐官から“bottomless basket”[1]と呼ばれた。援助をつぎ込んでも発展しない、底が抜けた国という意味である。実際、バングラデシュはＬＤＣ（後発開発途上国）の代名詞であった時代が長く続いた。１９７０年代のバングラデシュは、サイクロンや天候不順によってコメを中心とする農業生産が落ちると国全体のＧＤＰ成長率が下がるという典型的な農業国であった。

今やバングラデシュは２０１９年に８・15％の経済成長を記録した高成長国であり、過去10年間のバングラデシュの経済成長は平均６％を超え所得倍増の勢いである。新型コロナウイルス感染症の影響により２０２０年こそ５％に成長が鈍化したが、２０２１年には再び高い成長が見込まれている。バングラデシュは独立以来パキスタンの後塵を拝していたが、１人あたりＧＤＰは２０１６年にパキスタンを追い越し、２０２０年には１８８８ドルとなり、インドの１８７７ドルをわずかながら超えた。１日１・９ドル未満の貧困率は１９９１年には43・７％であったが、２０１６年には14・５％にまで減少している。

この「奇跡的な開発」を後押ししたバングラデシュに特有の要因は２つある。１つは農村部の開発、特に女性の経済活動への参加を促したマイクロファイナンスの拡大である。もう１つは輸出型の縫製産業の成長である。[2]

よく知られるように、この国が生んだ社会起業家の巨人であるファズル・ハサン・アベッド卿とモハマド・ユヌス博士はそれぞれＮＧＯのＢＲＡＣとグラミンバンクを創設した。ＢＲＡＣとグラミンバンクは農村部の女性の金融アクセスを改善し、社会参加と収入機会を大きく広げた。市場までの運輸インフラの改善と新しい化学肥料等の普及は農村部の生産性を上げ、マイクロファイナンスは地方の女性の地位と収入を引き上げた。

バングラデシュの縫製業は１９７０年代の終わりに高等教育を受けた起業家精神あふれるバングラデシュの若者によって始められ、今や輸出の８割を占め４００万人を超える雇用を生み出している。[3]

マイクロファイナンスと縫製業は９割がムスリムのバングラデシュにおいて女性の社会進出を強く促した。15歳以上の労働者に占める女性比率はバングラデシュでは２０１９年に36・37％となった。同年のパキスタンの女性比率は21・67％であり、これは20年前のバングラデシュの割合よりも低い。

貧困削減を実現し、女性の社会参加を広げ奇跡の成長を実現してきたバングラデシュは、人口１億６３０５万人（２０１９年）を擁す。平均年齢は24歳で人口ボーナスは今後40年間続く見込みであり、成長ポテンシャルが大きい国だ。２０２6年にＬＤＣを卒業することが正式に決定しており、バングラデシュは力強い成長軌道にのった新興国として自信を深めている。

独立の経緯

バングラデシュは50年前に誕生した。１９７１年３月26日未明、パキスタン軍はバングラデシュ独立派、ダッカ大学教授、学生等のインテリ層を殺害し、アワミ・リーグ党首ムジブル・ラーマンを拘束した。その後９カ月に及ぶパキスタン軍とベンガル人フリーダムファイターとの間のゲリラ戦はインド軍の介入により１９７１年12月16日に終結し、バングラデシュは独立する。

１９７１年当時、ニクソン大統領とキッシンジャー補佐官は中国との国交樹立に向けてパキスタンとの協力関係を重視した。ダッカのブラッド総領事は、アメリカ政府がパキスタンへの武器輸出を停止し、パキスタンによるベンガル人虐殺を止めさせるように外務公電を送ったが、ワシントンは無視し、ブラッド総領事は本国に帰還させられた[4]。

中国は、バングラデシュが独立後１９７２年に国連加盟を申請すると、常任理事国としての拒否権を初めて発動する。その後も拒否権を発動し、バングラデシュの国連加盟は中国がバングラデシュとの国交を樹立する１９７５年８月まで実現しなかった。

一方、日本は西側先進国の第一グループとして１９７２年２月10日にバングラデシュとの国交を樹立した。日本のバングラデシュとの国交樹立はアメリカよりも約２カ月早いものであった。日本は国交樹立の１カ月後に早川崇議員[5]を団長とする親善使節団をバングラデシュに派遣し、早川特使はムジブル・ラーマン首相に訪日を要請する佐藤総理の親書を手渡し、肥料の無償援助と技術協力の意図を伝えた。日本のバングラデシュ独立を支持する姿勢は熱のこもったものであった[6]。

こうした独立時の経緯は今でも繰り返し報道されるため、バングラデシュ人はよく記憶している。バングラデシュが日本を独立以来の「Original Friend」として特別に見てくれることは、両国間の信頼関係の基礎となっている[7]。

日本の協力

バングラデシュの目覚ましい成長には、日本、アメリカ等からの二国間協力と世界銀行、アジア開発銀行、国連等による支援も貢献してきた。

日本のバングラデシュ向け政府開発援助（ＯＤＡ）の協力は１９７２年の国交樹立直後から始まった。青年海外協力隊は１９７３年から派遣され、教育、食糧増産、保健医療、スポーツ等の分野でバングラデシュの地方で活動を続け、たとえば２０１４年のポリオ撲滅に貢献した協力隊員の活動は、バングラデシュの地方で熱烈な日本ファンに出会う理由になっている。２０１６年のダッカテロ事件で中断されているが、これまでにバングラデシュに派遣された協力隊の人数は１２００人を超える。協力隊ＯＢ、ＯＧは、帰国後も引き続きバングラデシュとの関係を維持する人が多く、両国の人と人の交流の大切な基盤となっている[8]。

日本の協力は、当初は食糧不足を解消するための食糧緊急援助や基本的な公共サービスを提供するための医療保健機材や病院、学校の建設といった社会セクターの協力が中心であった。[9] 80年代からは道路、橋梁、発電、空港等のインフラ建設への協力も増えていく。その中でも有名なのは、ジャムナ橋の建設である。バングラデシュは大河ジャムナによって国土を東西に分断されており、ジャムナ河の架橋は長年の夢であった。１９７３年に初めて訪日したムジブル・ラーマン首相は田中角栄総理にジャムナ橋の協力を要請し、これを受けてＪＩＣＡ（国際協力機構）は候補地の測量とフィージビリティ調査を行った。その後、計画の見直しを経て、ジャムナ橋はＪＩＣＡ、世界銀行、アジア開発銀行（ＡＤＢ）の協調融資によって１９９８年に完成した。[10] 測量分野の技術協力は、ジャムナ橋の後も続き、バングラデシュ全土をカバーする電子地図の完成につながっている。

２０１４年に安倍総理とハシナ首相は、両国間の「包括的パートナーシップ」を公表し、ダッカ、チッタゴン、マタバリを結ぶベンガル湾産業成長地帯「ＢＩＧ―Ｂ」構想を進めていくことに合意した。この両首脳の合意後、バングラデシュ向け円借款の承諾額は２０１４年度の１２１０億円から２０１９年度に２７５８億円へと倍増する。そしてＢＩＧ―Ｂ構想に基づき、ダッカ国際空港の新ターミナル建設、ダッカ都市鉄道（ＭＲＴ１号線、５号線、６号線）、ダッカとチッタゴンを結ぶ国道１号線の３架橋（カチプール橋、メグナ橋、グムティ橋）、経済特区開発、この国初の深海港マタバリ港を中心とした地域総合開発等が進められている。こうしたＯＤＡによるインフラ開発と人材育成は、民間企業の投資を促す環境改善に貢献してきた。[11]

地域共同体参加のポテンシャル

２０１６年10月に習近平は、中国国家主席として30年振りにバングラデシュを訪問した。両首脳は、「戦略的パートナーシップ」に合意し、中国は総額２００億ドル、25件のプロジェクト支援を約束した。この習近平主席の訪問後、中国による大型インフラ案件支援は拡大している。たとえば、ハシナ首相が自ら案件進捗をモニタリングする重要プロジェクトである12個のFast Truck Projectのうち中国は、パドマ橋、パイラ火力発電、パイラ港の３案件を支援している。[12]

一方、バングラデシュは河川港のパイラ港を「deep port」と呼び中国とベルギーに共同開発させ、港湾開発に強い関心を持つ中国の顔を立てつつ、ベンガル湾で唯一14メートル以上の深さがとれるマタバリ港の開発は日本に任せてバランスをとっている。中国が提案していた新幹線計画は最終的に採択せず、ＡＤＢの支援による現実的な準高速鉄道計画を選んだことを見ても、バングラデシュが戦略的にパートナーを選んでいることが窺える。

巨大な隣国であるインド[13]、そしてバングラデシュとの関係を強める中国とのバランスをとるために、バングラデシュは信頼できるパートナーを必要としている。それは、バングラデシュが一帯一路の協力国であると同時に、ＦＯＩＰについても、地域連結性の促進と投資促進に着目して賛同していることからも窺える。

独立以来、日本はOriginal Friendとして協力関係を築き、幅広い開発協力のパートナーであり続け、バングラデシュが寄せる信頼は大きい。もし、日本が新しい地域連合のオプションを提案した場合、バングラデシュは関心を示す可能性がある。

ＡＳＥＡＮ諸国との関係では、バングラデシュは、ＡＳＥＡＮ地域フォーラム（ＡＲＦ）に参加し、タイ、ミャンマーも参加している地域フォーラムＢＩＭＳＴＥＣのメンバーである。また、バングラデシュが設立メンバーでもあるＳＡＳＥＣ（South Asia Subregional Economic Cooperation）にはミャンマーが参加しており、２０２０年12月にはバングラデシュはＡＳＥＡＮとのＦＴＡ協議を正式に開始した。バングラデシュは、東南アジアと南アジアの結節点として、ＡＳＥＡＮ諸国との関係を重視している[14]。

バングラデシュは、ＰＫＯに積極的に参加し、気候変動に脆弱な国をリードして発言する等、国際社会での役割を拡大している。２０１７年８月以来、70万人以上流入したロヒンギャ難民を受け入れて保護し、ミャンマーとの間で、紛争となるリスクを避けながら忍耐強く交渉を続けている点は、もっと評価されてよいであろう。この国は、今後、経済と民主主義[15]をさらに発展させ、そのインクルーシブな開発、気候変動、難民受け入れ、ＰＫＯの経験に基づき、国際社会における有力なアクターとして活動を広げるポテンシャルが大きい。バングラデシュは、日本や日本と普遍的価値を共有するＡＳＥＡＮ諸国が組むべき重要なパートナーである。

(※) 本稿は、筆者の個人的見解であり、所属する組織の見解ではありません。

注

(1) 「bottomless basket」と呼ばれた歴史は、繰り返し新聞で取り上げられることによって、バングラデシュ人の記憶に定着している。たとえば、以下。(https://www.thedailystar.net/news-detail-19641; https://www.dhakatribune.com/business/2018/07/23/from-bottomless-basket-to-developing-nation; https://www.dhakatribune.com/opinion/2019/04/05/no-longer-a-bottomless-basket)

(2) Yasuyuki Sawada, Minhaj Mahmud, and Naohiro Kitano eds., *Economic and Social Development of Bangladesh: Miracle and Challenges*, 2018.

(3) バングラデシュの縫製業は、１９７０年代の終わりに、地元企業であるＤａｓｈ社が、高等教育を受けて英語ができる新卒社員１３０名を韓国の大宇に送り、８か月の研修を受けさせたところから始まる。この若手社員が研修から帰国後、Ｄａｓｈ社は生産を開始するが、１３０名のほとんどが2年以内にＤａｓｈ社を辞めて自ら工場を立ち上げ、これが今の縫製業の隆盛につながり、縫製工場の数は１９８３年の１３４から２０１１年には５１５０まで急増した。バングラデシュの縫製業は、このように起業家精神あふれる若者によって始まり、自国資本によって大半が占められていることが特徴である。これは、たとえば同様に縫製業が盛んなカンボジアが、台湾、韓国等の外国資本の工場が多いのと対照的である。
一方、２０１３年4月に発生したラナプラザ縫製工場の崩落は、死者１１２７人、負傷者２５００人以上の被害を出したバングラデシュ縫製業の負の歴史である。主な原因は縫製工場の違法建築、安全対策の不備であり、バングラデシュ政府は建築基準の見直しを進め、違法建築の取り締まりを強化しつつある。

(4) Gary J. Bass, *The Blood Telegram: Nixon, Kissinger, and a Forgotten Genocide*, New York: Alfred A. Knopf, 2013.

(5) ムジブル・ラーマン首相の訪日後、日本の主要な経済人によって構成される「永野経済ミッション」は、その後の日本のバングラデシュ向け支援の骨格を描いた。その提言の１つである国際的ホテルの建設は、１９７７年の円借款によって実現する。現在も５つ星ホテルとして運営されているシュナルゴンホテルのロビー奥の柱には、早川崇氏の以下の言葉が飾られている。
「現代において、人類が生き残るためには一家族として結ばれなければならない。私のバングラデシュに対する愛情と情熱は、かかる理想に向かってのチャレンジであり、実験でもある」。

(6) 堀口松城『バングラデシュの歴史：二千年の歩みと明日への模索』明石書店、2009年。

(7) 歴史を知っているバングラデシュ人からは、岡倉天心と深い友情で結ばれたラビンドラナート・タゴール、独立運動の闘士スバス・チャンドラ・ボース、そして東京裁判のパール判事という3人のベンガル人を挙げて、日本とバングラデシュは、独立前から友人であると言われることもある。

(8) バングラデシュ政府関係者のＪＩＣＡ研修生はこれまでに1万3000人以上、日本から派遣された専門家は4000人を超えている。

(9) たとえば、乳幼児死亡率の改善には日本の母子保健分野の協力が貢献している。防災分野では、サイクロンの避難計画策定の技術協力とサイクロンシェルター建設を支援してきた。サイクロンシェルターの数は1970年の50施設から、2017年には1637施設に増え、死亡者は30万人から4275人に激減している。

(10) ジャムナ橋は、Ｊ・Ｒ・チョードリー教授をはじめとするバングラデシュの第一級の土木技術者と日本の技術者との間の長い協力関係も作った。（https://www.jica.go.jp/bangladesh/office/others/human/17.html）

(11) 日本の民間企業は東パキスタン時代から、貿易、投資関係の歴史を持つが、市場としてのバングラデシュの魅力が増す中で、現在では300社以上の日本企業が現地で活躍している。

(12) 日本は、ダッカ都市鉄道（ＭＲＴ）の3路線、マタバリ地域総合開発（ＭＩＤＩ）、マタバリ火力発電の5案件を支援しており最大のパートナーである。

(13) ミャンマーに接する部分とベンガル湾を除いて、バングラデシュはインドと国境を接し、両国はジャムナ河、ガンジス河等の国際河川を共有している。独立の経緯もあり、バングラデシュはインドとの関係を重視せざるを得ない。一方で、巨大な隣国に対する国民感情は複雑である。

(14) インドネシアは、バングラデシュ独立後、サウジ等の主要7ムスリム国とともに、パキスタンに働きかけ、パキスタンがバングラデシュの独立を1974年に認めるのに大きな役割を果たした。

(15) バングラデシュの民主主義は、独立の経緯にさかのぼる。そもそも独立運動は、1970年12月の議会選挙の結果を認めない西パキスタンに対抗するハルタル（ゼネスト）から始まった。民主主義は、民族主義、社会主義、世俗主義と並んで独立後に制定された憲法で掲げられた原則でもあった。1975年のクーデター後、1986年まで軍事政権が続くが、その後は、5年に1回の総選挙がまがりなりにも続けられている。少なくとも、民主主義の追求は、ベンガル語とならんで、バングラデシュにとってのアイデンティティの1つと考えられているのではないだろうか。ＥＩＵのdemocracy index 2020によると、バングラデシュは、アジア地域で16位だが、ムスリムが多い国の中では、マレーシア（6位）、インドネシア（11位）に次いで民主的な国となっている。

コラム

アフリカとの関係から考える西太平洋連合の可能性

大井 綾子

アフリカの建設現場で活躍するアジア人

２０１６年7月8日、南スーダンでは翌日の独立5周年を前に大統領派と副大統領派が衝突し、首都ジュバでは朝から夜まで断続的に爆撃音や銃撃音が聞こえ、緊迫した状態が数日間にわたり続いた。日本政府およびＪＩＣＡは現地で日本の政府開発援助（ＯＤＡ）による開発事業にあたっていた邦人を退避させる方針を決定した。しかし、ナイル川に架かる橋の建設に従事していた日本企業は、フィリピン人を含む第三国人のスタッフを多く抱えており、「彼らを置いて日本人だけが退避することはできない」と主張した。衝突の発生から5日後、ＪＩＣＡがチャーターした飛行機は、日本人とともに現場で働いていたフィリピン人らを含む、合計93名を乗せて、隣国ケニアへと向かった。

アフリカ地域で日本が協力するインフラ整備事業の現場では、東南アジア出身者が多く働いている。南スーダンをはじめ、現地では知識・経験を有する技術者が十分に確保できないため、施工管理等を行う日本人に加え、第三国からの技術者が現地労働者の指導にあたっている。中でもフィリピンは、長年にわたる日本のＯＤＡによるインフラ整備事業を通じて技術力が向上し、今では多くのフィリピン人がアフリカの建設現場で活躍している。アジア出身の技術者は南スーダンだけでなく、ケニアやモザンビーク等でも活躍している。２０１６年にケニアで開催された第6回アフリカ開発会議（ＴＩＣＡＤ６）で安倍首相が提唱した「自由で開かれたインド太平洋」は、国際社会の安定と繁栄のため、アジアの成功をアフリカに広げ、その潜在力を引き出そうという考え方が含まれるが、アフリカの建設現場では、その実例を見ることができるのである。

これまでのアジア・アフリカ関係

もともと人類は東アフリカ及びナイル渓谷に起源があり、アジアへ移動し、世界に広がったと言われている[1]。また、アジアとアフリカの間では古代から交易が行われており、東部・南部アフリカ地域では中国の陶器等出土している[2]。大航海時代の15世紀末にポルトガル人がアフリカ喜望峰を回りアジアに到達したが、それ以前からアジアとアフリカには交流があったのである。

現代のアジア・アフリカ関係の出発点は、１９５５年、インドネシア・バンドンで開催されたアジア・アフリカ会議と言えるだろう。通称、バンドン会議は、ミャンマー（当時ビルマ）、インド、インドネシア、パキスタンおよびスリランカ（当時セイロン）が共催し、他にアジアとアフリカから24カ国が参加した。アフリカはまだ独立していない国も多く、リベリアやエチオピア等、一部の国の参加にとどまった。会議では、反植民地主義、領土・主権の尊重等を掲げ、冷戦時代において東西どちらにも属さない非同盟主義と、平和の促進を確認した[3][4][5]。

アジア・アフリカ会議はその後も継続的に開催されるはずだったが、参加国の対立もあって開催されず[6]、次にアジア・アフリカの地域会議が開かれるのはバンドン会議から50年後のことである。２００５年にインドネシア・ジャカルタで開かれたアジア・アフリカ首脳会議では、新たなアジア・アフリカの戦略的パートナーシップ（New Asian-African Strategic Partnership：NAASP）が採択され、両地域における政治的連帯と、経済および社会・文化協力を強化することとした[7]。その後、ＮＡＡＳＰではテロ対策、食糧安全保障、エネルギー安全保障、ジェンダー平等等8つの重点分野に加え、気候変動、インフラ開発、民主主義とガバナンス、平和維持活動で協力を進めるとしている[8]。なお、バンドン会議からアジア・アフリカ首脳会議が開催されるまでの50年間、アジアの国々は目覚ましい経済成長を遂げた。一方、アフリカは多くの国が独立を果たしたもののアジアほどの経済成長は実現できておらず、政治的に安定しない国も多い。

西太平洋連合を通じたアジア・アフリカ関係の強化

近年、アジアとアフリカの経済関係は強まり、貿易量も増加した。ＡＳＥＡＮとアフリカの貿易総額は１９９０年には28億米ドルだったが、２０１２年には約15倍の４２５億米ドルにまで増えた[9]。日本は１９９３年以降、国際機関との共催でアフリカ開発会議（ＴＩＣＡＤ）を開催している。この形式を模倣して、中国は２０００年以降、中国・アフリカ協力フォーラム（ＦＯＣＡＣ）、インドは２００８年以降、インド・アフリカフォーラムサミット（ＩＡＦＣ）、インドネシアは２０１８年にインドネシア・アフリカフォーラムを開催しており、アフリカとの関係強化を図っている。しかし、地域と地域の協力や、ＮＡＡＳＰで掲げたような共通課題や地球規模課題への協働した取り組みは当初期待されたほどには進んでいない。その理由の１つとして、ＮＡＡＳＰがＡＳＥＡＮやアフリカ連合（ＡＵ）といった地域機構の枠組みの外で議論されてきたため、協力が具現化できていないとの指摘がある[10][11]。

そこで、西太平洋連合は、ＡＵをカウンターパートとして、アジアとアフリカの地域間協力をより組織的且つ包括的に推進する役割を担えないだろうか。まずは、アジアの経験をアフリカに共有するところから協力関係を深め、将来的には共通課題や地球規模課題に対して協働して取り組み、イニシアチブを発揮できるとよいのではないかと考える。

アジアの経験をアフリカへ

アジアの経験をアフリカに共有すると言っても、アジアとアフリカは植民地の歴史等、共通する特徴がある一方、教育水準、行政機能および経済構造が異なることから、アジアで成功した政策や取組をそのままアフリカに導入して同じ経済成長を達成できるとは考えにくい。しかし、西太平洋連合の中心となるＡＳＥＡＮとＡＵはともに地域の平和と安定、民主主義や人権等、共通の価値を有している。また、日本はアジアの成長を支援してきた経験と、アフリカでの社会・経済開発の協力経験もあり、両方の地域に関わってきた。日本がアジアとアフリカの結節点となり、アジアの経済成長や開発の経験と、教訓をアフリカに活かすことのできる形で提案し、西太平洋連合を通じたアジア・アフリカの地域間協力を推進することができるのではないだろうか。これは、日本がＴＩＣＡＤ開催当初から推進してきたアジアの経験のアフリカでの活用や、アジアとアフリカのパートナーシップ強化とも一致する。

アジアの経験をアフリカに活かすことのできる分野として、たとえば、日本がインドネシアやフィリピンで協力を行ってきた防災がある。これまでアフリカで被害の大きい災害と言えば干ばつだったが、近年、東南部アフリカでは大型サイクロンや洪水による被害が増加している。２０１５年3月に宮城県仙台市で開催された第3回国連防災世界会議にはアフリカからも複数の首脳や閣僚が参加したが、そのうちジンバブエやマラウイもサイクロンや洪水の被害を受けている国だ[12]。２０１９年3月にはサイクロン・イダイが東南部アフリカに上陸し、モザンビークでは雨と強風で２２００人以上の死傷者と約24万戸の住宅被害をもたらした[13]。ＪＩＣＡでは国際緊急援助隊を派遣し、その後、より災害に強い社会づくりのため、ハザードマップの作成等の支援を行っている。２０１９年11月には第2回世界防災フォーラムの開催にあわせてモザンビークの復興庁長官らを日本に招へいし、宮城県や茨城県で災害・復興対策や防災教育の視察を行った。また、同じ時期に来日していた中部スラウェシ州地震の復興に取り組むインドネシア関係者との経験共有の場を設けた。モザンビーク関係者からは、日本の取り組みが参考になったことに加え、モザンビークより取り組みが少し進んでいるインドネシア関係者の経験共有も大変参考になったとの声があった。アフリカ諸国は独立後もヨーロッパの宗主国との結びつきが強いが、もともと先進国ではなかったアジアの国の少し頑張れば手が届きそうな成功モデルの提示は他の分野でも有用と思われる。

アジアの経験をアフリカに共有している事例はほかにもある。マレーシア政府は自身の開発経験をもとに、経済・金融・貿易等の分野でアフリカ地域を含む１４３カ国に対して技術協力プログラムを提供しており、ＪＩＣＡと協力してアフリカ向けの貿易促進の研修も実施している。[14] また、タイの国際開発協力機構（ＴＩＣＡ）は、アフリカで農業協力を始めるにあたり、農業分野で協力実績のあるＪＩＣＡに支援を求めた。アジアの国がアフリカで開発協力を展開する際の支援も両地域の開発協力に携わってきた日本だからできることだと考えられる。

さらに今後協力が期待できる分野として、ガバナンスや平和・紛争予防がある。東南アジアには、インドネシアやマレーシア等、異なる民族を抱えながら平和で安定した民主主義を実現している国がある。西太平洋連合諸国はアフリカに対し、欧米とは異なる形での民主主義、法の支配、人権、言論の自由といった普遍的価値の実践例を示すことができるのではないだろうか。

第三の勢力としての期待

アフリカの人口約13億人と西太平洋連合の人口約10億人を合わせると、世界約78億人の約3割を占めることになる。[15] さらにサブサハラ地域は２０５０年までに人口が倍増すると予測され、両地域が世界人口に占める割合はますます大きくなる見込みだ。[16] また、ＡＵ加盟国55カ国と、仮に西太平洋連合の加盟国を20カ国とした場合、合わせれば世界１９６カ国の4割近くを占めることになる。[17]

アジアとアフリカはバンドン会議で東側にも西側にも属さないことを宣言したが、これだけの規模があれば、国際社会において米国側でも中国側でもない、第3の勢力となり得ると考えられる。西太平洋連合は加盟する国の平和と繁栄だけでなく、アフリカをはじめとする他の地域の発展に貢献する可能性がある。また、他の地域と協力して気候変動等、世界共通の課題の解決や、平和や普遍的価値の実現を推進する力となる可能性に期待したい。

（※）本稿は、筆者の個人的見解であり、所属する組織の見解ではありません。

注

（1）Adams B. Bodomo, Africa-Asia Relations: Some Historical, Cultural, and Linguistic Connections, Lecture at Ansted University Penang, Malaysia, 2001. (https://www.academia.edu/27850290/Africa_Asia_Relations_Some_Historical_Cultural_and_Linguistic_Connections)

（2）Bing Zhao, Chinese-style Ceramics in East Africa from the 9th to 16th Century: A Case of Changing Value and Symbols in the Multi-Partner Global trade, 2015. (https://journals.openedition.org/afriques/1836)

（3）Encyclopedia Britannica, Bandung Conference Asia-Africa 1955. Retrieved March 27, 2021. (https://www.britannica.com/event/Bandung-Conference)

（4）Kenny Dlamini, Building Asia-Africa Cooperation: Analysing the Relevance of the New Asia-Africa Strategic Partnership (NAASP). Institute for Global Dialogue. Occassional Paper 76, 2019. (https://media.africaportal.org/documents/Building_Asia_Africa_Cooperation.pdf)

（5） Darwis Khudori, Bandung 60 Years On: What Assessment?, 2014.（https://hal.archives-ouvertes.fr/hal-02541039/document）

（6）（3）と同じ。

（7） Dlamini［2019］.

（8） Prashanth Parameswaran, Did Indonesia Revive the Asia-Africa Strategic Partnerships? The Diplomat, 2015.（https://thediplomat.com/2015/04/did-indonesia-revive-the-asia-africa-strategic-partnership/）

（9） Mark Edel V. Diaz, ASEAN and the African Union: Time for a Stronger Cooperation? Center for International Relations and Strategic Studies Commentaries Vol. iv, No. 24, 2017.（https://www.fsi.gov.ph/asean-and-the-african-union-time-for-a-stronger-cooperation/）

（10） Department of International Relations and Cooperation, Republic of South Africa, Reasons for the postponement of the New Asian-African Strategic Partnership（NAASP）until 2015.（http://www.dirco.gov.za/docs/2013pq/pq377.html）

（11） Dlamini［2019］.

（12） 外務省、第3回国連防災世界会議。（https://www.mofa.go.jp/mofaj/ic/gic/page3_001151.html）

（13） ＪＩＣＡ、サイクロン・イダイ被災地域強靭化プロジェクト。（https://www.jica.go.jp/project/mozambique/011/index.html）

（14） Malaysia External Trade Development Cooperation, Malaysian Technical Cooperation Programme（MTCP）. Retrieved March 27, 2021.（https://www.matrade.gov.my/en/about-matrade/achievements/matrade-success-stories/malaysian-technical-cooperation-programme-mtcp）

（15） UNFPA, World Population Dashboard. Retrieved March 28, 2021.（https://www.unfpa.org/data/world-population-dashboard）

（16） United Nations, 9.7 Billion on Earth by 2050, but Growth Rate Slowing, Says New UN Population Report, 2019.（https://news.un.org/en/story/2019/06/1040621）

（17） ＡＵ加盟国55カ国には日本未承認のサハラ・アラブ民主共和国を含む。ＷＰＵはＡＳＥＡＮ10カ国、日本、オーストラリア、ＮＺ、バングラデシュ、パプアニューギニア、フィジー、東ティモール等を含む20カ国と想定した。

終章　アジア地域主義の展開の中の西太平洋連合

大庭　三枝

本章は、西太平洋連合（以下ＷＰＵ）構想はアジア地域主義の系譜の中でどのような位置づけにあるのか、その意義とは何か、またその実現のための課題とは何か、について考察する。ここでいう地域主義とは、ある地理的範囲に位置している複数の国家によって、その域内の平和や繁栄の実現を目指し、そのための政策協調や地域協力を進めることで、単なる国家集合以上の「まとまり」ないし「連帯」を現出させようとする志向性を指す。これは、大国、小国といった現実の力の差はあれども、主権国家という、形式的には対等で独立している主体同士が、政治・安全保障・経済その他の分野での協力や連携強化を通じ、なんらかの連合体を形成することを目指すものである[1]。

これまでアジアを舞台に、複数の国々の連携強化を図る地域主義が「太平洋」「アジア太平洋」「東南アジア」「東アジア」といった様々な形で展開してきた。その結果として現在、ＡＳＥＡＮ、ＡＰＥＣをはじめ、ＡＳＥＡＮ＋３、ＥＡＳ、ＡＤＭＭプラスといった「ＡＳＥＡＮ中心」のアーキテクチャ（制度構造）が存在している。後に述べるように、「ＡＳＥＡＮ中心」のアーキテクチャが形成されたのは、ＡＳＥＡＮのイニシアティブもさることながら、日、米、中と言った主要な大国によるリーダーシップの不在という事情も大きかった。

こうした状況は２０１０年代に入り終わりを告げ、地域主義は新たな段階に入った。すなわち、中国の台頭に伴い、米中間のアジアを舞台にした主導権争いが激化する中で、むしろ米中が様々な多国間連携を提唱・主導するようになったのである。中国は習近平体制発足以降、一帯一路構想、アジアインフラ投資銀行、および新アジア安全保障観といった、中国発で地域秩序のあり方に大きく影響する独自の構想を打ち出すようになった。一帯一路構想が狙うのはアジアにとどまらないが、西太平洋連帯構想でも要となるＡＳＥＡＮ諸国をはじめ、アジア各国に及ぼす影響は無視できず、アジアにおける広域秩序のあり方を決定づけるものと考えられる。他方、アメリカはオバマ政権期に主導したＴＰＰからはトランプ政権の下で離脱したものの、同政権は対中牽制色の極めて強い「自由で開かれたインド太平洋（以下ＦＯＩＰ）」を提唱した。また、日米豪印四カ国連携（ＱＵＡＤ）が２０１７年以降強化され、バイデン政権になりその動きは加速している。

２０１０年代に活発化したアジアの地域主義に関する動きを、すべて米中対立に還元することは正しくない。たとえばＴＰＰやＲＣＥＰといった広域地域経済統合の動きは、ボールドウィンの言う21世紀型貿易の展開、フラグメンテーションを伴うサプライチェーン網の国境を越える深化・拡大がその背景にある。そこにはアメリカも中国も深く組み込まれており、「米中対立」という国家間の対立のみには還元できない[2]。しかしながら、２０１０年代において、中国の台頭とそれに伴う米中間の競争関係の顕在化により、大国主導の経済連携強化の動きが加速しているのも事実である。そして米中間競争はいっそう先鋭化しており、「新冷戦」の到来、「デカップリング」の可能性についての議論も活発化している。

WPU構想は、このように米中対立が激化する中で、WPUは日本発の新たな地域主義構想の提唱である。そしてあえて米中どちらも含まない「ミドルパワー・小国連合」を形成しようという点に大きな特徴がある。この新たな提唱の主眼は、米中どちらか一方のみは選択できない立場にいるアジアから大洋州にいたる国々が団結し、自らにとって望ましい地域秩序の形成を働きかけることである。

本章では、これまでのアジアにおける地域主義が、それぞれの時代における危機・変動にどのように対応すべく展開してきたか、を整理した上で、WPU構想が目指すべき方向性や課題について提示する。

1 地域秩序の動揺・危機とアジアにおける地域主義(3)

新たな「まとまり」ないし「連帯」、すなわち地域主義構想の提唱は、国際秩序や地域秩序の危機、動揺が顕著に見られるときになされる傾向がある。それが掛け声倒れで終わらないためには、その地域主義構想を提唱された国々の中から、提唱された新たな構想に参画するという姿勢が示される必要がある。そして、いくつかの国の合意によってなんらかの制度化へと向かえば、実際に地域主義が推進されているといえるだろう。最も緩やかな制度化としては、構想に参加し協力を進める意思を持つ国々が会合を開催すること、またそれが定例化されることが該当しよう。制度化が進み、事務局を備え、地域組織としての体裁をさらに整えるという場合もある。

また、地域主義構想の提唱は、地理的範囲を確定し、その中にある国々をメンバーとして定義することを伴う。この線引き、すなわち地域の「ウチ」と「ソト」の分け方はそれ自体極めて政治的である。どこをともに協力すべき「ウチ」と規定するかは、その地域主義構想がどのような政治的含意の下で何を目指すのか、ということを示している[4]。

こうしたことを踏まえてアジアの地域主義のこれまでの展開を見てみると、特徴として、①極めて多くの協力すべき「ウチ」＝「地域」のあり方が地域主義構想に付随して提示されてきた、②地域主義構想の提唱は緩やかな制度化につながったが、ヨーロッパ統合のように加盟国を強く拘束するような高度な制度化は忌避される傾向があった、③秩序変容につながり得る危機や変動が地域主義構想の提唱やその制度化を実現させてきた、ということが挙げられる。

●ASEANとAPEC

冷戦時代に設立され、冷戦後もアジアにおける地域主義の展開を大きく規定した組織として東南アジア諸国連合（ＡＳＥＡＮ）とアジア太平洋経済協力（ＡＰＥＣ）が挙げられる。ＡＳＥＡＮは、

１９６７年8月に設立された。東南アジアにおける非共産主義の5カ国で始動したこの枠組みは、ベトナム戦争に象徴される共産主義の脅威の高まりと、にもかかわらず摩擦が絶えなかったこれら5カ国同士の不安定な関係を乗り越えるための仕組みとしてスタートした。

他方ＡＰＥＣは、冷戦末期にあたる１９８０年代後半の冷戦末期における地域環境の変化に促されて設立された。すなわち北米やヨーロッパにおける地域主義の活発化、アメリカの保護主義、ＧＡＴＴウルグアイラウンドの停滞といった西側内国際経済秩序の動揺、さらにアジアＮＩＥＳや一部のＡＳＥＡＮ諸国の経済成長による地域内パワーバランスの一定の水平化といった状況の中、「アジア太平洋」という地域概念のもとでの協力が目指されたのである。ちなみにこの時期はまだ中国経済は成長軌道には乗っていたがそれほどの規模ではなかった。そしてＡＰＥＣの設立は、１９８９年6月の天安門事件により国際的に孤立していたさなかの出来事だった。中国はその後台湾や香港とともに１９９１年にＡＰＥＣに参加した。現在、台湾にとってＡＰＥＣは、自身が加盟する数少ない国際組織として重要である。

●冷戦終結後のアジア地域主義の重層的展開

冷戦終結が事実上の西側の勝利で終わったことで、西側に東側陣営が「取り込まれる」形での世界の一体化が起こった。資本主義が世界を覆い、貿易・投資の自由化や金融の規制緩和を進めていくことが是とされ、市場経済を前提にした発展戦略をとることが各国にとっての最適解だとされるようになった。また冷戦終結後約20年間は、西側的な自由民主主義や人権が「普遍的価値」として影響力を増大させた時代でもあった。２０００年代、アナン国連事務総長が「人権の主流化」に言及するなど、その動きは一層強まった。さらに国家間の紛争を力や武力ではなく、国際協調や国際制度で取り扱い、協働で解決していくことが一層重要とされるようになったのもこの時期である。これら市場経済・普遍的価値・国際協調主義の３本柱によるリベラル国際秩序は、１９９０年代から２０００年代にかけ、アメリカの覇権に支えられる形で国際社会を規定した。そしてアジアはリベラル国際秩序の受益者であり、この時期に経済発展、国内および地域秩序の相対的安定がもたらされ、人権や民主化なども限定的ではあれども東南アジアを中心に一定の進展を見せた。そして地域単位での安定や発展を目指す地域主義をもこの時期に活発化し、前述のＡＳＥＡＮやＡＰＥＣに加え、様々な地域制度が形成されたのである。

まず冷戦終結後の地域環境の大きな変化と新たな脅威の浮上に対応するため、アジア初の公的な安全保障・政治協力および対話の多国間枠組みとして、１９９４年にＡＲＦが設立された。また、アジア通貨危機という、それまで「東アジアの奇跡」と賞賛されてきた「挫折」を受けて、その打撃を乗り越え、強靱な地域システムを構築するための協力を進める枠組みとして、ＡＳＥＡＮ＋３（日中韓）が１９９７年以降急速に制度化した。[5]東アジア地域協力のあり方を検討するなかで、東アジア共同体構築が地域のテーマとして盛んに論じられるようになり、そのための施策の１つとして東アジアサミット（ＥＡＳ）の設立が提案された。ＥＡＳは、当初の提案とは少々違った形をとったものの「東アジア共同体形成に重要な役割を果たす」制度として２００５年に始動した。他方、１９９０年代末から日中韓三国間協力も始動し、この３カ国間の政治的関係の不安定性にもかかわらず、現在まで継続している。

●大国のリーダーシップの「空白」とＡＳＥＡＮの中心性

リベラル国際秩序の時代のアジアにおける地域主義の活発化と、それによる重層化の過程で大きな役割を果たしたのがＡＳＥＡＮであった。ＡＳＥＡＮは、１９９２年のＡＦＴＡ合意に見られるように、１９９０年代初頭から地域経済統合への試みを本格化させた。また１９９５年にベトナム、１９９７年にラオスとミャンマー、１９９９年にカンボジアが加盟しインドシナ諸国も含むＡＳＥＡＮ10が実現した。そうした試みと並行し、１９９０年代以降のＡＳＥＡＮは域外の国も含めた広域地域制度の形成に積極的かつ主体的に関与することで、その影響力を一定程度確保する戦略をとるようになった。そうしたＡＳＥＡＮの試みが、ＡＲＦ、ＡＳＥＡＮ＋３、ＥＡＳといった広域地域制度がＡＳＥＡＮを制度的中核とする「ＡＳＥＡＮアーキテクチャ」として形成されるという成果をもたらした。またこうしたＡＳＥＡＮの「成功体験」は、「ＡＳＥＡＮの中心性」という概念を生み出したのである。これは、アジアにおける制度的な地域統合において中心的な役割を果たしてきたという認識（あるいは自負）のもと、ＡＳＥＡＮが将来においてもこの地域の制度的中心として地域秩序の形成や維持における一定の影響力を維持していくべきである、という主張が核となっている。

すなわち、ヨーロッパ統合を主導したのがドイツとフランスという大国だったのと比較し、アジアにおいてはＡＳＥＡＮという中小国連合がこの地域の制度的統合において主導的な役割を果たしたのである。しかし、なぜＡＳＥＡＮが主導的な役割を果たし得たのか。その理由としてＡＳＥＡＮが域外国との連携を積極的に進め、それらを巻き込んだ制度化を自らが主導する形で進めていくという「全方向巻き込み戦略」をとっていたということが挙げられる。しかしそもそもそうした戦略が効を奏したのは、日本、中国、アメリカなど域外の大国のどれもが突出した影響力を自分たちやそれを一部とする広域秩序において行使する状況になることを避けようとしていたからである[6]。１９９０年代から２０００年代終わりぐらいの時期にかけてのアジアでは、これら大国が地域制度形成を主導するのが能力的にも状況的に困難であった、またその意思が欠如していたのである。

２０００年代半ば過ぎぐらいまでの中国は、自国の経済発展を最優先し、そのためには中国脅威論が浮上するような行動を避けつつ、安定的かつ友好な関係を近隣の国々と結ぶことに努めていた。たとえば２００２年には、ＡＳＥＡＮと共同で「南シナ海行動宣言」を発出し、この海域における問題の協働での解決や南シナ海行動規範の策定などで合意していた。この時期、中国は融和的な周辺外交を展開していたのである。他方、90年代以降の日本にとって、地域主義への関与の外交全体の中での重要度は高まった。しかしながら、大東亜共栄圏という過去の負の遺産や、日本の政治制度が一貫した外交戦略を展開することを困難にしてきたこともあり、戦略的かつ柔軟的に地域主義政策を実行し、地域におけるリーダーシップをとるには力不足であった。さらにアメリカは、ＡＰＥＣ首脳会議をスタートさせるなどアジアの多国間制度への関与を強めたこともあったが、基本的にはアジアの地域主義に自らが参画することには消極的な姿勢をとることが続いた。特に２０００年代前半は、９・11以降アフガニスタンやイラクと言った中東政策に外交資源の多くが投入されたこともあり、アジアへの関与はその分低下した。

このように、中国、日本、アメリカといった、アジアの地域主義においてリーダーシップをとり得たかもしれない国々が、この地域において他を圧してリーダーシップをとり得るような状況でもなく意思も欠如していたことが、ＡＳＥＡＮが主導的な役割を果たす余地を広げたのである。こうした「リーダーシップの真空状態（leadership vacuum）」がＡＳＥＡＮに行動の自由度を与えたことについては、ＡＳＥＡＮの主体性を重視する研究者の間でも共有されている[7]。

●ASEANの流儀

この地域の制度化においてＡＳＥＡＮが「中心」的役割を果たしたことで、「ＡＳＥＡＮの流儀」がこれらの制度の運営において無視できないルールや規範として機能することとなった。「ＡＳＥＡＮの流儀」とは、ＡＳＥＡＮが発足時から積み重ねてきた慣行を基礎とした、組織としてのＡＳＥＡＮの運用規範を指す。様々な専門家や実務家が「ＡＳＥＡＮの流儀」が指し示す意味内容について議論してきたが、共通しているのは、ＡＳＥＡＮという組織を運営する際には国家主権を最大限尊重する、よって内政不干渉原則を堅持するとともに、意思決定はコンセンサス方式で行い、制度は可能な限り緩やかかつ非公式なものにとどめておく（べきである）という内容を含んでいる点である[8]。

「ＡＳＥＡＮの流儀」は、政治体制や経済水準、文化的、社会的、歴史的背景など様々な意味で多様なＡＳＥＡＮ諸国を束ねる上で非常に都合のよいルールの束であった。たとえば、地域経済統合を掲げる一方で、開発主義的権威主義体制の下にあるＡＳＥＡＮ諸国が、国内規制や保護主義的政策に一定程度依存する経済発展を目指すことも事実上許容するものであった。また、ＡＳＥＡＮが拡大する過程において、ＡＳＥＡＮがいっそう異質なＣＬＭＶをメンバーとして加えていく際、ＣＬＭＶにとってＡＳＥＡＮへ参加することの障壁を低くする効果をもたらし、ＡＳＥＡＮ10の実現を容易にした。なぜなら「ＡＳＥＡＮの流儀」に沿えば、国内の政治体制や経済構造の変更に関わるような協力や対話は避けつつ、メンバー間で合意が可能な部分でのみ協力を進められるからである。それはＣＬＭＶにとって極めて都合がよかった。

しかしながら、それぞれの国内産業構造の変化や経済制度の変革を迫るような実質的な経済統合を進めていく上で、「ＡＳＥＡＮの流儀」の相対化の試みもなされるようになった。特に２０００年代初頭以降、ミャンマーの軍政が問題視され、ＡＳＥＡＮにおいても民主主義と人権が議論されるようになると、その傾向は強まっていった。ＡＳＥＡＮ憲章の策定過程においても、たとえば意思決定方式にコンセンサスではなく表決制を導入するという案も出された。結局表決制の導入は見送られ、ＡＳＥＡＮ憲章では国家主権の尊重や内政不干渉が改めて強調されるなど、「ＡＳＥＡＮの流儀」は堅持された。[9] しかしながら、内政不干渉原則と実質的な地域協力を進めていくことの間には本質的な緊張関係がある。地域主義が単なるtalk shopではなく、具体的な成果を上げることが求められる中で、内政不干渉原則を厳格に堅持することを基礎とする「ＡＳＥＡＮの流儀」とどう折り合いをつけていくかが今、一層問われている。

2 「西太平洋連合」の背景

本著のテーマである「ＷＰＵ」構想は、直接的には、２０１０年代に入り顕在化したアジアの地域秩序の大きな変動に対応するものである。これは、アメリカが覇権国として支えていたリベラル国際秩序の動揺が、アジアにおいても顕著に見られるようになったとも解釈できる。この変動について明らかにしておこう。

●中国の台頭：パワーバランス変化、権益拡大、秩序構想の発出

まず、中国やインドといった新興国の台頭が著しい。特に中国の台頭は、アジアに二重のパワーバランスの変化をもたらした。１つはアメリカと中国とのパワーバランスの変化である。そしてもう１つは、日本と中国との間のパワーバランスの変化である。２０１０年に中国の名目ＧＤＰの規模は日

本を超え、それまで日本がアジアの中で唯一の経済大国であるという「特別」な地位にある時代は終わりを告げたのである。

中国の台頭は、単に中国がその経済規模を拡大させたということにとどまらない。中国は増大した経済的なリソースを背景に、近隣諸国への積極的な政治的働きかけや揺さぶりを強めるようになっているが、それには２つの側面がある。１つは、主権や領域に関わる問題への強硬姿勢と権益拡大の姿勢を強めていることである。２０１０年代は、尖閣諸島周辺海域における中国公船の侵入が増大した。また、東南アジアや台湾と島や岩礁をめぐる対立のある南シナ海においても、フィリピンが実効支配していたスカボロー礁を実力行使で占拠し、その他スプラトリー諸島等で実効支配している島や岩礁の埋め立てや軍事施設の建設を進めるといった、自らの権益拡大の動きを露骨に示すようになった。

もう１つの側面として、一帯一路（ＢＲＩ）やアジアインフラ投資銀行（ＡＩＩＢ）、新アジア安全保障観といった、国際秩序や地域秩序、地域ガバナンスのあり方を問い、新たな構想を打ち出すようになったことである。特に一帯一路を掲げた中国のアジアを越えた世界中の国々への投資や支援は広がりを見せている。[10] また２０１７年、２０１９年と二度にわたり、一帯一路フォーラムが北京で開催され、世界の首脳や閣僚、政府要人が多く参加した。またＡＩＩＢは２０１６年１月に業務を開始した。中国の援助・投資のあり方は、その決定プロセスの不透明性、環境・人権への配慮の欠如、さらには「スリランカの教訓」に見られるように、被援助国の債務超過とそれを利用しての中国による事実上の主権の侵害につながっているとの批判もある。ただ、中国でも、債務持続性に注意を払うなどの軌道修正を近年進めていることにも留意する必要がある。[11]

●中国を中心とする「アジア化するアジア」

もう1つ、中国がアジアにおいて大きな存在感を示している理由として、この地域で国境を越えて広がりを見せているサプライチェーン網における中国経済の重要性が挙げられる。中国経済の台頭は、生産工程や機能を単位とする国際分業、すなわち工程間分業が近隣諸国と急速に拡大するなかで顕著となっている。こうした分業体制の拡大はＡＳＥＡＮ先発国のみならずミャンマー、ラオス、カンボジアといった後発国にも広がりを見せている。こうした中国や東南アジアを中心とした分業体制の拡大は、域内の相互投資が増えていることによって加速されている。[12]

さらに生産面でのアジアの実質的な経済統合に加えて、消費面での統合も進みつつあり、その中での中国の「世界の市場」としての存在感は大きくなっている。[13] 中国の消費財の輸入は２０００年の92億ドルから15年の１３０６億ドルに急増しており、こうした減少の背景として中国の大都市を中心に高所得者層が拡大していることが挙げられる。中国のみならず、アジア全体で消費財輸入が２０００年の２２９９億ドルから15年には５６６８億ドルと増大しており、消費市場としてのアジアの世界における存在感が高まっているが、[14] その中でも中国の比重は大きい。こうして「アジア化するアジア」といった経済統合の進展が中国を軸に展開している。

また、中国が、低廉かつ豊富な労働力を活かし、欧米などの多国籍企業の生産工程における「下請け」として利益を得る、というのではなく、中国内で高度な技術開発を進め、技術覇権を手にするという知的戦略をとるようになってきていることも重要である。たとえば中国は５Ｇの開発において世界の最前線を走っているが、それら最先端の知的資本をめぐってアメリカとの対立を深めつつある。近年の米中対立の激化は、このように中国の開発戦略が変容していることにも起因している。[15]

●民主主義・人権保護の後退

アジアの複数の国において、リベラルな価値・規範としての民主主義や人権保護が後退しているということも懸念される。中国は習近平体制が成立してから、スパイ防止法制定に象徴されるように国内における反政府的活動や言論統制を強め、新疆ウイグル自治区におけるウイグル人への抑圧や香港における民主派の弾圧なども激しくなる一方である。さらに、２０１８年２月には中国共産党中央委員会が国家主席の任期を撤廃する決定を行い、習近平体制が２０２３年の後も継続する道を開いた。

こうした中国における権威主義体制の強化や人権抑圧と並行して、東南アジアにおける民主主義の後退や人権侵害も深刻化している。各国個別の民主主義の後退や人権抑圧については本書における各国の状況を扱っている各章に譲るが、タイ、カンボジアでの強権的な権威主義体制の強化、フィリピンのドゥテルテ政権下における苛烈な麻薬撲滅作戦による人権侵害や強権体制強化、「民主主義国」であるはずのインドネシアのジョコ政権の強権体制強化や、同国における宗教や民族に依拠したアイデンティティ・ポリティクスの浮上など、多くの国で憂慮すべき展開となっている。特に現在注目されているのは、ロヒンギャへの人権侵害に加え、２０２１年２月にクーデターを起こした国軍が権力を掌握し、それに反発する市民に対する徹底的な弾圧を行い多くの死傷者を出すに至っているミャンマー情勢であろう。

こうした東南アジア各国の国内における状況は、中国による外部からの影響と見るのは正しくない。むしろ、それぞれの国内の政治的文脈から引き起こされている内発的な現象と理解すべきである。しかしながら、中国の経済発展が必ずしも民主化を伴わないこと、また民主化は経済発展の必要条件ではないということを周辺諸国に示していることの影響力は看過できない。

3　地域主義・連携の活発化

２０１０年代のアジアにおける地域主義や連携の動きについて、興味深い点を挙げておかねばならない。同時期に顕在化した欧米におけるリベラル国際秩序の動揺は、地域のマルチの枠組みへの反発やバックラッシュといった形を取った。ブレグジットに象徴される欧州連合（ＥＵ）を中心とする統合への反発や、アメリカのトランプ政権のＴＰＰからの離脱などがその例として挙げられるだろう。しかしながらアジアにおいては、むしろ地域のマルチや多国間の連携の動きがこの時期加速したのである。

●CPTPPとRCEP

たとえば、２０１０年にはＴＰＰ交渉が始動した。高度で包括的な自由化を目指すＴＰＰ交渉は難航したが、２０１６年2月に署名された。２０１７年1月、前述したようにアメリカが離脱し、ＴＰＰの発効要件が満たされなくなり一時期は先行きが懸念されたものの、アメリカを除く11カ国で再交渉が行われ、２０１８年にはＣＰＴＰＰが署名、発効した。他方、ＴＰＰの交渉開始に触発され、東アジア包括的経済連携（ＲＣＥＰ）交渉の開始が２０１２年11月に宣言された。ＡＳＥＡＮ諸国と日本、中国、韓国、オーストラリア、ニュージーランド、インドが参加したＲＣＥＰ交渉も簡単には進まず、本来２０１５年には予定されていた交渉妥結は何度も先送りされた。さらに２０１９年11月以降、インドは交渉に参加せず、事実上離脱した。しかしながら２０２０年11月、交渉は妥結し、ＲＣＥＰの署名が実現した。

ＴＰＰやＲＣＥＰはメンバーの違いから対立的な枠組みと認識されることも多い。しかしながら、目指す経済自由化のレベルや範囲の差はあれ、両者ともにアジアを中心とする国境を越えるサプライチェーンや生産ネットワークをさらに発展させるためのモノ・カネ・ヒト・情報の移動の活発化とそれらについての共通のルールの設定を行っている点で共通している。

こうした広域経済圏形成の試みとは別途、２０１０年代に顕著に見られたのが「インド太平洋」という新たな地域概念の浮上とそれに依拠した多国間連携構想の提唱である。すでに２０１０年代初頭、アメリカやオーストラリア、インドから「インド太平洋」概念とそこでの連携強化の必要性についての提唱がなされていた。そしてよく知られているように、日本の安倍晋三首相が、２０１６年８月のＴＩＣＡＤにおける基調演説において、後に「ＦＯＩＰ」と称される構想を打ち出したとされる。[16]ＦＯＩＰはその後日本の外交政策の柱として位置づけられるようになった。さらにアメリカのトランプ政権も、別途ＦＯＩＰを打ち出すようになった。[17]

●「インド太平洋」概念の浮上とＦＯＩＰ

「インド太平洋」という地域概念の浮上や「ＦＯＩＰ」の提唱を促したのは、明らかに中国の台頭に対する懸念であった。また、中国を牽制する上で、インドが重要なパートナーになり得るという、インドへの大きな期待もこの概念の浮上を促した。ただ、インド太平洋やＦＯＩＰといった場合、その内容は多様であるということは認識しておく必要がある。アメリカからは極めて対中牽制色の強いＦＯＩＰが打ち出される一方、ＡＳＥＡＮからは２０１９年に「ＡＳＥＡＮインド太平洋アウトルック（ＡＯＩＰ）」が発出された。[18]ＡＯＩＰは、対中牽制的なＦＯＩＰではなく、アメリカ、日本、インドなどに加え、中国も包含したより開放的で包括的な「インド太平洋」協力を提案している。

日本は対中配慮の観点から、２０１７年半ばぐらいからＦＯＩＰから対中牽制色を弱め、一帯一路との連携をも示唆するような言説も見られた。[19]しかしながら２０２０年に新型コロナウイルス感染症が世界中を席巻しているさなかにも中国が尖閣諸島周辺海域への中国船の活動を一層活発化させ、海警法を制定・施行し、南シナ海での権益拡大の動きを加速させるといった動きに対し、日本でも対中警戒感が強まっている。オーストラリアと中国との関係もこの年に一層急激に悪化し、また２０２１年に誕生したアメリカのバイデン政権が対中強硬姿勢を鮮明にする中で、ＦＯＩＰの対中牽制色は強まっている。

●日米豪印（ＱＵＡＤ）

さらに対中牽制の色彩が強い日米豪印（ＱＵＡＤ）連携が強化されている。ＱＵＡＤは「インド太平洋」という地域概念との関連性は強いが、より対中牽制の色合いが濃い。また米豪はもともとアメリカ中心のハブ・アンド・スポークの同盟網を担う国々の一部であり、米豪日それぞれとインドとの防衛協力は２０００年代半ば以降急速に進展している。よって、安全保障色の強い連携であるともいえる。この４カ国の連携は、第一次安倍政権の頃に一度オーストラリアの消極姿勢等もあり頓挫したが、その後10年を経て、２０１７年11月、この４カ国の外交当局者が集まり、インド太平洋における航行の自由や海洋安全保障の確保などについて協議するとともに、この４カ国が継続して議論を進めていくことが確認された[20]。その翌年の２０１８年11月には高級事務レベルの協議、また２０１９年９月にはニューヨークでの国連総会で各国外相が訪米した際に初の閣僚級会合が開催された[21]。また２０２０年10月には第２回閣僚級会議が開かれ、ポスト・コロナ時代のＦＯＩＰの重要性を強調し、またＦＯＩＰで質の高いインフラ、海洋安全保障、テロ対策、サイバーセキュリティ、人道支援・災害救援、人材育成などを進めていくべきことが謳われた。さらにまたこの4カ国が、コロナ禍のもとで一層重要性を増しているデジタル経済や保健・衛生分野での国際ルール作りで連帯していくことなども確認された。[22] そして前述のように、２０２１年３月のＱＵＡＤ初の首脳会議が開催され、ＦＯＩＰに言及しつつ、４カ国連携の推進をアピールした。

●地域主義の活発化の示すもの

このように、２０１０年代の既存の国際秩序・地域秩序が動揺する中、ＴＰＰ、ＲＣＥＰ、ＦＯＩＰ、ＱＵＡＤといった様々な連携が模索されたのは、これらに関わった国々にとって、様々なマルチの試みに参加することが、不透明な状況の中での「ヘッジング」を図るための手段として認識されたからである。[23] 特に、米中間の対立が激化する中で翻弄される日本やＡＳＥＡＮ諸国にとって、他国との様々な形の連携を進めることは、政治的にも経済的にも重要となった。中国が海洋秩序の安定や普遍的価値を揺るがし、中国経済に過度に依存したサプライチェーン網が展開しつつあることへの懸念が高まっている。

他方、２０１０年代以降とその前との最大の違いは、アジアにおける地域主義や地域連携に、大国が本格的に力を入れ、それを主導する動きを見せていることであろう。複数の枠組みが併存することは、即それらの間の対立関係を意味するとは限らない。しかしながら現在、米中といった大国が地域主義に深く関わることにより、ある特定の枠組みへの参画が、「米中どちらかを選ぶのか」という問いへの回答を意味する度合いも高まっている。

一帯一路はアジアを超えるもっと広い領域における秩序構想であるが、その下で中国が投資や援助を増大させ、政治的および経済的な影響力を強めていることへの危機感は、ＦＯＩＰをはじめとする「インド太平洋」を冠した連携の試み、またＱＵＡＤの発展をもたらした。アメリカは対中牽制色の強いＦＯＩＰやＱＵＡＤを強化する動きを見せ、それぞれの安全保障および経済上の懸念や思惑から、こうした連携は、中国に対して団結した上で一種の圧力をかける装置として重要性を増している。そしてＦＯＩＰにせよＱＵＡＤにせよ、アメリカが深く関わっている以上、それらにのみ依拠することは、米中対立が深まる中でアメリカを選択するというインプリケーションを強く持つ。

しかしながら日本やＡＳＥＡＮ諸国をはじめ、西太平洋の多くの国々は、地理的近接性や実質的な経済的関係の濃さから、対中牽制に完全に舵を切ることは難しい。また、アメリカのこの地域へのコミットメントは、当面は続くだろうが、永久に続くとの保証はない。アメリカ主導の連携にのみ依存することで、安全保障上の懸念と経済上の相互依存が入り組んだ複雑な状況下における自国の利益を損なう可能性があるばかりか、将来においてはしごを外されたときに対応できなくなるかもしれない。よって、自分たち自身にとって望ましい秩序構築を目指す独自の地域主義構想が必要となる。ＷＰＵはそうしたニーズに対応する構想として策定されなければならない。

4 西太平洋連合の意義・課題と日本の役割

ＷＰＵとは、これまで本章で論じたような地域秩序の動揺に直面したこの地域のミドル・パワーが主導し、新たな状況下で平和や安定、繁栄を実現するための構想である。この構想において、日本は大きな役割を果たし得る。

日本のリーダーシップを強調することは、かつてであれば「大東亜共栄圏の再来」といった反発を生んだかもしれない。しかしながら、よくも悪くも日本の置かれている地位は大きく変化している。戦後何度となく反日感情が東南アジアにおいて浮上し、日本が何らかのイニシアティブをとる際に「大東亜共栄圏の再来」という批判がなされたのは、日本が経済大国としての存在感が圧倒的だったからでもある。しかし現在は、中国の台頭著しく、前述したように日中間のバランスが劇的に変化している。総合的な国力や影響力を加味すると、日本はミドル・パワーに近い。一部で日本のリーダーシップについて過去の負の遺産から懸念する声もあるかもしれないが、それはかつてよりも圧倒的に小さくなっている。

他方ミドル・パワーに近いとはいえ、日本の技術や経済水準は未だに相対的に高い位置にある。世界におけるＧＤＰのランクは落ちたが、それなりの位置は保っている。さらに日本は２０１０年代に急速にＡＳＥＡＮ諸国の一部との安全保障／防衛協力を強化し、経済協力に集中していた協力内容が多様になりつつある。そうした状況を受け、ＡＳＥＡＮ諸国からは中国の過度な影響力拡大を一定程度牽制しバランスをとる観点から日本との連携強化を進めようという声も聞かれる。

一方で、日本がアメリカの同盟国であること、また日本自身が尖閣諸島をめぐって中国と対立していることなどから、ＷＰＵが対中牽制の試みであると解釈される可能性は大きいと考えねばならない。対中牽制色が前面に出れば、ＡＳＥＡＮ諸国をはじめ多くの国がこの構想に乗ることを難しくする。よってこの構想を成功させるには、この連合に参加した場合のメリットを強く打ち出す必要がある。

米中対立の激化による地域安全保障環境の不安定化、中国の力による現状変更の動き、一層の地域経済の発展に横たわる様々な障害、環境・エネルギー問題、一部の国における強権体制の強化や民主主義の後退と人権蹂躙など、西太平洋には多くの課題が山積している。また各国の財政状況にコロナ対策への負担が重くのしかかる中、西太平洋諸国の経済回復を進めていく際に、国境を越えたサプライチェーン拡大・深化はますます重要課題として位置づけられている。さらにコロナ下におけるデジタルトランスフォーメーション（ＤＸ）の進展は、５Ｇをはじめとする通信に関わる最先端技術の重要性を高めている。米中のこの分野における「部分的」デカップリングの可能性も論じられる中、そうした分断による悪影響を最小限にとどめる施策も必要である。このように、西太平洋に様々な課題が山積することは、この連合が実際に協力を進めていく余地を広げているとも解釈し得よう。

筆者は、ＷＰＵが目指すべきなのは、具体的に以下の３つの実現であると考えている。１つは米中対立の激化を緩和しつつ、各国の独立を確保しながらこの地域の平和と安定を図ることである。安全保障環境の安定はこの地域の経済的繁栄や社会発展の必要条件である。ＷＰＵは軍事同盟を目指すものではないし、その必要もない。むしろ直接的な軍事力を持つことより、むしろ米中それぞれと関係を維持しつつ、二者択一の発想に乗らずにこれらの間を取りながら一定の独立性と影響力の確保を維持することを、この連合を通じて実現させることが肝要である。この連合が、米中そしてインドといった超大国や地域大国をあえてメンバーとせず、西太平洋のミドル・パワーや小国のみで連合を組むことの意義はそこにある。その上で、ＦＯＩＰやＱＵＡＤ、またアメリカ中心のハブアンドスポークの伝統的な同盟網を柔軟に活用しつつ、今でもすでに進められている安全保障・政治協力や防衛協力といった「経験」を積み重ね、この地域が米中の意思のみで決定づけられる状況を避けるための多様かつ多層的な連携を展開・蓄積していくことが重要である。

ＷＰＵが実現すべき目的の2つ目は、特定の国に過度に依存しない形での国境を越えた生産ネットワークやサプライチェーンの拡大・深化を図り、富の不均衡を是正することで、公正かつバランスのとれた発展を実現することである。この点に関しても懸念がある。たしかにＷＰＵのメンバー、特に日本やＡＳＥＡＮ諸国、バングラデシュといった国々の間での経済的相互依存は深化してきた。しかし前述したように、これらの国々を含むアジア全体において現在すでに展開しているのは中国が深く埋め込まれた形の生産ネットワークやサプライチェーンである。２０２０年のコロナ禍の下、中国へのサプライチェーンの過度の依存が危険であることはより一層強く認識され、それを相対化すべくサプライチェーンの多元化が日本の経産省・JETROにより試みられた。しかし、民間の動きが政府の制御を超えてますます活発化している昨今、そうした施策がどこまで実効性があるかは疑問である。さらに、中国への過度の依存の危険性を多くの国が認識しながらも、中国からの投資や支援へのニーズは高い。WPUとして、一定程度でも中国への過度の依存を緩和し得る経済援助を行い、また連合内での投資が活発化するような仕組みを作る必要があるが、中国経済の求心力は侮れないと言わねばならない。

最後に、極端な人権侵害を排し、漸進的な民主化を実現する、ということも挙げておきたい。前述したように、2010年代にはむしろ民主主義の後退とも言える現象が各国で見られ、また人権をめぐる状況も悪化している。こうした状況の中で、どこまで普遍的価値を掲げたWPUが実現するのか、またこうした国々も含め、WPUで民主主義や人権をめぐる状況を改善し、人々が真に安定的で平和な環境を享受するという状態を達成できるのか。できるとすれば、どのようにこうした国々を説得し、民主化や人権保護を実現する方向にもっていくのか。WPUも、民主主義や人権についていささか懸念のある国が含まれる。内部への対応も含め、今後真に安定的な地域環境の構築の際に、民主主義や人権の問題を避けては通れない。よって、一時的に齟齬が生じたとしても、これらの価値の根源的な重要性を説き、それに著しく反するような事態に対しては毅然と振る舞うことも場合によっては必要だろう。

既存の地域秩序の動揺がいっそう顕在化している現在、達成すべきなのは、単なる国家間関係の安定化や国家単位での発展ではない。むしろ、この地域におけるひとびとが平和と繁栄を享受し得る秩序の実現が必要である。西太平洋連合では、そうした視点を踏まえた上で、長期的視野に立って、協力や連携を進めていくことが肝要である。

注

（1）地域主義の定義は様々存在する。地域主義の最初の例と言われているのは１９２９年の世界大恐慌の後に見られた大国による経済ブロック形成であるが、本文にあるように、戦後の地域主義はそうした垂直的な帝国システムとは異なる。またある地理的範囲内における経済的社会的相互依存の深化や自由貿易協定（ＦＴＡ）など地域経済統合を目指す枠組み形成を指して「地域主義」とする場合もある。地域主義の定義やその意味内容の多様性については大庭三枝『重層的地域としてのアジア：対立と共存の構図』有斐閣、２０１４年、33－35頁。

（2）21世紀型貿易の特質については、リチャード・ボールドウィン『世界経済　大いなる収斂：ＩＴがもたらす新次元のグローバリゼーション』遠藤真美訳、日本経済新聞出版、２０１８年を参照。また、そうした新たな水平貿易を踏まえた東アジア経済の全体像については木村福成編著『これからの東アジア：保護主義の台頭とメガＦＴＡｓ』文眞堂、２０２０年。

（3）この節で描写される冷戦期から冷戦後のリベラル国際秩序の時代（１９９０－２０００年代）のアジアにおける地域主義の展開の詳細については大庭『重層的地域としてのアジア』および大庭三枝『アジア太平洋地域形成への道程：境界国家日豪のアイデンティティ模索と地域主義』ミネルヴァ書房、２００４年を参照。

（4）地域主義に付随するウチとソトを分ける「ウチ／ソトの論理」の政治性についての詳細は、大庭［２００４］60－65頁を参照。

（5）ただ、ＡＳＥＡＮ＋３の初回の首脳会議は、アジア通貨危機が勃発する前に合意されていた。

（6）「全方向巻き込みomni-enmeshment」については、Evelyn Goh, “Great Powers and Hierarchical Order in Southeast Asia: Analysing Regional Security Strategies”, *International Security*, 2008, 32, No.3: 113–157.

（7）「リーダーシップの真空状態」については、Richard Stubbs, “ASEAN's Leadership in East Asian Region-Building: Strength in

Weakness," *The Pacific Review*, 2014, 27, No. 4: 523–541.

（８）大庭［２０１４］１８４頁。

（９）ＡＳＥＡＮ憲章の形成過程については鈴木早苗「ＡＳＥＡＮ憲章下での組織改革」『アジ研ワールド・トレンド』２００９年11月、№１７０：28－31。

（10）ＢＲＩについての詳細な調査とデータ蓄積についてはメルカトル中国研究所（ＭＥＲＩＣＳ）のBRI Trackerが有名である。このプロジェクトの概要についてはMERICS BRI Tracker: Database and project design（https://merics.org/en/merics-bri-tracker-database-and-project-design）を参照。また、中国から海外に向けた投資や支援についてのデータベースとして笹川平和財団のプロジェクトとして作成された「中国の対外経済支援等データ分析」を挙げておく。（https://www.spf.org/spf-china-observer/china-investment/?fbclid=IwAR3HpAu1Hp__pKvKTIVumiqS0IRsfUSwGaTjXvbVQngG8KS7XFhdIl-owSc）、２０２１年７月26日アクセス。

（11）本文中の中国自身の中国の援助に関する軌道修正を含む、中国の対外援助の実体については、北野尚宏「中国の対外援助の現状と課題」川島真・21世紀政策研究所編著『現代中国を読み解く三要素：経済・テクノロジー・国際関係』勁草書房、２０２０年、１７２－１９１頁。

（12）遠藤環・伊藤亜聖・大泉啓一郎・後藤健太『現代アジア経済論：「アジアの世紀」を学ぶ』有斐閣ブックス、２０１８年、43頁。

（13）遠藤ほか［２０１８］41－42頁。

（14）遠藤ほか［２０１８］42－43頁。またアジアの消費市場の拡大については、大泉啓一郎『消費するアジア：新興国市場の可能性と不安』中公新書、２０１１年が詳しい。

（15）猪俣哲史『グローバル・バリューチェーン』日本経済新聞出版社、２０１９年、94－98頁。

（16）ただ、安倍首相のＴＩＣＡＤ演説は「ＦＯＩＰ」というタームそのものには言及しておらず、その後の外交青書や日本外務省が構想を取りまとめる段階でこの名称が表に出るようになった。詳細は大庭三枝「日本の『インド太平洋』構想」『国際安全保障』２０１８年、第46巻第３号：20－21。

（17）辰巳は、２０１０年代前半のオバマ政権のリバランス政策との連続性を踏まえつつ、トランプ政権下でのＦＯＩＰの展開と特徴について論じている。辰巳由紀「戦略的概念としての『インド太平洋』：米国の視点から」『国際安全保障』２０１８年、第46巻第３号：33－50。

（18）ASEAN, ASEAN Outlook on the Indo-Pacific, June 23, 2019.（https://asean.org/storage/2019/06/ASEAN-Outlook-on-the-Indo-Pacific_FINAL_22062019.pdf）

(19) 詳細は大庭［２０１８］22－23頁。
(20) 外務省「日米豪印のインド太平洋に関する協議」外務省ウェブサイト、平成29年11月12日。(https://www.mofa.go.jp/mofaj/press/release/press4_005249.html)
(21) 外務省「日米豪印閣僚級協議」外務省ウェブサイト、令和元年９月26日。(https://www.mofa.go.jp/mofaj/fp/nsp/page6_000392.html)
(22) 外務省「第２回日米豪印外相会合」外務省ウェブサイト、令和２年10月６日。(https://www.mofa.go.jp/mofaj/press/release/press6_000682.html)
(23) Mie Oba. "Further Development of Asian Regionalism: Institutional Hedging in an Uncertain Era." *Journal of Contemporary East Asian Studies,* 20 November 2019. (https://www.tandfonline.com/doi/full/10.1080/24761028.2019.1688905)

【執筆者一覧・担当章（※は編者）】

北岡 伸一（きたおか しんいち）
※：「はじめに」、序章
国際協力機構（JICA）理事長、東京大学名誉教授、立教大学名誉教授

相澤 伸広（あいざわ のぶひろ）
第1章、第8章
九州大学大学院比較社会文化研究院准教授

高木 佑輔（たかぎ ゆうすけ）
第2章
政策研究大学院大学准教授

池部 亮（いけべ りょう）
第3章
専修大学商学部教授

柿崎 一郎（かきざき いちろう）
第4章
横浜市立大学国際教養学部教授

工藤 年博（くどう としひろ）
第5章
政策研究大学院大学教授

鈴木 絢女（すずき あやめ）
第6章、コラム（ブルネイ）
同志社大学法学部教授

山田 裕史（やまだ ひろし）
第7章
新潟国際情報大学国際学部准教授

ケオラ・スックニラン（Keola Souknilanh）
第8章
日本貿易振興機構アジア経済研究所開発研究センター・経済地理研究グループ長代理

古賀 慶（こが けい）
第9章
南洋理工大学（シンガポール）社会科学部助教授

濱田 摩耶（はまだ まや）
第10章、コラム（ニュージーランド）
外務省職員

黒崎 岳大（くろさき たけひろ）
第11章、コラム（東ティモール）
東海大学スチューデントアチーブメントセンター専任講師

川島 真（かわしま しん）
第12章
東京大学大学院総合文化研究科教授

平田 仁（ひらた ひとし）
コラム（バングラデシュ）
国際協力機構（JICA）財務部長

大井 綾子（おおい あやこ）
コラム（アフリカ）
国際協力機構（JICA）アフリカ部アフリカ第三課課長

大庭 三枝（おおば みえ）
終章
神奈川大学法学部教授

【編者紹介】

北岡伸一（きたおか　しんいち）

国際協力機構（JICA）理事長、東京大学名誉教授、立教大学名誉教授。1948年生まれ。東京大学法学部卒業。同大学大学院法学政治学研究科博士課程修了（法学博士）。専門は日本政治外交史。立教大学教授、東京大学教授、国連大使、政策研究大学院大学教授、国際大学学長などを経て、2015年より現職。2011年、紫綬褒章。著書に『清沢洌』（1987年、中公新書、サントリー学芸賞受賞）、『日米関係のリアリズム』（1991年、中公叢書、読売論壇賞受賞）、『自民党』（1995年、読売新聞社、吉野作造賞受賞）など。近著に『新しい地政学』（2020年、共編、東洋経済新報社）、『世界地図を読み直す――協力と均衡の地政学』（2019年、新潮選書）『明治維新の意味』（2020年、新潮選書）など。

西太平洋連合のすすめ
日本の「新しい地政学」

2021年10月21日発行

編　者――北岡伸一
発行者――駒橋憲一
発行所――東洋経済新報社
〒103-8345　東京都中央区日本橋本石町1-2-1
電話＝東洋経済コールセンター　03(6386)1040
https://toyokeizai.net/

装　丁………秦　浩司
DTP………アイランドコレクション
印　刷………図書印刷
編集協力……パプリカ商店
Printed in Japan　ISBN 978-4-492-44463-4